DIREITO TRIBUTÁRIO

na Constituição e no STF para concursos

Antônio Augusto Jr.

DIREITO TRIBUTÁRIO

na Constituição e no STF para concursos

2019

EDITORA *Jus*PODIVM
www.editorajuspodivm.com.br

EDITORA
*Jus*PODIVM
www.editorajuspodivm.com.br

Rua Território Rio Branco, 87 – Pituba – CEP: 41830-530 – Salvador – Bahia
Tel: (71) 3045.9051
• Contato: https://www.editorajuspodivm.com.br/sac

Diagramação: Isabella Giordano *(giordano.bella@gmail.com)*

Capa: Ana Caquetti

D541d Dias Jr, Antônio Augusto.
Direito tributário na Constituição e no STF para concursos / Antônio Augusto Dias Jr. – Salvador: Editora JusPodivm, 2019.
432 p.

Bibliografia.
ISBN 978-85-442-2705-3.

1. Direito Tributário. 2. Constituição. 3. Supremo Tribunal Federal. I. Dias Jr, Antônio Augusto. II. Título.

CDD 341.39

APRESENTAÇÃO

O Direito Tributário na Constituição é o conteúdo mais essencial da matéria nas provas de concursos. Alguns certames exigem apenas o conhecimento da parte constitucional do Direito Tributário, o que demonstra a prioridade que se deve conferir a esse segmento. Pensando nisso, a presente obra foi elaborada com o propósito de ser utilizada como uma ferramenta de estudo didática e ao mesmo tempo completa. Destacamos os trechos mais importantes, demonstramos a incidência nos concursos e indicamos a relação entre os temas dentro do Direito Tributário Constitucional. Uma dedicação especial foi destinada à jurisprudência do Supremo Tribunal Federal, especialmente em relação aos julgados sob o regime de repercussão geral. Durante o texto, procuramos deixar evidente a atenção diferenciada que deve ser dispensada a tais julgados, confrontando teses aparentemente conflitantes sem se esquivar de apontar ao leitor a orientação mais segura, apartando teses genéricas de teses específicas. Com carinho e respeito ao leitor, não nos limitamos a copiar e colar julgados. Quando necessário, as decisões são analisadas em maiores detalhes, poupando o estudante de pesquisas adicionais. A referência doutrinária também foi realizada com cuidado, apenas na medida útil e necessária, excluindo discussões de pouca utilidade em concursos ou citações cansativas.

SUMÁRIO

CAPÍTULO 1

TRIBUTO: CONCEITO E CLASSIFICAÇÕES

1. RECEITAS ORIGINÁRIAS E RECEITAS DERIVADAS

Antes de adentrar no estudo das espécies tributárias elencadas pela Constituição, julgamos pertinente tratar, preliminarmente e como pré-requisito, do conceito de tributo.

Tal conceito, por sua vez, recomenda uma contextualização acerca da classificação das receitas em originárias e derivadas.

As receitas do Estado classificam-se como originárias ou derivadas.

Receitas originárias são aquelas que o Estado aufere com a exploração de seu patrimônio, em condição de igualdade com os particulares e despindo-se de suas prerrogativas e em competição com os demais agentes do mercado. É assim quando o Estado atua como locador de imóveis, sem que esteja presente nesse caso o poder de império estatal, eis que o particular tem a liberdade de contratar ou não com o Estado (e só se o particular optar por contratar haverá o aporte de aluguéis, receitas originárias).

Outro exemplo de receitas originárias são as obtidas mediante o exercício de atividades econômicas pelo Estado mediante as empresas públicas e sociedades de economia mista, como a CEF e a PETROBRÁS, conforme a previsão de exploração de atividade econômica pelo Estado no artigo 173 da CF.

Por fim, tem-se ainda que as tarifas e os preços públicos, pagas em razão da prestação de serviços públicos não remunerados por taxas. De fato, enquanto as tarifas e os preços públicos caracterizam-se como receitas originárias, as taxas, pela sua natureza tributária, adentram na categoria de receitas derivadas.

Como se nota, a fonte das receitas originárias é a vontade, eis que o Estado não obriga os particulares a carrearem tais receitas aos cofres públicos.

Receitas derivadas, a seu turno, são aquelas que o Estado obtém no exercício de seu poder de império, sendo a manifestação de vontade irrelevante. Exemplos de receitas derivadas são os tributos, as multas e as reparações de guerra, esse último de pouco interesse prático.

Em todos esses exemplos, o Estado exige a respectiva receita em razão um acontecimento (fato gerador de um tributo, descumprimento de norma cogente) que enseja uma obrigação pecuniária da qual o poder público é credor. Tal obrigação possui como fonte imediata a lei, ao contrário do que ocorre nas receitas originárias, cuja fonte imediata é a vontade (a lei é fonte mediata das receitas originárias).

Trataremos agora exclusivamente da receita derivada que se entende por tributo.

2. O CONCEITO CONSTITUCIONAL DE TRIBUTO

O conceito de tributo, no direito tributário brasileiro, encontra-se explicitado em sede legal. A Constituição de 1988, em seu art. 146, III, "*a*", determina que cabe à lei complementar estabelecer normas gerais em matéria de legislação tributária, especialmente sobre definição de tributos. Desse modo, apesar de não ser um papel típico do legislador definir conceitos, o Código Tributário Nacional assim o fez em seu art. 3º[1], estando em consonância com a determinação constitucional de 1988.

Essa definição, contudo, não é válida por si só, mas sim pelo fato de estar em consonância com os dispositivos constitucionais que regulam o tributo.

Essa é a lição de Estevão Horvath (2009, p. 9), para quem

> "não é pela circunstância de uma lei complementar (no caso, o CTN, que é considerado como tal) dizer que tributo é aquilo que diz, por

1. A Lei 4.320/1964 traz em seu artigo 9º o seguinte conceito legal de tributo: "Tributo é a receita derivada instituída pelas entidades de direito público, compreendendo os impostos, as taxas e contribuições nos termos da constituição e das leis vigentes em matéria financeira, destinando-se o seu produto ao custeio de atividades gerais ou específicas exercidas por essas entidades.". Em razão da reduzida relevância desse dispositivo nas provas de concursos públicos, bem como na jurisprudência, analisaremos apenas o conceito legal do CTN. Ressalte-se, contudo, que não há contradição entre os conceitos legais do CTN e da Lei 4.320/1964 (SCHOUERI, 2015, p. 149).

> exemplo, o art. 3º desse diploma tributário, que isso será tributo. Tributo é conceito jurídico-positivo – e não lógico jurídico (Juan Manuel Teran) – e, assim sendo, o Direito Positivo dirá o que é tributo. Sucede que, no Brasil, o Direito Tributário é, praticamente todo ele, disciplinado pela Constituição Federal, o que implica concluir que a lei infraconstitucional, se pretender definir esta categoria jurídica, não o poderá fazer desconsiderando as diretrizes da Lei Maior. (...) em nosso País, tributo, por simples acaso, é aquilo que diz o art. 3º do Código Tributário Nacional. É que os seus dizeres são compatíveis com o que é induzido pela Constituição Federal. Por esta razão – e só por ela, aceitamos a definição trazida pelo CTN.".

Adverte-se, assim, que qualquer conceito legal de tributo, inclusive o do art. 3º do CTN, não é absoluto ou válido por si só. Pelo contrário, deve obediência ao conceito implícito de tributo presente na Constituição.

3. ANÁLISE DO CONCEITO DO ART. 3º DO CTN

Feita a advertência, passemos à análise do conceito de tributo do art. 3º do CTN:

> Tributo é toda prestação pecuniária compulsória, em moeda ou cujo valor nela se possa exprimir, que não constitua sanção de ato ilícito, instituída em lei e cobrada mediante atividade administrativa plenamente vinculada.

3.1 Prestação pecuniária compulsória, em moeda ou cujo valor nela se possa exprimir

Este trecho expressa a compulsoriedade da obrigação tributária, decorrente do poder de império que o Estado exerce na tributação.

Coaduna-se também com a conceituação do tributo como obrigação "ex lege", em oposição às obrigações voluntárias. Tal classificação, que fique claro, não diz respeito à obrigatoriedade/faculdade de adimplemento, mas sim ao requisito da obrigatoriedade presente no surgimento, na origem da obrigação.

Desse modo, as obrigações voluntárias são aquelas que têm como sua fonte a vontade de se obrigar. Diferem, portanto, das obrigações tributárias, que não exigem ato volitivo para o seu surgimento, bastando a configuração da situação objetivamente definida em lei.

Existe uma doutrina minoritária, a exemplo de Alfredo Augusto Becker, que confere natureza tributária às prestações *in natura* ou *in labore* em favor do Estado. Seria o caso de haver tributo in natura ou in labore, instituídos em qualquer referência a moeda, como frações de mercadorias comercializadas (*in natura*), ou prestação de serviços ao Estado (in labore).

A doutrina majoritária, porém, rejeita essa possibilidade.

Por outro lado, é aceita sem grandes problemas a dação em pagamento de bens imóveis, prevista no artigo 156, XI do CTN. Comentando esse dispositivo, Paulo de Barros Carvalho diferencia a norma instituidora do tributo, que deve necessariamente prever a quantificação do tributo em dinheiro, de eventual norma que trate da extinção do crédito tributário, a qual pode prever a possibilidade de se extinguir a dívida mediante entrega de bens (CARVALHO, 2013, p. 441-442).

Quanto à dação em pagamento de bens móveis, o Supremo Tribunal Federal possui o entendimento de que é inconstitucional a previsão em lei distrital de quitação de débitos tributários mediante a dação em pagamento de materiais destinados a atender programas do Governo Distrital. Consignou-se haver no caso ofensa ao princípio da licitação, bem como violação ao artigo 37, XXI, da Constituição Federal, que prevê a competência da União para legislar sobre normas gerais de licitação (**ADI 1917**, DJ 24.08.2007). No julgamento dessa ação, os Ministros reportaram-se ao julgamento da medida cautelar da **ADI 2405** para consignar a possibilidade de o Estado-Membro regular formas específicas de extinção de seus créditos tributários. Não haveria, assim, reserva de lei complementar nacional para a criação de nova hipótese de extinção do crédito tributário.

3.2 Que não constitua sanção de ato ilícito

O tributo não tem natureza punitiva. Sua finalidade primordial é arrecadar, admitindo-se também a indução de comportamentos dos agentes econômicos. A punição de condutas é função das multas, que não se confundem com os tributos.

Não se pode ignorar a existência de multas tributárias, que de acordo com o artigo 113, § 3º do CTN consiste em obrigação tributária principal relativamente à penalidade pecuniária quando da inobservância de obrigação tributária acessória.

O artigo 113, § 1º do CTN, por sua vez, carece de boa técnica redacional, ao proferir que a obrigação principal surge com a ocorrência do fato gerador, tem por objeto o pagamento de tributo ou penalidade pecuniária e extingue-se juntamente com o crédito dela decorrente.

Percebe-se que o dispositivo trata a multa tributária como obrigação tributária principal, parecendo conferir-lhe natureza tributária. Por outro lado separa o tributo da penalidade pecuniária, com a conjunção alternativa "ou", agora fazendo crer que tributo não se confunde com penalidade.

Em que pese a inclusão das penalidades pecuniárias pelo descumprimento das obrigações acessórias na categoria de "obrigação tributária principal", uma análise sistemática do Código Tributário Nacional não deixa dúvidas de que o tributo não se confunde com a multa.

A inclusão da "penalidade pecuniária" a que se refere o artigo 113, § 1º do CTN na categoria de obrigação tributária principal, contudo, pode trazer consequências práticas importantes, como a aplicação da indisponibilidade de bens e direitos prevista no artigo 185-A do CTN, que segundo a jurisprudência só se aplica a dívidas de natureza tributária.

Outro ponto que merece destaque no conceito não sancionatório do tributo é a possibilidade de o tributo incidir mesmo quando a circunstância em que ocorreu o fato gerador seja permeada de ilicitude.

Pode ocorrer que uma renda seja auferida em circunstância ilícita, como no tradicional exemplo dos rendimentos oriundos do tráfico de drogas, ou ainda a remuneração do "matador de aluguel".

Também é o caso de pessoas que exercem uma atividade profissional para a qual a lei exige habilitação específica. Desse modo o bacharel em direito que não possui inscrição na OAB e pratica atos privativos de advogado incorre em ilicitude, mas ainda assim será tributado pelo imposto de renda sobre os rendimentos que auferir. Da mesma maneira, a médica que ainda cursa a residência em cardiologia e resolve exercer a prática clínica na especialidade em consultório do pai. Como último exemplo, imagine-se o diretor de instituição financeira que contrata empréstimo com a entidade que dirige, mesmo estando legalmente vedado para tanto. Apesar da circunstância ilícita, incidirá o IOF sobre a operação de crédito (fato gerador).

Todos os exemplos citados acima em nada infirmam o caráter não punitivo do tributo. Isso porque a ilicitude, em todos os casos observados, é acidental à ocorrência do fato gerador. O que se tributa não é o ato ilícito em si, mas sim o fato gerador "auferir renda" ou "operação de crédito".

Trata-se de aplicação do princípio pecunia non olet (o dinheiro não cheira), segundo o qual o fato de o fato gerador de determinado tributo ter origem em ato ilícito não prejudica a incidência da lei tributária e de seus efeitos.

É possível identificar a previsão legal desse princípio no artigo 118 do CTN:

> Art. 118. A definição legal do fato gerador é interpretada abstraindo-se:
>
> I – da validade jurídica dos atos efetivamente praticados pelos contribuintes, responsáveis, ou terceiros, bem como da natureza do seu objeto ou dos seus efeitos;
>
> II – dos efeitos dos fatos efetivamente ocorridos.

O que contrariaria o conceito de tributo do CTN seria eventual lei instituidora de tributo com uma hipótese de incidência descritiva de ato ilícito. Nesse caso a ilicitude não seria elemento acidental do fato gerador, mas sim sua própria essência, o que entra em choque com a natureza não punitiva do tributo.

Isso significa que caso se constate uma manifestação de capacidade contributiva como a de auferir renda no contexto de uma atividade criminosa, legítima a incidência tributária, esta só poderia ser obstada em casos nos quais o criminoso já não mais manifesta a capacidade contributiva exigida, como, por exemplo, nos casos de aplicação de pena de perdimento de bens (SCHOUERI, 2015, p.158).

A jurisprudência do STJ (HC 83.292, REsp 1.208.583 e REsp 984.607), bem como a do STF (HC 77.530 e HC 94.240) adotam o entendimento acima explanado, invocando ainda o princípio da isonomia para legitimar a tributação de fatos geradores ocorridos em circunstâncias ilícitas. Na ementa do HC 77.530, o STF asseverou que "a exoneração tributária dos resultados econômicos de fato criminoso – antes de ser corolário do princípio da moralidade – constitui violação do princípio de isonomia fiscal, de manifesta inspiração ética".

Há uma ressalva constitucional à cláusula de que o tributo não constitui sanção de ato ilícito. Trata-se do artigo 182, § 4º da Constituição Federal:

> Art. 182. A política de desenvolvimento urbano, executada pelo Poder Público municipal, conforme diretrizes gerais fixadas em lei, tem por objetivo ordenar o pleno desenvolvimento das funções sociais da cidade e garantir o bem-estar de seus habitantes.
>
> § 4º É facultado ao Poder Público municipal, mediante lei específica para área incluída no plano diretor, exigir, nos termos da lei federal, do

> proprietário do solo urbano não edificado, subutilizado ou não utilizado, que promova seu adequado aproveitamento, sob pena, sucessivamente, de:
>
> I – parcelamento ou edificação compulsórios;
>
> II – **imposto sobre a propriedade predial e territorial urbana progressivo no tempo;**
>
> III – desapropriação com pagamento mediante títulos da dívida pública de emissão previamente aprovada pelo Senado Federal, com prazo de resgate de até dez anos, em parcelas anuais, iguais e sucessivas, assegurados o valor real da indenização e os juros legais. (grifamos)

Segundo o dispositivo constitucional reproduzido acima, o IPTU, imposto de competência municipal, será majorado caso o proprietário do imóvel incorra em ilícito em relação à política urbana. Trata-se de autêntico tributo de caráter sancionador (SCHOUERI, 2015, p. 160).

Não há, contudo, nenhum óbice para tanto. Isso porque a Constituição não pode ser interpretada de acordo com o conceito legal de tributo. Havendo disposição constitucional que reduza o alcance da cláusula legal, deve-se admitir que nesse caso o tributo pode sim constituir sanção de ato ilícito. Ainda mais quando o mandamento constitucional em questão não foi introduzido por emenda constitucional, diante da constatação de que as normas constitucionais originárias não podem ser objeto de controle de constitucionalidade.

> Atenção para o fato de que as bancas costumam se referir à possibilidade de tributação de atividades ilícitas como "**princípio do *non olet***": "O CTN adota expressamente o princípio do non olet, cuja aplicação implica tributação do produto da atividade ilícita, bastando, para tanto, que a hipótese de incidência da obrigação tributária se realize no mundo dos fatos." (Cespe – Juiz Federal Substituto 5ª região/2013 – assertiva **correta**)

3.3 Instituída em Lei

Este trecho é uma decorrência lógica do princípio constitucional da legalidade que é uma das bases do direito tributário brasileiro. Significa que qualquer espécie tributária deve ser, inevitavelmente, instituída em lei (em seu sentido formal e material), devidamente submetida ao processo legislativo estabelecido pela Constituição.

O tributo é prestação instituída em lei, sua fonte imediata, sendo a vontade irrelevante para o surgimento da obrigação tributária. Constatada a hipótese de incidência no mundo fático, não se indaga a respeito de qualquer manifestação volitiva do contribuinte. A obrigação tributária decorre da lei, sendo, como já visto, receita derivada, marcada pelo poder de império do Estado.

Não poderia ser diferente, já que o direito tributário baseia-se no princípio da legalidade, só sendo possível a sua instituição por meio de lei (ou medida provisória, que tem força de lei, nos termos do artigo 62, § 2º da CF). Tanto o artigo 97 do CTN quanto o artigo 150, I da CF são contundentes em exigir a lei como instrumento necessário para a instituição de tributos.

Importante destacar que o princípio da legalidade tributária pode ser mitigado no que diz respeito à alteração de alíquotas de alguns impostos. A instituição de tributos, por outro lado, é matéria que não comporta exceção ao princípio da legalidade tributária.

Em que pese haver doutrina, atualmente minoritária, que defenda uma flexibilização do princípio da legalidade (necessária segundo alguns diante do atual dinamismo tecnológico e econômico), a instituição do tributo mediante lei permanece como um limite constitucional à tributação. O tema será estudado com maiores detalhes no tópico relativo ao princípio constitucional tributário da legalidade.

3.4 Cobrada mediante atividade administrativa plenamente vinculada

A atividade de administrativa de cobrança do tributo é plenamente vinculada, o que remete à sua cumpulsoriedade e ao fato de ter como fonte imediata a lei.

Sendo a obrigação tributária instituída por lei cogente, a atividade de cobrança da dívida tributária deve guiar-se pela estrita obediência aos ditames da lei.

Não é dado ao agente fiscal fazer uso de juízo de conveniência e oportunidade, próprio dos atos discricionários. E não poderia ser diferente, já que incide sobre a atividade da Administração Tributária os princípios da supremacia do interesse público e da indisponibilidade do interesse público.

O auditor fiscal, ao verificar a ocorrência do fato gerador, deve proceder às estritas regras concernentes ao procedimento administrativo de constituição e cobrança do crédito tributário, sem que se cogite em atuação discricionária.

Em consonância com as premissas expostas acima, tem-se o artigo 142, parágrafo único do CTN, que declara ser a atividade administrativa de lançamento vinculada e obrigatória, sob pena de responsabilidade funcional.

Deve-se ressalvar que essa cláusula do conceito de tributo possui sua abrangência subtraída por ao menos duas realidades do nosso direito tributário: a) a privatização da administração tributária; e b) a constituição de tributos na Justiça do Trabalho. A previsão de transação tributária no próprio CTN (art. 171) não infirma a atividade vinculada de cobrança do tributo, uma vez que a transação tributária só poderia se realizar nos termos da lei. Há, contudo, autores que entendem ser a transação tributária inviável no direito brasileiro diante do obstáculo da vinculação da atividade administrativa na cobrança de tributos. **Advirta-se, porém, que tais ressalvas não tornam incorretas eventuais assertivas de concursos públicos que reproduzem o texto literal do artigo 3º do CTN.**

3.4.1 A privatização da Administração Tributária

A referência a uma cobrança mediante atividade administrativa plenamente vinculada não impede que o próprio particular possua a incumbência de realizar certas atividades que outrora eram exclusivas de um agente estatal. A autorização jurisprudencial para a constituição do crédito tributário pelo particular é antiga, tendo sido cristalizada na **súmula 436 do STJ**: "A entrega de declaração pelo contribuinte, reconhecendo o débito fiscal, constitui o crédito tributário, dispensada qualquer outra providência por parte do Fisco".

Neste ponto há a controvérsia sobre a classificação do chamado "**lançamento por homologação**".

O Código Tributário Nacional, em seu artigo 150, dispõe que o lançamento por homologação, que ocorre quanto aos tributos cuja legislação atribua ao sujeito passivo o dever de antecipar o pagamento sem prévio exame da autoridade administrativa, opera-se pelo ato em que a referida autoridade, tomando conhecimento da atividade assim exercida pelo obrigado, expressamente a homologa.

Para uma primeira corrente, o Código, ao se referir a lançamento por homologação, exigiria, para a caracterização do lançamento, uma atuação estatal, que nesse caso seria apenas a homologação de toda a tarefa de identificação do tributo, da base de cálculo, alíquota e períodos pelo próprio contribuinte. Segundo esse entendimento, o particular não poderia imiscuir-se na atividade do lançamento, que seria sempre atribuição do Fisco, ainda que esta atuação resumisse a um ato homologatório. Esse raciocínio implica na admissão de tributos que surgiriam e seriam adimplidos sem lançamento, pois em muitos casos o particular identifica os valores devidos mediante declaração e procede ao pagamento sem que o Fisco homologue tal procedimento.

Outra corrente doutrinária advoga que, a despeito de existirem tributos sem lançamento, a homologação prevista no CTN à atividade do particular não se poderia classificar como lançamento. Para esta linha de pensamento, o CTN teria incorrido em contradição ao considerar a homologação da atividade do particular como lançamento.

Ainda que não se considere a atividade de constituição do crédito tributário pelo particular como lançamento, a chamada privatização da administração tributária (transferência ao particular de funções que outrora eram exercidas apenas pelo Estado) acaba por mitigar a cláusula "cobrada por atividade administrativa plenamente vinculada". Isso porque na grande maioria dos tributos atuais, é o particular que identifica o fato gerador, seus elementos temporal (exercício), espacial, pessoal, quantitativo (alíquota e base de cálculo), e mediante declaração eletrônica, constitui o crédito tributário, que assim terá o montante devido e o período de vencimento. A homologação tácita, assim, não é suficiente para se constatar, nesses casos, uma atividade administrativa plenamente vinculada voltada à arrecadação.

3.4.2 Constituição de Crédito Tributário na Justiça do Trabalho

O artigo 114, VIII, da Constituição Federal dispõe que compete à Justiça do Trabalho processar e julgar a execução, de ofício, das contribuições sociais previstas no art. 195, I, a , e II, e seus acréscimos legais, decorrentes das sentenças que proferir. Ou seja, no caso de condenação do empregador em parcelas remuneratórias que haviam sido inadimplidas, as contribuições previdenciárias são constituídas no bojo do processo judicial trabalhista que reconheceu as verbas (e as respectivas contribuições previdenciárias).

Trata-se de uma hipótese de crédito tributário constituído em um processo judicial, e não por atividade administrativa plenamente vinculada.

Em obediência ao contraditório, o artigo 879, § 3º da CLT determina que a União seja intimada dos cálculos elaborados pelas partes e pelos órgãos auxiliares da Justiça do Trabalho acerca da base de cálculo das contribuições previdenciárias. O § 4º, por sua vez, estabelece que a atualização do crédito devido à Previdência Social observará os critérios estabelecidos na legislação previdenciária, não havendo que se falar em adoção do mesmo índice de atualização das verbas trabalhistas.

Nesse caso, portanto, temos tributos que não são constituídos pelo Fisco. Quando muito, poder-se-ia argumentar que a manifestação da União poderia ser equiparada à homologação de lançamento prevista no CTN, homologação esta, que, a nosso ver, não pode ser confundida com o lançamento em si.

De qualquer modo, deve-se prestar atenção para a distinção entre decisões da Justiça do Trabalho que simplesmente reconhecem vínculo trabalhista, sem impor condenação de verbas trabalhistas, e decisões que condenatórias que impõem a obrigação de adimplir verbas trabalhistas. Nesse sentido, Kiyoshi Harada (2015, p. 47):

> "(...) É o caso, por exemplo, de uma empresa que mantém empregados sem registro na carteira de trabalho. Na hipótese, em relação àqueles empregados não registrados nunca irá ocorrer o fato gerador da contribuição social devida pelo empregador, porque não haverá pagamento da folha de remuneração desses empregados que são pagos pelo caixa 2. Na hipótese, sobrevindo a condenação judicial reconhecendo o vínculo trabalhista, a partir dessa decisão da Justiça do Trabalho cabe ao fisco promover o lançamento da contribuição previdenciária nos termos do art. 173 do CTN, contando-se retroativamente o prazo quinquenal. Em relação à decisão condenatória em pecúnia, cabe ao próprio juiz do trabalho promover a execução das contribuições previstas no art. 195, I e II, da CF (art. 114, VIII, da CF). No caso, a sentença homologatória do cálculo equivalerá ao lançamento tributário, suficiente para constituição definitiva do crédito tributário. Todavia, em relação ao período em que houve reconhecimento do vínculo empregatício, porém sem condenação pecuniária, não cabe ao Judiciário promover a execução da contribuição social exatamente por ausência da base de cálculo."

Essa necessidade de condenação para execução das contribuições foi inclusive reconhecida pelo STF no **RE 569.056** (j. 11.09.2008), julgado em sede de **repercussão geral:**

> "A competência da Justiça do Trabalho, nos termos do disposto no art. 114, VIII, da CF, limita-se à execução, de ofício, das contribuições sociais previstas no art. 195, I, a, e II, e seus acréscimos legais, decorrentes das sentenças condenatórias em pecúnia que proferir e aos valores objeto de acordo homologado que integrem o salário de contribuição, **não abrangendo, portanto, a execução de contribuições atinentes ao vínculo de trabalho reconhecido na decisão, mas sem condenação ou acordo quanto ao pagamento das verbas salariais que lhe possam servir como base de cálculo** ("Art. 114 VIII – a

execução, de ofício, das contribuições sociais previstas no art. 195, I, a , e II, e seus acréscimos legais, decorrentes das sentenças que proferir;"). (...) Salientou-se que a decisão trabalhista que não dispõe sobre pagamento de salário, mas apenas se restringe a reconhecer a existência do vínculo empregatício não constitui título executivo no que se refere ao crédito de contribuições previdenciárias. (...) " (Informativo 519 do STF)

Consolidando essa posição, o Supremo editou a **súmula vinculante 53**, no seguinte teor: "A competência da Justiça do Trabalho prevista no art. 114, VIII, da Constituição Federal alcança a execução de ofício das contribuições previdenciárias relativas ao objeto da condenação constante das sentenças que proferir e acordos por ela homologados.".

Esse entendimento jurisprudencial, a nosso ver, corrobora a orientação de que apenas nos casos de decisão **condenatória** da Justiça do Trabalho é que se pode falar em constituição do crédito tributário por atividade judicial.

4. O ARTIGO 4º DO CTN

Por fim, cumpre tecer breves considerações sobre o artigo 4º do CTN, que tem a seguinte redação:

> Art. 4º A natureza jurídica específica do tributo é determinada pelo fato gerador da respectiva obrigação, sendo irrelevantes para qualificá-la:
>
> I – a denominação e demais características formais adotadas pela lei;
>
> II – a destinação legal do produto da sua arrecadação.

Como se verá no capítulo a respeito das contribuições, o segundo inciso, que prevê a irrelevância da destinação legal do produto da sua arrecadação, encontra-se superado, tendo em vista que a Constituição de 1988 prevê a destinação dos recursos das contribuições às suas finalidades.

> A derrogação do art. 4º, II do CTN é exigida em provas: "A denominação do tributo, assim como a destinação do produto da sua arrecadação, é irrelevante para a identificação da espécie tributária e do regime jurídico a ela aplicável" (Cespe – Procurador do Estado – PI/2014 – assertiva **incorreta**).

Desse modo, permanece como irrelevante a nomenclatura dada à espécie tributária, conforme o inciso I acima transcrito.

Em relação à determinação da natureza jurídica específica do tributo pelo fato gerador, vale uma ressalva: há impostos e contribuições que possuem idêntico fato gerador, sendo diferenciados justamente pela destinação legal do produto de sua arrecadação.

Podemos citar como exemplo o Imposto de Renda das Pessoas Jurídicas e a Contribuição Social sobre o Lucro Líquido. Tais tributos possuem fato gerador praticamente idêntico, com algumas diferenciações na forma de apuração. Distinguem-se, assim, não pelo fato gerador, mas pela destinação legal do montante arrecadado (vinculado na contribuição e desvinculado no imposto).

Nunca é demais lembrar que questões objetivas que reproduzam o texto do art. 4º, I do CTN devem ser assinaladas como corretas, tendo em vista tratar-se de regra geral válida para a maioria das situações.

5. CLASSIFICAÇÕES DOS TRIBUTOS

Abordaremos a seguir algumas classificações frequentemente mencionadas na doutrina e na jurisprudência, sem a pretensão de esgotar a análise do estudo classificatório dos tributos.

5.1 Tributos federais, estaduais, distritais e municipais

Essa primeira divisão dos tributos enfoca a pessoa política titular da competência tributária para a instituição dos tributos.

Desse modo, são federais os tributos instituídos pela União, estaduais os instituídos pelos Estados-membros, distritais aqueles de competência do Distrito Federal, e municipais os instituídos pelos diversos Municípios.

Alguns tributos podem ser instituídos por todos os entes políticos. É o caso dos impostos, das taxas e das contribuições de melhoria.

A Constituição Federal, entre seus artigos 153 a 156, confere a todos os entes políticos a competência tributária para a instituição de impostos, separando, contudo, quais impostos competirão a cada um dos entes. Desse modo, apenas a União pode instituir imposto sobre a renda (CF, 153, III), apenas o Estado ou o Distrito Federal podem cobrar imposto sobre a propriedade de veículos automotores (CF, 155, III) e apenas os Municípios ou o Distrito Federal podem se valer de um imposto que tenha como materialidade a prestação de serviços (CF, 156, III).

Perceba-se que o Distrito Federal pode instituir os impostos que competem aos Estados e também aos Municípios, tendo em vista a natureza híbrida do Distrito Federal, que possui competências administrativas estaduais e municipais.

Em relação às taxas e à contribuição de melhoria, a Constituição não discrimina quais materialidades são reservadas a esse ou àquele ente político. Como tais tributos são instituídos em razão de uma atividade estatal, tendo função contraprestacional, serão de competência do ente que prestar o serviço público ou a atividade fiscalizatória a serem remunerados (no caso das taxas), ou ainda, que tiver realizado a obra pública (no caso da contribuição de melhoria).

Especificamente em relação às taxas, a legitimidade da competência tributária guarda relação com a legitimidade da competência administrativa: a taxa será legítima na medida em que o serviço a ser remunerado realmente for de competência constitucional do ente tributante, de acordo com a divisão de competências administrativas.

Para isso, deve-se observar as competências administrativas da União (artigo 21 da CF), dos Municípios (artigo 30 da CF), e dos Estados (competência residual, nos termos do artigo 25, § 1º da CF). O Distrito Federal, frise-se mais uma vez, cumula as competências estaduais e municipais (CF, artigo 147).

O artigo 145 da CF deixa claro que todos os entes da Federação podem instituir impostos, taxas e contribuições de melhoria, senão vejamos:

> CF, art. 145. A União, os Estados, o Distrito Federal e os Municípios poderão instituir os seguintes tributos:
>
> I – impostos;
>
> II – taxas, em razão do exercício do poder de polícia ou pela utilização, efetiva ou potencial, de serviços públicos específicos e divisíveis, prestados ao contribuinte ou postos a sua disposição;
>
> III – contribuição de melhoria, decorrente de obras públicas.

As outras espécies tributárias (empréstimos compulsórios e contribuições especiais), por outro lado, não podem ser instituídas por qualquer ente federado, cabendo considerações específicas.

Em primeiro lugar, o empréstimo compulsório é de competência privativa da União, não podendo outra pessoa política instituí-lo.

No que tange às contribuições especiais, faz-se necessário uma análise mais detida, dada a pluralidade de contribuições dentro dessa espécie tributária.

Pode-se dizer que, em regra, as contribuições especiais são instituídas pela União. O artigo 149 da CF é explícito ao dizer que compete exclusivamente à União instituir contribuições sociais, de intervenção no domínio econômico e de interesse das categorias profissionais ou econômicas.

As contribuições devidas pelos servidores estatutários para financiar o respectivo regime próprio de previdência, porém, são instituídas pelos Estados, Distrito Federal e Municípios (artigo 149, § 1º da CF). Não faria sentido se a União instituísse contribuição de servidores estaduais, distritais ou municipais para custear a previdência mantida pelo ente estadual, distrital ou municipal. Por isso a Constituição deixa claro que o ente responsável pela previdência de seus servidores será aquele titular da competência para a instituição das contribuições necessárias ao seu custeio.

Ainda como exceção à regra de que as contribuições são instituídas pela União, temos a contribuição para o custeio do serviço de iluminação pública, prevista no artigo 149-A da CF (incluído pela Emenda Constitucional 39/2002). Tal contribuição pode ser instituída pelos Municípios e pelo Distrito Federal, que podem cobrá-la na fatura de consumo de energia elétrica.

5.2 Tributos fiscais, extrafiscais e parafiscais

Os tributos fiscais, ou de função fiscal, são aqueles que possuem a função arrecadatória como predominante, objetivando assim, carrear recursos aos cofres públicos. Temos como exemplo de tributos fiscais o Imposto de Renda, o ITCMD e o ITBI.

Outros impostos, contudo, possuem uma função preponderantemente **extrafiscal**, caso em que se destinam a **estimular ou desestimular um determinado comportamento do contribuinte**, ou até mesmo incentivar um setor econômico.

Dessa maneira, os impostos sobre o comércio exterior (II e IE) são nítidos exemplos de impostos extrafiscais, uma vez que sua função precípua não é o aporte de recursos ao Erário, mas sim a regulação de importações e exportações tornando-as mais ou menos onerosas, a depender das metas econômicas do País.

Uma observação se faz necessária. **Nenhum tributo será exclusivamente fiscal ou extrafiscal**, pois todo tributo instituído, inevitavelmente, arrecadará e também influenciará na economia e no comportamento dos contribuintes de certo modo.

Por isso, mesmo um tributo com função predominantemente fiscal terá uma faceta extrafiscal e vice-versa. Exemplo disso é o Imposto sobre Produtos Industrializados, considerado pela doutrina majoritária como fiscal, mas que tem na seletividade um desestímulo ao consumo de produtos supérfluos (explicaremos minuciosamente a seletividade do IPI no capítulo destinado exclusivamente ao estudo desse imposto).

Por fim, a doutrina observa ainda a existência de **tributos parafiscais**, que seriam aqueles em que a lei indica uma pessoa diversa da instituidora do tributo para desempenhar as funções de exigir o adimplemento do tributo, além de destinar-lhe os recursos arrecadados. Desse modo, **nos tributos parafiscais existe uma dissociação entre a pessoa política detentora da competência tributária para instituir o tributo e a pessoa que arrecada o tributo e que será destinatária de seus recursos.** Essa é a marca da parafiscalidade, que teria como melhor exemplo as contribuições especiais corporativas (contribuições profissionais exigidas pelos conselhos de fiscalização profissional).

Todavia, é preciso destacar uma divergência doutrinária a respeito da definição de tributo parafiscal. Alguns doutrinadores consideram que basta a destinação dos recursos arrecadados para pessoa diversa da instituidora do tributo para a caracterização do tributo como parafiscal. Nessa linha, a parafiscalidade exige a destinação específica dos recursos a órgão ou fundos específicos, sendo irrelevante a figura do sujeito ativo na relação jurídica tributária (CASTELLANI, 2009, p. 95)

Outros agregam a este elemento o requisito de a pessoa beneficiada pelos recursos necessariamente possuir a capacidade tributária ativa, tornando-se apta a exigir o tributo (CARVALHO, 2013, p. 235).

5.3 Tributos reais e pessoais

A distinção entre tributos pessoais e reais tem por base uma maior ou menor aproximação do aspecto material da hipótese de incidência do tributo com o aspecto pessoal.

Dessa forma, os impostos reais são aqueles que possuem uma maior identidade com o aspecto material da hipótese de incidência, tendo mais importância o fato ou a coisa que dá ensejo à tributação, sendo irrelevantes as condições ou características pessoais do contribuinte. A incidência do tributo ocorrerá da mesma forma para sujeitos passivos com qualidades completamente diferentes. Exemplos desses tributos são o IPI, o ICMS, o IOF, o ITR, entre outros.

Já os tributos pessoais são aqueles em que o aspecto material da hipótese de incidência mantém uma relação próxima com o aspecto pessoal da exação. Nesse caso, serão levadas em conta as qualidades pessoais do contribuinte, e o tributo incidirá de forma diferente conforme se alterem as características do sujeito passivo. Como sintetiza Regina Helena Costa (2014, p. 133), "nesse caso, as qualidades jurídicas dos sujeitos passivos refletem-se no aspecto material da hipótese de incidência para estabelecer diferenciação no tratamento destes".

O exemplo clássico de tributo pessoal é o Imposto de Renda, que no caso de pessoas físicas poderá ter uma série de deduções em relação a despesas do contribuinte com educação e saúde. Ou seja, a depender das condições pessoais do contribuinte, o aspecto quantitativo do imposto será diferente. Também em relação às pessoas jurídicas, existirão diferentes formas de apuração do montante a ser pago a depender das particularidades da pessoa jurídica.

A respeito dessa classificação, tem-se o artigo 145, § 1 da CF , segundo o qual sempre que possível, os impostos terão caráter pessoal e serão graduados segundo a capacidade econômica do contribuinte, facultado à administração tributária, especialmente para conferir efetividade a esses objetivos, identificar, respeitados os direitos individuais e nos termos da lei, o patrimônio, os rendimentos e as atividades econômicas do contribuinte.

Percebe-se assim que nos impostos pessoais a capacidade econômica do contribuinte, ou capacidade contributiva, deve ser identificada e servir como parâmetro para a graduação da carga tributária.

A jurisprudência mais recente do STF, todavia, tem entendido que o princípio da capacidade contributiva também se estende aos impostos reais (**RE 562.045**), e às taxas (**RE 232.393**). Não se pode esquecer ainda, que art. 5º, LXXIV e LXXVII da CF confere imunidade de taxas a pessoas pobres, sendo uma nítida aplicação do princípio da capacidade contributiva.

O STF, acolhendo tal diferenciação, entendeu possível a aplicação da progressividade tanto aos impostos pessoais como aos impostos reais (**RE 562.045 – repercussão geral**, j. 06.02.2013).

Com isso, deve-se atentar que, a classificação dos tributos em pessoais e reais não é extremamente rígida, havendo traços que tradicionalmente eram reconhecidos apenas nos tributos pessoais, como a progressividade e a capacidade contributiva, também nos tributos reais.

5.4 Tributos diretos e indiretos

Essa classificação leva em conta a repercussão econômica do tributo.

Os tributos diretos são aqueles cujo ônus econômico é suportado apenas pela pessoa eleita pela norma tributária como contribuinte da exação, chamado de contribuinte de direito. Nesse caso não há sujeitos estranhos à relação jurídico-tributária que arcarão financeiramente com o tributo. Exemplos de tributos diretos são os impostos sobre o patrimônio e a renda: IR, IPVA, ITBI, ITCMD.

Tributos indiretos, contrariamente, são os que possuem uma repercussão econômica, sendo pagos, indiretamente, por sujeitos alheios à relação jurídico-tributária, chamados de contribuintes de fato. Esse último é aquele sujeito que, apesar de não ter sido eleito pela norma tributária como a pessoa obrigada legalmente a adimplir a prestação pecuniária do tributo, suportará financeiramente o encargo tributário. Em outras palavras, é o patrimônio do contribuinte de fato que sofrerá uma redução com o tributo indireto. Há duas pessoas distintas: o contribuinte de direito e o contribuinte de fato.

Os exemplos dessa espécie são notadamente os impostos sobre a produção e sobre o consumo, tais como o ICMS e o IPI, que têm seus custos repassados ao consumidor final, compondo o preço dos produtos e mercadorias adquiridos.

Costuma-se fazer duas críticas a essa classificação.

A primeira seria a de que essa classificação toma um aspecto econômico para definir uma realidade jurídica, trazendo para o Direito noções e conceitos que lhes são estranhos.

A segunda crítica seria a de que mesmo os tributos diretos possuem repercussão econômica, já que até o Imposto de Renda, por exemplo, será computado como um custo da empresa na venda ou produção de suas mercadorias/produtos. O custo dos impostos diretos, assim, é repassado aos consumidores, ainda que de modo menos evidente. Sendo um desembolso computado na equação da atividade empresarial, será computado e determinante do preço de bens e serviços oferecidos no mercado.

Desse modo, mesmo que de forma oblíqua, os impostos diretos também são repassados ao consumidor final.

QUESTÕES OBJETIVAS

1. (Cespe – Juiz Federal Substituto 5ª região/2013) Assinale a opção correta de acordo com a CF, as normas gerais de direito tributário e a jurisprudência do STJ e do STF.

A) Não é admissível o repasse, na fatura de energia elétrica, do encargo financeiro relativo à contribuição de integração social e à contribuição para o financiamento da seguridade social devidas pela concessionária.

B) O fato de a sociedade não ser localizada no endereço fornecido como domicílio fiscal não gera presunção de que ela tenha sido irregularmente dissolvida.

C) É constitucional a adoção, no cálculo do valor de taxa, de um ou mais elementos da base de cálculo própria de determinado imposto, mesmo que haja integral identidade entre uma base e outra.

D) O CTN adota expressamente o princípio do non olet, cuja aplicação implica tributação do produto da atividade ilícita, bastando, para tanto, que a hipótese de incidência da obrigação tributária se realize no mundo dos fatos.

E) O IR será norteado pelos critérios da generalidade, da seletividade e da progressividade, na forma da lei.

2. (Cespe – Cartório – TJ – BA/2014) É correto afirmar que tributo é

A) considerado uma fonte de receita originária por parte do ente tributante.

B) toda prestação pecuniária compulsória cobrada mediante atividade administrativa plenamente vinculada.

C) toda prestação pecuniária cobrada mediante atividade administrativa discricionária instituída em lei.

D) toda prestação pecuniária referente a sanção pela prática de ato ilícito e cobrada mediante atividade administrativa plenamente vinculada.

E) toda prestação pecuniária que o contribuinte faz ao ente tributante de forma facultativa.

3. (Cespe – Cartório – TJ – BA/2014) Segundo o CTN, constitui(em) aspecto(s) relevante(s) para a determinação da natureza jurídica específica do tributo

A) o fato gerador da obrigação tributária.

B) a denominação e as demais características formais estabelecidas pela legislação tributária.

C) a destinação legal do produto da arrecadação e a denominação desse tributo e demais características previstas em lei.

D) a destinação legal do produto da arrecadação desse tributo.

E) o fato gerador e a destinação legal do produto da arrecadação desse tributo.

4. (Cespe – Cartórios – TJ – SE/2014) A natureza jurídica específica do tributo é determinada

A) pelo fato gerador.

B) pela alíquota aplicada.

C) pela base de cálculo.

D) pela destinação legal do produto de sua arrecadação.

E) pela sua denominação.

5. (Cespe – Procurador do Estado – PGE – PE/2018) Considerando-se o que dispõe o CTN, é correto afirmar que, como regra geral, os tributos

A) são compulsórios, podendo a sua obrigatoriedade advir da lei ou do contrato.

B) podem ser pagos em pecúnia, in natura ou in labore.

C) são cobrados mediante atividade administrativa, a qual pode ser vinculada ou discricionária.

D) podem incidir sobre bens e rendimentos decorrentes de atos ilícitos, embora não possam ser utilizados como sanção.

E) têm por fato gerador uma situação jurídica abstrata, não sendo possível vincular um tributo a qualquer atividade estatal específica.

6. (ESAF – Auditor-Fiscal– RFB/2014) Sobre a extrafiscalidade, julgue os itens a seguir, classificando-os como certos ou errados. Em seguida, assinale a opção correta.

I. Na medida em que se pode, através do manejo das alíquotas do imposto de importação, onerar mais ou menos o ingresso de mercadorias estrangeiras no território nacional, até o ponto de inviabilizar economicamente determinadas operações, revela-se o potencial de tal instrumento tributário na condução e no controle do comércio exterior.

II. Por meio da tributação extrafiscal, não pode o Estado intervir sobre o domínio econômico, manipulando ou orientando o comportamento dos destinatários da norma a fim de que adotem condutas condizentes com os objetivos estatais.

III. A extrafiscalidade em sentido próprio engloba as normas jurídico-fiscais de tributação (impostos e agravamento de impostos) e de não tributação (benefícios fiscais).

IV. Não existe, porém, entidade tributária que se possa dizer pura, no sentido de realizar tão somente a fiscalidade ou a extrafiscalidade. Os dois objetivos convivem, harmônicos, na mesma figura impositiva, sendo apenas lícito verificar que, por vezes, um predomina sobre o outro.

A) Apenas I, II e IV estão corretas.

B) Apenas I e IV estão corretas.

C) Apenas II e IV estão corretas.

D) Apenas I, III e IV estão corretas.

E) Todas as alternativas estão corretas.

7. **(Vunesp – Juiz de Direito – TJ SP/2017) A extrafiscalidade pode ser conceituada como**

A) a possibilidade de delegação da capacidade tributária ativa e da aptidão de exigir e arrecadar tributo, desde que o faça por lei, a outra pessoa de direito público ou privado que preste serviços públicos.

B) o mecanismo pelo qual a pessoa política, por meio de lei, transfere sua capacidade ativa a outra pessoa de direito público, como as autarquias.

C) a atividade que se expressa na atuação estatal de exigência de tributos com o objetivo exclusivo de arrecadação, e a geração de receitas, operando-se em desvio de finalidade.

D) o emprego de instrumentos tributários para o alcance das finalidades não arrecadatórias, mas incentivadoras ou inibidoras de comportamentos, com vista à realização de valores constitucionalmente relevantes.

GABARITO

1 – D	2 – B	3 – A
4 – A	5 – D	6 – D
7- D		

CAPÍTULO 2

ESPÉCIES TRIBUTÁRIAS

1. IMPOSTOS

A primeira afirmação a ser feita sobre os impostos é que eles são tributos.

Qualquer que seja a classificação dos tributos (bipartida, tripartida, quadripartida ou pentapartida), os impostos sempre estarão dentro do rol das espécies tributárias.

Com isso, temos que os impostos podem ser definidos, inicialmente, como uma prestação pecuniária compulsória, em moeda ou cujo valor nela se possa exprimir, que não constitua sanção de ato ilícito, instituída em lei e cobrada mediante atividade administrativa plenamente vinculada (conceito de tributo previsto no artigo 3º do CTN).

A partir desse conceito, temos que buscar os traços distintivos dos impostos em relação às outras espécies tributárias.

Um dos traços distintivos mais comentados pela doutrina é o que distingue os impostos das taxas. Isso porque **os impostos são tributos instituídos e cobrados independentemente de qualquer prestação estatal específica em relação ao contribuinte que o paga**, diferentemente das taxas, que possuem como fato gerador uma atividade estatal específica e divisível.

Diz-se, portanto, que os impostos são tributos **não vinculados**, já que não existe vinculação entre a sua instituição e a prestação de um determinado serviço público pelo Estado. Os impostos são exigidos independentemente de qualquer contraprestação estatal, não podendo o contribuinte questionar a legitimidade de um imposto argumentando que o Estado não presta satisfatoriamente este ou aquele encargo público. Nesse sentido já decidiu o STJ que **o Estado não pode ser coagido à realização de serviços públicos como contraprestação ao pagamento de impostos** (**REsp 478.958**, j. 24.06.2003)[1].

O fato gerador dos impostos não terá relação com alguma atuação do Poder Público. Pelo contrário, será uma situação ou atividade do particular. Essa característica está prevista legalmente, no artigo 16 do CTN, segundo o qual "imposto é o tributo cuja obrigação tem por fato gerador uma situação independente de qualquer atividade estatal específica, relativa ao contribuinte".

Para que surja a obrigação tributária referente aos impostos, basta, por exemplo, a aquisição de disponibilidade econômica ou jurídica de renda (Imposto de Renda), ou, ainda, o fato de ser proprietário de veículo automotor (Imposto sobre a Propriedade de Veículos Automotores). Não se perquire em relação a uma atividade do Poder Público.

Não se pode confundir a característica da não vinculação, que diz respeito ao fato gerador dos impostos, com outra marca dos impostos, qual seja, a **arrecadação não vinculada.**

Os impostos também são tributos de arrecadação não vinculada, o que significa que a receita de sua arrecadação não está adstrita a serviços, órgãos ou fundos específicos. Na realidade, as receitas dos impostos podem ser destinadas para as mais variadas finalidades, sendo por isso considerados **tributos não finalísticos**, ao contrário dos empréstimos compulsórios e das contribuições especiais.

Por esse motivo, costuma-se dizer que os impostos são vocacionados ao custeio dos serviços universais, como segurança pública, defesa externa e diplomacia, por exemplo, que se contrapõem aos serviços públicos específicos e divisíveis (que por sua vez são custeados por taxas).

Essa característica da arrecadação não vinculada dos impostos não é absoluta. Comporta exceção prevista no texto constitucional, que em seu **artigo 167, IV, que permite a vinculação da receita de impostos aos serviços públicos de saúde, ensino, e realização de atividades da administração tributária:**

---

1. Marcus Abraham, citando a decisão acima, observa: "Isso não quer dizer, entretanto, que o Estado está desobrigado a oferecer bens e serviços para a coletividade com o produto dos recursos arrecadados pelos impostos. Muito pelo contrário, os recursos financeiros originários dos impostos devem ontologicamente, financiar as despesas públicas do Estado. O que não se pode é exigir deste uma atividade específica por decorrência do pagamento de imposto." (ABRAHAM, 2015, p. 154).

> CF, art. 167. São vedados: (...) IV – a vinculação de receita de impostos a órgão, fundo ou despesa, ressalvadas a repartição do produto da arrecadação dos impostos a que se referem os arts. 158 e 159, a destinação de recursos para as ações e serviços públicos de saúde, para manutenção e desenvolvimento do ensino e para realização de atividades da administração tributária, como determinado, respectivamente, pelos arts. 198, § 2º, 212 e 37, XXII, e a prestação de garantias às operações de crédito por antecipação de receita, previstas no art. 165, § 8º, bem como o disposto no § 4º deste artigo;

A vedação da vinculação das receitas dos impostos aplica-se não apenas às receitas que já ingressaram nos cofres públicos, mas também a benefícios fiscais (caso em que haveria uma vinculação antes da entrada da receita nos cofres públicos), conforme o entendimento do STF:

> 1. É inconstitucional a lei complementar distrital que cria programa de incentivo às atividades esportivas mediante concessão de benefício fiscal às pessoas jurídicas, contribuintes do IPVA, que patrocinem, façam doações e investimentos em favor de atletas ou pessoas jurídicas.
>
> 2. O ato normativo atacado a faculta vinculação de receita de impostos, vedada pelo artigo 167, inciso IV, da CB/88. **Irrelevante se a destinação ocorre antes ou depois da entrada da receita nos cofres públicos.** (...) (**ADI 1750**, j. 20.09.2006 – grifamos).

Também decidiu o STF, com fundamento no artigo 167, IV da CF, que é inconstitucional a lei que determina o reajuste automático de vencimentos de servidores públicos à arrecadação de ICMS (**RE 218.874**, j. 07.11.2007). Haveria nesse caso uma afetação da receita de imposto à remuneração de servidores.

Os impostos também são **nominados**, considerando que estão listados e atribuídos aos entes políticos pela Constituição. Diferentemente das taxas, que podem ser instituídas pelos entes políticos com materialidades idênticas, os impostos são individualizados e disciplinados de forma básica entre os artigos 153 e 156 do texto constitucional, cabendo à lei complementar definir seus fatos geradores, base de cálculo e contribuintes (CF, 146, III, *a*).

Não se pode dizer, com isso, que os impostos estão dispostos na Constituição em um rol *numerus clausus* ou taxativo. Isso porque **a Carta Magna atribui à União uma competência residual para instituição de impostos não previstos na Constituição.** Para o exercício dessa competência, a União deve obedecer às condições do artigo 154, I da CF: a) a instituição deve ser por lei complementar, e não por lei ordinária; b) o imposto a ser criado deve ser não-cumulativo; e c) o fato gerador e a base de cálculo do imposto residual não podem coincidir com o fato gerador e a base de cálculo dos impostos já previstos no texto constitucional.

Na prática, essa competência residual para a criação de impostos até hoje não foi exercida sob a égide da Constituição de 1988, tendo em vista que a União também possui competência para a instituição de contribuições sociais residuais (art. 195, § 4º da CF/88), que podem possuir fatos geradores e bases de cálculo coincidentes com as dos impostos (STF, **RE 258.470**).

Assim, a criação de novos impostos é muito mais difícil do que de novas contribuições, já que aqueles não podem ter a mesma materialidade dos impostos já existentes, o que exige uma grande criatividade do legislador infraconstitucional para a criação de impostos residuais.

De qualquer forma, essa possibilidade de criação de novos impostos por lei complementar põe em xeque o artigo 17 do CTN, segundo o qual "os impostos componentes do sistema tributário nacional são exclusivamente os que constam deste Título, com as competências e limitações nele previstas". Com a Constituição de 1988, esse dispositivo não faz mais sentido.

Além da competência residual para a criação dos impostos, a União e o Distrito Federal possuem também competência **cumulativa**, prevista no artigo 18 do CTN e no artigo 147 da CF.

No caso da União, pode esta instituir, **cumulativamente**, nos Territórios Federais, os impostos estaduais, e até mesmo os impostos municipais, mas neste último caso apenas se o Território Federal não for dividido em municípios.

O Distrito Federal, por sua vez, possui a **competência cumulativa** de instituir impostos estaduais e municipais.

2. TAXAS

2.1 Conceito e características gerais

As taxas são tributos exigidos em razão da prestação de uma comodidade estatal ao contribuinte. Distanciam-se, desse ponto, dos impostos, que não fazem referência a qualquer prestação do Estado para serem exigidos do contribuinte.

Por isso, enquanto os impostos têm como fato gerador sempre um fato, situação ou atividade do contribuinte, as taxas terão como fato gerador uma atividade do Estado, seja exercício do poder de polícia, seja prestação de um serviço público específico e divisível.

O fato gerador da taxa é a própria atividade estatal, como se pode ver do artigo 17-B da Lei 6.938/81, que instituiu a taxa (federal) de controle e fiscalização ambiental:

> Lei 6.938/1981, art. 17-B. Fica instituída a Taxa de Controle e Fiscalização Ambiental – TCFA, **cujo fato gerador é o exercício regular do poder de polícia** conferido ao Instituto Brasileiro do Meio Ambiente e dos Recursos Naturais Renováveis – IBAMA para controle e fiscalização das atividades potencialmente poluidoras e utilizadoras de recursos naturais. (grifamos)

Dessa forma, o fato gerador das taxas é vinculado a uma prestação estatal, sem a qual deixa de existir o fundamento jurídico para a exigência da taxa. A própria Constituição, no artigo 145, II, determina que as taxas podem ser instituídas por todos os entes políticos, em razão do exercício do poder de polícia ou pela utilização, efetiva ou potencial, de serviços públicos específicos e divisíveis, prestados ao contribuinte ou postos a sua disposição. Com redação quase idêntica, o artigo 77, caput, do CTN confirma a vinculação das taxas.

Não é por outro motivo que a doutrina majoritária considera a taxa uma exação contraprestacional, que remunera uma atividade estatal efetivamente usufruída ou posta à disposição do contribuinte, o que atrairia a presença do sinalagma.

Encerrando este tópico, cumpre abordar brevemente a necessidade ou não de o produto da arrecadação das taxas ser vinculado à atuação estatal que justificou sua incidência.

Vicente Paulo e Marcelo Alexandrino bem observam que a Constituição não possui norma expressa que proíba o estabelecimento da destinação específica para o produto da arrecadação das taxas, mas também não determina a vinculação obrigatória entre a receita de uma taxa e a despesa com a correspondente atividade estatal (ALEXANDRINO e PAULO, 2014, p. 25).

Ressalva-se, porém, o artigo 98, § 2º da Constituição, segundo o qual as custas e emolumentos serão destinados exclusivamente ao custeio dos serviços afetos às atividades específicas da Justiça. Como se sabe, as custas e os emolumentos possuem a natureza jurídica de taxa, e devem ser destinadas ao aparelhamento da Justiça.

Em que pese a omissão de uma regra geral em relação às demais taxas, acreditamos que por imperativo lógico, o produto da arrecadação das taxas deve, ainda que indiretamente, servir à manutenção do serviço público que justifica sua instituição. Tanto que a base de cálculo deve guardar uma relação de proporcionalidade com o custo da atividade estatal em questão, como se verá a seguir.

2.2 A base de cálculo das taxas

Sendo a materialidade das taxas uma prestação do Estado ao contribuinte, sua base de cálculo deve guardar relação com o custo dessa atividade.

Não pode a base de cálculo da taxa utilizar critérios totalmente alheios ao exercício do poder de polícia ou ao serviço público desempenhado. Se é da natureza jurídica da taxa a vinculação de seu fato gerador com uma atividade estatal, não pode sua base de cálculo corresponder ao valor econômico de uma situação, fato ou atividade do contribuinte, como ocorre com os impostos.

Por esse motivo, a Constituição, em seu artigo 145, § 2º, determina: "as taxas não poderão ter base de cálculo própria de impostos", no que é seguido pelo artigo 77, parágrafo único do CTN: "a taxa não pode ter base de cálculo ou fato gerador idênticos aos que correspondam a imposto nem ser calculada em função do capital das empresas".

Apesar dessa necessária proporcionalidade entre o custo da atividade estatal e a base de cálculo das taxas, não é possível, na prática, que haja uma mensuração perfeita e exata dos custos envolvidos na prestação do Poder Público. O que se exige é uma razoabilidade entre a base de cálculo das taxas e os gastos despendidos pelo poder público para a consecução do exercício do poder de polícia ou do serviço público utilizado como fato gerador da taxa.

O tema foi abordado pelo STF na **ADI 2.551 MC-QO** (j. 02.04.2003), onde se confirmou que a taxa não pode superar a relação de razoável equivalência que deve existir entre o custo real da atuação estatal referida ao contribuinte e o valor que o Estado pode exigir de cada contribuinte. Para o STF, caso o valor da taxa ultrapasse o custo do serviço prestado ou posto à disposição do contribuinte, restaria configurada uma ofensa ao princípio da vedação ao tributo com efeito confiscatório.

Como observado no voto do Ministro Ricardo Lewandowski no **RE 576.321 RG-QO** (j. 04.12.2008), não há como se exigir, no cálculo da taxa, uma correspondência precisa com o valor despendido na prestação do serviço, ou, ainda, a adoção de fatores exclusivamente vinculados ao seu custo. O que a Constituição reclama é que se verifique uma equivalência razoável entre o valor pago pelo contribuinte e o custo individual do serviço que lhe é prestado.

As **custas judiciais** (que têm natureza de taxa), por exemplo, devem obedecer a um limite que estabeleça a equivalência entre o valor da taxa e o custo real dos serviços, ou do proveito do contribuinte (STF, **ADI-MC 1.772**, j. 15.04.1998). Para isso, o STF admite que tais taxas sejam calculadas **com base no valor da causa**, observando-se, contudo, um limite máximo de modo a não inviabilizar o acesso do cidadão ao Judiciário.

Esse é o teor da **súmula 667 do STF**: "Viola a garantia constitucional de acesso à jurisdição a taxa judiciária calculada sem limite sobre o valor da causa".

> Atenção com as súmulas, muito exigidas pelos examinadores: "Segundo o STF, não ofende a CF a taxa judiciária calculada sem limite sobre o valor da causa." (Cespe – Juiz de Direito Substituto – MA/ 2013 – assertiva **incorreta**)

Frise-se ainda que sob o fundamento de guardar consonância entre o custo da atividade estatal e a contraprestação a ser paga pelo contribuinte, **o STF tem legitimado taxas de polícia que têm seu montante definido a partir de tabelas cujos valores variam de acordo com o faturamento das empresas fiscalizadas (contribuintes das taxas de polícia)**. Nesses casos não há a aplicação de uma alíquota sobre uma expressão numérica relativa ao faturamento das empresas fiscalizadas. O faturamento é um critério da tabela para se definir o valor a ser pago. E não poderia ser diferente, diante das disposições contidas no artigo 145, § 2º da CF e no artigo 77, parágrafo único do CTN.

De acordo com o decidido no **RE 416.601** (j. 10.08.2005), "é razoável supor que a receita bruta de um estabelecimento varie segundo o seu tamanho e a intensidade de suas atividades. É razoável ainda pretender que empreendimentos com maior grau de poluição ou de utilização de recursos naturais requeiram controle e fiscalização mais rigorosos".

No mesmo sentido, cite-se o **RE 177.835** (j. 22.04.1999), segundo o qual a variação da taxa de fiscalização da Comissão de Valores Mobiliários, em função do patrimônio líquido da empresa, não significa seja dito patrimônio sua base de cálculo, porque haveria no caso um tributo fixo. Não haveria, segundo o STF, ofensa à Constituição, mas sim realização do princípio da capacidade contributiva, ao se levar em consideração o patrimônio das empresas na determinação do aspecto quantitativo da taxa.

Duas conclusões podem ser extraídas da análise dos julgados acima: primeiro, reconhece-se que **a consideração do vulto econômico das atividades empresariais é um critério legítimo para a aferição do montante das taxas de polícia**; além disso, percebe-se que **o STF admite as taxas com valores fixos**, estabelecidos em tabelas.

Por outro lado, o STF não admite que a base de cálculo seja da taxa de polícia seja estabelecida em razão do número de empregados (**RE 554.951**, j. 15.10.2013).

Quanto à identidade entre as bases de cálculo das taxas e dos impostos, o entendimento do Supremo é no sentido de que não pode haver uma identidade total e absoluta entre a mensuração econômica da taxa e a de um imposto.

Desse modo, é inconstitucional a taxa de licenciamento de importação, cuja base de cálculo coincide com a que corresponde ao imposto de importação, ou seja, o valor da mercadoria importada (**RE 167.992**, j. 23.11.1994). Também a **súmula 595 do STF** ilustra essa orientação: "É inconstitucional a taxa municipal de conservação de estradas de rodagem cuja base de cálculo seja idêntica a do imposto territorial rural".

Deve-se observar que o STF não exige a inexistência de qualquer elemento da base de cálculo de um imposto na aferição do aspecto quantitativo das taxas. **O que a Corte veda é a total identidade entre as bases de cálculo.**

Com efeito, no **RE 232.393** (j. 12.08.1999), o STF decidiu que o fato de um dos elementos utilizados na fixação da base de cálculo do IPTU – a metragem da área construída do imóvel – que é o valor do imóvel (CTN, art. 33), ser tomado em linha de conta na determinação da alíquota da taxa de coleta de lixo, não quer dizer que teria essa taxa base de cálculo igual à do IPTU. A consideração da área do imóvel na composição da base de cálculo da taxa de coleta de lixo realizaria os princípios da capacidade contributiva e da isonomia tributária, já que o imóvel de maior área produzirá mais lixo do que o imóvel menor.

Posteriormente, em julgado que discutia a constitucionalidade da taxa de coleta, remoção destinação de lixo instituída pelo Município de Campinas-SP (cuja base de cálculo era mensurada de acordo com a metragem dos imóveis), o STF se posicionou pela constitucionalidade de taxas que, na apuração do montante devido, adote um ou mais dos elementos que compõem a base de cálculo de determinado imposto, desde que não se verifique identidade integral entre uma base e outra (**RE 576.321 RG-QO**, j. 04.12.2008).

Igualmente, no julgamento da **ADI 3887** (j. 15.10.2008) o STF não enxergou inconstitucionalidade na utilização de parâmetros que não provocam a identidade vedada pelo artigo 145, § 2º da CF.

A questão restou pacificada na **súmula vinculante 29**, que literalmente afirma: "É constitucional a adoção no cálculo do valor de taxa de um ou mais elementos da base de cálculo própria de determinado imposto, desde que não haja integral identidade entre uma base e outra".

> "É constitucional a adoção, no cálculo do valor de taxa, de um ou mais elementos da base de cálculo própria de determinado imposto, mesmo que haja integral identidade entre uma base e outra." (Cespe – Juiz Federal Substituto 5ª região/2013 – assertiva **incorreta**, no ponto "mesmo que haja integral identidade").

2.3 Taxa de polícia

As taxas de polícia são aquelas que têm como fato gerador o exercício regular do poder de polícia, que por sua vez é definido no artigo 78 do CTN:

> CTN, art. 78. Considera-se poder de polícia atividade da administração pública que, limitando ou disciplinando direito, interêsse ou liberdade, regula a prática de ato ou abstenção de fato, em razão de intêresse público concernente à segurança, à higiene, à ordem, aos costumes, à disciplina da produção e do mercado, ao exercício de atividades econômicas dependentes de concessão ou autorização do Poder Público, à tranqüilidade pública ou ao respeito à propriedade e aos direitos individuais ou coletivos.

Registre-se, contudo, que as atividades que envolvem a consecução do poder de polícia podem ser sumariamente divididas em quatro grupos, a saber: (i) legislação, (ii) consentimento, (iii) fiscalização e (iv) sanção, de acordo com o entendimento do STJ (**REsp 817.534**, j. 10.11.2009). Obviamente, o exercício do poder de polícia na modalidade **legislativa** não ensejará a cobrança de taxa. Já a atuação **administrativa** do Estado no desempenho do poder de polícia implicará em custos que serão financiados pelas taxas de polícia.

Desse modo, ao requerer uma autorização para porte de arma (ato de polícia na modalidade consentimento), o cidadão estará se sujeitando a uma atividade do Estado de limitação de liberdade individual em benefício da coletividade, devendo pagar uma taxa de polícia. Da mesma forma, ao desencadear uma atividade de fiscalização por conta de exercer determinada atividade que deve sofrer limitações do Poder Público.

Segundo o parágrafo único do artigo 78 do CTN, considera-se regular o exercício do poder de polícia quando desempenhado pelo órgão competente nos limites da lei aplicável, com observância do processo legal e, tratando-se de atividade que a lei tenha como discricionária, sem abuso ou desvio de poder.

Exercício regular do poder de polícia ensejador da cobrança de taxa não significa, porém, que o contribuinte seja efetivamente fiscalizado. Para o STF (**RE 416.601**, j. 10.08.2005), não há como vincular a incidência do tributo apenas ao exercício do poder de polícia que redunde em fiscalização ou diligências locais.

Segundo a Corte Suprema, a existência do órgão administrativo não é condição para o reconhecimento da constitucionalidade da cobrança da taxa de localização e fiscalização, mas constitui um dos elementos para se inferir o efetivo exercício do poder de polícia, exigido constitucionalmente (**RE 588.322**, j. 16.06.2010).

Havendo a existência do órgão administrativo em funcionamento, revela-se legítima a taxa de renovação anual de licença para localização e funcionamento de estabelecimentos comerciais.

Atenção: o requisito da regularidade da atuação estatal para a taxa de polícia exclui a possibilidade de cobrança de taxa de polícia pelo exercício meramente potencial. Além do mais, o CTN permite a cobrança de taxa pela atuação estatal potencial apenas no que diz respeito às taxas de serviço, como se verá a seguir. "As taxas cobradas pelo DF, no âmbito de suas atribuições, podem ter como fato gerador o exercício efetivo ou potencial do poder de polícia" (Cespe – Cartório – TJ – DF/2014 – assertiva **incorreta**).

2.4 Taxas de serviço

As taxas de serviço são tributos incidentes sobre a prestação de serviços públicos específicos e divisíveis. Sua criação justifica-se justamente para a remuneração de tais serviços. Tais taxas contrapõem-se aos impostos, que são tributos financiadores de serviços gerais do Estado. Ou seja, os impostos, ao contrário das taxas de serviço, financiam serviços que não podem ser mensurados de forma individualizada em relação aos contribuintes, como segurança pública e diplomacia, por exemplo.

A utilização dos serviços públicos específicos e divisíveis que enseja cobrança da taxa pode ser **efetiva ou potencial**, na dicção do artigo 77 do CTN.

O artigo 79, por sua vez, define os conceitos de utilização efetiva ou potencial, bem como os conceitos de serviços públicos específicos e divisíveis:

> CTN, art. 79. Os serviços públicos a que se refere o artigo 77 consideram-se:
>
> I – utilizados pelo contribuinte:
>
> a) efetivamente, quando por ele usufruídos a qualquer título;
>
> b) potencialmente, quando, sendo de utilização compulsória, sejam postos à sua disposição mediante atividade administrativa em efetivo funcionamento;
>
> II – específicos, quando possam ser destacados em unidades autônomas de intervenção, de utilidade, ou de necessidades públicas;
>
> III – divisíveis, quando suscetíveis de utilização, separadamente, por parte de cada um dos seus usuários.

Ou seja, **a especificidade refere-se ao fracionamento do serviço, que pode ser destacado em unidades autônomas** de intervenção, de utilidade, ou de necessidades públicas. O serviço público específico, assim, é aquele que o usuário consegue identificar e separar dos demais, sabendo exatamente a comodidade que o Estado lhe presta. **Já a divisibilidade permite a identificação de cada titular que utiliza o serviço**, uma vez que este é passível de utilização separada por cada usuário.

> Trata-se de conceitos exigidos em provas objetivas, principalmente do CESPE: "Os serviços públicos específicos são suscetíveis de utilização por parte de cada um dos seus usuários de forma separada" (Cespe – Cartório – TJ – DF/2014 – assertiva **incorreta**, pois associa a especificidade à fruição separada pelos indivíduos, que na realidade diz respeito à divisibilidade).

Para Hugo de Brito Machado, por outro lado, cuida-se de duas definições inseparáveis, no sentido de que um serviço não pode ser divisível se não for específico (2005, p. 424).

O Judiciário frequentemente é instado a analisar tais conceitos. Por exemplo, o STF considera os serviços de coleta de lixo específicos e divisíveis, tendo editado a súmula vinculante 19: "A taxa cobrada exclusivamente em razão dos serviços públicos de coleta, remoção e tratamento ou destinação de lixo ou resíduos provenientes de imóveis, não viola o artigo 145, II da CF".

Já o serviço de limpeza de logradouros públicos não pode ser remunerado por taxa, já que não pode ser individualizado, sendo inespecífico (**RE 361.437**, j. 19.11.2002; **RE 576.321 RG-QO**, j. 04.12.2008).

Nessa mesma linha, "o serviço de iluminação pública não pode ser remunerado mediante taxa" (**STF, súmula 670, convertida na súmula vinculante 41**).

Ainda na jurisprudência do STF, encontramos julgado submetido à sistemática de **repercussão geral** (**RE 643.247**, j. 01.08.2017) no qual o tribunal foi categórico ao impedir o financiamento do serviço de segurança pública (no caso específico, prevenção e combate a incêndios) por meio de taxas, uma vez que tal serviço, além de não ser de competência municipal, deve ser financiado mediante a arrecadação de impostos. A tese de repercussão geral foi assim fixada:

> "A segurança pública, presentes a prevenção e o combate a incêndios, faz-se, no campo da atividade precípua, pela unidade da Federação, e, porque serviço essencial, tem como a viabilizá-la a arrecadação de impostos, não cabendo ao Município a criação de taxa para tal fim."

Outras características definidas no CTN são a efetividade e a potencialidade, pois o serviço específico e divisível a ser remunerado pela taxa pode ser prestado efetiva ou potencialmente, neste último caso se for definido em lei como de utilização compulsória. Desse modo, o serviço de coleta de lixo, sendo de utilização compulsória, deve ser pago mediante taxa mesmo que o dono do imóvel ali não resida, não se utilizando do serviço por não haver lixo oriundo de seu imóvel. Prevalece o interesse público no custeio desse serviço.

2.5 Taxa e preço público

Como se sabe, o preço público, ou tarifa, não possui natureza tributária, mas sim contratual, diferentemente da taxa. A partir dessa diferença, pode-se constatar que, enquanto a o preço público representa uma receita originária, fruto da exploração do patrimônio do Estado, a taxa é uma receita derivada, que o Estado aufere através de seu poder de império. Se o preço público surge de uma relação horizontal, marcado pela voluntariedade, a taxa, por outro lado, surge de um vínculo vertical, em que se destaca a compulsoriedade.

Essa distinção foi consagrada na **súmula 545 do STF**, que contém referência à prévia autorização orçamentária para a cobrança de tributos, o que não vigora mais com a Constituição de 1988. Segundo a súmula, "preços de serviços públicos e taxas não se confundem, porque estas, diferentemente daqueles, são compulsórias e têm sua cobrança condicionada à prévia autorização orçamentária, em relação à lei que as instituiu".

A distinção entre os serviços remunerados por taxa ou por tarifa requer o conhecimento da jurisprudência, vez que o próprio critério da compulsoriedade pode variar em função do tempo e espaço.

A título de exemplo, a remuneração pelo serviço de água e esgoto prestado por concessionária de serviço público não tem natureza tributária, sendo considerada tarifa pelo STF (**RE 590.828**, j. 12.06.2012).

O **STJ** segue a mesma linha, como se pode ver das **súmulas 407** (É legítima a cobrança da tarifa de água, fixada de acordo com as categorias de usuários e as faixas de consumo) e **412** (A ação de repetição de indébito de tarifas de água e esgoto sujeita-se ao prazo prescricional estabelecido no Código Civil).

"É inadmissível a cobrança de tarifa de água fixada de acordo com as categorias de usuários e as faixas de consumo." (Cespe – Juiz Federal Substituto 5ª região/2013 – assertiva **incorreta**, pois contraria a súmula 407 do STJ).

A crítica que se faz a esse entendimento do STF e do STJ é a de que os serviços de água e esgoto são essenciais, o que atrairia o regime tributário das taxas. Sendo serviços públicos que servem à promoção da dignidade humana, não se sujeitariam à interrupção. Além disso, atendem aos requisitos da especificidade e divisibilidade.

Contudo, uma vez que foram definidos pela jurisprudência como serviços remunerados por tarifa, os serviços de água e esgoto podem ser objeto de interrupção nos termos do artigo 6º, § 3º da Lei 8.987/1995.

Já os serviços notariais, apesar de serem prestados por delegação em caráter privado, são remunerados por taxa:

> (...) 1. **O Supremo Tribunal Federal vem admitindo a incidência de taxa sobre as atividades notariais e de registro**, tendo por base de cálculo os emolumentos que são cobrados pelos titulares das serventias

> como pagamento do trabalho que eles prestam aos tomadores dos serviços cartorários. **Tributo gerado em razão do exercício do poder de polícia que assiste aos Estados-membros, notadamente no plano da vigilância, orientação e correição da atividade em causa, nos termos do § 1º do art. 236 da Constituição Federal.**
>
> 2. O inciso V do art. 28 da Lei Complementar 166/99 do Estado do Rio Grande do Norte criou taxa em razão do poder de polícia. Pelo que **não incide a vedação do inciso IV do art. 167 da Carta Magna, que recai apenas sobre os impostos.**
>
> 3. **O produto da arrecadação de taxa de polícia sobre as atividades notariais e de registro não está restrito ao reaparelhamento do Poder Judiciário, mas ao aperfeiçoamento da jurisdição.** E o Ministério Público é aparelho genuinamente estatal ou de existência necessária, unidade de serviço que se inscreve no rol daquelas que desempenham função essencial à jurisdição (art. 127, caput, da CF/88). (...) (**ADI 3028**, j. 26.05.2010 - grifamos).

Tais taxas, assim como as custas judiciais, possuem vinculação de sua arrecadação expressa nas respectivas legislações.

3. CONTRIBUIÇÃO DE MELHORIA

A contribuição de melhoria é uma espécie tributária pouco utilizada pelos entes tributantes, o que se reflete na escassa jurisprudência a respeito. Está prevista constitucionalmente no artigo 145, III da Constituição Federal como um tributo atrelado a obras públicas e de competência comum da União, dos Estados, Distrito Federal e Municípios. Trata-se, portanto, de tributo vinculado a uma atuação estatal (obra pública).

O Código Tributário Nacional, por sua vez, trata desse tributo nos artigos 81 e 82:

> CTN, Art. 81. A contribuição de melhoria cobrada pela União, pelos Estados, pelo Distrito Federal ou pelos Municípios, no âmbito de suas respectivas atribuições, é instituída para fazer face ao custo de obras públicas de que decorra valorização imobiliária, tendo como limite total a despesa realizada e como limite individual o acréscimo de valor que da obra resultar para cada imóvel beneficiado.
>
> Art. 82. A lei relativa à contribuição de melhoria observará os seguintes requisitos mínimos:
>
> I – publicação prévia dos seguintes elementos:

a) memorial descritivo do projeto;

b) orçamento do custo da obra;

c) determinação da parcela do custo da obra a ser financiada pela contribuição;

d) delimitação da zona beneficiada;

e) determinação do fator de absorção do benefício da valorização para toda a zona ou para cada uma das áreas diferenciadas, nela contidas;

II – fixação de prazo não inferior a 30 (trinta) dias, para impugnação pelos interessados, de qualquer dos elementos referidos no inciso anterior;

III – regulamentação do processo administrativo de instrução e julgamento da impugnação a que se refere o inciso anterior, sem prejuízo da sua apreciação judicial.

§ 1º A contribuição relativa a cada imóvel será determinada pelo rateio da parcela do custo da obra a que se refere a alínea c, do inciso I, pelos imóveis situados na zona beneficiada em função dos respectivos fatores individuais de valorização.

§ 2º Por ocasião do respectivo lançamento, cada contribuinte deverá ser notificado do montante da contribuição, da forma e dos prazos de seu pagamento e dos elementos que integram o respectivo cálculo.

Como se vê do artigo 81, a instituição da contribuição de melhoria tem como requisito a **valorização imobiliária** decorrente de obras públicas, eis que o tributo em questão é instituído para fazer face ao custo dessas obras. Não basta, para legitimar a contribuição de melhoria, que o imóvel seja apenas de alguma forma beneficiado, exigindo-se a verificação de uma valorização aferível (STF, **RE 116.147, 115.863** e **AI 694.836-AgR**).

Tal exigência decorre não do texto constitucional, que exige apenas a "*melhoria*", mas do Código Tributário Nacional que, dentro dos limites constitucionais, optou por utilizar apenas uma parcela da competência tributária conferida pela Constituição, exigindo-se portanto uma melhoria qualificada pela valorização imobiliária[2].

"O fato gerador da contribuição de melhoria não é a realização da obra em si, mas sua consequência. Com isso, para efeito de cobrança do tributo, deve-se considerar melhoria como sinônimo de valorização do imóvel beneficiado" (Cespe – Analista Legislativo – Consultor Legislativo – Câmara dos Deputados/2014 – assertiva **correta**).

2. No mesmo sentido: SCHOUERI, 2015, p. 204.

A exigência da valorização imobiliária impede que o tributo seja cobrado antes do início das obras públicas, com o objetivo de arrecadar recursos previamente para seu financiamento. Os recursos a serem assim utilizados devem originar-se dos impostos, uma vez que a contribuição de melhoria só será devida após a obra pública encontrar-se num estágio do qual se constate a valorização imobiliária. **A contribuição de melhoria é exigida apenas após a realização da obra ou de parte relevante dela. Não se pode instituir esse tributo para financiar obras futuras.**

O ente político competente para a criação do tributo é aquele encarregado da obra pública da qual resultou a valorização imobiliária, seja tal ente a União, um Estado, ou um Município. Basta que tal ente não extrapole os limites constitucionais de sua atuação na consecução da obra pública.

O contribuinte natural seria o proprietário do imóvel valorizado, beneficiário imediato da obra pública. Tanto que na Constituição de 1967, em seu artigo 18, II, havia previsão expressa de que o tributo seria "arrecadado dos proprietários de imóveis valorizados".

Tem-se aqui a aplicação do princípio da isonomia: aqueles que foram beneficiados pela valorização decorrente de obra pública, devem contribuir de forma diferenciada. A contribuição de melhoria é "a recuperação do enriquecimento ganho por um proprietário em virtude de obra pública (...). Daí a justificação do tributo pelo princípio do enriquecimento sem causa, peculiar ao Direito Privado" (BALEEIRO, 2015, p. 892).

O artigo 81 do CTN estabelece ainda dois limites da contribuição de melhoria: total e individual.

Limite total é a despesa realizada pelo Poder Público na construção da obra pública. Caso os recursos arrecadados com a contribuição de melhoria ultrapassem o custo total da obra, haverá uma desnaturação da exação, pois o valor excedente não estará mais vinculado à obra pública, caracterizando-se como imposto.

O **limite individual**, por sua vez, é o **acréscimo de valor que da obra resultar para cada imóvel beneficiado.**

Perceba como é importante a distinção entre os conceitos de valorização imobiliária e valor venal do imóvel: "A contribuição de melhoria cobrada pela União, pelos Estados, pelo Distrito Federal ou pelos Municípios, no âmbito de suas respectivas atribuições, é instituída para fazer face ao custo de obras públicas de que decorra valorização imobiliária, tendo como limite total a despesa realizada e como limite individual o valor venal de cada imóvel beneficiado." (TJ/SC – Juiz de Direito Substituto – SC/2013 – assertiva **incorreta**)

Em outras palavras, a contribuição de melhoria não pode se voltar contra o proprietário de imóvel a ponto de exigir mais que a **valorização imobiliária constatada**.

Justamente em razão desses limites, o artigo 82 exige como requisitos mínimos, dentre outros, o orçamento do custo da obra, a determinação do custo da obra a ser financiada pela contribuição, além de determinar que a contribuição relativa a cada imóvel será determinada pelo rateio da parcela do custo da obra a ser financiada pela contribuição pelos imóveis situados na zona beneficiada em função dos respectivos fatores individuais de valorização.

Registre-se que, em relação à publicação prévia mencionada no artigo 82 dos elementos ali constantes, o STJ possui precedente segundo o qual "o edital que antecede a cobrança da contribuição de melhoria pode ser publicado depois da realização da obra pública" (**REsp 89.791**, j. 02.06.1998). Em outro julgado, o STJ esclarece que "a publicação prévia do edital é necessária para cobrança da contribuição e não para realização da obra" (REsp 8.417, j. 17.05.1995). Percebe-se assim que **a publicação do edital deve ser prévia à cobrança da contribuição de melhoria, mas não à realização da obra**, permitindo-se assim que o edital seja publicado após o início da obra pública.

As amarras condicionantes presentes no artigo 82 do CTN parecem ser uma explicação para a reduzida frequência na instituição dessa espécie tributária. Se comparado com a taxa, outro tributo vinculado a uma atuação estatal, a contribuição de melhoria possui requisitos muito mais rigorosos para sua instituição.

Os entes tributantes não possuem, contudo, liberdade para optar entre a instituição de uma taxa ou de uma contribuição de melhoria. Cada um desses tributos possui suas condicionantes, constitucionais ou infraconstitucionais. A dificuldade maior em se instituir uma contribuição de melhoria não permite ao ente político optar por uma taxa, se há uma obra pública e não há serviço público específico e divisível, do mesmo modo que a recíproca é verdadeira, não se podendo instituir contribuição de melhoria quando há serviço, e não obra.

Com essa orientação, o STF entendeu que a "taxa de pavimentação asfáltica" do Município de Santo André era inconstitucional, pois não representava contraprestação de um serviço público específico e divisível, mas sim de uma obra pública (**RE 140.779**, j. 02.08.1995). E naquele caso não estavam preenchidos os requisitos para cobrança de melhoria.

Ainda para o STF, enquanto a obra de asfaltamento que enseja valorização imobiliária pode justificar a instituição de contribuição de melhoria, o recapeamento de via pública já asfaltada representa simples serviço de manutenção e conservação, que não acarreta valorização do imóvel, não justificando a imposição da contribuição de melhoria (**RE 115.863**, j. 29.10.1991).

O STJ, a seu turno, entende que o ente instituidor da contribuição de melhoria possui o ônus de provar a ocorrência de efetiva valorização imobiliária em razão de obra pública (**REsp 1.326.502**, j. 18.04.2013).

4. EMPRÉSTIMO COMPULSÓRIO

O empréstimo compulsório é uma espécie em relação à qual a Constituição não prevê fatos geradores específicos ou uma atividade estatal como requisito para sua exigência. Diferentemente, requer o constituinte a presença de situações especiais que são taxativamente elencadas:

> CF, art. 148. A União, mediante lei complementar, poderá instituir empréstimos compulsórios:
>
> I – para atender a despesas extraordinárias, decorrentes de calamidade pública, de guerra externa ou sua iminência;
>
> II – no caso de investimento público de caráter urgente e de relevante interesse nacional, observado o disposto no art. 150, III, "b".
>
> Parágrafo único. A aplicação dos recursos provenientes de empréstimo compulsório será vinculada à despesa que fundamentou sua instituição.

Como se vê acima, a Constituição limita-se a trazer as causas da instituição dos empréstimos compulsórios, sendo silente quanto ao fato gerador a ser eleito pelo legislador. A guerra externa, a calamidade pública e o investimento público de caráter urgente e relevante não são hipóteses tributárias, mas sim causa ou justificativa para a instituição do empréstimo compulsório.

A hipótese tributária, por sua vez, pode ser própria de taxa (atividade estatal) ou de imposto (ato, fato ou situação do contribuinte), ou ainda pode a instituição do empréstimo compulsório atrelar o investimento que justifica o tributo a um grupo específico que seja especialmente beneficiado, caso em que teremos uma aproximação com as contribuições especiais.

A doutrina costuma defender que é necessário respeitar a delimitação de competências tributárias quando da eleição de materialidades próprias de impostos. Assim é que a União não pode, ao instituir empréstimos compulsórios, violar, obliquamente, as competências tributárias de outros entes federativos. Por isso, é possível a instituição de empréstimos compulsórios sobre importações de produtos, obtenção de rendimentos, ou propriedade territorial rural; mas há vedação para materialidades como operações mercantis, prestações de serviços ou propriedade territorial urbana (CARRAZZA, 2015, p. 672).

Outra peculiaridade do empréstimo compulsório é a exigência de **lei complementar** para sua instituição, a qual é de competência exclusiva da União.

Voltando às causas que justificam o tributo em questão, cumpre observar a divisão feita pelo constituinte, que definiu uma ordem de relevância entre as justificativas do tributo, com uma consequência prática de se observar ou não o princípio da anterioridade.

No caso do inciso I (despesa extraordinária, decorrente de calamidade pública ou guerra externa), o empréstimo compulsório pode ser instituído imediatamente, sem observância ao princípio da anterioridade.

No caso do inciso II (investimento público de caráter urgente e de relevante interesse nacional), deve-se observar a anterioridade anual.

> A diferenciação quanto à incidência do princípio da anterioridade é bastante cobrada em provas de concursos: "Se, devido a necessidade urgente, a União instituir empréstimo compulsório para custear um investimento público de relevante interesse nacional em determinada data, nesse caso, devido ao princípio da anterioridade, a aplicação do referido tributo só poderá ocorrer no início do exercício fiscal subsequente" (Cespe – Defensor Público – DPU/ 2015 – assertiva **correta**).

A Constituição é expressa ainda que a destinação dos recursos do empréstimo compulsório é vinculada à despesa que fundamentou sua instituição (parágrafo único do artigo 148). O empréstimo compulsório é, por determinação constitucional, um tributo de receita vinculada à causa que ensejou sua instituição.

Apesar do nome "empréstimo", é inegável sua natureza tributária, diante do perfil constitucional traçado.

O fato de ser restituível tampouco infirma sua caracterização como tributo. Primeiro porque a Constituição, ao mesmo tempo em que confere ao empréstimo compulsório o regime tributário das demais espécies, exige expressamente a restituição do valor arrecadado. Segundo, porque nem mesmo o artigo 3º do CTN, em sua função didática de explicitar o conceito de tributo, faz qualquer menção a uma impossibilidade de restituição como parte do conceito.

Por fim, vale ainda lembrar o parágrafo único do artigo 15 do CTN, o qual preceitua que a lei fixará obrigatoriamente o prazo do empréstimo e as condições de seu resgate.

5. CONTRIBUIÇÕES

5.1 Características e Destinação da Arrecadação

A espécie "contribuições especiais" não se confunde com a contribuição de melhoria estudada anteriormente. As contribuições especiais estudadas a partir de agora abrangem as seguintes espécies: contribuições sociais (gerais e da seguridade social), contribuições no interesse das categorias profissionais ou econômicas, e contribuições de intervenção no domínio econômico. A todas essas espécies, indistintamente, utilizaremos o termo "contribuição", referente ao gênero.

Contribuição é tributo previsto na Constituição de 1988, cuja característica marcante é a **destinação do produto de sua arrecadação à finalidade para a qual foi criada.** A peculiaridade da contribuição reside justamente no fato de não ser um tributo definido pela materialidade, como o são os impostos e as taxas. Seu critério informativo, portanto, é a existência de uma finalidade para a qual a contribuição deve ser criada, finalidade essa prevista na Constituição e observada pelas leis e pelos atos administrativos de aplicação dos recursos arrecadados.

Assim dispõe o artigo 149 da Constituição:

> CF, art. 149. Compete exclusivamente à União instituir contribuições sociais, de intervenção no domínio econômico e de interesse das categorias profissionais ou econômicas, **como instrumento de sua atuação nas respectivas áreas**, observado o disposto nos arts. 146, III, e 150, I e III, e sem prejuízo do previsto no art. 195, § 6º, relativamente às contribuições a que alude o dispositivo.

A cláusula grifada acima, "como instrumento de sua atuação nas respectivas áreas" é a previsão constitucional que prevê a vinculação da arrecadação das contribuições à finalidade para qual foram criadas. Ora, se a contribuição é criada como um instrumento de atuação numa área em específico, imperioso se faz que o produto de sua arrecadação seja destinado à respectiva área de atuação. Se a Constituição determina que as contribuições devem ser criadas para uma determinada finalidade, é porque os recursos arrecadados com essa espécie tributária devem ser utilizados à persecução de tal finalidade.

Não nos parece válido afirmar que a mera cobrança de uma contribuição já poderia ser entendida como uma atuação em determinada área. Acreditamos ser necessária a vinculação de seus recursos à finalidade em questão.

Com isso, pode-se afirmar que a destinação do produto da arrecadação tributária é fundamental para a classificação jurídica dos tributos, uma vez que esse é o critério que diferencia as contribuições e os empréstimos compulsórios dos demais tributos.

Por outro lado, artigo 4º do CTN dispõe em sentido contrário:

> CTN, art. 4º A natureza jurídica específica do tributo é determinada pelo fato gerador da respectiva obrigação, sendo irrelevantes para qualificá-la:
>
> (...) II – a destinação legal do produto da sua arrecadação.

A antítese normativa entre o artigo 149 da Constituição e o artigo 4º, II do Código Tributário Nacional só pode ser resolvida pela supremacia das normas constitucionais. Em outras palavras, o artigo 4º, II do CTN foi revogado pela Constituição de 1988, uma vez que esta última traz as contribuições como espécie tributária que possui como traço característico justamente a destinação legal do produto da sua arrecadação. Quando muito, pode-se dizer que o dispositivo infraconstitucional permanece em vigor, mas com aplicabilidade reduzida, não interferindo na disciplina constitucional das contribuições e dos empréstimos compulsórios.

Repita-se novamente: se o que justifica a criação de uma contribuição é certa finalidade, os recursos arrecadados com esse tributo não podem ser utilizados em outros fins, sob pena de se contrariar a própria norma de competência das contribuições, que vincula sua instituição à finalidade.

Desse modo, as leis que instituem contribuições devem vincular os recursos auferidos às finalidades específicas. Exemplos:

> CIDE-Combustíveis: Lei 10.336/01, art. 1º, § 1º **O produto da arrecadação da Cide será destinada, na forma da lei orçamentária, ao**: I – pagamento de subsídios a preços ou transporte de álcool combustível, de gás natural e seus derivados e de derivados de petróleo; II – financiamento de projetos ambientais relacionados com a indústria do petróleo e do gás; e III – financiamento de programas de infra-estrutura de transportes.

COFINS: Lei Complementar 70/91, art. 1° Sem prejuízo da cobrança das contribuições para o Programa de Integração Social (PIS) e para o Programa de Formação do Patrimônio do Servidor Público (Pasep), fica instituída contribuição social para financiamento da Seguridade Social, nos termos do inciso I do art. 195 da Constituição Federal, devida pelas pessoas jurídicas inclusive as a elas equiparadas pela legislação do imposto de renda, **destinadas exclusivamente às despesas com atividades-fins das áreas de saúde, previdência e assistência social.**

No âmbito do direito financeiro, o parágrafo único do art. 8º da LC 101/2000 (Lei de Responsabilidade Fiscal) corrobora que os recursos legalmente vinculados a finalidade específica serão utilizados exclusivamente para atender ao objeto de sua vinculação, ainda que em exercício diverso daquele em que ocorrer o ingresso.

Em caso de desrespeito à destinação dos recursos da contribuição, surgem basicamente duas correntes para explicar as consequências do desvio.

Misabel Derzi, por exemplo, entende que em caso de os recursos arrecadados com a contribuição serem aplicados em finalidade diversa da legitimadora de sua instituição, o contribuinte pode se opor ao pagamento do tributo (2015, p. 57).

Perceba-se a rigidez da exigência: ainda que a lei instituidora da contribuição vincule o produto de sua arrecadação à sua finalidade, haverá o direito à repetição do indébito caso o contribuinte comprove que os recursos, a despeito da previsão legal, não foram efetivamente aplicados na finalidade prevista.

O ex-ministro do STF Carlos Velloso partilha dessa orientação, como se pode ver de seu voto no RE 183.906: "caso há, no sistema tributário brasileiro, em que a destinação do tributo diz com a legitimidade deste e, por isso, não ocorrendo a destinação constitucional do mesmo, surge o direito de não pagá-lo. Refiro-me às contribuições parafiscais".

Em sentido contrário, há a corrente que apregoa a irrelevância tributária do desvio da destinação dos recursos arrecadados com a contribuição. Esse posicionamento fundamenta-se na ideia de que o direito tributário esgota-se com a arrecadação do tributo, e qualquer evento posterior à sua arrecadação não terá consequências tributárias.

As relações jurídicas posteriores à extinção do crédito tributário teriam relevância para o direito financeiro ou administrativo, mas não para o direito tributário. Com isso, o desvio dos recursos das contribuições ensejaria sanção de ordem não tributária, não afetando a validade do tributo.

Geraldo Ataliba e Alfredo Augusto Becker encampam essa posição. Para o primeiro autor, "a destinação dos dinheiros é questão não tributária, mas constitucional-financeira, de direito orçamentário" (ATALIBA, 2014, p. 158).

Em 2003, o STF proferiu decisão histórica na **ADI 2925** (j. 19.12.2003), na qual entendeu que não se poderia destinar o produto da arrecadação da CIDE-Combustível em finalidade diversa das previstas no art. 177, § 4º da CF. Entendeu o STF que a lei orçamentária que assim o fizesse estaria violando frontalmente a CF, sendo possível o controle abstrato para a declaração de inconstitucionalidade de norma concreta que desviasse os recursos da contribuição da previsão constitucional. A ementa do julgado foi assim redigida:

> PROCESSO OBJETIVO – AÇÃO DIRETA DE INCONSTITUCIONALIDADE – LEI ORÇAMENTÁRIA. Mostra-se adequado o controle concentrado de constitucionalidade quando a lei orçamentária revela contornos abstratos e autônomos, em abandono ao campo da eficácia concreta. LEI ORÇAMENTÁRIA – CONTRIBUIÇÃO DE INTERVENÇÃO NO DOMÍNIO ECONÔMICO – IMPORTAÇÃO E COMERCIALIZAÇÃO DE PETRÓLEO E DERIVADOS, GÁS NATURAL E DERIVADOS E ÁLCOOL COMBUSTÍVEL – CIDE – DESTINAÇÃO – ARTIGO 177, § 4º, DA CONSTITUIÇÃO FEDERAL. É inconstitucional interpretação da Lei Orçamentária nº 10.640, de 14 de janeiro de 2003, que implique abertura de crédito suplementar em rubrica estranha à destinação do que arrecadado a partir do disposto no § 4º do artigo 177 da Constituição Federal, ante a natureza exaustiva das alíneas "a", "b" e "c" do inciso II do citado parágrafo. (ADI 2.925, j. 19/12/2003 – grifamos).

Alguns doutrinadores passaram a defender que a jurisprudência deveria evoluir para não só vedar o desvio, mas também para permitir a devolução do indébito em caso de desvio. Não foi esse o entendimento do STF consolidado em sede de **repercussão geral:**

> (...) 2. **Não é possível concluir que, eventual inconstitucionalidade da desvinculação parcial da receita das contribuições sociais, teria como consequência a devolução ao contribuinte do montante correspondente ao percentual desvinculado, pois a tributação não seria inconstitucional ou ilegal, única hipótese autorizadora da repetição do indébito tributário ou o reconhecimento de inexistência de relação jurídico-tributária.** (...) (**RE 566.007**, j. 13.11.2014 – grifamos).

Segundo a relatora, Carmem Lúcia, ainda que se considerasse inconstitucional a desvinculação de receitas, a consequência seria a vinculação do produto da arrecadação, e não sua devolução ao contribuinte.

Em julgado anterior, o STF já havia decidido que sequer haveria inconstitucionalidade na desvinculação parcial das receitas das contribuições por emenda constitucional (**RE 537.610**, j. 01.12.2009). Segundo o relator, Min. Cezar Peluso, o fato de o elemento essencial das contribuições ser a destinação do produto de sua arrecadação não autorizaria a conclusão de que a desvinculação parcial do produto da arrecadação teria importado criação de imposto (tributo, que, como se sabe, tem como regra a desvinculação de suas receitas). Afirmou ainda que a norma que determina a vinculação da destinação do produto da arrecadação das contribuições sociais não assume caráter de cláusula pétrea, em razão de não constar do artigo 60, § 4º da Constituição. Com isso, sua conclusão foi a de que não há impedimento para que Emenda Constitucional proceda à desvinculação de receitas das contribuições.

Com base nessa jurisprudência, foram fixadas duas teses de repercussão geral no **RE 566.007**:

> I – A eventual inconstitucionalidade de desvinculação de receita de contribuições sociais não acarreta a devolução ao contribuinte do montante correspondente ao percentual desvinculado, pois a tributação não seria inconstitucional ou ilegal, única hipótese autorizadora da repetição do indébito tributário;
>
> II – Não é inconstitucional a desvinculação, ainda que parcial, do produto da arrecadação das contribuições sociais instituídas pelo art. 76 do ADCT, seja em sua redação original, seja naquela resultante das Emendas Constitucionais 27/2000, 42/2003, 56/2007, 59/2009 e 68/2011.

Sintetizando, é possível concluir:

- É inconstitucional a lei orçamentária aplique recursos de contribuições em finalidades diversas das previstas na CF;
- Ainda que haja inconstitucionalidade na desvinculação, por lei, das receitas das contribuições, a consequência não seria a repetição do indébito tributário, mas apenas a vinculação do produto da arrecadação;
- É possível, contudo, que uma Emenda Constitucional desvincule os recursos de contribuições de suas finalidades originárias, sem que haja ofensa a cláusula pétrea;

Traçado um panorama geral das contribuições, cumpre dedicarmos uma abordagem detida sobre especificidades relevantes para fins de concursos públicos.

5.2 Contribuições e lei complementar

Não existe determinação constitucional para que as contribuições sejam instituídas por lei complementar, exceto em relação às contribuições residuais da seguridade social (CF, art. 195, § 4º). Em outra formulação, é correto afirmar que, **com exceção das contribuições novas (ou residuais) da seguridade social, as contribuições podem ser instituídas por lei ordinária.** O STF possui orientação pacífica nesse sentido (**RE 396.266**, j. 26.11.2003). Em relação às contribuições de intervenção no domínio econômico, há inclusive decisão em sede de **repercussão geral** (**RE 635.682**, j. 25.04.2013).

Superada a espécie legislativa necessária para a instituição das contribuições, cumpre indagar se a lei complementar deve definir o fato gerador, a base de cálculo e os contribuintes das contribuições.

Uma das funções da lei complementar tributária é estabelecer normas gerais definindo fato gerador, base de cálculo e contribuintes **dos impostos** (CF, art. 146, III, *a*):

> CF, art. 146. Cabe à lei complementar:
> (...) III – estabelecer normas gerais em matéria de legislação tributária, especialmente sobre: a) definição de tributos e de suas espécies, bem como, **em relação aos impostos discriminados nesta Constituição, a dos respectivos fatos geradores**, bases de cálculo e contribuintes.

A interpretação conferida a esse dispositivo foi a de que ele na pode ser estendido às contribuições. O STF é pacífico no sentido de que as contribuições (todas as do art. 149: sociais, de intervenção no domínio econômico e no interesse de categorias profissionais ou econômicas) não precisam ter seus fatos geradores definidos em lei complementar (**RE 148.754**, j. 24.06.1993).

A regra do art. 146, III, *a* da CF é aplicável apenas aos impostos, não se estendendo às contribuições.

Em síntese:

- A Constituição não exige que a lei complementar disponha sobre o fato gerador, base de cálculo e contribuintes das contribuições nela previstas (tal exigência só ocorre em relação aos impostos).

- A Constituição exige lei complementar para a instituição de contribuições da seguridade social não previstas em seu texto (contribuições sociais residuais).
- Ressalvadas as contribuições sociais residuais, é possível a instituição de contribuições por lei ordinária.

5.3 Categorias

As contribuições podem ser separadas, de acordo com o artigo 149, em: a) contribuições sociais (que podem ser contribuições sociais gerais ou contribuições da seguridade social, que por sua vez podem estar previstas na Constituição ou ser residuais); b) contribuições de intervenção no domínio econômico; c) contribuições no interesse de categorias profissionais e econômicas.

Assim, temos:

> a) contribuições sociais – a.1) contribuições sociais gerais; a.2) contribuições sociais para a seguridade social: a.2.1) contribuições sociais para a seguridade social previstas na Constituição; a.2.2) contribuições sociais para a seguridade social residuais (CF, art. 195, § 4º);
> b) contribuições de intervenção no domínio econômico
> c) contribuições no interesse de categorias profissionais e econômicas

Trataremos das características gerais de cada uma dessas espécies.

5.3.1 Contribuições sociais

Trata-se de uma espécie de contribuição que destina-se ao financiamento da atuação da União na área "social". Como se vê, possui um escopo demasiadamente amplo.

Numa tentativa de reduzir a esfera de incerteza, há autores que vinculam o termo "social" à definição da "Ordem Social" disposta na Constituição. Com isso, a instituição da contribuição social em questão estaria limitada pelas áreas constantes no título da "Ordem Social", qual sejam: i) seguridade social, que por sua vez engloba previdência social, saúde e assistência social; ii) educação, cultura e desporto; iii) ciência, tecnologia e inovação; iv) comunicação social; v) meio ambiente; vI) família, criança, adolescente, jovem e idoso; vii) índios (CASTELLANI, 2009, p. 103).

Inclusive há uma contribuição social prevista dentro de um dos capítulos da Ordem Social, qual seja, a **contribuição sobre o Salário-Educação**. É o § 5º do art. 212 que assim dispõe: "a educação básica pública terá como fonte adicional de financiamento a contribuição social do salário-educação, recolhida pelas empresas na forma da lei.".

Duas preocupações surgem em relação às contribuições sociais. É que, não possuindo base de cálculo prevista expressamente na Constituição, o legislador ordinário possui relativa liberdade na sua instituição, desde que haja a vinculação à finalidade social.

Tal liberdade, segundo alguns doutrinadores, não autorizaria a instituição de novas contribuições sociais sobre materialidades reservadas pelo constituinte aos Estados e Municípios. Haveria no caso uma violação ao equilíbrio federativo. Critica-se até mesmo a possibilidade de a União criar contribuição com fato gerador idêntico a imposto de sua própria competência e cuja receita deveria ser repartida com Estados e Municípios, uma vez que, diferentemente dos impostos, as receitas das contribuições não são repartidas com Estados e Municípios (BARRETO, 2011, p. 104).

A corrente oposta, segundo a qual a instituição de novas contribuições não é limitada pelas materialidades dos impostos estaduais e municipais pode ser conferida em voto do Min Carlos Veloso no RE 177.137:

> "A contribuição, não obstante um tributo, não está sujeita à limitação inscrita no § 2º do art. 145 da CF. **Também não se aplicam a ela as limitações a que estão sujeitos os impostos, em decorrência da competência privativa dos entes políticos para instituí-los (CF, arts. 153, 155 e 156), a impedir a tributação**. A técnica de competência residual da União para instituir impostos (CF, art. 154, I), aplicável às contribuições sociais de seguridade, no tocante às outras fontes destinadas a garantir a manutenção ou expansão da seguridade social (CF, art. 195, § 4º), não é invocável, no caso (CF, art. 149)" – grifamos.

Se não há impedimento à criação de contribuição com fato gerador de imposto municipal ou estadual, tampouco haveria qualquer impedimento à criação de contribuição com fato gerador idêntico ao de imposto federal já existente. Não há que se falar em *bis in idem* vedado pelo ordenamento. Nessa linha, o STF entende que não é inconstitucional a instituição da contribuição social sobre o lucro (**RE 146.733**, j. 29.06.1992), cuja base de cálculo coincide com a do imposto de renda das pessoas jurídicas.

O STF tem o entendimento pacífico no sentido de que, tratando-se de contribuição, **a Constituição não proíbe a coincidência de sua base de cálculo com a do imposto, o que é vedado relativamente às taxas.** (RE **177.137**, j. 24.05.1995).

Esse entendimento foi reafirmado em sede de **repercussão geral**, no **RE 883.542** (j. 02.06.2017), onde se rechaçou a alegação de inconstitucionalidade da cobrança da contribuição sindical rural simultaneamente com o imposto territorial rural. Mesmo diante da identidade de sujeito ativo (União) e base de cálculo (valor do imóvel rural) entre o imposto e a contribuição, o STF entendeu não haver impedimento constitucional para que as contribuições possuam a mesma base de cálculo dos impostos.

Em relação às **contribuições residuais para a seguridade social**, registre-se que o STF exige três requisitos para instituição: i) lei complementar; ii) não cumulatividade; iii) **fato gerador e base de cálculo diverso das contribuições já existentes.**

> Atenção para cobrança do último item em concursos públicos: "As contribuições residuais para a seguridade social são cumulativas e de competência da União, instituídas por lei complementar, desde que não tenham fato gerador próprio de impostos." (Cespe – Defensor Público – TO/2013 – assertiva **incorreta**)

Em síntese, as contribuições sociais podem ser:

- contribuições sociais gerais;
- contribuições sociais para a seguridade social: a) contribuições sociais para a seguridade social previstas na Constituição; b) contribuições sociais para a seguridade social residuais (CF, art. 195, § 4º)

Vejamos agora algumas materialidades previstas expressamente pelo texto constitucional para as contribuições da seguridade social:

> CF, art. 195. A seguridade social será financiada por toda a sociedade, de forma direta e indireta, nos termos da lei, mediante recursos provenientes dos orçamentos da União, dos Estados, do Distrito Federal e dos Municípios, e das seguintes contribuições sociais:
>
> I – do empregador, da empresa e da entidade a ela equiparada na forma da lei, incidentes sobre: a) a **folha de salários e demais rendimentos do trabalho pagos ou creditados**, a qualquer título, à pessoa física que lhe preste serviço, mesmo sem vínculo empregatício; b) a **receita ou o**

faturamento; c) o **lucro**; II – do trabalhador e dos demais segurados da previdência social, não incidindo contribuição sobre aposentadoria e pensão concedidas pelo regime geral de previdência social de que trata o art. 201; III – sobre a **receita de concursos de prognósticos**. IV – do importador de bens ou serviços do exterior, ou de quem a lei a ele equiparar.

Em relação às contribuições da seguridade social incidentes sobre as materialidades acima destacadas, portanto, basta, para sua instituição, o instrumento da lei ordinária.

O artigo 149, § 2º da Constituição traz regras comuns para as contribuições sociais e de intervenção no domínio econômico, que serão estudadas adiante.

5.3.2 Contribuições de Intervenção no Domínio Econômico - CIDEs

A União possui, nessas contribuições, um instrumento para intervir na economia. É sabido que nenhum tributo pode ser considerado totalmente neutro, eis que o simples dever de recolher a quantia tributária aos cofres públicos já é capaz de induzir, ainda que de forma mínima, os comportamentos dos contribuintes. Contudo, as contribuições de intervenção no domínio econômico são tributos extrafiscais pela sua própria natureza (HORVATH, 2009, p. 58), não só na nomenclatura.

A intervenção no do Estado na economia (e assim deve ser também para as contribuições de intervenção no domínio econômico) só é legítima caso se preste a atender às finalidades constitucionalmente estabelecidas para a ordem econômica, de acordo som os princípios elencados no artigo 170 da Constituição[3].

A intervenção em si do Estado na economia, por sua vez, pode ser direta ou indireta. Como regra, a exploração direta de atividade econômica pelo Estado só será permitida quando necessária aos imperativos da segurança nacional ou a relevante interesse coletivo, conforme definidos em lei (CF, artigo 173, *caput*).

---

3. CF, art. 170. A ordem econômica, fundada na valorização do trabalho humano e na livre iniciativa, tem por fim assegurar a todos existência digna, conforme os ditames da justiça social, observados os seguintes princípios: I – soberania nacional; II – propriedade privada; III – função social da propriedade; IV – livre concorrência; V – defesa do consumidor; VI – defesa do meio ambiente, inclusive mediante tratamento diferenciado conforme o impacto ambiental dos produtos e serviços e de seus processos de elaboração e prestação; VII – redução das desigualdades regionais e sociais; VIII – busca do pleno emprego; IX – tratamento favorecido para as empresas de pequeno porte constituídas sob as leis brasileiras e que tenham sua sede e administração no País.

Caso o Estado, através de empresas públicas e sociedades de economia mista, atue diretamente na economia, estará sujeito a recolher as contribuições de intervenção no domínio econômico que porventura venham a incidir no setor econômico de sua atuação. Caso se admitisse que as empresas estatais, ao explorarem atividade econômica, não estivessem obrigadas ao pagamento das contribuições de intervenção no domínio econômico, haveria violação ao princípio da livre concorrência previsto expressamente no artigo 173, § 1º, I e § 2º da Constituição em relação às estatais.

A contribuição de intervenção no domínio econômico, assim, é instrumento de intervenção **indireta** do Estado na economia, que serve para incentivar determinado setor, entendido como estratégico pelo Estado.

A utilização dessa contribuição como incentivo a determinado setor não significa que deva existir uma contraprestação estatal aos contribuintes da CIDE. É possível que a contribuição seja arrecadada de um grupo de contribuintes em benefício de outro, não havendo necessidade de uma contraprestação direta aos contribuintes da CIDE.

No **RE 635.682** (**repercussão geral**, j. 25.04.2013), o STF julgou **desnecessária a existência de uma contraprestação direta ao sujeito passivo da contribuição de intervenção no domínio econômico.** No voto do relator Gilmar Mendes, chegou-se a consignar que "**tratando-se de empresa que exerce atividade econômica, é devida a cobrança de contribuição para o SEBRAE**", o que expressa também a desnecessidade de eleição de um setor específico e com características homogêneas como sujeito ao pagamento da contribuição.

É dizer: **ainda que a contribuição tenha um setor específico como beneficiado (micro e pequenas empresas), o que atenderia a exigência de destinação específica, não possui um setor específico no campo dos contribuintes.**

Além da contribuição para o SEBRAE, uma contribuição de intervenção no domínio econômico de grande relevância é a CIDE-combustíveis, prevista constitucionalmente:

> CF, art. 177 (...) § 4º A lei que instituir contribuição de intervenção no domínio econômico relativa às atividades de importação ou comercialização de petróleo e seus derivados, gás natural e seus derivados e álcool combustível deverá atender aos seguintes requisitos: I – a alíquota da contribuição poderá ser: a) diferenciada por produto ou uso; b) reduzida e restabelecida por ato do Poder Executivo, não se lhe aplicando o disposto no art. 150,III, b; II – os recursos arrecadados

serão destinados: a) ao pagamento de subsídios a preços ou transporte de álcool combustível, gás natural e seus derivados e derivados de petróleo; b) ao financiamento de projetos ambientais relacionados com a indústria do petróleo e do gás; c) ao financiamento de programas de infra-estrutura de transportes.

Como se vê, a Constituição prevê destinações específicas para a arrecadação da CIDE-combustíveis, de modo a propiciar programas estatais no setor.

Em relação aos fatos geradores possíveis das contribuições de intervenção no domínio econômico, o STF deixou assentado que não há na Constituição dispositivo que impeça a identidade de base de cálculo, fato gerador e alíquota entre a contribuição de intervenção no domínio econômico e os outros tributos (**RE 420.029**, j. 30.07.2009).

A seguir compilamos algumas contribuições de intervenção no domínio econômico chanceladas pelo STF:

- Contribuição do SEBRAE (art. 8º, § 3º da Lei 8.029/90 – constitucionalidade reconhecida no RE 396.266 e no RE 635.682 RG);
- Contribuição devida ao Instituto do Açúcar e do Álcool (IAA – Decretos-Leis 308/67, 1.712/79, 1.952/82 – constitucionalidade reconhecida no RE 214.206);
- Adicional de Tarifa Portuária (Lei 7.700/88, art. 1º, § 1º – constitucionalidade reconhecida no RE 209.365);
- Adicional ao Frete para Renovação da Marinha Mercante (Decreto-Lei 2.404/87 – constitucionalidade reconhecida no RE 177.137).

Por fim, cabe lembrar que as contribuições de intervenção no domínio econômico, assim como as outras contribuições (ressalvando-se as residuais da seguridade social), podem ser instituídas por lei ordinária.

5.3.3 Contribuições no interesse de categorias profissionais e econômicas

5.3.3.1 Generalidades

As contribuições no interesse de categorias profissionais e econômicas são instituídas por lei pela União. Isso porque, de acordo com a Constituição, compete a tal ente organizar, manter e executar a inspeção do trabalho (CF, art. 21, XXIV). Acrescente-se que artigo 22, XVI, dispõe ser de competência privativa da União legislar sobre organização do sistema nacional de emprego e condições para o exercício de profissões.

Apesar de instituídas pela União, são cobradas pelas respectivas entidades responsáveis pelas atividades de organização, regulação e fiscalização, caracterizando-se como autênticas contribuições parafiscais, em relação às quais não só a destinação dos recursos é transferida a ente diverso do titular da competência para sua instituição, mas também a própria cobrança do tributo é transferida para a pessoa beneficiada pelos recursos arrecadados (ver tópico sobre conceito da parafiscalidade a seguir).

O fato de as entidades reguladoras de profissões atuarem também no campo da fiscalização fez com que alguns doutrinadores concluíssem pela natureza de taxa de polícia dessas contribuições (CARRAZZA. 2015, p. 709). Contudo, há diferenças fundamentais que impedem a confusão entre taxas de polícia e contribuições no interesse das categorias profissionais ou econômicas, como o fato de essas últimas não se destinarem a custear apenas o serviço de fiscalização, mas diversas atividades dos conselhos profissionais (PAULSEN e VELLOSO, 2013, p. 252). A jurisprudência do STF tem tratado as contribuições no interesse de categorias profissionais e econômicas como espécie tributária distinta (**MS 21.797**, j. 09.03.2000), que não se confunde com as taxas de polícia.

Uma advertência, porém, se faz necessária: **nem todos os tributos cobrados pelos Conselhos Profissionais possuem a natureza de contribuição no interesse das categorias profissionais.** Conforme a jurisprudência do STF, **a "Anotação de Responsabilidade Técnica", instituída pela Lei 6.496/1977 e cobrada pelos Conselhos Regionais de Engenharia, Arquitetura e Agronomia, tem natureza jurídica de taxa** (**ARE 748.445 – repercussão geral**, j. 31.10.2013).

5.3.3.2 Contribuição sindical e contribuição confederativa

A doutrina e a jurisprudência sempre diferenciaram duas "contribuições": a "contribuição sindical" (que já foi chamada de "imposto sindical"), prevista no art. 579 da CLT, e a "contribuição confederativa", prevista no artigo 8º, IV, da Constituição.

A primeira, instituída por lei da União (Consolidação das Leis do Trabalho), teria natureza tributária, pois seria devida independentemente da vontade do trabalhador, sendo compulsória e atendendo os demais requisitos do conceito de tributo. Por isso, seria legítima, nesse caso, a competência fiscalizatória do TCU (**MS 28.465**, j. 18.03.2014).

Em relação a essa contribuição compulsória, afigura-se inconstitucional, por violação ao princípio da legalidade, a sua instituição por meio de acordo ou convenção coletiva, a empregados não filiados ao sindicato beneficiário da exação (**ARE 1.018.459 – repercussão geral**, j. 23.02.2017).

Já a contribuição confederativa seria fixada em assembleia, e seu recolhimento seria facultativo, o que retiraria sua natureza tributária.

O STF tratava dessa contribuição confederativa na súmula 666 (atualmente convertida na **súmula vinculante 40**): "A contribuição confederativa de que trata o art. 8º, IV, da Constituição Federal, só é exigível dos filiados ao sindicato respectivo". Assim, tinha-se a contribuição confederativa, de natureza privada, e a contribuição sindical, de natureza tributária.

Contudo, o chamado "imposto sindical", ou "contribuição sindical", previsto no artigo 579 da CLT, a nosso ver, perdeu sua natureza tributária, tendo em vista que, com a reforma trabalhista, passou a ser facultativa, exigindo para sua cobrança a prévia autorização do trabalhador.

Basta comparar a redação antiga com a atual do dispositivo para perceber a relevância da alteração do ponto de vista tributário:

> Redação antiga – CLT, art. 579: A contribuição sindical é devida por todos aqueles que participam de uma determinada categoria econômica ou profissional, ou de uma profissão liberal, em favor do Sindicato representativo da mesma categoria ou profissão, ou, inexistindo este, na conformidade do disposto no art. 591.
>
> **REDAÇÃO ATUAL** – CLT, art. 579. **O desconto da contribuição sindical está condicionado à autorização prévia e expressa** dos que participarem de uma determinada categoria econômica ou profissional, ou de uma profissão liberal, em favor do sindicato representativo da mesma categoria ou profissão ou, inexistindo este, na conformidade do disposto no art. 591 desta Consolidação. (**Redação dada pela Lei nº 13.467, de 2017**)

Acreditamos que **o fato de a nova redação do artigo 579 da CLT ter exigido uma autorização prévia e expressa do trabalhador impede a classificação da "contribuição sindical" em questão como tributo, ante a ausência de compulsoriedade** (artigo 3º do CTN).

Caiu por terra, assim, a principal distinção entre esta "contribuição" do art. 579 da CLT e a chamada "contribuição confederativa", que é prevista no artigo 8º, IV da Constituição (a assembléia geral fixará a contribuição que, em se tratando de categoria profissional, será descontada em folha, para custeio do sistema confederativo da representação sindical respectiva) e na súmula vinculante 40 do STF: "A contribuição confederativa de que trata o art. 8º, IV, da Constituição Federal, só é exigível dos filiados ao sindicato respectivo".

Tal contribuição confederativa não se distancia mais do recolhimento previsto no artigo 579 da CLT pelo critério facultatividade/compulsoriedade, eis que agora ambas são facultativas. A diferença maior reside no fato de a contribuição confederativa ser fixada em assembleia geral e ser paga em virtude de uma filiação associativa (e não por conta de uma simples autorização, como ocorre no atual artigo 579 da CLT).

5.3.3.3 Conselhos profissionais e OAB

Os Conselhos Profissionais são responsáveis pela regulamentação, fiscalização e punição das profissões regulamentadas. Atuam dentro da possibilidade constitucional de se restringir o livre exercício de qualquer trabalho, ofício ou profissão, por meio de qualificações profissionais estabelecidas em lei (art. 5º, XIII da CF). O artigo 21, XXIV da CF prevê ainda que compete à União organizar, manter e executar a inspeção do trabalho, tendo ainda a União a competência privativa para legislar sobre organização do sistema nacional de emprego e condições para o exercício das profissões (art. 22, XVI).

No que diz respeito às profissões regulamentadas, a atuação da União se dá mediante delegação aos conselhos profissionais. Tais conselhos possuem a atribuição de regulamentar e defender as prerrogativas profissionais, sendo pessoas jurídicas de direito público da espécie autarquia, o que as autoriza a exercer o poder de polícia na fiscalização e punição dos respectivos profissionais.

A natureza jurídica de pessoa de direito público dos conselhos profissionais foi confirmada pelo STF na **ADI 1717** (j. 07.11.2002), onde se decidiu ser inconstitucional a delegação a pessoas privadas das atividades de tributar e punir em relação às profissões regulamentadas.

Dessa natureza jurídica de direito público, decorrem outras consequências. Assim é que tais entidades sujeitam-se à obrigatoriedade de admissão de pessoal mediante concurso público, e ainda à sujeição ao controle do Tribunal de Contas da União (STF, **MS 28.469**, j. 09.06.2015).

O aspecto mais relevante da natureza pública dos conselhos profissionais para nosso estudo, contudo, é a constatação de que as **anuidades cobradas dos profissionais possuem natureza tributária, enquadrando-se no gênero das contribuições no interesse de categorias profissionais** previstas no art. 149 da CF, conforme entendimento pacífico do STF (MS 21.797, j. 09.03.2000).

Segundo a Lei 12.514/2011, essas contribuições têm como fato gerador a existência de inscrição no conselho, ainda que por tempo limitado, ao longo do exercício (art. 5º). Essa lei também fixou um limite de valor para as anuidades, expediente considerado constitucional pelo STF (**ADIs 4697 e 4762**, j. 06.10.2016).

O que é vedado pelo STF é a delegação da fixação das anuidades aos conselhos, sem limites, teto ou parâmetros legais:

> (...) 2. **Respeita o princípio da legalidade a lei que disciplina os elementos essenciais determinantes para o reconhecimento da contribuição de interesse de categoria econômica como tal e deixa um espaço de complementação para o regulamento.** A lei autorizadora, em todo caso, deve ser legitimamente justificada e **o diálogo com o regulamento deve-se dar em termos de subordinação, desenvolvimento e complementariedade.**
>
> (...) 4. O grau de indeterminação com que os dispositivos da Lei nº 11.000/2000 operaram provocou a degradação da reserva legal (art. 150, I, da CF/88). Isso porque a remessa ao ato infralegal não pode resultar em desapoderamento do legislador para tratar de elementos tributários essenciais. **Para o respeito do princípio da legalidade, seria essencial que a lei (em sentido estrito) prescrevesse o limite máximo do valor da exação, ou os critérios para encontrá-lo**, o que não ocorreu.
>
> (...) 7. Na esteira do que assentado no RE nº 838.284/SC e nas ADI nºs 4.697/DF e 4.762/DF, **as inconstitucionalidades presentes na Lei nº 11.000/04 não se estendem às Leis nºs 6.994/82 e 12.514/11. Essas duas leis são constitucionais no tocante às anuidades devidas aos conselhos de fiscalização de profissões regulamentadas, haja vista que elas, além de prescreverem o teto da exação, realizam o diálogo com o ato normativo infralegal em termos de subordinação, de desenvolvimento e de complementariedade.** (...). (**RE 704.292**, j. 19.10.2016 – grifamos)

Cumpre agora tratar separadamente da OAB e de suas anuidades, tendo em vista a distinção feita pela jurisprudência.

Em que pese os conselhos profissionais serem tratados como autarquias legitimadas a exigir as contribuições em estudo, a OAB foi excluída desse regime jurídico. É dizer, a OAB, para a jurisprudência do STF (**ADI 3026,**

j. 08.06.2006), não é considerada autarquia, mas sim entidade *sui generis*. Consequentemente, não se sujeita ao controle externo do Tribunal de Contas da União, assim como suas anuidades não possuem natureza tributária, não devendo observância aos princípios constitucionais tributários (legalidade, anterioridade etc.) não sendo cobradas em um processo de execução fiscal, como ocorre em relação às anuidades dos conselhos profissionais.

As críticas a esse entendimento são contundentes (e a nosso ver, corretas). O fato de a OAB atuar como função essencial à justiça, não nos parece motivo idôneo a eximi-la do controle do Tribunal de Contas da União. A Advocacia Pública e o Ministério Público igualmente são funções essenciais à justiça e nem por isso estão liberadas do controle pelo Tribunal de Contas. A alegada finalidade institucional não nos parece justificativa para se liberar a OAB do dever de observância dos princípios constitucionais tributários em relação aos valores recebidos dos profissionais filiados, ou do dever de prestar contas aos órgãos de controle da União.

Para fins de concurso público, contudo, deve-se ter em mente a orientação do STF: **a OAB não é autarquia corporativa, mas entidade *sui generis*. Suas anuidades não possuem natureza tributária**.

5.4 Normas comuns às contribuições sociais e às contribuições no interesse de categorias profissionais e econômicas

A Constituição traz normas que se aplicam tanto às contribuições sociais quanto às contribuições de intervenção no domínio econômico, no art. 149, § 2º:

> CF, art. 149, § 2º As contribuições sociais e de intervenção no domínio econômico de que trata o caput deste artigo:
>
> I – não incidirão sobre as receitas decorrentes de exportação;
>
> II – incidirão também sobre a importação de produtos estrangeiros ou serviços;
>
> III – poderão ter alíquotas: a) ad valorem, tendo por base o faturamento, a receita bruta ou o valor da operação e, no caso de importação, o valor aduaneiro; b) específica, tendo por base a unidade de medida adotada.

Os incisos I e II do § 2º estabelecem, para essas contribuições, o **princípio da tributação no país do destino** (exonerando-se as exportações), aplicável também ao IPI (CF, art. 153, § 3º, III e CTN art. 46, I) e ao ICMS (CF, art. 155, § 2º, X, "a" e art 155, § 2º IX, "a"). Pelo princípio do destino, os tributos de consumo sobre as transações são exigidos no país consumidor, exonerando-se as exportações e tributando-se as importações.

A cláusula "receitas decorrentes de exportação" já foi analisada pelo STF em sede de julgado submetido a **repercussão geral (RE 627.815**, j. 23.05.2013) no qual se decidiu que esse conceito abrange também as variações cambiais ativas, alcançadas portanto pela imunidade. Desse modo, eventuais ganhos que o exportador obtenha por conta da flutuação do câmbio entre a data do contrato de exportação e a data da liquidação desse mesmo contrato (variação cambial ativa) não serão tributados, por constituírem receitas decorrentes de exportação, imunes às contribuições sociais e de intervenção no domínio econômico.

Ainda sobre o conceito de receita, **o STF corretamente excluiu os conceitos de movimentações financeiras e lucro da abrangência da expressão "receita"**. A consequência é que a imunidade prevista no art. 149, § 2º, I, para as receitas de exportação não abrange a CPMF (Contribuição Provisória sobre **Movimentações Financeiras**) ou a CSLL (Contribuição Social sobre o **Lucro** Líquido), alcançando apenas as contribuições incidentes sobre a **receita**[4]. Tais conclusões foram definidas em sede de **repercussão geral**, respectivamente, no **RE 566.259** (j. 12.08.2010) e no **RE 564.413** (j. 12.08.2010).

Prosseguindo na análise do art. 149 § 2º, o inciso III elenca possíveis materialidades e bases de cálculo dessas contribuições, quais sejam: faturamento, a receita bruta ou o valor da operação e, no caso de importação, o valor aduaneiro.

As contribuições para o PIS e a COFINS também serão devidas pelo importador de bens ou serviços do exterior, ou por quem a lei a ele equiparar, conforme a autorização constitucional do artigo 195, IV, da CF. Nesse caso, recebem a denominação de PIS-importação e COFINS-importação.

O fato gerador é a importação de bens e serviços, sendo disciplinado pelo artigo 3º da Lei 10.865/2004.

4. "(...) nem todo 'plus jurídico' é uma receita. Exemplo disto é o da transferência de dinheiro em caixa para uma conta bancária, que representa a aquisição de um direito novo, o qual é o direito à devolução do dinheiro depositado, a ser exercido contra a instituição financeira depositária. Com certeza ninguém dirá que esse novo direito representa uma receita, e efetivamente não o é (...) No movimento ocorrido, há apenas uma permutação patrimonial, mas não uma mutação patrimonial. (...) a receita, isoladamente considerada, agrega fator positivo ao patrimônio, mas haver ou não aumento no mesmo depende de outros fatores que igualmente devem ser considerados em sua universalidade quando se apura a existência de aumento ou diminuição patrimonial. Este isolamento do fator positivo, para a identificação do que seja receita, é que distingue 'receita' de 'lucro', já que lucro se constitui no resultado positivo derivado da reunião de todos os elementos positivos e negativos que afeta o patrimônio e identificam uma mutação geral líquida nele havida (...) " (OLIVEIRA, 2008, p. 110)

Em relação a esta última materialidade, a antiga redação do artigo 7º da Lei 10.865/2004 incluía no conceito de valor aduaneiro o valor do ICMS e das próprias contribuições. Argumentava-se, contudo, que o conceito de valor aduaneiro deveria ser entendido como aquele previsto na legislação infraconstitucional antes de sua constitucionalização, e que não incluía o valor de tributos devidos. Como o valor aduaneiro também é base de cálculo do imposto de importação, o CTN indica-o como o preço normal que o produto, ou seu similar, alcançaria, ao tempo da importação, em uma venda em condições de livre concorrência, para entrega no porto ou lugar de entrada do produto no País (artigo 20, II).

A despeito da generalidade do CTN na definição do valor aduaneiro, o Decreto 2.498/98, em seu artigo 17, traz alguns elementos que integram o valor aduaneiro: a) o custo de transporte das mercadorias importadas até o porto ou local de importação; b) os gastos relativos a carga, descarga e manuseio, associados ao transporte das mercadorias importadas, até o porto ou local de importação; e c) o custo do seguro nas operações anteriores. Nem o CTN nem o Decreto 2.498/98, contudo, incluíam o ICMS e as próprias contribuições no cálculo do valor aduaneiro.

Diante dessa celeuma, o STF pronunciou-se em sede de **repercussão geral** no sentido de que é inconstitucional a ampliação do conceito de valor aduaneiro pela Lei 10.865/2004. Não seria possível, com isso, a inclusão do ICMS e do valor das próprias contribuições na base de cálculo nas contribuições sobre importação (**RE 559.937**, j. 20.03.2013).

Incide, no presente caso, a norma didática do artigo 110 do CTN, segundo o qual a tributária não pode alterar a definição, o conteúdo e o alcance de institutos, conceitos e formas de direito privado, utilizados, expressa ou implicitamente, pela Constituição Federal, para definir ou limitar competências tributárias.

Alinhando-se ao entendimento do Supremo, o legislador, em outubro de 2013, alterou a redação do dispositivo declarado inconstitucional, retirando a referência aos valores do ICMS e das próprias contribuições como integrantes da base de cálculo do PIS-Importação e da COFINS-Importação.

5.5 Parafiscalidade

A doutrina costuma definir a parafiscalidade como a atribuição, pelas pessoas políticas detentoras de competência tributária, da capacidade tributária ativa a pessoas públicas ou privadas (pessoas paraestatais), bem como a atribuição da disponibilidade dos recursos arrecadados. Esse é o entendimento de Paulo de Barros Carvalho: "podemos definir parafiscalidade como o fenômeno jurídico que consiste na circunstância de a lei tributária nomear sujeito ativo diverso da pessoa que a expediu, atribuindo-lhe a disponibilidade dos recursos auferidos" (CARVALHO, 2013, p. 235).

Exige-se, assim, a presença de dois requisitos:

a) a pessoa paraestatal deve ser o sujeito ativo do tributo em questão;

b) a pessoa paraestatal terá a disponibilidade dos recursos arrecadados.

Alguns autores, contudo, não exigem a transferência da capacidade tributária ativa como um requisito para a configuração da parafiscalidade, bastando que haja a transferência dos recursos arrecadados para a pessoa incumbida da realização da finalidade específica.

Fernando Castellani é adepto desse pensamento:

> "(...) entendemos que a parafiscalidade não exige, necessariamente, a figura da capacidade tributária ativa. Em outras palavras, não entendemos como requisito para o respeito às regras da parafiscalidade, a obrigatória delegação da função de arrecadação do tributo. Entendemos que a parafiscalidade exige, sem sombra de dúvida, a destinação específica dos recursos a órgão ou fundo específicos, assim como a necessária independência desses órgãos ou fundos na gestão de tais recursos, sendo irrelevante a figura do sujeito ativo na relação jurídica tributária." (CASTELLANI, 2009, p. 95).

Essa última concepção legitima a cobrança, pela União, das contribuições previdenciárias do INSS e das contribuições do Sistema "S" (ou contribuições de terceiros).

A União defende a tese de que o fato de uma contribuição social ser arrecadada e fiscalizada pela Secretaria da Receita Federal (órgão da União) não a descaracteriza como tal, desde que haja o repasse dos recursos arrecadados à finalidade específica que legitimou a instituição da contribuição.

O STF aceita que uma contribuição destinada a um órgão paraestatal seja exigido por pessoa diversa (ente político instituidor do tributo, por exemplo) daquela que será a destinatária dos recursos (autarquia previdenciária). Tal tese foi adotada no **RE 150.764** (j. 16.12. 1992) e no **RE 138.284** (j. 01.07.1992).

5.6 Jurisprudência do STF sobre as contribuições

Nesse tópico abordaremos diversos julgados do STF sobre as contribuições que possuem relevância teórica, prática e para as provas de concursos públicos.

5.6.1 Contribuição para o FGTS

Existem duas espécies de contribuições para o FGTS: uma de natureza não tributária, e outra de natureza tributária.

A contribuição para o FGTS de natureza não tributária está prevista nos arts. 15 e 18 da Lei 8.036/90:

> Lei 8.036/1990, art. 15. Para os fins previstos nesta lei, todos os empregadores ficam obrigados a depositar, até o dia 7 (sete) de cada mês, em conta bancária vinculada, **a importância correspondente a 8 (oito) por cento da remuneração paga ou devida, no mês anterior, a cada trabalhador**, incluídas na remuneração as parcelas de que tratam os arts. 457 e 458 da CLT e a gratificação de Natal a que se refere a Lei nº 4.090, de 13 de julho de 1962, com as modificações da Lei nº 4.749, de 12 de agosto de 1965.
>
> (...) Art. 18, § 1º **Na hipótese de despedida pelo empregador sem justa causa, depositará este, na conta vinculada do trabalhador no FGTS, importância igual a quarenta por cento do montante de todos os depósitos realizados na conta vinculada durante a vigência do contrato de trabalho**, atualizados monetariamente e acrescidos dos respectivos juros.

Apesar de alguns autores entenderem que a contribuição acima possui natureza tributária, sendo uma contribuição parafiscal, a jurisprudência seguiu direção oposta, como se vê da **súmula 353 do STJ: "As disposições do Código Tributário Nacional não se aplicam às contribuições para o FGTS"**. O STF já adotava o mesmo entendimento antes mesmo da Constituição ser promulgada (**RE 100.249**, j. 02.12.1987).

A Lei Complementar 110/2001, por outro lado, criou duas contribuições adicionais para o FGTS:

> Lei Complementar 110/2001, art. 1º **Fica instituída contribuição social devida pelos empregadores em caso de despedida de empregado sem justa causa, à alíquota de dez por cento sobre o montante de todos os depósitos devidos, referentes ao Fundo de Garantia do**

> **Tempo de Serviço – FGTS**, durante a vigência do contrato de trabalho, acrescido das remunerações aplicáveis às contas vinculadas.
>
> (...) art. 2º **Fica instituída contribuição social devida pelos empregadores, à alíquota de cinco décimos por cento sobre a remuneração devida, no mês anterior, a cada trabalhador**, incluídas as parcelas de que trata o art. 15 da Lei nº 8.036, de 11 de maio de 1990.
>
> (...) § 2º **A contribuição será devida pelo prazo de sessenta meses**, a contar de sua exigibilidade.

Tais contribuições foram criadas para recompor a correção monetária das contas vinculadas ao FGTS, diante da necessidade de retificar a correção a menor realizada na implementação dos Planos econômicos Verão e Collor I.

Como se vê do texto legal acima, há duas contribuições, com alíquotas e bases de cálculos distintas.

A primeira, com vigência até os dias atuais, prevista no art. 1º e incidente à alíquota de dez por cento sobre o montante de todos os depósitos devidos por um determinado empregador referentes ao FGTS do empregado despedido sem justa causa.

A segunda, que foi exigida por apenas 60 meses a contar de sua exigibilidade (art. 2º, § 2º), devida pelos empregadores e incidente à alíquota de cinco décimos por cento sobre a remuneração devida a cada trabalhador (art. 2º, *caput*)

Essas duas últimas contribuições, previstas na lei complementar 110/2001, diferem quanto à natureza em relação à contribuição para o FGTS prevista na Lei 8.036/90. Enquanto esta não possui natureza tributária, as duas contribuições instituídas pela lei complementar 110/2001 são enquadradas no conceito de tributo, como se vê da jurisprudência do STF:

> Ação direta de inconstitucionalidade. Impugnação de artigos e de expressões contidas na Lei Complementar Federal 110, de 29-6-2001. Pedido de liminar. **A natureza jurídica das duas exações criadas pela lei em causa, neste exame sumário, é a de que são elas tributárias, caracterizando-se como contribuições sociais que se enquadram na sub-espécie "contribuições sociais gerais" que se submetem à regência do art. 149 da Constituição, e não à do art. 195 da Carta Magna.** (ADI 2.556 MC, j. 09.10.2002 - grifamos)

Esse entendimento em sede de medida cautelar foi confirmado pelo tribunal no julgamento definitivo da ADI, em 13.06.2012.

Vale destacar orientação do STJ segundo a qual é "devida a contribuição ao FGTS prevista no art. 1º da Lei Complementar n. 110/2001 pelos optantes do Simples Nacional." (**REsp 1.635.047**, j. 06.06.2017)

Desse modo, as contribuições para o FGTS da lei complementar 110/2001 são classificadas como contribuições sociais gerais, isto é, são contribuições sociais que não se destinam ao financiamento da seguridade social.

Temos assim a seguinte classificação:

i) Contribuição para o FGTS de 8% sobre a remuneração e de 40% sobre o saldo da conta vinculada (arts. 15 e 18 da lei 8.036/90) → **não** possui natureza tributária (súmula 353 do STJ e RE 100.249 do STF, DJ 1/7/88);

ii) Contribuição adicional do FGTS de **0,5%** sobre a remuneração (art. 2º da LC 110/2001), **com vigência temporária de 60 meses** (art. 2º, §2º da LC 110/2001) → possui natureza tributária, sendo contribuição social **geral** (ADI-MC 2.556), aplicando-se a anterioridade anual **e** a noventena (sendo contribuição social **geral**, não se submete ao art. 195, § 6º da CF, que determina apenas a noventena para as contribuições da seguridade social);

iii) Contribuição adicional do FGTS de **10%** sobre o saldo da conta vinculada (art. 1º da LC 110/2001), **com vigência indeterminada →** possui natureza tributária, sendo contribuição social **geral** (ADI-MC 2.556), aplicando-se a anterioridade anual **e** a noventena (sendo contribuição social **geral**, não se submete ao art. 195, § 6º da CF, que determina apenas a noventena para as contribuições da seguridade social)

5.6.2 Exaurimento das finalidades

Em relação à contribuição prevista no artigo 1º da lei complementar 110/2001 (de vigência indeterminada), os contribuintes passaram a alegar que o propósito de sua instituição já havia sido cumprido. Isto é, uma vez que a arrecadação com a contribuição já havia superado o valor necessário para a recomposição do FGTS, não haveria que se manter a cobrança da contribuição.

O exaurimento da finalidade da contribuição, argumentam, retiraria a legitimidade constitucional para sua exigência, uma vez que, sem finalidade, não haveria competência para exigência dessa espécie tributária. O cumprimento da finalidade de uma contribuição seria suficiente para se desobrigarem ao seu pagamento, já que a finalidade integra a norma de competência dessa espécie tributária. As contribuições só podem ser instituídas para o cumprimento de uma finalidade, por isso o desaparecimento da finalidade, ou seu esgotamento, seria suficiente para retirar a validade da contribuição.

O STJ se posicionou da seguinte maneira:

> (...) 2. A promulgação da Lei Complementar n. 110/2001 instituiu duas contribuições sociais, cuja finalidade era trazer novas receitas ao FGTS, visto a necessidade de promover complementação de atualização monetária a que fariam jus os trabalhadores, em decorrência dos expurgos inflacionários das contas vinculadas ao referido fundo que não foram devidamente implementadas pela Caixa Econômica Federal.
>
> 3. A contribuição social prevista no art. 1º da Lei Complementar n. 110/2001 baseia-se em percentual sobre o saldo de FGTS em decorrência da despedida sem justa causa, a ser suportada por empregador, **não se podendo inferir do normativo complementar que sua regência é temporária e que sua vigência extingue-se com cumprimento da finalidade para a qual a contribuição foi instituída.**
>
> 4. Se assim o fosse, haveria expressa previsão, como tratou a própria Lei Complementar n. 110/2001 de estabelecer quando instituiu a segunda contribuição social, prevista no art. 2º do normativo, que estabeleceu prazo de vigência de sessenta meses, a contar de sua exigibilidade.
>
> 5. Portanto, a contribuição instituída pelo art. 1º da Lei Complementar n. 110/2001 ainda é exigível, mormente ante o fato de que sua extinção foi objeto do projeto de Lei Complementar n. 200/2012, o qual foi vetado pela Presidência da República e mantido pelo Congresso Nacional em agosto de 2013. Recurso especial improvido. (**REsp 1.487.505**. j. 17.03.2015 – grifamos)

No STF, a questão será decidida ADI 5050, na qual o relator negou o pedido liminar (decisão monocrática do Rel. Min. Luís Roberto Barroso em 11.10.2013), em razão do que os dispositivos questionados continuam em vigor até o momento.

5.6.3 PIS e COFINS sobre receitas de instituições financeiras

A contribuição para o PIS foi instituída pela Lei Complementar 07/1970, tendo sido recepcionada expressamente pelo artigo 239 da Constituição de 1988. Conforme a Lei 9.715/98, a contribuição para o PIS será apurada mensalmente: a) pelas pessoas jurídicas de direito privado e as que lhes são equiparadas pela legislação do imposto de renda, inclusive as empresas públicas e as sociedades de economia mista e suas subsidiárias, com base no faturamento do mês; b) pelas pessoas jurídicas de direito público interno, com base no valor mensal das receitas correntes arrecadadas e das transferências correntes e de capital recebidas.

Apesar de haver certa controvérsia a respeito da natureza jurídica da contribuição para o PIS, o STF pacificou sua natureza tributária em sede de **repercussão geral**, inclusive deixando expresso que tal contribuição deve ser abrangida pela imunidade prevista no artigo 195, § 7º da CF, que trata da imunidade de contribuições para a seguridade social (**RE 636.941**, j. 13.02.2014).

A COFINS só foi instituída após a Constituição de 1988, com a publicação da Lei Complementar 70/1991, substituindo a antiga FINSOCIAL, que, apesar de ser tratada pelo seu diploma instituidor (Decreto-Lei 1.940/1982) como contribuição social, foi considerado pelo STF, no RE 103.778, como um imposto, sujeito, portanto, ao princípio da anterioridade de exercício.

Apesar de a COFINS ter sido instituída por lei complementar, essa espécie normativa não era necessária, uma vez que apenas as contribuições da seguridade social criadas no exercício da competência residual da União (CF, art. 195, § 4º) exigem o quórum diferenciado da lei complementar para sua criação.

Por esse motivo, o STF entendeu que, nesse ponto, a Lei Complementar 70/1991 possuía natureza de lei ordinária, e portanto poderia ser revogada por lei ordinária superveniente, já que não há hierarquia entre as leis complementares e as leis ordinárias, mas apenas delimitação de certas matérias que só podem ser tratadas por lei complementar (ADC 01 e RE 419.629). Como a instituição de contribuição para a seguridade social não se inclui entre essas matérias, perfeitamente possível a utilização de lei ordinária para tanto.

O primeiro fundamento constitucional dessas contribuições é o artigo 149 da Constituição de 1988, que prevê a competência exclusiva da União para instituir contribuições sociais. A partir daí haverá dispositivos constitucionais que permitirão a incidência dessas contribuições sobre diferentes bases econômicas.

A contribuição para o PIS pode ser cobrada sobre a folha de salários (CF, artigo 195, inciso I, alínea "a"), sobre a receita ou o faturamento (CF, artigo 195, inciso I, alínea "b") e sobre a importação de bens ou serviços do exterior (CF, artigo 195, inciso IV).

Já a COFINS pode incidir sobre a receita ou o faturamento (CF, artigo 195, inciso I, alínea "b") e sobre a importação de bens ou serviços do exterior (CF, artigo 195, inciso IV).

Interessa-nos neste tópico a incidência sobre a receita ou faturamento (redação do art. 195, I, "b" após a EC 20/98).

Assim é que a **atual redação** do artigo 195, I, "b" da Constituição prevê a contribuição para a seguridade social do empregador ou entidade equiparada, incidente sobre a **receita ou o faturamento.**

No texto constitucional originário de 1988 só se permitia a incidência de contribuição sobre o faturamento, tendo surgido a previsão da incidência sobre a receita com a EC 20/98.

A LC 70/1991 definiu o faturamento como a receita bruta das vendas de mercadorias, de mercadorias e serviços e de serviço de qualquer natureza. Em 1998, antes da publicação da EC 20/98, foi publicada a Lei 9.718/1998, que, em seu artigo 3º, § 1º, definiu o faturamento como a receita bruta da pessoa jurídica, receita bruta essa que seria "a **totalidade das receitas auferidas pela pessoa jurídica**, sendo irrelevantes o tipo de atividade por ela exercida e a classificação contábil adotada para as receitas".

Houve, com essa lei, um alargamento da base de cálculo das contribuições para o PIS e COFINS, já que anteriormente, o faturamento era compreendido apenas como a receita oriunda das vendas de mercadorias e serviços, ao passo que com a Lei 9.718/1998, o faturamento foi estendido para todas as receitas auferidas pela pessoa jurídica.

Caso tal dispositivo fosse seguido, teríamos a incidência das contribuições em questão (PIS e COFINS) sobre os empresários que auferissem, por exemplo, as receitas financeiras mencionadas no artigo 373 do Regulamento do Imposto de Renda: "Os juros, o desconto, o lucro na operação de reporte e os rendimentos de aplicações financeiras de renda fixa, ganhos pelo contribuinte, serão incluídos no lucro operacional e, quando derivados de operações ou títulos com vencimento posterior ao encerramento do período de apuração, poderão ser rateados pelos períodos a que competirem".

Contudo, o artigo 3º, § 1º da Lei 9.718/98 foi considerado inconstitucional pelo STF, pois ao tempo de sua edição a Constituição só permitia a incidência de contribuição sobre o faturamento, conceito mais estrito que receita:

> **A jurisprudência do Supremo**, ante a redação do artigo 195 da Carta Federal anterior à Emenda Constitucional nº 20/98, **consolidou-se no**

sentido de tomar as expressões receita bruta e faturamento como sinônimas, jungindo-as à venda de mercadorias, de serviços ou de mercadorias e serviços. É inconstitucional o § 1º do artigo 3º da Lei nº 9.718/98, no que ampliou o conceito de receita bruta para envolver a totalidade das receitas auferidas por pessoas jurídicas, independentemente da atividade por elas desenvolvida e da classificação contábil adotada. (**RE 346.084**, j. 09.11.2005 – grifamos).

Para o STF, o faturamento (ou receita bruta) só abrangeria as receitas decorrentes de venda de mercadorias e prestação de serviços. Estariam excluídas, assim, as receitas típicas de instituições financeiras, como os juros dos bancos e as receitas de prêmios das seguradoras.

Dessa forma, para as empresas em geral, a incidência das contribuições para a seguridade social sobre a totalidade das receitas só seria possível após lei ordinária que previsse tal base de cálculo após a Emenda Constitucional 20/98.

Tal se deu, em relação à COFINS, com a Lei 10.833/03, que em seu artigo 1º, § 1º define a base de cálculo como a receita bruta e todas as demais receitas auferidas pela pessoa jurídica.

A contribuição para o PIS aproveitou a ampliação da base econômica efetuada pela Emenda Constitucional 20/1998 em 2002 quando a Lei 10.637/02 dispôs, em seu artigo 1º, § 1º, que possui redação idêntica ao art. 1º, § 1º da Lei 10.833/03.

O resultado em relação às receitas anteriores à alteração da EC 20/98, porém, acabava por criar uma vantagem tributária para as atividades das instituições financeiras. Uma vez que a quase totalidade das receitas desse setor provinham justamente das receitas financeiras, que não se enquadram como receita oriunda da venda de mercadoria e da prestação de serviços, as instituições financeiras estariam desobrigadas ao pagamento de tais contribuições para a seguridade social.

Haveria uma situação em que justamente os empreendimentos financeiros, que demonstram maior capacidade contributiva, teriam um benefício tributário em comparação com as empresas que atuam na venda de mercadorias e prestação de serviços.

No **RE 609.096**, em que houve reconhecimento de **repercussão geral** em 03.03.2011, discute-se a exigibilidade do PIS e da COFINS para instituições financeiras. Até o fechamento desta edição não houve julgamento do mérito.

5.6.4 Contribuições sobre atos cooperativos

Temos aqui outro tema relevante que envolve a discussão sobre a tributação ou não das cooperativas pela COFINS.

O art. 146, III, *c* da CF prevê que a lei complementar deve conferir o adequado tratamento tributário ao ato cooperativo.

A Lei Geral do Cooperativismo (Lei 5.764/71) define o ato cooperativo em seu art. 79, caput:

> Lei 5.764/1971, art. 79. Denominam-se atos cooperativos os praticados entre as cooperativas e seus associados, entre estes e aquelas e pelas cooperativas entre si quando associados, para a consecução dos objetivos sociais.

O parágrafo único do referido dispositivo preceitua que o ato cooperativo não implica operação de mercado, nem contrato de compra e venda de produto ou mercadoria.

O art. 6º, I, da LC 70/91, por sua vez, isentava da COFINS, quanto aos atos cooperativos próprios de suas finalidades, as sociedades cooperativas que observarem ao disposto na legislação específica.

Tal isenção, contudo, foi revogada com a MP 1-858/99 e suas sucessivas reedições.

As sociedades cooperativas sustentavam que o ato cooperativo não deve sofrer a incidência da COFINS, pois o ato cooperativo não seria compatível com a noção de faturamento ou receita bruta.

O STF decidiu a questão no **RE 598.085**, submetido à sistemática de **repercussão geral:**

> (...) 6. **Acaso adotado o entendimento de que as cooperativas não possuem lucro ou faturamento quanto ao ato cooperativo praticado com terceiros não associados (não cooperados), inexistindo imunidade tributária, haveria violação a determinação constitucional de que a seguridade social será financiada por toda a sociedade**, ex vi, art. 195, I, b , da CF/88, seria violada.
>
> 7. Consectariamente, atos cooperativos próprios ou internos são aqueles realizados pela cooperativa com os seus associados (cooperados) na busca dos seus objetivos institucionais.
>
> (...) 11. **Ex positis, dou provimento ao recurso extraordinário para declarar a incidência da COFINS sobre os atos (negócios jurídicos)**

> **praticados pela recorrida com terceiros tomadores de serviço,** resguardadas as exclusões e deduções legalmente previstas. Ressalvo, ainda, a manutenção do acórdão recorrido naquilo que declarou inconstitucional o § 1º do art. 3º da Lei nº 9.718/98, no que ampliou o conceito de receita bruta. (**RE 598.085**, j. 06.11.2014 – grifamos)

Esse acórdão foi impugnado por embargos de declaração tanto da União quanto da UNIMED, em março de 2015. Os dois embargos de declaração foram rejeitados em agosto de 2017, mantendo-se o acórdão acima transcrito.

A possibilidade de tributação das cooperativas foi reafirmada no **RE 599.362** (j. 06.11.2014), também submetido à sistemática de **repercussão geral:**

> (...) 1. O adequado tratamento tributário referido no art. 146, III, c, CF é dirigido ao ato cooperativo. A norma constitucional concerne à tributação do ato cooperativo, e não aos tributos dos quais as cooperativas possam vir a ser contribuintes.
>
> 2. **O art. 146, III, c, CF pressupõe a possibilidade de tributação do ato cooperativo ao dispor que a lei complementar estabelecerá a forma adequada para tanto. O texto constitucional a ele não garante imunidade ou mesmo não incidência de tributos, tampouco decorre diretamente da Constituição direito subjetivo das cooperativas à isenção.**
>
> (...) 4. **A Lei nº 5.764/71 foi recepcionada pela Constituição de 1988 com natureza de lei ordinária e o seu art. 79 apenas define o que é ato cooperativo, sem nada referir quanto ao regime de tributação.** Se essa definição repercutirá ou não na materialidade de cada espécie tributária, só a análise da subsunção do fato na norma de incidência específica, em cada caso concreto, dirá.
>
> 5. Na hipótese dos autos, a cooperativa de trabalho, na operação com terceiros – contratação de serviços ou vendas de produtos – não surge como mera intermediária de trabalhadores autônomos, mas, sim, como entidade autônoma, com personalidade jurídica própria, distinta da dos trabalhadores associados.
>
> 6. **Cooperativa é pessoa jurídica que, nas suas relações com terceiros, tem faturamento, constituindo seus resultados positivos receita tributável.**
>
> 7. **Não se pode inferir, no que tange ao financiamento da seguridade social, que tinha o constituinte a intenção de conferir às cooperativas de trabalho tratamento tributário privilegiado, uma vez que está expressamente consignado na Constituição que a**

> **seguridade social "será financiada por toda a sociedade**, de forma direta e indireta, nos termos da lei" (art. 195, caput, da CF/88).
>
> (...) 10. Recurso extraordinário ao qual o Supremo Tribunal Federal dá provimento para **declarar a incidência da contribuição ao PIS/PASEP sobre os atos (negócios jurídicos) praticados pela impetrante com terceiros tomadores de serviço**, objeto da impetração. (**RE 599.362**, j. 06.11.2014)

Segundo o Min. Relator, Dias Toffoli, **não são atos cooperativos os atos praticados entre cooperativas e terceiros não associados**, motivo pelo qual a esses não se aplica o adequado tratamento tributário. Além disso, as receitas decorrentes dos atos entre cooperativas e terceiros não-associados enquadram-se, perfeitamente, no conceito constitucional de faturamento tributável pelo PIS e pela COFINS.

A decisão acima foi objeto de embargos de declaração, acolhidos com os seguintes esclarecimentos:

> (...) 1. A norma do art. 146, III, c, da Constituição, que assegura o adequado tratamento tributário do ato cooperativo, é dirigida, objetivamente, ao ato cooperativo, e não, subjetivamente, à cooperativa. (...) 4. **No contexto das sociedades cooperativas, verifica-se a materialidade da contribuição ao PIS pela constatação da obtenção de receita ou faturamento pela cooperativa, consideradas suas atividades econômicas e seus objetos sociais, e não pelo fato de o ato do qual o faturamento se origina ser ou não qualificado como cooperativo.** 5. Como, nos autos do RE nº 672.215/CE, Rel. Min. Roberto Barroso, o tema do adequado tratamento tributário do ato cooperativo será retomado, a fim de se dirimir controvérsia acerca da cobrança de contribuições sociais destinadas à Seguridade Social, incidentes, também, sobre outras materialidades, como o lucro, tendo como foco os conceitos constitucionais de "ato cooperativo", "receita de atividade cooperativa" e "cooperado" e, ainda, a distinção entre "ato cooperado típico" e "ato cooperado atípico", proponho a seguinte tese de repercussão geral para o tema 323, diante da preocupação externada por alguns Ministros no sentido de adotarmos, para o caso concreto, uma tese minimalista: "**A receita ou o faturamento auferidos pelas Cooperativas de Trabalho decorrentes dos atos (negócios jurídicos) firmados com terceiros se inserem na materialidade da contribuição ao PIS/Pasep.**" 6. Embargos de declaração acolhidos para prestar esses esclarecimentos, mas sem efeitos infringentes. (Embargos de declaração no RE 599.362, j. 18.08.2016 – grifamos)

Registre-se, contudo, que o tema será novamente revisitado pelo STF, tendo em vista o reconhecimento da repercussão geral no **RE 672.215** e no **RE 597.315**:

> (...) Tem repercussão geral a discussão sobre a incidência da Cofins, do PIS e da CSLL sobre o produto de ato cooperativo, por violação dos conceitos constitucionais de "ato cooperado", "receita da atividade cooperativa" e "cooperado". Discussão que se dá sem prejuízo do exame da constitucionalidade da revogação, por lei ordinária ou medida provisória, de isenção, concedida por lei complementar (RE 598.085-RG), bem como da "possibilidade da incidência da contribuição para o PIS sobre os atos cooperativos, tendo em vista o disposto na Medida Provisória nº 2.158-33, originariamente editada sob o nº 1.858-6, e nas Leis nºs 9.715 e 9.718, ambas de 1998" (RE 599.362-RG, rel. min. Dias Toffoli). (Repercussão Geral no RE 672.215, j. 29.03.2012).
>
> (...) Tem repercussão geral o debate sobre a compatibilidade da inclusão, na base de cálculo de contribuição destinada ao custeio da seguridade social, dos valores recebidos pelas cooperativas e provenientes não de seus cooperados, mas de terceiros tomadores dos serviços ou adquirentes das mercadorias vendidas. (Repercussão Geral no RE 597.315, j. 02.02.2012).

É importante perceber que os julgados acima do STF referem-se aos atos da cooperativa praticados com terceiros. A observação é fundamental para entender que não há contradição entre os julgados do STF e um Recurso Especial do Repetitivo do STJ no qual se decidiu pela **não** incidência de PIS e COFINS sobre atos cooperativos **típicos.** Tais atos seriam aqueles realizados pelas cooperativas com seus cooperados, pela cooperativa com outras cooperativas ou pelos associados com a cooperativa. Confira-se:

> **Não incide a Contribuição destinada ao PIS e a COFINS sobre os atos cooperativos típicos realizados pelas cooperativas.** O art. 79 da Lei n. 5.764/1971 preceitua que os atos cooperativos são "os praticados entre as cooperativas e seus associados, entre estes e aquelas e pelas cooperativas entre si quando associados, para a consecução dos objetivos sociais". E ainda, em seu parágrafo único, alerta que "O ato cooperativo não implica operação de mercado, nem contrato de compra e venda de produto ou mercadoria". Anotado isso, entende-se que a norma declarou a hipótese de não incidência tributária, tendo em vista a mensagem que veicula, mesmo sem empregar termos diretos ou específicos, por isso que se obtém esse resultado interpretativo a partir da análise de seu conteúdo. Nesse contexto, **atos cooperativos**

próprios ou internos são aqueles realizados pela cooperativa com os seus associados (cooperados), ou pela cooperativa com outras cooperativas, ou pelos associados com a cooperativa, na busca dos seus objetivos institucionais. O que se deve ter em mente é que os atos cooperativos típicos não são *intuitu personae*. **Não é porque a cooperativa está no polo da relação que os torna atos típicos, mas sim porque o ato que realiza está relacionado com a consecução dos seus objetivos sociais institucionais.** REsp 1.141.667-RS e REsp 1.164.716-MG, Rel. Min. Napoleão Nunes Maia Filho, Primeira Seção, julgado em 27/4/2016, DJe 4/5/2016 (Informativo 582 do STJ – grifamos)

Em síntese, temos:

- Incide COFINS sobre atos praticados pelas cooperativas com terceiros tomadores de serviços (RE 598.085);
- Incide PIS sobre a receita ou o faturamento auferidos pelas cooperativas e decorrentes dos atos praticados com terceiros tomadores de serviços (RE 599.362).
- Não incide PIS e COFINS sobre atos cooperativos típicos realizados pelas cooperativas (REsp 1.141.667 e REsp 1.164.716)

O RE 672.215, não julgado até o fechamento desta edição, terá escopo mais amplo, abrangendo a discussão sobre a incidência da Cofins, do PIS e da CSLL sobre o produto de ato cooperativo, por violação dos conceitos constitucionais de "ato cooperado", "receita da atividade cooperativa" e "cooperado". Já o RE 597.315, também sob repercussão geral, decidirá sobre a constitucionalidade da inclusão, na base de cálculo de contribuição destinada ao custeio da seguridade social, dos valores recebidos pelas cooperativas e provenientes não de seus cooperados, mas de terceiros tomadores dos serviços ou adquirentes das mercadorias vendidas.

5.6.5 Inclusão do ICMS na base de cálculo das contribuições sobre o faturamento (PIS e COFINS)

A origem da controvérsia tem sede na redação original do artigo 3º, § 2º, I, da Lei 9.718/99, que assim dispunha:

> Lei 9.718/1999, art. 3º. O faturamento a que se refere o artigo anterior corresponde à receita bruta da pessoa jurídica.

> (...) § 2º **Para fins de determinação da base de cálculo das contribuições a que se refere o art. 2º, excluem-se da receita bruta**: I – as vendas canceladas, os descontos incondicionais concedidos, o Imposto sobre Produtos Industrializados – IPI e o Imposto sobre Operações relativas à Circulação de Mercadorias e sobre Prestações de Serviços de Transporte Interestadual e Intermunicipal e de Comunicação – **ICMS, quando cobrado pelo vendedor dos bens ou prestador dos serviços na condição de substituto tributário.**

Pelo dispositivo, fica claro que o valor devido a título de IPI deve ser excluído da base de cálculo do PIS e da COFINS, seja qual for a sistemática de recolhimento do IPI. Já em relação ao ICMS, o dispositivo realizou uma diferenciação, excluindo da base de cálculo das contribuições o ICMS apenas quando cobrado pelo vendedor ou prestador dos serviços na condição de substituto tributário.

Numa interpretação literal e *a contrario sensu* da norma, o ICMS deveria ser incluído na base de cálculo das contribuições quando não estivesse sujeito à sistemática de substituição tributária. Nessa linha, a Receita Federal considerava que o ICMS que a empresa recolhe aos Estados como contribuinte deveria ser incluído na base de cálculo do PIS e da COFINS, já que integraria o preço do produto e, consequentemente, a receita bruta.

O STJ, por sua vez, possui orientação consolidada de que seria legítima a inclusão do ICMS na base de cálculo das contribuições, como se pode constatar das súmulas 68 ("A parcela relativa ao ICM inclui-se na base de cálculo do PIS") e 94 ("A parcela relativa ao ICMS inclui-se na base de cálculo do Finsocial"). Atentando-se para o fato de que a COFINS substituiu o Finsocial, percebe-se que a questão, desde há muito, encontrava-se pacificada no STJ.

Tendo em vista a questão envolver a interpretação do conceito constitucional de faturamento, a discussão deveria ser resolvida pelo STF.

Em 15 de março de 2017, o STF julgou o **RE 574.706**, submetido à sistemática de **repercussão geral**, que fixou a tese de que **o ICMS não compõe a base de cálculo do PIS e da COFINS**, sob o fundamento de que o ICMS seria receita do Estado sujeito ativo desse imposto, estranha ao conceito de faturamento.

Tal acórdão foi objeto de embargos de declaração oferecidos em 19.10.2017 pela Fazenda Nacional, objetivando a modulação de efeitos. Até o fechamento desta edição não houve o julgamento dos aclaratórios. Em que pese o acórdão não ter transitado em julgado em razão da oposição dos embargos, tal entendimento pode ser cobrado em provas de concursos públicos, já que há tese de repercussão geral definida e aplicável[5].

Podem ser feitas várias críticas à decisão do STF, que está em dissonância com todo o sistema tributário brasileiro, que, ao contrário do estadunidense, não pressupõe a exclusão de tributos da base de cálculo de outros tributos. Fosse assim, o IPVA pago pela pessoa física deveria ser deduzido na declaração de Imposto de Renda, já que também seria receita do Estado, e não renda do contribuinte. O próprio STF, aliás, já decidiu, em sede de **repercussão geral** (**RE 582.461**, j. 18.05.2011), que é constitucional a inclusão do valor do ICMS na sua própria base de cálculo, ocasião em que admitiu a inclusão de tributo na base de cálculo de tributo.

Apesar de tomarem premissas diferentes, as duas teses de repercussão geral devem ser consideradas corretas em provas de concursos públicos. Assim, **o ICMS compõe sua própria base de cálculo, mas não compõe a base de cálculo das contribuições PIS e COFINS.**

6. CONTRIBUIÇÃO SOCIAL DE ILUMINAÇÃO PÚBLICA – COSIP

Em que pese o tributo em questão poder ser classificado como uma espécie das contribuições especiais, preferimos abordá-lo em capítulo apartado tendo em vista suas peculiaridades não só jurídicas, mas também históricas, somado ao fato de o STF ter se referido a ela como um tributo *"sui generis"*.

No passado, era comum a prática de vários Municípios instituírem taxa sobre o serviço de iluminação pública. A inadequação entre a espécie tributária taxa e o custeio de um serviço universal e indivisível, contudo, era evidente. Como se sabe, a taxa se presta a financiar serviços públicos específicos e divisíveis, o que não é o caso da iluminação pública.

Não por outra razão, o STF julgou inconstitucional a cobrança de taxa sobre o serviço de iluminação pública, já que essa utilidade deveria ser custeada "por meio do produto da arrecadação dos impostos gerais" (**RE 233.332**, j. 10.03.1999).

Os Municípios, insatisfeitos com a perda na arrecadação, articularam politicamente para contornar o entendimento do STF. O resultado foi a previsão

5. "A existência de decisão de mérito julgada sob a sistemática da repercussão geral autoriza o julgamento imediato de causas que versarem sobre o mesmo tema, independente do trânsito em julgado do paradigma." (STF, **RE 1.112.500 AgR**, j. 29.06.2018).

de um novo tributo na Constituição, que teve um novo artigo acrescentado pela Emenda Constitucional 39/2002:

> CF, art. 149-A. Os Municípios e o Distrito Federal poderão instituir **contribuição**, na forma das respectivas leis, **para o custeio do serviço de iluminação pública**, observado o disposto no art. 150, I e III. Parágrafo único. É facultada a cobrança da contribuição a que se refere o caput, na fatura de consumo de energia elétrica.

A doutrina em peso insurgiu-se contra a estratégia do constituinte reformador de transformar a taxa em contribuição, argumentando que não seria possível a vinculação dos contribuintes à finalidade específica exigida pelo artigo 149 da Constituição. Nesse sentido:

> "(...) mostrando a nova contribuição, *prima facie*, que não atende aos pressupostos para sua previsão normativa, uma vez que não se direciona a um grupo determinado de pessoas (ao contrário, atende a um número infinito de pessoas); não causa benefício especial ao contribuinte (mas à coletividade); e nem se vincula a uma determinada entidade. (...) Elege como 'contribiunte' todo aquele que possua ligação de energia elétrica regular ao sistema de fornecimento de energia. Entretanto, inocorre o necessário benefício especial no caso de iluminação de avenidas, estradas, praças, sem vinculação específica com a referida ligação. Ademais, beneficia pessoas estranhas ao recolhimento do tributo, o que se verifica com aqueles que transitam por vias iluminadas mas que não possuam qualquer ligação ao apontado sistema de fornecimento." (MELO, 2010, p. 113)

Em que pese a solidez dos argumentos, **o STF considerou constitucional a contribuição de iluminação pública** em sede de **repercussão geral** (**RE 573.675**, j. 25.03.2009):

> (...) I – **Lei que restringe os contribuintes da COSIP aos consumidores de energia elétrica do município não ofende o princípio da isonomia**, ante a impossibilidade de se identificar e tributar todos os beneficiários do serviço de iluminação pública. II – **A progressividade da alíquota, que resulta do rateio do custo da iluminação pública entre os consumidores de energia elétrica, não afronta o princípio da capacidade contributiva.** III – **Tributo de caráter sui generis**, que não se confunde com um imposto, porque sua receita se destina a finalidade específica, nem com uma taxa, por não exigir a contraprestação individualizada de um serviço ao contribuinte. IV

– Exação que, ademais, se amolda aos princípios da razoabilidade e da proporcionalidade. V – Recurso extraordinário conhecido e improvido. (**RE 573.675**, j. 25.03.2009 – grifamos)

Como se vê, além de considerar constitucional a contribuição de iluminação pública, o STF ainda admitiu que tal tributo fosse cobrado pela sistemática da progressividade, com alíquotas majoradas à medida que fosse mais alto o consumo de energia elétrica.

"Segundo o STF, o custeio do serviço de iluminação pública constitui um tipo de contribuição de caráter sui generis, em que podem ser eleitos contribuintes os consumidores de energia elétrica, a base de cálculo pode ser definida conforme o consumo e, ainda, podem ser impostas alíquotas progressivas que consideram a quantidade de consumo e as características dos diversos tipos de consumidor" (Cespe – Analista Legislativo – Consultor Legislativo – Câmara dos Deputados/2014 – assertiva **correta**).

QUESTÕES OBJETIVAS

1. (CESPE – Juiz de Direito Substituto – AL – 2008) Os serviços públicos justificadores da cobrança de taxas são

A) específicos ou divisíveis quando a utilização é efetiva pelo contribuinte.

B) divisíveis e de utilização compulsória.

C) sempre específicos e divisíveis.

D) aqueles cuja utilização é específica.

E) de utilização específica ou postos à disposição.

2. (FCC – Agente Fiscal de Rendas – SP/2013) Com respeito à disciplina legal das taxas, é

A) inconstitucional a adoção, no cálculo do valor de taxa, de um ou mais elementos da base de cálculo própria de determinado imposto, desde que não haja integral identidade entre uma base e outra.

B) inconstitucional a taxa cobrada exclusivamente em razão dos serviços públicos de coleta, remoção e tratamento ou destinação de lixo ou resíduos provenientes de imóveis.

C) constitucional a cobrança da taxa decorrente do poder de polícia em que haja a manutenção, pelo sujeito ativo, de órgão de controle em funcionamento, ficando restrita a cobrança aos contribuintes cujos estabelecimentos foram efetivamente visitados pela fiscalização.

D) constitucional a cobrança de taxa de fiscalização ambiental sobre o mesmo fato gerador pela União e por Estado, pois ambos têm competência para exercer a fiscalização desta atividade, haja vista se tratar de competência comum, exercida concomitantemente por todos entes políticos.

E) inconstitucional a taxa cobrada em razão da prevenção de incêndios, porquanto instituída como contraprestação a serviço não divisível.

3. (Cespe – Cartório – TJ – BA/2014) Com relação às taxas, assinale a opção correta.

A) Pela prestação do serviço de iluminação pública, os municípios podem instituir taxa de iluminação pública.

B) As taxas são tributos não vinculados a uma contraprestação do ente tributante em relação ao contribuinte.

C) As taxas têm como fato gerador o exercício regular do poder de polícia ou a utilização, efetiva ou potencial, de serviço público específico e divisível prestado ou posto à disposição do contribuinte.

D) Devido ao fato de a destinação do produto da arrecadação ser previsto em lei, as taxas são tributos vinculados.

E) As taxas podem ter a mesma base de cálculo dos impostos.

4. (FCC – Procurador Judicial – Prefeitura Recife-PE/2014) A Prefeitura do Recife, por meio de sua Secretaria de Finanças, resolveu enviar proposta ao legislativo municipal para a instituição de novas taxas aplicáveis aos munícipes recifenses.

É prescrição normativa constitucional que deve ser observada por esta proposta legislativa:

A) Instituir em 2014 taxa para o custeio do serviço de iluminação pública que possa ser cobrada ainda no primeiro semestre do mesmo ano, tendo em vista as necessidades deste serviço nos bairros carentes do Recife.

B) Instituição de taxas cobradas pela valorização de imóveis decorrente de obras públicas municipais, tomando-se o cuidado de não atribuir às taxas instituídas bases de cálculo própria de imposto.

C) Instituição de taxas pela utilização efetiva ou potencial de serviços públicos específicos e divisíveis, prestados ao contribuinte, desde que elas não tenham base de cálculo própria de impostos.

D) Instituição de taxas pelo exercício potencial ou efetivo do poder de polícia ou pela utilização de serviços públicos específicos e indivisíveis, prestados ao contribuinte.

E) Sempre que possível, instituir taxas que tenham caráter pessoal e que sejam graduadas segundo a capacidade econômica dos contribuintes.

5. (Consulplan – Cartório – TJ – MG/2015) Acerca das taxas, é correto afirmar:

A) Têm por fato gerador o exercício efetivo ou potencial do poder de polícia, ou a utilização regular de serviço público específico e divisível, prestado ao contribuinte ou posto à sua disposição.

B) Em casos excepcionais, podem ter base de cálculo ou fatos geradores idênticos aos que correspondam a impostos; com efeito, os emolumentos percebidos por notários e registradores são taxas e têm base de cálculo idêntica à do imposto sobre a renda da pessoa física do tabelião ou registrador.

C) Consideram-se serviços públicos específicos quando podem ser destacados em unidades autônomas de intervenção, de utilidade, ou de necessidades públicas; e divisíveis, quando suscetíveis de utilização, separadamente, por parte de cada um dos seus usuários.

D) Segundo norma constitucional explícita, são assegurados a todos – mediante prévio e regular pagamento de taxas – o direito de petição aos Poderes Públicos em defesa de direitos ou contra ilegalidade ou abuso de poder e a obtenção de certidões em repartições públicas, para defesa de direitos e esclarecimento de situações de interesse pessoal.

6. (Cespe – Delegado de Polícia – GO/2017) O estado de Goiás instituiu, por lei ordinária, um departamento de fiscalização de postos de gasolina com objetivo de aferir permanentemente as condições de segurança e vigilância de tais locais, estabelecendo um licenciamento especial e anual para o funcionamento de tais estabelecimentos e instituindo uma taxa anual de R$ 1.000 a ser paga pelos empresários, relacionada a tal atividade estatal.

A respeito dessa situação hipotética, assinale a opção correta.

A) A instituição do departamento de fiscalização de postos de gasolina como órgão competente com funcionamento regular é suficiente para caracterizar o exercício efetivo do poder de polícia.

B) É desnecessária, para justificar a cobrança de taxa, a criação de órgão específico para o desempenho das atividades de fiscalização de postos de gasolina, por se tratar de competências inerentes às autoridades de segurança pública.

C) Para observar o princípio da capacidade contributiva, a taxa deveria ter correspondência com o valor venal do imóvel a ser fiscalizado, sendo inconstitucional a cobrança de valor fixo por estabelecimento.

D) A taxa em questão é inconstitucional, já que a segurança pública é um dever do Estado, constituindo um serviço indivisível, a ser mantido apenas por impostos, o que torna incabível a cobrança de taxa.

E) Por ter caráter contraprestacional, a taxa só será devida caso o departamento de fiscalização de postos de gasolina faça visitas periódicas aos estabelecimentos, certificando-se do cumprimento das normas de segurança e vigilância de tais locais, de acordo com a legislação.

7. (Cespe – Juiz de Direito – PR/2017) O município de Curitiba – PR instituiu, por lei ordinária, taxa de coleta e remoção de lixo para os imóveis urbanos situados em seu território, estabelecendo como base de cálculo do tributo a área construída do imóvel, que, multiplicada pelo valor de R$ 2, resultaria no valor do tributo devido pelo contribuinte.

Acerca dessa situação hipotética e dos preceitos constitucionais pertinentes ao poder de tributar, assinale a opção correta.

A) A utilização da área construída do imóvel como parte da base de cálculo do tributo em questão, por também compor a base de cálculo do IPTU, torna inconstitucional a instituição do mencionado tributo.

B) A restrição constitucional para que haja identidade da base de cálculo atinge apenas as contribuições, e não as taxas, sendo, portanto, constitucional o tributo em questão.

C) O serviço de coleta e remoção de lixo em questão pode adotar um dos elementos de base de cálculo de impostos, desde que não haja identidade completa e o valor pago pelo contribuinte seja proporcional ao serviço que lhe é prestado.

D) A coleta e remoção de lixo é serviço público inespecífico e indivisível, por beneficiar toda a coletividade, sendo, portanto, inconstitucional a instituição da referida taxa.

8. (FCC – Juiz de Direito – SC/2017) Município X cobra taxa por coleta de lixo urbano, feita por empresa contratada pela Administração municipal. O tributo é calculado sobre o valor, atribuído por lei municipal, da frente para a via pública do imóvel em que se dará a coleta, medida em metros lineares. O tributo é julgado inconstitucional. A taxa não pode ser cobrada porque

A) a base de cálculo é semelhante ao valor venal do imóvel, base de cálculo do IPTU.

B) a base de cálculo não é apropriada para prestação de serviços, prestando-se, somente, para o caso de taxa por exercício de poder de polícia.

C) o serviço público é prestado por particular contratado, sendo, portanto, caso de cobrança de preço público diretamente pelo contratado.

D) o serviço é, por natureza, indivisível, tendo em vista a impossibilidade de pesar o lixo no momento da coleta.

E) a base de cálculo não tem pertinência com o serviço prestado ou posto à disposição.

9- (Cespe – Cartório – TJ – BA/2014) Imposto é um tributo

A) cujo fato gerador é o exercício regular do poder de polícia pelo Estado.

B) cujo fato gerador é o uso efetivo ou potencial de serviço público específico e divisível.

C) que exige prestação de serviço público específico e divisível aos contribuintes.

D) cujo fato gerador independe de qualquer atividade estatal específica relativa ao contribuinte.

E) que está vinculado a uma contraprestação do ente tributante em relação ao contribuinte.

10. (Cespe – Cartório – TJ – BA/2014) No que se refere à contribuição de melhoria, assinale a opção correta.

A) Essa contribuição é instituída para fazer face aos custos de obras públicas de que decorra valorização imobiliária.

B) Para calcular a contribuição de melhoria, o poder público deve considerar apenas o custo da obra sem a necessidade de verificar a valorização que da obra resultar para cada imóvel beneficiado.

C) A lei que instituir a contribuição de melhoria deve fixar um prazo máximo de dez dias para que os interessados possam impugnar o memorial descritivo do projeto e o orçamento do custo da obra.

D) O limite total da contribuição de melhoria deve ser igual ao valor que da obra resultar para cada imóvel beneficiado.

E) A competência para instituir a contribuição de melhoria é privativa dos municípios.

11. (Cespe – Cartório – TJ – BA/2014) Considerando a espécie tributária empréstimo compulsório, assinale a opção correta.

A) É admissível a instituição do empréstimo compulsório em um contexto que exija a absorção temporária do poder aquisitivo.

B) Ao se instituir empréstimo compulsório para atender a despesas extraordinárias decorrentes de iminente guerra externa, deve-se respeitar o princípio da anterioridade tributária.

C) Além da União, também os estados têm, em razão da chamada competência residual, competência para instituir empréstimos compulsórios.

D) A instituição do empréstimo compulsório, no caso de investimento público urgente e de relevante interesse nacional, não precisa atender ao princípio da anterioridade tributária.

E) Estabelece a CF que a aplicação dos recursos provenientes do empréstimo compulsório será vinculada à despesa que fundamentar a instituição desse empréstimo.

12. (Consulplan – Cartórios – Provimento – TJ – MG/2017) Sobre os empréstimos compulsórios, à luz da disciplina constante da Constituição Federal, é INCORRETO afirmar:

A) A sua instituição deve ocorrer mediante lei complementar.

B) Podem ser instituídos no caso de investimento público de caráter urgente e de relevante interesse nacional, vedada a cobrança no mesmo exercício financeiro em que haja sido publicada a lei que os instituiu.

C) A sua instituição pelos Estados deve ser previamente autorizada pelo Senado Federal.

D) A aplicação dos recursos provenientes de empréstimo compulsório será vinculada à despesa que fundamentou sua instituição.

13. (Cespe – Defensor Público – TO/2013) No que concerne às contribuições, assinale a opção correta.

A) As contribuições sociais do empregador incidentes sobre a receita poderão ser não cumulativas, conforme o setor da atividade econômica.

B) Com relação às empresas, a CF proíbe a substituição da contribuição incidente sobre folha de salário pela incidente sobre o faturamento.

C) As contribuições residuais para a seguridade social são cumulativas e de competência da União, instituídas por lei complementar, desde que não tenham fato gerador próprio de impostos.

D) As contribuições sociais e de intervenção no domínio econômico incidirão sobre as receitas decorrentes de exportação.

E) As contribuições de interesse das categorias profissionais ou econômicas são de competência da União, dos estados, do DF e dos municípios.

14. (Consulplan – Cartórios – Provimento – TJ – MG/2017) Compete exclusivamente à União instituir contribuições sociais, de intervenção no domínio econômico e de interesse das categorias profissionais ou econômicas, como instrumento de sua atuação nas respectivas áreas. Sobre as contribuições sociais e de intervenção no domínio econômico, é INCORRETO afirmar que:

A) Incidirão sobre a importação de serviços.

B) Poderão ter alíquotas específicas, tendo por base a unidade de medida adotada.

C) Incidirão sobre a importação de produtos estrangeiros.

D) Poderão ter alíquotas ad valorem, tendo por base o faturamento, a receita bruta ou o valor da operação e, no caso de importação e de exportação, o valor aduaneiro.

15. (FCC – Juiz de Direito – SC/2017) As contribuições sociais para a seguridade social

A) estão entre as competências comuns da União, Estados, Distrito Federal e Municípios.

B) incidem exclusivamente sobre os valores pagos a segurados empregados e avulsos.

C) não podem, em hipótese alguma, se desvincular do orçamento da previdência social.

D) não incidem sobre gorjetas pagas ao segurado.

E) só incidem sobre o lucro líquido apurado conforme a legislação do Imposto de Renda.

GABARITO

1 – C	2 – D	3 – C
4 – C	5 – C	6 – A
7 – C	8 – E	9 – D
10 – A	11 – E	12 – C
13 – A	14 – D	15 – A

Capítulo 3

LEI COMPLEMENTAR EM MATÉRIA TRIBUTÁRIA

1. INTRODUÇÃO

A **lei complementar** é uma espécie legislativa de quórum diferenciado, pois **exige a maioria absoluta de votos para sua aprovação** (CF, art. 69). Enquanto a maioria simples é suficiente para a aprovação de leis ordinárias, as leis complementares só serão aprovadas se obtiverem em seu favor a aquiescência da maioria absoluta.

Maioria simples significa a maioria dos parlamentares presentes na sessão formada para discussão e aprovação da lei, desde que presentes na sessão a maioria absoluta dos membros da respectiva Casa Legislativa[1]. A **maioria absoluta**, exigida para a aprovação das leis complementares, é a maioria do total dos parlamentares que compõem a Casa Legislativa. No caso da Câmara dos Deputados, que possui 513 deputados federais, a maioria absoluta será 257. Já a maioria simples será obtida em relação ao número de deputados presentes na deliberação a respeito da lei a ser aprovada, exigindo-se o mínimo de 257 deputados presentes, ou seja, o comparecimento da maioria absoluta. Numa deliberação com 257 deputados, uma lei ordinária poderia ser aprovada pelo voto favorável de 129 parlamentares. Caso compareçam 300 deputados, haveria a necessidade de 151 deputados, razão pela qual se

1. CF, art. 47. Salvo disposição constitucional em contrário, as deliberações de cada Casa e de suas Comissões serão tomadas por maioria dos votos, presente a maioria absoluta de seus membros.

pode afirmar que a maioria simples é variável em função dos parlamentares presentes, enquanto a maioria absoluta é um número fixo (257, no caso da Câmara dos Deputados).

2. INEXISTÊNCIA DE HIERARQUIA ENTRE LEI COMPLEMENTAR E LEI ORDINÁRIA

Em matéria tributária, a lei complementar adquire uma relevância singular.

Algumas matérias reguladas em lei complementar deverão ser observadas por todos os entes da federação. Em outras palavras, há casos em que normas dispostas em lei complementar deverão ser observadas por leis estaduais e municipais.

Assim é que o prazo prescricional de créditos tributários fixado em lei complementar editada pela União não pode ser derrogado, na respectiva esfera federativa, por lei estadual ou municipal. Conforme determina o art. 146, III, *b* da CF, as normas gerais relativas a prescrição e decadência de créditos tributários devem ser objeto de lei complementar.

Diante dessa necessidade de observância da lei complementar tributária pela lei ordinária, surge a indagação a respeito da existência de superioridade hierárquica da lei complementar.

Na doutrina, existe a corrente segundo a qual, nos casos em que uma lei ordinária deve retirar seu fundamento de validade da lei complementar, esta será dotada de superioridade hierárquica (COSTA, 2014, p. 42). Para esse entendimento, as leis complementares seriam hierarquicamente superiores às leis ordinárias quando assumissem a função de normas gerais, pois nessa hipótese, ao traçarem rumos à legislação das pessoas estatais, estariam acima das leis ordinárias federais, estaduais ou municipais (DERZI, 2015, p. 105).

Apesar da consistência dos argumentos doutrinários, a jurisprudência do STF (**RE 377.457 - repercussão geral**, j. 17.09.2008) adotou a posição de que **as leis complementares não possuem superioridade hierárquica em relação às leis ordinárias**. Entendeu o STF que a distinção entre as duas espécies normativas diria respeito apenas à matéria que a Constituição reserva à regulação por lei complementar[2].

Além disso, a regulação por lei complementar de matéria que não foi reservada pela Constituição a essa espécie legislativa não impede que o

2. No mesmo sentido: ADI 2711, j. 04.03.2004; ADI-MC 1480, 04.09.1997. Na didática lição do Professor Titular da USP: "Afinal, hierarquia somente caberia cogitar em caso de antinomia, i.e., se duas normas versassem sobre o mesmo tema. Como a própria Constituição Federal já reservara alguns campos para a lei complementar e outros para a lei ordinária, não haveria espaço para tal conflito." (SCHOUERI, 2015, p. 83).

legislador ordinário revogue dispositivos de lei complementar que não estejam sob a reserva do quórum da maioria absoluta. Caso se admitisse o contrário, bastaria ao legislador infraconstitucional utilizar uma lei complementar em uma matéria qualquer para, por via indireta, alterar a vontade do constituinte no que tange à distribuição dos temas que só podem ser regulados por lei complementar.

Sob esse fundamento, o STF considerou possível a revogação do art. 6º, II da Lei Complementar 70/1991 pelo art. 56 da Lei 9.430/1996, uma vez que não havia, no primeiro dispositivo, matéria reservada à lei complementar (**RE 377.457 – repercussão geral**, j. 17.09.2008).

O STJ curvou-se a esse entendimento e editou a súmula 508, reconhecendo que a isenção da Cofins concedida pelo art. 6º, II, da LC n. 70/1991 às sociedades civis de prestação de serviços profissionais foi revogada pelo art. 56 da Lei n. 9.430/1996.

3. TRIBUTOS INSTITUÍDOS POR LEI COMPLEMENTAR

Alguns tributos só podem ser instituídos por meio de lei complementar. São eles:

- Impostos da competência residual da União (CF, art. 154, I);
- Empréstimos compulsórios (CF, art. 148);
- Contribuições residuais da seguridade social (CF, art. 195, § 4º);

Há uma controvérsia em relação ao **imposto sobre grandes fortunas**. A Constituição dispõe que esse tributo deve ser instituído "nos termos de lei complementar" (CF, art. 153, VII). A redação não determina que o imposto seja instituído "por" lei complementar, mas sim "nos termos de" lei complementar. Diante dessa diferença sutil na literalidade do texto constitucional, alguns doutrinadores entendem que a instituição do imposto sobre grandes fortunas pode se dar por meio de lei ordinária, desde que com base em uma lei complementar que trace o perfil geral do imposto[3].

3. Nesse sentido: "a União, por meio de lei ordinária, poderá instituir o imposto sobre grandes fortunas (ou sobre ele dispor). A lei complementar apenas irá definir as diretrizes básicas que nortearão a criação deste imposto" (CARRAZZA, 2015, p. 1146).

4. ANÁLISE DO ART. 146 DA CF

> Art. 146. Cabe à lei complementar: I – dispor sobre conflitos de competência, em matéria tributária, entre a União, os Estados, o Distrito Federal e os Municípios; II – regular as limitações constitucionais ao poder de tributar; III – estabelecer normas gerais em matéria de legislação tributária, especialmente sobre: a) definição de tributos e de suas espécies, bem como, em relação aos impostos discriminados nesta Constituição, a dos respectivos fatos geradores, bases de cálculo e contribuintes; b) obrigação, lançamento, crédito, prescrição e decadência tributários; c) adequado tratamento tributário ao ato cooperativo praticado pelas sociedades cooperativas. d) definição de tratamento diferenciado e favorecido para as microempresas e para as empresas de pequeno porte, inclusive regimes especiais ou simplificados no caso do imposto previsto no art. 155, II, das contribuições previstas no art. 195, I e §§ 12 e 13, e da contribuição a que se refere o art. 239.
>
> Parágrafo único. A lei complementar de que trata o inciso III, d, também poderá instituir um regime único de arrecadação dos impostos e contribuições da União, dos Estados, do Distrito Federal e dos Municípios, observado que: I – será opcional para o contribuinte; II – poderão ser estabelecidas condições de enquadramento diferenciadas por Estado; III – o recolhimento será unificado e centralizado e a distribuição da parcela de recursos pertencentes aos respectivos entes federados será imediata, vedada qualquer retenção ou condicionamento; IV – a arrecadação, a fiscalização e a cobrança poderão ser compartilhadas pelos entes federados, adotado cadastro nacional único de contribuintes.
>
> Art. 146-A. Lei complementar poderá estabelecer critérios especiais de tributação, com o objetivo de prevenir desequilíbrios da concorrência, sem prejuízo da competência de a União, por lei, estabelecer normas de igual objetivo.

4.1 Teorias dicotômica e tricotômica

O art. 146 da CF confere três funções à lei complementar: dispor sobre conflitos de competência em matéria tributária; regular as limitações constitucionais ao poder de tributar; e estabelecer normas gerais em matéria tributária.

Apesar de o texto constitucional listar as três funções acima, há ainda hoje autores que adotam a **corrente dicotômica**, segundo a qual haveria apenas duas funções possíveis para a lei complementar tributária: dispor sobre conflitos de competência e regular as limitações constitucionais ao poder de tributar. Para essa orientação, a lei complementar só pode trazer normas gerais que disponham sobre conflitos de competência e regulem as limitações constitucionais ao poder de tributar. Tal limitação às normas gerais de direito tributário, ainda para a corrente dicotômica, seria necessária para assegurar o princípio federativo e a autonomia municipal (COSTA, 2014, p. 43-44; CARRAZZA, 2015, p. 1.096).

A posição majoritária, contudo, pende a favor da **corrente tricotômica**, que reconhece uma função mais ampla das normas gerais tributárias, que não se limita a conflitos de competência ou limitações ao poder de tributar. O princípio federativo e a autonomia municipal seriam conciliados com a determinação constitucional que determina expressamente a função específica da lei complementar de estabelecer normas gerais em matéria tributária.

A maior dificuldade estaria na determinação do que seriam "normas gerais", já que o art. 146, III da CF é claro ao consagrar que a enumeração das normas gerais nesse dispositivo é meramente exemplificativa ("especialmente sobre"). Enfrentando essa problemática, o STF já decidiu que as normas "gerais" não significam normas "genéricas", mas sim "aptas a vincular todos os entes federados e os administrados" (**RE 433.352 AgR**, j. 20.04.2010).

4.2 O *status* de lei complementar do Código Tributário Nacional

O Código Tributário Nacional hoje vigente está disposto na Lei 5.172, de 25 de outubro de 1966, tendo sido promulgado sob a égide da Constituição de 1946, que não previa a existência de leis complementares. Por isso, o CTN foi editado como lei ordinária.

Poucos meses depois, contudo, foi outorgada outra Constituição, a 24 de janeiro do ano de 1967, que previa em seu art. 53 as leis complementares à Constituição, cuja aprovação demandava a **maioria absoluta** dos membros das duas casas legislativas do Congresso Nacional.

O art. 19, § 1º da Constituição de 1967 determinava que caberia à lei complementar estabelecer normas gerais de direito tributário, dispor sobre conflitos de competência em matéria tributária e regular as limitações constitucionais ao poder tributário. Muitas dessas normas atribuídas à lei complementar já eram reguladas pelo CTN, que, já sabemos, foi promulgado como lei ordinária.

Diante da compatibilidade material do CTN e a nova Constituição, ocorreu um fenômeno conhecido como **recepção**, que explicamos a seguir.

Em situações nas quais uma lei é materialmente compatível com uma nova Constituição, que por sua vez exige outra espécie legislativa para a regulação da matéria por ela regulada, a lei promulgada anteriormente à nova Constituição que seja com ela compatível adquire o *status* da espécie legislativa exigida pelo novo texto constitucional.

Suponhamos que determinada matéria, sob a Constituição de 1967, possa ser regulada por decreto-lei, mas que com o advento da Constituição de 1988, a espécie cabível para tratar do tema passe a ser a lei ordinária. Desse modo, caso o decreto-lei seja materialmente compatível com a nova Constituição (ou seja, não contrarie nenhum dispositivo do novo texto constitucional), seu *status* passa a ser de lei ordinária, só podendo ser, a partir de então, revogado por lei ordinária[4].

A mesma linha de raciocínio é aplicável às leis ordinárias que tratam de matérias que após a Constituição de 1967 ou de 1988 só podem ser reguladas por lei complementar. Caso a lei ordinária seja materialmente incompatível com a nova Constituição, será por esta recepcionada com o *status* da norma a partir de então exigida para o assunto regulado. Reforçamos que a recepção só é possível em caso de compatibilidade material da norma infraconstitucional com a nova Constituição. Se o conteúdo da lei anterior for contrário a qualquer norma constitucional do novo texto, ocorre a revogação da lei pela norma hierarquicamente superior.

Diante disso, a Constituição de 1967 recepcionou as normas do CTN, que assumiu o *status* de lei complementar a partir de 15 de março de 1967, quando entrou em vigor a Constituição que introduziu a necessidade de lei complementar para as normas gerais tributárias. O mesmo status foi mantido após a promulgação da Constituição de 1988, diante da exigência do seu art. 146.

Significa dizer que apenas uma nova lei complementar pode revogar dispositivos do Código Tributário Nacional.

4.3 Conflitos de competência em matéria tributária

De acordo com o art. 146, I da CF, cabe à lei complementar dispor sobre conflitos de competência, em matéria tributária, entre a União, os Estados, o Distrito Federal e os Municípios.

4. O Código Penal hoje vigente, por exemplo, foi promulgado como o Decreto-Lei 2.848/ 1940, e a partir de 1988 só pode ser alterado por lei ordinária, tendo em vista ter sido recepcionado como tal.

Os conflitos de competência afloram quando entes políticos diversos pretendem tributar a mesma materialidade econômica. Como a Constituição procedeu a uma delimitação rigorosa de competências tributárias, tais conflitos são apenas aparentes, devendo ser solucionados pelo intérprete e julgador.

Mesmo diante de um texto constitucional analítico, o constituinte reconheceu que o terreno das competências tributárias é fecundo para a disputa entre os entes pela mesma expressão de riqueza, o que demanda a atuação do legislador complementar para tornar mais marcantes as delimitações das competências.

Um bom exemplo de situação propícia a conflito aparente de competência é a definição da incidência do IPTU ou do ITR sobre determinado imóvel. O IPTU, imposto municipal, incide sobre a propriedade de imóveis urbanos, enquanto o ITR, imposto federal, incide sobre a propriedade de imóveis rurais.

Para delimitar melhor a esfera de incidência do IPTU, o art. 32 do CTN, ao enunciar a incidência do imposto municipal sobre os imóveis urbanos, remeteu à respectiva lei municipal a definição da zona urbana, desde que sejam observados os requisitos mínimos elencados pelo Código. Confira-se:

> CTN, art. 32. O imposto, de competência dos Municípios, sobre a propriedade predial e territorial urbana tem como fato gerador a propriedade, o domínio útil ou a posse de bem imóvel por natureza ou por acessão física, como definido na lei civil, localizado na zona urbana do Município.
>
> § 1º Para os efeitos deste imposto, entende-se como zona urbana a definida em lei municipal; observado o requisito mínimo da existência de melhoramentos indicados em pelo menos 2 (dois) dos incisos seguintes, construídos ou mantidos pelo Poder Público:
>
> I – meio-fio ou calçamento, com canalização de águas pluviais;
>
> II – abastecimento de água;
>
> III – sistema de esgotos sanitários;
>
> IV – rede de iluminação pública, com ou sem posteamento para distribuição domiciliar;
>
> V – escola primária ou posto de saúde a uma distância máxima de 3 (três) quilômetros do imóvel considerado.
>
> § 2º A lei municipal pode considerar urbanas as áreas urbanizáveis, ou de expansão urbana, constantes de loteamentos aprovados pelos órgãos competentes, destinados à habitação, à indústria ou ao comércio, mesmo que localizados fora das zonas definidas nos termos do parágrafo anterior.

É possível concluir que o CTN utilizou o critério da localização do imóvel em zona urbana para definir a incidência do IPTU. Consequentemente, o ITR incide sobre os imóveis localizados fora da zona urbana dos municípios (art. 29 do CTN).

Esse critério da localização foi derrogado especificamente em relação aos imóveis urbanos que sejam destinados à exploração extrativa vegetal, agrícola, pecuária ou agroindustrial, hipótese em que incide o ITR, por força do artigo 15 do Decreto-Lei 57/1966:

> "Art 15. O disposto no art. 32 da Lei nº 5.172, de 25 de outubro de 1966, não abrange o imóvel de que, comprovadamente, seja utilizado em exploração extrativa vegetal, agrícola, pecuária ou agro-industrial, incidindo assim, sôbre o mesmo, o ITR e demais tributos com o mesmo cobrados."

Como o Decreto-Lei tinha força de lei ordinária, a ressalva feita ao artigo 32 do CTN (que então possuía o *status* de lei ordinária) pelo dispositivo acima transcrito foi válida, já que o Decreto-Lei 57/66 representa norma posterior (o CTN foi publicado em outubro de 1966, tendo entrado em vigor em 1º de janeiro de 1967, e o Decreto-Lei 57/66 foi publicado em novembro de 1966, tendo entrado em vigor na data de sua publicação) de igual hierarquia apta a derrogar o CTN, que à época possuía *status* de lei ordinária.

O julgado do STJ abaixo é didático sobre a relação entre as normas:

> TRIBUTÁRIO. IPTU. ITR. FATO GERADOR. IMÓVEL SITUADO NA ZONA URBANA. LOCALIZAÇAO. DESTINAÇAO. CTN, ART. 32. DECRETO-LEI N. 57/66. VIGÊNCIA.
>
> 1. Ao ser promulgado, o Código Tributário Nacional valeu-se do critério topográfico para delimitar o fato gerador do Imposto sobre a Propriedade Predial e Territorial Urbana (IPTU) e o Imposto sobre a Propriedade Territorial Rural (ITR): se o imóvel estivesse situado na zona urbana, incidiria o IPTU; se na zona rural, incidiria o ITR.
>
> 2. **Antes mesmo da entrada em vigor do CTN, o Decreto-Lei nº 57/66 alterou esse critério, estabelecendo estarem sujeitos à incidência do ITR os imóveis situados na zona rural quando utilizados em exploração vegetal, agrícola, pecuária ou agroindustrial.**
>
> 3. **A jurisprudência reconheceu validade ao DL 57/66, o qual, assim como o CTN, passou a ter o status de lei complementar em face da superveniente Constituição de 1967. Assim, o critério topográfico**

> **previsto no art. 32 do CTN deve ser analisado em face do comando do art. 15 do DL 57/66, de modo que não incide o IPTU quando o imóvel situado na zona urbana receber quaisquer das destinações previstas nesse diploma legal.**
>
> 4. Recurso especial provido.
>
> (**REsp 492.869**, 1ª Turma, j. 15.02.2005 – grifamos).

Esse entendimento foi confirmado no julgamento do **REsp 1.112.646** (j. 26.08.2009), sujeito à sistemática dos recursos especiais **repetitivos.**

Assim, com a Constituição de 1967, tanto o CTN quanto o artigo 15 do Decreto-Lei 37/66 foram recepcionados como lei complementar, o que preservou a vigência do art. 15 do Decreto-Lei 57/66.

Vale registrar que houve um dispositivo de lei ordinária em 1972 (art. 12 da Lei 5.868/1972) que declarou expressamente a revogação do art. 15 do Decreto-Lei 37/66. Contudo, em 1972 o art. 15 do Decreto-Lei já não mais poderia ser revogado por lei ordinária, razão pela qual essa revogação expressa não possui efeitos jurídicos.

Nesse sentido é a jurisprudência do STF:

> (...) 2. R.E. conhecido, pela letra "b", mas improvido, **mantida a declaração de inconstitucionalidade do art. 12 da Lei federal n 5.868, de 12.12.1972, no ponto em que revogou o art. 15 do Decreto- lei n 57, de 18.11.1966**. 3. Plenário. Votação unânime. (**RE 140.773**, j. 08.10.1998 – grifamos).

Atualmente, portanto, tanto o CTN quanto o artigo 15 do Decreto-Lei 37/66 são normas com o *status* de lei complementar, porque o tema insere-se no âmbito do conflito de competências, devendo ser dirimido por lei complementar, de acordo com o artigo 146, I da Constituição de 1988.

> CESPE/2013 – Procurador do MP junto ao TC/DF: "Segundo o STJ, incide o imposto sobre a propriedade rural (ITR), e não o imposto sobre a propriedade predial e territorial urbana (IPTU), sobre imóveis comprovadamente utilizados para exploração extrativa, vegetal, agrícola, pecuária ou agroindustrial, ainda que localizados em áreas consideradas urbanas por legislação municipal." – Assertiva **correta.**

Outro exemplo de lei complementar que exerce a função de dispor sobre conflitos de competência é a Lei Complementar 116/2003, que possui dispositivos voltados ao delineamento dos campos de incidência do ICMS e do ISS, como, por exemplo, o art. 1º, § 2º[5].

Além da atuação no que tange ao aspecto material do fato gerador, a lei complementar pode também prevenir os conflitos entre os entes federativos ao estabelecer alíquotas mínimas e máximas de impostos de caráter nacional, como ocorre com o ITCMD, o ISS e o ICMS, como será visto no estudo desses dois impostos.

4.4 Regulação das limitações constitucionais ao poder de tributar

A segunda função elencada pelo art. 146 da CF diz respeito à regulação das limitações constitucionais ao poder de tributar.

Embora tais limitações abranjam, basicamente, os princípios constitucionais tributários e as imunidades tributárias, as maiores discussões quanto ao papel da lei complementar nesse tema dizem respeito às imunidades, e mais especificamente em relação à imunidade aos impostos das instituições de educação e das entidades de assistência social (CF, art. 150, VI, *c*) e à imunidade às contribuições da seguridade social das entidades beneficentes (CF, art. 195, § 7º). Nesses dois casos, a necessidade de regulação da imunidade por lei complementar decorre diretamente do art. 146, II da CF.

Tratamos com mais detalhes do assunto no capítulo dedicado às imunidades tributárias.

4.5 Normas gerais em matéria tributária

Essa função da lei complementar tributária é exercida pelo CTN, que define o tributo em seu art. 3º, e delineia os traços gerais dos fatos geradores, bases de cálculo e contribuintes da maioria dos impostos discriminados na Constituição, cumprindo assim a determinação do art. 146, III, *a* da CF.

Justamente por conta dessa determinação constitucional, não pode a lei ordinária determinar que os valores relativos a descontos incondicionais sejam incluídos na base de cálculo do IPI. Uma vez que o CTN, ao dispor sobre a base de cálculo do imposto em questão, não traz norma semelhante, a lei ordinária que assim dispõe viola o art. 146, III, *a* da CF, que

5. LC 116/2003, art. 1º, § 2º. Ressalvadas as exceções expressas na lista anexa, os serviços nela mencionados não ficam sujeitos ao Imposto Sobre Operações Relativas à Circulação de Mercadorias e Prestações de Serviços de Transporte Interestadual e Intermunicipal e de Comunicação – ICMS, ainda que sua prestação envolva fornecimento de mercadorias.

reserva a matéria à lei complementar (**RE 567.935 – repercussão geral**, j. 04.09.2014). O legislador ordinário federal, ao instituir o IPI e regular de modo mais detalhado sua base de cálculo, deve observar o regramento básico da lei complementar, sob pena de incorrer em inconstitucionalidade formal.

Em relação às contribuições previstas no art. 149 da CF, o STF já decidiu, em sede de **repercussão geral**, que o fato dessa espécie tributária estar sujeita às normas gerais do art. 146, III, *a* da CF não significa que as contribuições devem ser instituídas por lei complementar (**RE 635.682**, j. 25.04.2013).

Além da definição de tributo e dos fatos geradores dos impostos discriminados na Constituição, o CTN também traz normas gerais que devem ser observadas por todos os entes da Federação no que diz respeito a obrigação, lançamento, crédito, prescrição e decadência tributários, exigência do art. 146, III, *b* da CF.

Assim, não pode a norma específica de um ente federativo (nem mesmo a Constituição Estadual) criar hipótese de decadência não prevista no CTN, sob pena de violação ao art. 146, III, *b* da CF. Sob esse fundamento, o STF declarou inconstitucional norma da Constituição do Estado de Santa Catarina que criava uma hipótese de decadência atrelada ao decurso de prazo em processo administrativo sem decisão final, não prevista no CTN (**ADI 124**, j. 01.08.2008 - grifamos). A decadência, tal como regulada pelo CTN, está atrelada ao decurso do prazo para realizar o lançamento, e não ao decurso do prazo para proferir decisão final no processo administrativo fiscal.

No voto do relator da ADI 124, Ministro Joaquim Barbosa, foi traçada uma diferença deveras sutil, que exige a perspicácia dos mais atentos. É que o texto do art. 146, III, *b* da CF exige lei complementar para normas gerais sobre **obrigação, lançamento, crédito, prescrição e decadência** tributários. Essa redação torna mais forte o argumento de que apenas a lei complementar pode criar hipóteses de decadência do crédito tributário.

Situação um pouco diversa seria a relativa à criação de novas hipóteses de **extinção** do crédito tributário. Ao se entender que a Constituição, ao reservar à lei complementar as normas gerais sobre **crédito** tributário, pretendeu que apenas o legislador nacional por maioria absoluta pudesse instituir novas hipóteses de sua extinção, restaria vedada ao legislador ordinário, da União ou dos demais entes federativos, a liberdade em ampliar o rol de extinção do crédito tributário previsto no CTN[6].

6. CTN, art. 156. Extinguem o crédito tributário: I – o pagamento; II – a compensação; III – a transação; IV – remissão; V – a prescrição e a decadência; VI – a conversão de depósito em renda; VII – o pagamento

Estamos diante, assim, da discussão quanto à possibilidade de o legislador ordinário criar novas formas de extinção do crédito tributário além das previstas no CTN.

Inicialmente, o STF entendeu que o rol das modalidades de extinção do crédito tributário é taxativo[7], sendo vedado à legislação local inovar no tema (**ADI-MC 1917**, j. 18.12.1998).

No julgamento de outra medida cautelar em ação direta de inconstitucionalidade, o STF entendeu em sentido oposto, admitindo a criação de nova modalidade de extinção do crédito tributário por lei estadual (**ADI-MC 2405**, j. 06.11.2002).

Alguns anos depois foi julgado o mérito da ADI 1917. Nessa ocasião, o Tribunal praticamente abandonou a discussão relativa à necessidade ou não de lei complementar para instituir nova hipótese de extinção do crédito tributário. Os ministros que abordaram esse tema se limitaram a mencionar o julgamento da ADI-MC 2405, considerando a discussão superada a partir dessa decisão. A lei distrital impugnada na ADI 1917 foi declarada inconstitucional, mas pela razão de que, ao permitir a extinção de créditos tributários mediante a dação de bens móveis, violavam o preceito constitucional (art. 37, XXI da CF) que exige a realização de licitação para a aquisição de bens móveis pelo Poder Público (**ADI 1917**, j. 26.04.2007).

Ainda sobre o alcance do termo "crédito tributário" previsto no art. 146, III, *b* da CF como reservado à lei complementar, o STF rechaçou a argumentação de que o depósito judicial, hipótese de suspensão da exigibilidade prevista no art. 151 do CTN, seria implícito ao tema do crédito tributário. Como consequência, não há vedação à regulação do depósito judicial pelos entes da Federação, não havendo, portanto, reserva de lei complementar para as regras do depósito[8]. Não se tratando de imposição tributária, mas de simples regras que disciplinam os depósitos de valores referentes a tributos,

---

antecipado e a homologação do lançamento nos termos do disposto no artigo 150 e seus §§ 1º e 4º; VIII – a consignação em pagamento, nos termos do disposto no § 2º do artigo 164; IX – a decisão administrativa irreformável, assim entendida a definitiva na órbita administrativa, que não mais possa ser objeto de ação anulatória; X – a decisão judicial passada em julgado. XI – a dação em pagamento em bens imóveis, na forma e condições estabelecidas em lei.

7. Milita em favor dessa posição a redação do art. 141 do CTN: "**O crédito tributário regularmente constituído somente se modifica ou extingue**, ou tem sua exigibilidade suspensa ou excluída, **nos casos previstos nesta Lei**, fora dos quais não podem ser dispensadas, sob pena de responsabilidade funcional na forma da lei, a sua efetivação ou as respectivas garantias.".

8. No âmbito federal a lei ordinária 9.703/1998 dispõe sobre os depósitos judiciais e extrajudiciais de tributos federais.

não há que se falar em reserva de lei complementar por conta do art. 146, III, *b* da CF (**ADI-MC 2214**, j. 06.02.2002).

QUESTÕES OBJETIVAS

1. (TRF 4 – Juiz Federal Substituto 4ª região/2014) Assinale a alternativa INCORRETA.

Em relação à lei complementar em matéria tributária:

A) Compete à lei complementar regular os conflitos de competência entre a União, os Estados, o Distrito Federal e os Municípios.

B) Compete à lei complementar regular as limitações constitucionais ao poder de tributar.

C) Compete à lei complementar estabelecer normas gerais sobre definição de tributos e de suas espécies, bem como, em relação aos impostos discriminados na Constituição, a dos respectivos fatos geradores, bases de cálculo e contribuintes.

D) Compete à lei complementar estabelecer normas gerais sobre o adequado tratamento tributário ao ato cooperativo praticado pelas sociedades cooperativas.

E) Segundo a orientação do Supremo Tribunal Federal, matéria veiculada por lei complementar só pode ser revogada por lei complementar, mesmo que o objeto nela tratado não esteja, segundo a Constituição Federal, sujeito a essa espécie normativa.

2. (FCC – Agente Fiscal de Rendas – SP/2013) A Lei Complementar tem grande importância no Sistema Tributário Nacional. De acordo com a Constituição Federal de 1988, por meio desse instrumento

A) são reguladas as limitações ao direito de tributar, previstas na Constituição Federal, bem como são estabelecidas normas gerais em matéria tributária sobre obrigação, lançamento, crédito, prescrição e decadência.

B) a União, para atender despesas extraordinárias, decorrentes de calamidade pública, pode instituir impostos extraordinários.

C) a União pode instituir impostos não previstos na Constituição, mesmo que, pela excepcionalidade, tenham fato gerador e base de cálculo de impostos iguais aos existentes na Constituição Federal.

D) são estabelecidas normas gerais em matéria tributária, dentre elas a definição dos tributos e suas espécies, bem como, são instituídos os impostos discriminados na Constituição com os respectivos fatos geradores, bases de cálculo e contribuintes.

E) são previstas as percentagens de repartição de receita tributária entre a União, Estados, Distrito Federal e Municípios.

3. (FEPESE – Promotor de Justiça – SC/2014) Analise o enunciado da questão abaixo e assinale se ele é falso ou verdadeiro:

A Constituição Federal reserva à lei complementar federal aptidão para dispor sobre decadência em matéria tributária, de forma que será inconstitucional a norma Estadual, Distrital ou Municipal, mesmo que trate exclusivamente de espécie de tributo da própria competência tributária, que estabelecer hipótese de decadência do crédito tributário não prevista em lei complementar federal.

4. (TRF 2 – Juiz Federal Substituto 2ª região/2014) Atenção. O acerto da presente questão consiste em IDENTIFICAR A ASSERTIVA FALSA. Sobre o papel da Lei Complementar em matéria tributária é ERRADO afirmar:

A) Somente Lei Complementar Federal poderá dispor sobre a definição do prazo de prescrição do crédito tributário, assim como seu termo inicial e causas de suspensão e interrupção, o que condicionará o exercício da competência tributária de Estados e Municípios.

B) É permitido à União estabelecer, mediante Lei Complementar, regime diferenciado e simplificado de recolhimento de tributos federais para microempresas e empresas de pequeno porte.

C) Dentre os papéis destacados à Lei Complementar Federal em matéria tributária não se encontra o estabelecimento de alíquotas mínimas e máximas de determinados impostos.

D) Cabe à União Federal instituir, mediante lei complementar, o tributo conhecido como empréstimo compulsório, com a finalidade de realização de investimento público de caráter urgente e de relevante interesse da nação.

E) É atribuição da União estabelecer, por lei complementar, empréstimo compulsório destinado ao atendimento de despesas classificadas como extraordinárias, decorrentes de guerra externa, iminência de guerra externa ou calamidade pública.

5. (Consulplan – Cartório – TJ – MG/2015) Não é necessário lei complementar para instituir

A) empréstimos compulsórios.

B) Imposto sobre Produtos Industrializados.

C) impostos residuais.

D) Imposto sobre Grandes Fortunas.

GABARITO

1 – E	2 – A	3 – VERDADEIRO
4- C	5 – B	

Capítulo 4

PRINCÍPIOS DO DIREITO TRIBUTÁRIO

1. PRINCÍPIO DA LEGALIDADE

> CF, Art. 150. Sem prejuízo de outras garantias asseguradas ao contribuinte, é vedado à União, aos Estados, ao Distrito Federal e aos Municípios:
>
> I – exigir ou aumentar tributo sem lei que o estabeleça; (...)

1.1 Surgimento e previsão no direito brasileiro

O princípio da legalidade tributária possui sua primeira referência histórica na Inglaterra, quando, em 1215, o Rei João Sem Terra passou a ter seus poderes limitados pela Magna Carta[1]. Com esse documento, os súditos só poderiam ser tributados de acordo com a lei, e não de acordo com a livre vontade do rei. Surgiu daí a expressão *"no taxation without representation"*, que significa a ideia de que os governados só podem ser tributados se assim consentirem, por meio da representação popular necessária à aprovação de uma lei. Por isso, o tributo precisa de uma espécie de "autoconsentimento" para ser instituído, já que a aprovação do parlamento representa a vontade dos eleitores representados.

No direito brasileiro, pode-se identificar um princípio genérico da legalidade, no artigo 5º, II da Constituição: "ninguém é obrigado a fazer ou deixar de

1. Apesar de a maioria dos autores brasileiros afirmarem a precedência da Magna Carta, SCHOUERI (2015, p. 292) cita referência de Charles Adams segundo a qual o princípio da legalidade tributária teria suas origens no Edito de Paris no ano de 614.

fazer alguma coisa senão em virtude de lei". Ainda assim, a Constituição prevê a legalidade do direito penal (art. 5º, XXXIX: não há crime sem lei anterior que o defina, nem pena sem prévia cominação legal), a legalidade do direito administrativo (art. 37: a administração pública obedecerá ao princípio da legalidade), e a legalidade do direito processual (art. 5º, LIV: ninguém será privado da liberdade ou de seus bens sem o devido processo legal).

O direito tributário não foi privado de uma consideração específica acerca do papel fundamental da lei. O princípio da legalidade tributária impõe ao Estado que a invasão no patrimônio do particular por meio da tributação só pode se dar após o devido processo legislativo.

Na Constituição brasileira de 1988, o princípio da legalidade do direito tributário é previsto no artigo 150, I da CF.

Apesar de a Constituição falar apenas em "exigir ou aumentar", a doutrina é pacífica no sentido de que, por conta do **princípio da simetria das formas jurídicas**, também se exige a lei para a extinção ou a redução de tributo. A própria Constituição, em outro dispositivo, exige que qualquer isenção, remissão ou anistia (hipóteses de exclusão e extinção do crédito tributário), bem como qualquer redução de base de cálculo ou concessão de crédito presumido necessitem de prévia lei específica (CF, art. 150, § 6º).

O artigo 97 do CTN ao enunciar a legalidade tributária, atentou para esse paralelismo das formas jurídicas:

> Art. 97. Somente a lei pode estabelecer:
>
> I – a instituição de tributos, ou a sua extinção;
>
> II – a majoração de tributos, ou sua redução, ressalvado o disposto nos artigos 21, 26, 39, 57 e 65;
>
> III – a definição do fato gerador da obrigação tributária principal, ressalvado o disposto no inciso I do § 3º do artigo 52, e do seu sujeito passivo;
>
> IV – a fixação de alíquota do tributo e da sua base de cálculo, ressalvado o disposto nos artigos 21, 26, 39, 57 e 65;
>
> V – a cominação de penalidades para as ações ou omissões contrárias a seus dispositivos, ou para outras infrações nela definidas;
>
> VI – as hipóteses de exclusão, suspensão e extinção de créditos tributários, ou de dispensa ou redução de penalidades.

Ao se analisar os contornos da legalidade tributária delineados pelo dispositivo acima, percebe-se que **a lei tributária não é pressuposto**

apenas para a instituição/extinção e majoração/redução. Há igualmente **necessidade de lei** que defina o **fato gerador da obrigação tributária principal**, que fixe a **alíquota** e a **base de cálculo do tributo.**

Diante dessa necessidade de definição do fato gerador da obrigação tributária em lei, o STF já chegou a declarar inconstitucional dispositivo legal[2] que não definia de forma específica o fato gerador de taxa da Superintendência da Zona Franca de Manaus (SUFRAMA). O dispositivo considerado inconstitucional limitava-se a repetir, como fato gerador da aludida taxa, a definição abstrata do seu objeto conforme descrito no art. 145, II, da CF, deixando de definir, concretamente, qual atuação estatal própria do exercício do poder de polícia ou qual serviço público, específico e divisível, prestado ao contribuinte ou posto à sua disposição, seria passível de taxação (**ARE 957.650 – repercussão geral**, j. 05.05.2016).

Além disso, deve-se observar que, ao instituir o tributo, a lei deve **definir o sujeito passivo** da obrigação tributária (componente do aspecto pessoal do fato gerador), não se admitindo que um ato infralegal tenha a função de eleger o contribuinte. É possível e comum, contudo, que os aspectos temporal e espacial não estejam expressos, sendo tacitamente inferidos do texto legal (SCHOUERI, 2015, p. 307-308).

Essa múltipla função da lei tributária faz com que o direito tributário obedeça a uma **legalidade cerrada**, trazendo à tona o **princípio da tipicidade**, eis que a lei deve especificar os principais contornos da obrigação tributária[3].

Tal rigor acaba implicando na interpretação da lei tributária. Não por outro motivo, o emprego da analogia não poderá resultar na exigência de tributo não previsto em lei (art. 108, § 1º do CTN), bem como o emprego da equidade não poderá resultar na dispensa do pagamento de tributo devido

---

2. Lei 9.960/2000, art. 1º: "É instituída a Taxa de Serviços Administrativos – TSA, tendo como fato gerador o exercício regular do poder de polícia, ou a utilização, efetiva ou potencial, de serviço público específico e divisível, prestado ao contribuinte ou posto à sua disposição pela Superintendência da Zona Franca de Manaus – Suframa". Esse dispositivo foi revogado pela Lei 13.451/2017.

3. Há na doutrina uma corrente (adotada por Ricardo Lobo Torres, Misabel Derzi, Luís Eduardo Schoueri e Sérgio André Rocha) segundo a qual os tipos seriam abertos e indeterminados, em contraposição aos conceitos, estes sim fechados e determinados. Além disso, a própria noção de determinação do fato gerador na lei é contestada. Há uma posição minoritária que defende a consideração econômica do fato gerador, o que faria sentido principalmente diante dos avanços da tecnologia e da incapacidade de o legislador acompanhar as mudanças da economia digital. Diversos países têm apresentado preocupações em relação a perdas de arrecadação decorrentes da ausência critérios seguros para tributar realidades dinâmicas como Facebook, YouTube, Google, Uber, e as Bitcoins. Essa preocupação é expressa nos relatórios do Plano de Ação 1 da iniciativa BEPS da OCDE (*Addrressing the Tax Challenges of the Digital Economy*).

(art. 108, § 2º do CTN). Não é dado ao agente da administração tributária ou ao juiz criarem tributo não previsto em lei por meio da analogia, muito menos dispensar o pagamento de tributo devido (instituído e cobrado com obediência à lei) empregando a equidade.

Em relação ao veículo exigido pela Constituição para a configuração do tributo, é necessário ter uma atenção especial no direito tributário, já que "legislação tributária" e "lei tributária" não são expressões sinônimas. O artigo 96 do CTN faz a seguinte distinção:

> CTN, art. 96: A expressão "legislação tributária" compreende as leis, os tratados e as convenções internacionais, os decretos e as normas complementares que versem, no todo ou em parte, sobre tributos e relações jurídicas a eles pertinentes.

> Essa distinção pode ser explorada em provas de concursos públicos, já que, **embora seja correto que o tributo só pode ser instituído por meio de lei, não é correto afirmar que o tributo pode ser instituído por meio da legislação tributária.**

Além de decretos, tratados e normas complementares, também não se prestam à instituição de tributos os atos emanados dos Tribunais de Justiça. Essa última afirmação é relevante em razão das taxas judiciárias que são cobradas pelo Poder Judiciário.

E por taxas judiciárias, entendam-se não só as custas judiciais, mas também os emolumentos dos serviços notariais e de registros públicos. A jurisprudência do STF possui um didático julgado sobre o tema.

Na **ADI 1709** (j. 10.02.2000), questionava-se a constitucionalidade de Provimento da Corregedoria Geral de Justiça do Estado do Mato Grosso, que tratava da fixação e cobrança de emolumentos devidos pelos atos dos serviços notariais e de registro. Alegava-se que **os emolumentos devidos pela prestação dos serviços notariais e de registro possuem natureza tributária, o que atrairia** a incidência do princípio da **legalidade tributária**, sendo indevida sua instituição por ato do Tribunal de Justiça. O STF, confirmando que os emolumentos em questão são tributos (mais especificamente, **taxas judiciárias**), declarou inconstitucional o Provimento do Tribunal de Justiça mencionado, por ofensa à reserva da lei tributária.

Em relação ao processo legislativo tributário, deve-se ressaltar que as leis tributárias não se encontram entre as que só podem ser propostas pelo Chefe do Poder Executivo. Não se deve confundir a matéria tributária com a matéria de finanças públicas nesse ponto. Embora o art. 165 da CF determine que as leis orçamentárias são de iniciativa do Poder Executivo[4], as leis tributárias não são de iniciativa privativa do Chefe do Poder Executivo, não havendo previsão nesse sentido no art. 61, § 1º da CF, ou em qualquer outro dispositivo constitucional.

O STF possui jurisprudência pacífica nesse sentido:

> (...) **A Constituição de 1988 admite a iniciativa parlamentar na instauração do processo legislativo em tema de direito tributário.** – A iniciativa reservada, por constituir matéria de direito estrito, não se presume e nem comporta interpretação ampliativa, na medida em que – por implicar limitação ao poder de instauração do processo legislativo – deve necessariamente derivar de norma constitucional explícita e inequívoca. – **O ato de legislar sobre direito tributário, ainda que para conceder benefícios jurídicos de ordem fiscal, não se equipara – especialmente para os fins de instauração do respectivo processo legislativo – ao ato de legislar sobre o orçamento do Estado.** (**ADI 724**, j. 07.05.1992 – grifamos).

> (...) 1. **Não ofende o art. 61, § 1º, II, b, da Constituição Federal lei oriunda de projeto elaborado na Assembleia Legislativa estadual que trate sobre matéria tributária, uma vez que a aplicação desse dispositivo está circunscrita às iniciativas privativas do chefe do Poder Executivo Federal na órbita exclusiva dos territórios federais.** (...) (**ADI 2304**, j. 12.04.2018 – grifamos).

Atenção para uma "pegadinha" que pode cair na sua prova! Embora o Chefe do Executivo não possua, regra geral, iniciativa privativa para leis tributárias, existe um caso muito específico que configura uma exceção. Trata-se da **iniciativa privativa do Presidente da República para as leis que disponham sobre matéria tributária dos Territórios**, prevista no art. 61, § 1º, II, *b*, da CF: "§ 1º São de iniciativa privativa do Presidente da República as leis que: II – disponham sobre: b) organização administrativa e judiciária, **matéria tributária** e orçamentária, serviços públicos e pessoal da administração **dos Territórios;**".

Voltando à regra geral, é importante ter conhecimento de que o STF fixou a seguinte tese de **repercussão geral** a respeito: **"Inexiste, no atual texto constitucional, previsão de iniciativa exclusiva do Chefe do Executivo em matéria tributária"** (**ARE 743.480**, j. 10.10.2013).

4. CF, art. 165. Leis de iniciativa do Poder Executivo estabelecerão: I – o plano plurianual; II – as diretrizes orçamentárias; III – os orçamentos anuais.

1.2 A complementação do aspecto quantitativo por ato infralegal

O aspecto quantitativo da regra tributária é formado pela conjugação da alíquota com a base de cálculo. Sem a definição do aspecto quantitativo é impossível a realização do efeito prático da tributação, qual seja, carrear uma determinada quantia monetária aos cofres públicos. Sendo um elemento fundamental na definição e instituição do tributo, a alíquota e a base de cálculo devem ter previsão legal, como se pode concluir do art. 150, I da CF e do art. 97, IV do CTN.

Contudo, é possível que o aspecto quantitativo seja complementado por ato infralegal. Um exemplo é encontrado na legislação previdenciária (as contribuições previdenciárias são tributos). O artigo 22, II da Lei 8.212/91 prevê três alíquotas possíveis para a contribuição destinada a financiar o seguro de acidente de trabalho (SAT). Tais alíquotas variam conforme a atividade preponderante da empresa e o grau de riscos de acidente de trabalho (leve 1% – leve; 2% – médio; ou 3% – grave).

Tanto a definição da atividade preponderante da empresa quanto o grau de risco estariam a cargo de norma infralegal que regulamenta o dispositivo[5], o que ensejou o questionamento a respeito da constitucionalidade de tal previsão, tendo em vista a legalidade cerrada do direito tributário.

Argumentava-se que a alíquota seria determinada, em última instância, por ato infralegal, já que a complementação pelo regulamento dos conceitos de "atividade preponderante" e "grau de risco leve, médio ou grave" faria parte da definição do valor a pagar.

Haveria, por isso, uma violação ao princípio da legalidade tributária, já que a fixação da alíquota e da base de cálculo são elementos fundamentais na instituição de um tributo (CF, art. 150, I; CTN, art. 97, IV). O STF, contudo, não enxergou vício nessa sistemática do art. 22 da Lei 8.212/1991. No **RE 343.446** (j. 20.03.2003), decidiu-se que **o fato de a lei deixar para**

5. Lei 8.212/1991, art. 22, A contribuição a cargo da empresa, destinada à Seguridade Social, além do disposto no art. 23, é de: (...)II – para o financiamento do benefício previsto nos arts. 57 e 58 da Lei nº 8.213, de 24 de julho de 1991, e daqueles concedidos em razão do grau de incidência de incapacidade laborativa decorrente dos riscos ambientais do trabalho, sobre o total das remunerações pagas ou creditadas, no decorrer do mês, aos segurados empregados e trabalhadores avulsos: a) 1% (um por cento) para as empresas em cuja atividade preponderante o risco de acidentes do trabalho seja considerado leve; b) 2% (dois por cento) para as empresas em cuja atividade preponderante esse risco seja considerado médio; c) 3% (três por cento) para as empresas em cuja atividade preponderante esse risco seja considerado grave. (...) § 3º O Ministério do Trabalho e da Previdência Social poderá alterar, com base nas estatísticas de acidentes do trabalho, apuradas em inspeção, o enquadramento de empresas para efeito da contribuição a que se refere o inciso II deste artigo, a fim de estimular investimentos em prevenção de acidentes.

o regulamento a complementação dos conceitos de "atividade preponderante" e "grau de risco leve, médio e grave", não implica ofensa ao princípio da legalidade genérica (CF, art. 5º, II), e da legalidade tributária (CF, art. 150, I).

No voto do Ministro relator, Carlos Velloso, foi traçada uma diferenciação entre a delegação pura, que seria vedada pelo princípio da legalidade tributária, e a "**atribuição que a lei comete ao regulamento para a aferição de dados, em concreto, justamente para a boa aplicação concreta da lei**". No último caso, não há ofensa à legalidade tributária.

Trata-se do que a doutrina chama de **norma tributária em branco**, na qual a lei desenha os principais elementos da regra tributária, deixando ao ato infralegal a complementação da norma mediante a aferição de dados mais concretos.

Essa mitigação da legalidade fechada foi adotada mais uma vez pelo STF em 2016, quando julgou dois recursos extraordinários com **repercussão geral** (**RE 838.284** e **RE 704.292**) e duas ações diretas de inconstitucionalidade (**ADI 4697** e **ADI 4762**, julgadas em conjunto) que discutiam o alcance do princípio da legalidade tributária nas taxas em razão do poder de polícia e nas contribuições no interesse de categorias profissionais (tributos previstos no art. 149 da CF).

O **RE 838.284** tratava do art. 2º, parágrafo único da Lei 6.994/1992 (já revogada pela Lei 9.649/1998), que, ao dispor sobre taxa de polícia (taxa de Anotação de Responsabilidade Técnica, criada pela Lei 6.496/1977), atribuía ao Conselho Federal de Engenharia e Agronomia (CONFEA) o poder de fixar o valor a ser pago. Sustentava o contribuinte que essa atribuição seria inconstitucional, em face do princípio da legalidade tributária.

A conclusão do STF foi contrária à pretensão do contribuinte. Para a Corte Constitucional, os elementos essenciais do tributo estariam presentes na lei, o que seria suficiente para se preservar o princípio da legalidade tributária:

> (...) 1. Na jurisprudência atual da Corte, o princípio da reserva de lei não é absoluto. **Caminha-se para uma legalidade suficiente, sendo que sua maior ou menor abertura depende da natureza e da estrutura do tributo a que se aplica. No tocante às taxas cobradas em razão do exercício do poder de polícia, por força da ausência de exauriente e minuciosa definição legal dos serviços compreendidos, admite-se o especial diálogo da lei com os regulamentos na fixação do aspecto quantitativo da regra matriz de incidência.** A lei autorizadora, em todo caso, deve ser legitimamente justificada e o

> diálogo com o regulamento deve-se dar em termos de subordinação, desenvolvimento e complementariedade.
>
> (...) 3. **A razão autorizadora da delegação dessa atribuição anexa à competência tributária está justamente na maior capacidade de a Administração Pública, por estar estreitamente ligada à atividade estatal direcionada a contribuinte, conhecer da realidade e dela extrair elementos para complementar o aspecto quantitativo da taxa,** visando encontrar, com maior grau de proximidade (quando comparado com o legislador), a razoável equivalência do valor da exação com os custos que ela pretende ressarcir.
>
> 4. A taxa devida pela anotação de responsabilidade técnica, na forma do art. 2º, parágrafo único, da Lei nº 6.994/82, insere-se nesse contexto. **Os elementos essenciais da exação podem ser encontrados nas leis** de regência (Lei nº 6.496/77 e Lei nº 6.994/82). **Foi no tocante ao aspecto quantitativo que se prescreveu o teto sob o qual o regulamento do CONFEA poderá transitar para se fixar o valor da taxa,** visando otimizar a justiça comutativa. (...) (**RE 838.284 – repercussão geral**, j. 19.10.2016 – grifamos).

Entendeu-se legítima a atuação do regulamento no caso acima, já que a lei não estaria delegando ao ato infralegal a prerrogativa de regulamentar, em toda profundidade e extensão, os elementos da regra matriz de incidência da taxa em questão. Um dos fundamentos foi o de que o CONFEA, sendo conhecedor da realidade concreta do exercício do poder de polícia, teria melhores condições de determinar a razoável equivalência entre o valor da exação e os custos que ela pretende ressarcir, ao complementar, por regulamento, o aspecto quantitativo previsto em lei.

Outro ponto importante desse julgamento que merece ser destacado é o relativo à **atualização monetária**. O art. 2º, parágrafo único, da Lei 6.994/1982 fixava um teto do valor a ser pago a título da taxa em questão. O STF consignou que o CONFEA pode, por ato infralegal, realizar a atualização monetária do teto do valor a ser pago, desde que os patamares permitidos em lei não sejam ultrapassados. Nesse ponto, aplicou-se entendimento já consolidado em sede de **repercussão geral** no **RE 648.245** (j. 01.08.2013), segundo o qual "é inconstitucional a majoração do IPTU sem edição de lei em sentido formal, **vedada a atualização, por ato do Executivo, em percentual superior aos índices oficiais**"[6].

6. No mesmo sentido a súmula 160 do STJ: "É defeso, ao Município, atualizar o IPTU, mediante decreto, em percentual superior ao índice oficial de correção monetária".

A tese de repercussão geral do **RE 838.284** definiu que não viola a legalidade tributária a lei que, prescrevendo o teto, possibilita ao ato normativo infralegal fixar o valor de taxa em proporção razoável com os custos da atuação estatal, valor esse que não pode ser atualizado por ato do próprio conselho de fiscalização em percentual superior aos índices de correção monetária legalmente previstos.

No **RE 704.292** (j. 19.10.2016), também julgado em sede de **repercussão geral**, o STF adotou o mesmo entendimento em relação às contribuições no interesse de categorias profissionais:

> 1. Na jurisprudência da Corte, **a ideia de legalidade, no tocante às contribuições instituídas no interesse de categorias profissionais ou econômicas, é de fim ou de resultado, notadamente em razão de a Constituição não ter traçado as linhas de seus pressupostos de fato ou o fato gerador.** Como nessas contribuições existe um quê de atividade estatal prestada em benefício direto ao contribuinte ou a grupo, seria **imprescindível uma faixa de indeterminação e de complementação administrativa de seus elementos configuradores, dificilmente apreendidos pela legalidade fechada.** Precedentes. 2. **Respeita o princípio da legalidade a lei que disciplina os elementos essenciais determinantes para o reconhecimento da contribuição de interesse de categoria econômica como tal e deixa um espaço de complementação para o regulamento.** A lei autorizadora, em todo caso, deve ser legitimamente justificada e o diálogo com o regulamento deve-se dar em termos de subordinação, desenvolvimento e complementariedade (...) **Para o respeito do princípio da legalidade, seria essencial que a lei (em sentido estrito) prescrevesse o limite máximo do valor da exação, ou os critérios para encontrá-lo, o que não ocorreu.** 5. **Não cabe aos conselhos de fiscalização de profissões regulamentadas realizar atualização monetária em patamares superiores aos permitidos em lei, sob pena de ofensa ao art. 150, I, da CF/88.** (...). (**RE 704.292 – repercussão geral**, j. 19.10.2016 – grifamos).

A tese de repercussão geral do **RE 704.292**, por sua vez, definiu que é inconstitucional, por ofensa ao princípio da legalidade tributária, lei que delega aos conselhos de fiscalização de profissões regulamentadas a competência de fixar ou majorar, sem parâmetro legal, o valor das contribuições de interesse das categorias profissionais e econômicas, usualmente cobradas sob o título de anuidades, vedada, ademais, a atualização desse valor pelos conselhos em percentual superior aos índices legalmente previstos.

No RE 704.292 adotou-se a mesma tese do RE 838.284, tendo havido resultado diverso, já que, no caso analisado no RE 704.292 os dispositivos legais deixavam ao puro arbítrio do administrador o estabelecimento do valor a ser cobrado a título de tributo. Não havia uma relação de subordinação ou complementaridade do regulamento em relação à lei. Tampouco havia uma previsão legal de limite máximo ou teto para a fixação do valor da anuidade (contribuição profissional que possui natureza tributária). Não houve, portanto, a definição em lei dos elementos essenciais do tributo.

No mesmo sentido, o STF decidiu que o parágrafo único do art. 24 do Decreto-Lei n. 288/1967, que autoriza a Superintendência da Zona Franca de Manaus – Suframa a instituir taxas por meio de portaria contraria o princípio da legalidade e, portanto, não foi recepcionado pela Constituição da República de 1988 (**RE 556.854**, j. 30.06.2011). **Não se admite uma mera autorização legal para instituição ou criação de tributo.**

Também nas **ADIs 4697** e **4762** o STF teve que se manifestar quanto à atribuição aos conselhos profissionais da fixação do valor das anuidades. O Tribunal rejeitou a alegação de inconstitucionalidade dos §§ 1º e 2º do art. 6º da Lei 12.514/2011[7] por violação ao princípio da legalidade tributária. Para o STF, a lei impugnada trouxe elementos suficientes em relação às contribuições profissionais instituídas, conciliando-se o princípio da legalidade tributária com as categorias jurídicas da praticabilidade e da parafiscalidade[8]. Rejeitou-se, mais uma vez, o princípio da tipicidade cerrada:

> (...) 1. A jurisprudência desta Corte se fixou no sentido de serem os **conselhos profissionais autarquias de índole federal**. Precedentes: MS 10.272, de relatoria do Ministro Victor Nunes Leal, Tribunal Pleno, DJ 11.07.1963; e MS 22.643, de relatoria do Ministro Moreira Alves, DJ 04.12.1998. 2. Tendo em conta que a fiscalização dos conselhos profissionais envolve o exercício de poder de polícia, de tributar e de punir, **estabeleceu-se ser a anuidade cobrada por essas autarquias um tributo**, sujeitando-se, por óbvio, ao regime tributário pátrio. Precedente: ADI 1.717, de relatoria do Ministro Sydney Sanches, Tribunal

7. Lei 12.514/2011, art. 6º (...) § 1º Os valores das anuidades serão reajustados de acordo com a variação integral do Índice Nacional de Preços ao Consumidor – INPC, calculado pela Fundação Instituto Brasileiro de Geografia e Estatística – IBGE, ou pelo índice oficial que venha a substituí-lo. § 2º **O valor exato da anuidade**, o desconto para profissionais recém-inscritos, os critérios de isenção para profissionais, as regras de recuperação de créditos, as regras de parcelamento, garantido o mínimo de 5 (cinco) vezes, e a concessão de descontos para pagamento antecipado ou à vista, **serão estabelecidos pelos respectivos conselhos federais**. (grifamos).

8. Parafiscalidade significa que a cobrança do tributo (nesse caso a contribuição profissional) é realizada por ente (conselho profissional) diverso daquele que o institui (União).

> Pleno, DJ 28.03.2003. 3. O entendimento iterativo do STF é na direção de **as anuidades cobradas pelos conselhos profissionais** caracterizarem-se como **tributos da espécie "contribuições de interesse das categorias profissionais"**, nos termos do art. 149 da Constituição da República. Precedente: MS 21.797, Rel. Min. Carlos Velloso, Tribunal Pleno, DJ 18.05.2001. 4. Não há violação à reserva de lei complementar, porquanto é **dispensável a forma da lei complementar para a criação das contribuições de intervenção no domínio econômico e de interesse das categorias profissionais**. Precedentes. (...) 8. No tocante à legalidade tributária estrita, reputa-se ser adequada e **suficiente a determinação do mandamento tributário no bojo da lei impugnada, por meio da fixação de tetos aos critérios materiais das hipóteses de incidência das contribuições profissionais, à luz da chave analítica formada pelas categorias da praticabilidade e da parafiscalidade**. Doutrina. 9. Ações Diretas de Inconstitucionalidade improcedentes. (**ADIs 4697** e **4762**, j. 06.10.2016 – grifamos).

É possível dizer, a partir da análise dos julgados acima, que a orientação do STF é pela admissão de uma **legalidade suficiente**, principalmente em situações nas quais a legalidade cerrada pode se revelar insatisfatória. Essa tendência pode ser constatada no voto do Ministro Edson Fachin, proferido no **RE 838.284**:

> "(...) com esse entendimento [tipicidade fechada] não se pode concordar, sob pena de inviabilização da tributação no país ou, pelo menos, assumir um modelo de legalismo datado na evolução histórico-filosófica das ideias tributárias brasilianas."

Assim, nos tributos em que há uma atividade administrativa subjacente, como as taxas e as contribuições no interesse das categorias profissionais, a noção de legalidade suficiente seria mais apropriada em razão da impossibilidade de se determinar precisamente as atividades estatais em lei formal. Nesse caso, seria lícita a reserva de um espaço maior de regulamentação por meio de atos infralegais.

1.3 Matérias não sujeitas à reserva da lei tributária

Neste tópico abordaremos os temas que a jurisprudência exclui da incidência do princípio da legalidade tributária, bem como as exceções (ou mitigações) previstas no próprio texto constitucional.

1.3.1 Fixação do prazo de pagamento do tributo

O prazo de pagamento de tributo não é matéria submetida à reserva legal. O STF possui jurisprudência pacífica no sentido de que é possível a fixação de prazo para recolhimento de tributo por meio de norma infralegal (**RE 140.669**, j. 02.12.1998 e **RE 195.218**, j. 28.05.2002, por exemplo).

Entendeu-se que a definição de prazo de pagamento do tributo não pode ser equiparada à instituição ou majoração de tributo, para fins de obediência ao princípio da legalidade tributária do art. 150, I da CF. Além disso, o art. 97 do CTN, ao estabelecer as matérias que só podem ser disciplinadas mediante lei, não previu a fixação do prazo de pagamento do tributo. Outro fundamento dessa orientação repousa na diferença conceitual entre lei tributária e "legislação tributária" [9]. É que o art. 160 do CTN é expresso em relação à possibilidade de a "legislação tributária" fixar o prazo para pagamento do tributo:

> Art. 160. Quando a **legislação tributária** não fixar o **tempo do pagamento**, o vencimento do crédito ocorre trinta dias depois da data em que se considera o sujeito passivo notificado do lançamento. (grifamos).

Como a "legislação tributária", conforme previsto no art. 96 do CTN, é conceito que abarca não apenas as leis, mas também os decretos e as normas complementares[10], não haveria qualquer violação ao princípio da legalidade na fixação do prazo de pagamento de tributo por ato infralegal.

A partir dessa orientação, foi rechaçada a tese de que, em regime inflacionário, a antecipação do vencimento do crédito tributário constitui majoração indireta de tributo, o que exigiria lei formal[11]. Conforme o voto do relator do **RE 140.669**, Ministro Ilmar Galvão, a correção monetária não constitui pena pela mora no pagamento, mas mera atualização do débito,

---

9. CTN, art. 96. A expressão "legislação tributária" compreende as leis, os tratados e as convenções internacionais, os decretos e as normas complementares que versem, no todo ou em parte, sobre tributos e relações jurídicas a eles pertinentes.

10. Art. 100. São normas complementares das leis, dos tratados e das convenções internacionais e dos decretos: I – os atos normativos expedidos pelas autoridades administrativas; II – as decisões dos órgãos singulares ou coletivos de jurisdição administrativa, a que a lei atribua eficácia normativa; III – as práticas reiteradamente observadas pelas autoridades administrativas; IV – os convênios que entre si celebrem a União, os Estados, o Distrito Federal e os Municípios.

11. Em **provas discursivas e orais**, vale citar, a título de enriquecimento da resposta, a tese vencida: "as reduções de prazos e as alterações das formas de pagamento dos tributos implicam aumento da carga tributária. E o aumento da carga tributária deve obedecer ao princípio da estrita legalidade" (CARRAZZA 2015, p. 308).

nada impedindo que ela opere a partir do nascimento da obrigação tributária, ao invés do vencimento.

Muita atenção deve ser exigida para não se confundir a fixação do prazo de pagamento com a **maneira de recolhimento do tributo.** Nesse último caso, o STF já se pronunciou, em sede de **repercussão geral**, no sentido da necessidade de lei em sentido formal (**RE 632.265 – repercussão geral**, j. 18.06.2015). Tratava a decisão de decreto do Poder Executivo que modificava o **modo de apuração** do ICMS no Rio de Janeiro, instituindo um **regime de recolhimento por estimativa** considerando-se o mês anterior ao de apuração. Os atos infralegais determinavam a antecipação do imposto divido valendo-se de base de cálculo ficta (montante do imposto pago no período anterior), o que para o STF só poderia ocorrer por meio de lei.

1.3.2 Atualização monetária

A atualização monetária não significa aumento de obrigação pecuniária. Significa apenas evitar que o decurso do tempo gere uma corrosão do valor da quantia devida.

Segundo o artigo 97, § 2º, do CTN, não constitui majoração de tributo, para fins de submissão à reserva legal, a atualização do valor monetário da respectiva base de cálculo. A modificação da base de cálculo só se equipara à majoração do tributo quando tornar este mais oneroso[12], não havendo onerosidade na mera correção monetária.

O STF entende que é possível a mera atualização monetária de tributo por norma infralegal. Em caso que dizia respeito ao IPTU, o Tribunal utilizou os índices oficiais de correção monetária como critério para legitimar a atualização por ato administrativo.

Caso a atualização extrapolasse os índices oficiais de atualização monetária, estar-se-ia diante de violação ao princípio da legalidade tributária. Por outro lado, é inconstitucional a majoração do IPTU sem edição de lei em sentido formal, vedada a atualização, por ato do Executivo, em percentual superior aos índices oficiais (**RE 648.245 – repercussão geral**, j. 01.08.2013). A mesma exegese é encontrada no **STJ**, como se pode ver de sua **súmula 160**: "É defeso, ao Município, atualizar o IPTU, mediante decreto, em percentual superior ao índice oficial de correção monetária".

12. CTN, art. 97, § 1º: Equipara-se à majoração do tributo a modificação da sua base de cálculo, que importe em torná-lo mais oneroso.

A atualização dos débitos tributários, por sua vez, pode ser realizada pela taxa SELIC, conforme sedimentado no **RE 582.461** (j. 18.05.2011), julgado sob o regime de **repercussão geral**.

A aplicação da taxa SELIC na atualização dos débitos tributários privilegia o princípio da isonomia, já que a Fazenda também está obrigada a reembolsar os contribuintes mediante essa mesma taxa[13].

Vale anotar ainda, a respeito da atualização monetária de tributos, que a disciplina da atualização dos tributos está compreendida na previsão do inciso I do art. 24 da CF[14], cabendo, concorrentemente, à União, aos Estados e ao DF (**RE-AgR 196.341**, j. 06.08.1996).

1.3.3 Obrigações acessórias

Alguns tributaristas defendem a tese de que as obrigações acessórias também deveriam ser instituídas em lei, apesar de o art. 150, I da CF mencionar apenas o termo "tributo". Para essa corrente, o princípio da legalidade do art. 5º, II da CF seria suficiente para se chegar a tal conclusão[15].

A vingar essa interpretação rigorosa do princípio da legalidade previsto no art. 5º, II da CF, todas as espécies normativas de hierarquia inferior seriam absolutamente desnecessárias (MACHADO, *in*: Grandes Questões Atuais do Direito Tributário, 2014, p. 197).

Posições doutrinárias à parte, devemos adotar a posição da jurisprudência nas provas de concursos.

---

13. Com o mesmo entendimento: "(...) **A Taxa SELIC é legítima como índice de correção monetária e de juros de mora, na atualização dos débitos tributários pagos em atraso, diante da existência de Lei Estadual que determina a adoção dos mesmos critérios adotados na correção dos débitos fiscais federais.** (...) **Raciocínio diverso importaria tratamento anti-isonômico**, porquanto a Fazenda restaria obrigada a reembolsar os contribuintes por esta taxa SELIC, ao passo que, no desembolso, os cidadãos exonerar-se-iam desse critério, gerando desequilíbrio nas receitas fazendárias." (STJ, **REsp 879.844 – repetitivo**, j. 11.11.2009 – grifamos).

14. Art. 24. Compete à União, aos Estados e ao Distrito Federal legislar concorrentemente sobre:
I – direito tributário, financeiro, penitenciário, econômico e urbanístico;

15. Nesse sentido: "Nossa certeza de que só a lei pode criar deveres instrumentais cresce de ponto na medida em que notamos que seu descumprimento resolve-se em sanções das mais diversas espécies, inclusive pecuniárias." (CARRAZZA, 2015, p. 383); "a partir do momento que as obrigações tributárias acessórias tributárias são aquelas que impõem deveres ou obrigações de fazer, não fazer ou tolerar, naturalmente, tem-se uma restrição na liberdade e até na propriedade, o que somente é permitido pelo texto constitucional por meio de lei e não 'legislação'." (CALCINI, *in*: Grandes Questões Atuais do Direito Tributário, 2014, p. 80); "[as obrigações acessórias] destituídas de valor patrimonial, devem observar, estreitamente, o mandamento inscrito no art. 5º, II, da Constituição, o que significa reiterar que somente poderão ser exigidas prestações positivas ou negativas, no interesse da arrecadação ou da fiscalização dos tributos, de quem quer que seja, no pressuposto de haver lei que disponha nesse sentido." (CARVALHO, 2013, p. 294).

Para a posição vencedora nos tribunais, as obrigações acessórias, ou deveres instrumentais, (obrigações de fazer e não fazer no interesse da arrecadação e fiscalização tributárias) podem ser instituídas por ato infralegal. Esses autores justificam tal posicionamento no **artigo 113, § 2º do CTN**, para o qual a **obrigação acessória decorre da legislação tributária** e tem por objeto as prestações, positivas ou negativas, nela previstas no interesse da arrecadação ou da fiscalização dos tributos.

Como "legislação tributária" é expressão definida no próprio CTN, compreendendo as leis, os tratados e as convenções internacionais, os decretos e as normas complementares (art. 96 do CTN), ao se dizer que a obrigação acessória decorre da legislação tributária (art. 113, § 2º do CTN) haveria uma autorização para a instituição de obrigações acessórias por decretos e outros atos infralegais.

Essa também é a interpretação conferida pela jurisprudência do STJ, que já decidiu ser perfeitamente legítima a exigibilidade de obrigação acessória (no caso, apresentação de declarações) disciplinadas por instrução normativa, não havendo no caso violação ao princípio da legalidade (**EDcl nos EDcl no AgRg no REsp 507.467**, j. 05.05.2005).

Em outro julgado, o STJ foi ainda mais categórico: "Pode o Estado criar obrigação acessória, com o fim de exercer suas funções de controle e fiscalização, ainda que por mero ato administrativo, como é a portaria, já que o CTN se refere à 'legislação tributária', e não à lei" (Voto do relator Ministro Castro Meira no **RMS 17.940**, j. 10.08.2004).

Pode-se afirmar, assim, que **o STJ consagra o entendimento de que os deveres instrumentais ou obrigações acessórias podem ser disciplinados por meio de decretos e normas complementares, sempre vinculados à lei da qual dependem (REsp 724.779**, j. 12.09.2006).

1.3.4 Exceções ou mitigações ao princípio da legalidade

O princípio da legalidade tributária não é absoluto e comporta exceções, pois a própria Constituição faculta ao Poder Executivo alterações de alíquotas de alguns tributos por ato infralegal[16].

16. Não entendemos tal previsão como uma exceção propriamente dita, pois a lei sempre será exigida para a instituição de tributos. Parece-nos melhor tratar essas hipóteses como mitigações ao princípio da legalidade tributária. Em provas de concursos, todavia, é comum a referência às exceções ao princípio da legalidade.

O primeiro abrandamento da legalidade tributária consta do artigo 153, § 1º da Constituição, que faculta ao Poder Executivo, desde que atendidas as condições e os limites estabelecidos em lei, a alteração de alíquotas dos impostos de importação (II), de exportação (IE), sobre produtos industrializados (IPI) e sobre "operações financeiras" (IOF).

A justificativa dessa possibilidade de alteração de alíquotas por ato infralegal repousa no potencial que os impostos em questão possuem para induzir respostas rápidas de agentes econômicos. Tratando-se de impostos extrafiscais, são utilizados pelo Estado não apenas para arrecadar, mas principalmente para obter determinados resultados econômicos, que podem ser urgentes e transitórios. A reserva da lei nesse campo inviabilizaria o atendimento da finalidade indutora dos tributos extrafiscais.

Sobre o tema, o STF tem entendido que é **compatível com a Constituição norma infraconstitucional que atribui a órgão integrante do Poder Executivo da União a faculdade de estabelecer as alíquotas do imposto de exportação**, não havendo que se falar em competência privativa do Presidente da República (**RE 570.680 – repercussão geral**, j. 28.10.2009). O caso apreciado dizia respeito a alteração de alíquota do imposto de exportação por meio de resolução da Câmara de Comércio Exterior (CAMEX), órgão vinculado ao Poder Executivo.

Apesar de o julgado referir-se apenas ao imposto de exportação, o entendimento é aplicável aos demais tributos que podem ser alterados por ato do infralegal do Executivo. No STJ, por exemplo, foi reconhecida a possibilidade de alteração de alíquota do IOF (imposto sobre "operações financeiras") por meio de portarias interministeriais (**REsp 1.123.249**, j. 17.11.2009).

As outras mitigações ao princípio da legalidade foram introduzidas pela Emenda Constitucional 33/2001.

Após a reforma da Constituição feita por esta emenda, passou a ser possível a **redução e o restabelecimento por ato do Poder Executivo das alíquotas** da contribuição de intervenção no domínio econômico relativa às atividades de importação ou comercialização de petróleo e seus derivados, gás natural e seus derivados e álcool combustível – **CIDE-combustíveis** (CF, art. 177, § 4º, I, *b*)[17].

---

17. § 4º A lei que instituir contribuição de intervenção no domínio econômico relativa às atividades de importação ou comercialização de petróleo e seus derivados, gás natural e seus derivados e álcool combustível deverá atender aos seguintes requisitos: I – **a alíquota da contribuição poderá ser:** (...) b) **reduzida e restabelecida por ato do Poder Executivo**, não se lhe aplicando o disposto no art. 150,III, *b*;

Perceba que em todas as exceções acima a definição das alíquotas é feita por meio de lei, cabendo ao ato infralegal a **alteração, redução ou restabelecimento** da alíquota já anteriormente definida em lei.

Também se permitiu que, na hipótese de incidência uma única vez do **ICMS sobre combustíveis e lubrificantes** definidos em lei complementar, as **alíquotas** sejam **definidas mediante deliberação dos Estados e do DF** (CF, art. 155, § 4º, IV)[18]. Essa deliberação materializa-se por meio de convênio do CONFAZ, afastando-se a necessidade de lei formal.

No caso do dessa exceção à legalidade do ICMS, a **definição** da alíquota pode ser feita por ato infralegal, o que a diferencia das exceções anteriores, em que a alíquota era inicialmente definida em lei.

Por fim, uma observação de extrema importância. **A mitigação da legalidade diz respeito apenas às alíquotas.** Todos os demais elementos essenciais da norma tributária dependem de lei. Há dispositivos do CTN que preveem a possibilidade de alteração da base de cálculo por ato do Executivo, mas que não foram recepcionados pela Constituição de 1988.

1.4 Princípio da legalidade e medidas provisórias em matéria tributária

> CF, art. 62. Em caso de relevância e urgência, o Presidente da República poderá adotar medidas provisórias, com força de lei, devendo submetê-las de imediato ao Congresso Nacional.
>
> § 1º É vedada a edição de medidas provisórias sobre matéria:
>
> I – relativa a:
>
> a) nacionalidade, cidadania, direitos políticos, partidos políticos e direito eleitoral;
>
> b) direito penal, processual penal e processual civil;

18. CF, art. 155, § 4º Na hipótese do inciso XII, *h*, observar-se-á o seguinte: IV – **as alíquotas do imposto serão definidas mediante deliberação dos Estados e Distrito Federal**, nos termos do § 2º, XII, *g*, observando-se o seguinte: a) serão uniformes em todo o território nacional, podendo ser diferenciadas por produto; b) poderão ser específicas, por unidade de medida adotada, ou *ad valorem*, incidindo sobre o valor da operação ou sobre o preço que o produto ou seu similar alcançaria em uma venda em condições de livre concorrência; c) poderão ser reduzidas e restabelecidas, não se lhes aplicando o disposto no art. 150, III, *b*.

> c) organização do Poder Judiciário e do Ministério Público, a carreira e a garantia de seus membros;
>
> d) planos plurianuais, diretrizes orçamentárias, orçamento e créditos adicionais e suplementares, ressalvado o previsto no art. 167, § 3º;
>
> II – que vise a detenção ou sequestro de bens, de poupança popular ou qualquer outro ativo financeiro;
>
> III – reservada a lei complementar;
>
> IV – já disciplinada em projeto de lei aprovado pelo Congresso Nacional e pendente de sanção ou veto do Presidente da República.
>
> § 2º Medida provisória que implique instituição ou majoração de impostos, exceto os previstos nos arts. 153, I, II, IV, V, e 154, II, só produzirá efeitos no exercício financeiro seguinte se houver sido convertida em lei até o último dia daquele em que foi editada. (...)

As medidas provisórias são atos normativos primários, e que por isso possuem a aptidão de inovar no ordenamento jurídico, introduzindo direitos e obrigações a seus destinatários. Esse veículo normativo possui força de lei e deve ser adotado apenas em casos de relevância e urgência pelo Presidente da República.

Apesar de o texto constitucional prever a edição de medida provisória apenas pelo Chefe do Executivo Federal, o STF possui jurisprudência no sentido de que, em face do princípio da simetria, os Estados-Membros também podem adotar medidas provisórias como uma espécie legislativa estadual, desde que haja previsão expressa na Constituição do Estado (**ADI 2391**, j. 16.08.2006; **ADI 425**, j. 04.09.2002).

Em relação à matéria tributária, a Constituição é expressa no sentido de que as medidas provisórias podem tratar de tributos, inclusive instituindo-os ou majorando-os, como se pode ver do art. 62, § 2º da CF, acima transcrito.

A partir da Emenda Constitucional 32/2001, que deu nova redação ao art. 62 da CF, é possível conferir, dentre as matérias vedadas à disciplina por medida provisória no art. 62, § 1º, que não há restrição à edição de medidas provisórias em matéria tributária.

A jurisprudência do STF, mesmo antes da Emenda 32/2001, já admitia a regulação de tributos por meio de medida provisória.

No **RE 138.284** (j. 01.07.1992), por exemplo, descartou-se a inconstitucionalidade de contribuição social criada originariamente por medida provisória. No voto do relator Ministro Carlos Velloso, foi consignado que a Constituição não impôs qualquer restrição à utilização de medida provisória em matéria tributária. No **AI 236976 AgR** (j. 17.08.1999), foi registrado na ementa do julgado que a medida provisória, "tendo força de lei, é instrumento idôneo para instituir e modificar tributos e contribuições sociais". O mesmo entendimento foi reiterado na **ADI-MC 1417** (j. 07.03.1996)[19].

Vale observar, todavia, que a utilização de medidas provisórias em matéria tributária não é irrestrita. Conforme o art. 62, § 1º, III, da CF, é vedada a utilização de medida provisória em matéria reservada a lei complementar. Diante da elevada importância da lei complementar em matéria tributária, essa restrição significa que medida provisória não pode dispor sobre nenhuma das matérias previstas no art. 146 da CF[20]. Além disso, é vedado o uso de medida provisória para a instituição dos tributos que exigem lei complementar, como os empréstimos compulsórios (CF, art. 148), impostos residuais (CF, art. 154, I) e contribuições da seguridade social (CF, art. 195, § 4º).

Em relação ao ICMS (CF, art. 155, § 2º, XII) e ao ISS (CF, art. 156, II, e art. 156, § 3º) também há várias matérias reservadas à lei complementar, restringindo-se o âmbito das medidas provisórias.

Além da restrição material, deve-se obedecer ao princípio da anterioridade de um modo peculiar, diante da necessidade de conversão em lei, o que será abordado no estudo da anterioridade tributária.

1.5 Princípio da exigência de lei específica para a renúncia de receitas tributárias

> CF, art. 150, § 6º Qualquer subsídio ou isenção, redução de base de cálculo, concessão de crédito presumido, anistia ou remissão, relativos a impostos, taxas ou contribuições, só poderá ser concedido mediante

19. Em provas discursivas e orais vale citar entendimento doutrinário, a título de enriquecimento da resposta, no sentido de que as medidas provisórias, por terem como requisito um caso de relevância e urgência, seriam incompatíveis com a instituição e majoração de tributo, que em geral obedece ao princípio da anterioridade: "Pode-se afirmar, em síntese, como regra geral, que instituir tributos ou aumentá-los não pode ser considerado de urgência e relevância, pois o princípio da anterioridade, ou da espera nonagesimal, genericamente aplicavel, por determinação constitucional, adia para o exercício subsequente a eficácia e a aplicação das leis tributárias." (DERZI, 2015, p. 22).

20. Art. 146. Cabe à lei complementar: I – dispor sobre conflitos de competência, em matéria tributária, entre a União, os Estados, o Distrito Federal e os Municípios; II – regular as limitações constitucionais ao poder de tributar; III – estabelecer normas gerais em matéria de legislação tributária, especialmente sobre: a) definição de tributos e de suas espécies, bem como, em relação aos impostos discriminados nesta Constituição, a dos respectivos fatos geradores, bases de cálculo e contribuintes; b) obrigação, lançamento, crédito, prescrição e decadência tributários; c) adequado tratamento tributário ao ato cooperativo praticado pelas sociedades cooperativas. d) definição de tratamento diferenciado e favorecido para as microempresas e para as empresas de pequeno porte, inclusive regimes especiais ou simplificados no caso do imposto previsto no art. 155, II, das contribuições previstas no art. 195, I e §§ 12 e 13, e da contribuição a que se refere o art. 239.

lei específica, federal, estadual ou municipal, que regule exclusivamente as matérias acima enumeradas ou o correspondente tributo ou contribuição, sem prejuízo do disposto no artigo 155, § 2º, XII, *g*.

A Constituição determina, no art. 150, § 6º, que qualquer redução de carga tributária só pode ser efetivada por meio de lei específica, que regule apenas os benefícios fiscais em questão ou o tributo a ser reduzido. A exigência de lei específica permite um controle maior sobre a renúncia de receitas tributárias, o que se justifica pela premissa de que tais receitas pertencem a toda a coletividade, e não aos representantes eleitos que ocupam funções políticas transitórias[21].

Se o parlamento se reúne para discutir e votar uma lei que trata de sistema prisional, por exemplo, há a segurança de que não haverá nenhum dispositivo "escondido" na lei a ser aprovada contendo um benefício fiscal ao setor automotivo.

Uma aplicação na jurisprudência do sentido de lei específica pode ser encontrada no julgamento da **ADI 4976** (j. 07.05.2014). Nessa ação, foram impugnados dispositivos da Lei 12.663/2012, inclusive um artigo que previa isenção para a FIFA de custas judiciais (tributo da espécie "taxa") devidas aos órgãos do Poder Judiciário da União. Entendeu o STF que o requisito de lei específica do art. 150, § 6º da CF estava cumprido. Apesar de a norma concessiva de isenção encontrar-se inserida em diploma que discipline outras questões correlatas, haveria uma pertinência inequívoca entre a isenção e o tema geral objeto da legislação que a instituiu.

Do mesmo modo a Lei Complementar 123/2006, que estabelece normas gerais relativas ao tratamento diferenciado e favorecido a ser

21. A Lei de Responsabilidade Fiscal (Lei Complementar 101/2000) trouxe requisitos ainda mais rigorosos que a simples exigência de lei específica: "Art. 14. A concessão ou ampliação de incentivo ou benefício de natureza tributária da qual decorra renúncia de receita deverá estar acompanhada de estimativa do impacto orçamentário-financeiro no exercício em que deva iniciar sua vigência e nos dois seguintes, atender ao disposto na lei de diretrizes orçamentárias e a pelo menos uma das seguintes condições: I – demonstração pelo proponente de que a renúncia foi considerada na estimativa de receita da lei orçamentária, na forma do art. 12, e de que não afetará as metas de resultados fiscais previstas no anexo próprio da lei de diretrizes orçamentárias; II – estar acompanhada de medidas de compensação, no período mencionado no caput, por meio do aumento de receita, proveniente da elevação de alíquotas, ampliação da base de cálculo, majoração ou criação de tributo ou contribuição. § 1º A renúncia compreende anistia, remissão, subsídio, crédito presumido, concessão de isenção em caráter não geral, alteração de alíquota ou modificação de base de cálculo que implique redução discriminada de tributos ou contribuições, e outros benefícios que correspondam a tratamento diferenciado. (...)".

dispensado às microempresas e empresas de pequeno porte. A isenção de tributo (no caso, contribuição sindical de competência da União) a essas empresas não é matéria estranha ao objeto da lei, pelo que haveria pertinência temática entre o benefício fiscal e a instituição de regime diferenciado das microempresas e empresas de pequeno porte (**ADI 4033**, j. 15.09.2010). Além disso, o STF constatou que o Congresso Nacional não ignorou a existência da norma de isenção nas discussões prévias à aprovação da lei.

Tratando especificamente das isenções, o STF possui entendimento consolidado no sentido de que **o Poder Judiciário não pode, a pretexto de concretizar o princípio da isonomia, estender isenção a contribuintes ou a situações não previstas na lei específica**. A concessão de isenção é ato discricionário, fundado em juízo de conveniência e oportunidade, que não pode ser ampliado pela via jurisdicional, sob pena de se ofender o princípio da separação dos poderes (**AI 142.348 AgR**, j. 02.08.1994). O STF não pode atuar como legislador positivo concedendo isenções tributárias (**RE 584.315 AgR**, j. 23.09.2008).

A ressalva prevista na parte final do art. 150, § 6º refere-se ao ICMS, pois a concessão de benefícios fiscais em relação a esse imposto depende de prévia deliberação conjunta de todos os Estados e do Distrito Federal, por meio de convênio (e não de lei). Não basta, portanto, a lei específica estadual ou distrital para a concessão de benefício fiscal do ICMS, sendo ainda necessário um consenso prévio em deliberação conjunta.

Por fim, o STF não admite que a lei delegue ao Poder Executivo a concessão de remissão e anistia. **A concessão de benefício fiscal por regulamento do Executivo, ainda que mediante autorização legal, viola o princípio da separação dos poderes** (**ADI 3462**, j. 15.09.2010; **ADI 2688**, j. 01.06.2011).

2. PRINCÍPIO DA ISONOMIA

> CF, art. 150. Sem prejuízo de outras garantias asseguradas ao contribuinte, é vedado à União, aos Estados, ao Distrito Federal e aos Municípios:
>
> (...) II – instituir tratamento desigual entre contribuintes que se encontrem em situação equivalente, proibida qualquer distinção em razão de ocupação profissional ou função por eles exercida, independentemente da denominação jurídica dos rendimentos, títulos ou direitos;

O princípio da igualdade é considerado um princípio orientador de todo o ordenamento jurídico[22]. Na Constituição, encontra-se presente desde o preâmbulo, passando pelos objetivos fundamentais da República (redução das desigualdades sociais e regionais e vedação de quaisquer formas de discriminação - art. 3º, III e IV da CF), pelos princípios das relações internacionais da República (igualdade entre os Estados - art. 4º, V da CF) e inaugurando as disposições constitucionais dos direitos individuais. Assim é que o art. 5º da Constituição confere uma precedência tópica ao princípio da igualdade ao elencar os direitos fundamentais individuais:

> CF, art. 5º **Todos são iguais perante a lei**, sem distinção de qualquer natureza, garantindo-se aos brasileiros e aos estrangeiros residentes no País a inviolabilidade do direito à vida, à liberdade, à **igualdade**, à segurança e à propriedade, nos termos seguintes:
>
> I - **homens e mulheres são iguais em direitos e obrigações, nos termos desta Constituição**;

É possível dizer que a igualdade é fundamento do próprio princípio da legalidade, pois a submissão à lei pressupõe igualdade entre os destinatários da norma, sendo que tanto a igualdade quanto a legalidade objetivam coibir o arbítrio estatal ou particular.

No direito tributário, o princípio da igualdade possui previsão expressa no art. 150, II da CF, que proíbe o tratamento desigual **entre os contribuintes que se encontrem em situação equivalente**. A própria norma constitucional já indica que a igualdade de tratamento deve se dar em relação àqueles que se encontrem em situação equivalente. Caso os destinatários da norma estejam em situação desigual, um tratamento igual que desconsiderasse as diferenças representaria, paradoxalmente, uma violação ao princípio da igualdade.

Por isso que a compreensão e a aplicação da igualdade requer a eleição de um critério razoável de diferenciação em razão de um determinado fim a ser atingido. Não basta apenas a escolha do critério diferenciador; é necessário também que tal critério seja adequado para se atingir uma finalidade específica.

Assim é que o critério da idade pode ser utilizado para diferenciar pessoas em função do exercício do direito de voto, mas não em função da obrigação de

22. "A igualdade pode funcionar como regra, prevendo a proibição de tratamento discriminatório; como princípio, instituindo um estado igualitário como fim a ser promovido; e como postulado, estruturando a aplicação do Direito (...)" (ÁVILA, 2015, p. 192).

pagar impostos. Do mesmo modo, o critério do sexo pode justificar um tratamento diferenciado em relação à quantidade de dias de licença quando do nascimento de um filho. Já no que diz respeito à obrigação de pagar impostos, o critério do sexo não justifica um tratamento diferenciado (ÁVILA, 2015, p. 193).

Considerando essa necessidade de se identificar um fator de *discrímen*, o STF decidiu que "**não viola o princípio da isonomia** e o livre acesso à jurisdição **a restrição de ingresso no parcelamento de dívida relativa à Cofins**, instituída pela Portaria 655/1993, **dos contribuintes que questionaram o tributo em juízo com depósito judicial dos débitos tributários**" (tese de **repercussão geral** no **RE 640.905**, j. 15.12.2016).

Para o STF, o contribuinte que realizou depósito judicial correspondente a dívida tributária controvertida (imune, portanto, aos juros de mora) estaria em situação completamente diferente do contribuinte que restou inerte. Além disso, o critério de desigualação utilizado pela norma que restringe o acesso a parcelamento para os contribuintes que realizaram depósito judicial estaria em consonância com a racionalização na cobrança do crédito público (item 12 da ementa do **RE 640.905**).

A Constituição se preocupou ainda em proibir expressamente qualquer distinção em razão de ocupação profissional ou função por eles exercida. Sob o regime constitucional anterior, era possível a concessão de isenções a categorias profissionais como a dos magistrados. Já sob a égide da Constituição de 1988, é inconstitucional dispositivo de lei que concede aos membros e servidores do Poder Judiciário isenção no pagamento de custas e emolumentos pelos serviços judiciais e extrajudiciais (STF, **ADI 3334**, j. 17.03.2011)[23]. Também viola o princípio da igualdade, pelo mesmo motivo, lei estadual que concede isenção de ICMS nas aquisições de automóveis por oficiais de justiça (**ADI 4276**, j. 20.08.2014).

> Na jurisprudência do STF é possível encontrar outro critério de diferenciação que não atende ao princípio da isonomia tributária: o ente federativo ao qual o servidor público é vinculado. Assim foi que o STF declarou inconstitucional, por violação ao art. 150, II, da CF, dispositivo de emenda constitucional que previa bases de cálculo de contribuições previdenciárias diversas para servidores da União, de um lado, e dos Estados, DF e Municípios, de outro (**ADI 3105**, 18.08.2004).

Já um exemplo de critério legítimo a permitir um tratamento tributário diferenciado em razão da localização geográfica, desde que seja com intuito

23. No mesmo sentido, em relação a membros do Ministério Público: ADI 3260, j. 29.03.2007.

de promover o equilíbrio do desenvolvimento socioeconômico entre as diferentes regiões do País. O art. 151, I da CF é expresso nesse sentido[24].

O principal critério utilizado para o tratamento igualitário no âmbito tributário, contudo, é o princípio da capacidade contributiva, previsto no art. 145, § 1º da CF:

> "Sempre que possível, os impostos terão caráter pessoal e serão graduados segundo a capacidade econômica do contribuinte, facultado à administração tributária, especialmente para conferir efetividade a esses objetivos, identificar, respeitados os direitos individuais e nos termos da lei, o patrimônio, os rendimentos e as atividades econômicas do contribuinte."

A Constituição utiliza o termo "capacidade econômica do contribuinte" para se referir a "capacidade contributiva". A doutrina costuma dividir a capacidade contributiva em absoluta ou objetiva, que significa a existência de uma riqueza mínima identificada pelo legislador passível de tributação, e capacidade contributiva relativa ou subjetiva, que, pressupondo a existência da riqueza, se propõe a estabelecer uma graduação do tributo de acordo com as condições pessoais do contribuinte. Em outras palavras: a capacidade contributiva objetiva ou absoluta determina a tributação ou não de uma situação, enquanto a subjetiva ou relativa busca determinar em que nível ou gradação ocorrerá a tributação.

O texto do art. 145, § 1º da Constituição transcrito acima se refere à capacidade contributiva subjetiva ou relativa, que pode ser identificada mediante a investigação de elementos como o patrimônio, os rendimentos e as atividades econômicas do contribuinte. Um caso clássico de consideração da capacidade contributiva subjetiva é a aplicação de **alíquotas progressivas** no imposto de renda de pessoas físicas, em que a alíquota aumenta de acordo com faixas de renda do contribuinte.

Outra aplicação da capacidade contributiva diz respeito à carga tributária das instituições financeiras, que devem pagar um adicional de 2,5% na contribuição previdenciária sobre a folha de salários (art. 22, § 1º da Lei 8.212/1991). Diante da capacidade contributiva das entidades financeiras, essa tributação adicional não representaria uma violação à isonomia tributária (**AC-MC 1109**, j. 31.05.2011).

24. CF, Art. 151. É vedado à União: I – instituir tributo que não seja uniforme em todo o território nacional ou que implique distinção ou preferência em relação a Estado, ao Distrito Federal ou a Município, em detrimento de outro, **admitida a concessão de incentivos fiscais destinados a promover o equilíbrio do desenvolvimento sócio-econômico entre as diferentes regiões do País**; (...).

Apesar de o art. 145, § 1º da CF mencionar apenas os impostos, nada impede a aplicação do princípio da capacidade contributiva a outras espécies tributárias, como os empréstimos compulsórios e as contribuições sociais.

> Outros critérios diferenciadores na aplicação da igualdade, além da capacidade contributiva, podem ser identificados no direito tributário. Tal ocorre com os tributos sinalagmáticos (taxas e contribuições de melhoria, por exemplo), que se fundamentam em uma atuação estatal específica que deve ser remunerada pelo contribuinte. Nesse caso, o critério a orientar o tratamento igual é o grau de utilização do aparelho estatal ou o benefício obtido com uma obra pública[25].

Nesse sentido é que as taxas e as contribuições de melhoria são tributos especialmente marcados pelo princípio da igualdade, pois são pagos justamente por aqueles que desencadearam uma atuação estatal específica e divisível, ou que foram beneficiados por uma valorização imobiliária decorrente de obra pública. Não seria isonômico se todos fossem chamados a arcar com gastos públicos que beneficiam indivíduos que podem ser identificados e que são beneficiados de uma forma especial.

Ressalve-se que as taxas, apesar de serem orientadas por um critério de contraprestação pelo serviço público prestado ao particular, também podem sofrer influências do princípio da capacidade contributiva, como se percebe das imunidades de taxas conferidas em razão da hipossuficiência econômica (ausência de capacidade contributiva)[26].

O próprio STF já decidiu que a **capacidade contributiva também se aplica às taxas**. No **RE 232.393** (j. 13.08.1999), entendeu-se que a utilização da metragem da área construída do imóvel como elemento de fixação da base de cálculo de taxa de coleta de lixo seria uma forma de realização da isonomia tributária e do princípio da capacidade contributiva.

---

25. "Dou destaque a um princípio constitucional limitador da tributação, o princípio da igualdade tributária, que está inscrito no art. 150, II, da Constituição. Esse princípio se realiza, lembra Geraldo Ataliba, no tocante aos impostos, mediante a observância da capacidade contributiva (CF, art. 145, § 1º); quanto às contribuições, por meio da "proporcionalidade entre o efeito da ação estatal (o seu reflexo no patrimônio dos particulares) e o seu custo", ou, noutras palavras, por meio da proporcionalidade entre o custo da obra pública e a valorização que esta trouxe para o imóvel do particular; e, **referentemente às taxas, "pelo específico princípio da retribuição ou remuneração. Cada um consome uma certa quantidade de serviço público e remunera o custo daquela quantidade**" (ATALIBA, Geraldo. Sistema tributário na Constituição de 1988. *Revista de Direito Tributário*, 51/140)." (**ADI 447**, voto do Ministro Carlos Velloso, j. 05.06.1991 – grifamos).
26. CF, art. 5º, LXXIV – o Estado prestará assistência jurídica integral e gratuita aos que comprovarem insuficiência de recursos; CF, art. 5º, LXXVI – são gratuitos para os reconhecidamente pobres, na forma da lei: a) o registro civil de nascimento; b) a certidão de óbito; (...)

Também a **contribuição para o custeio do serviço de iluminação pública** (COSIP, prevista no art. 149-A da CF) pode se orientar pela capacidade contributiva, admitindo-se alíquotas progressivas à medida que seja maior o consumo de energia elétrica (**RE 573.675 – repercussão geral**, j. 25.03.2009).

Em relação aos impostos, o STF possuía o entendimento consolidado em súmula no sentido de que não era possível a aplicação de alíquotas progressivas para **impostos reais:**

> **Súmula 656 do STF: "É inconstitucional a lei que estabelece alíquotas progressivas para o imposto de transmissão** *inter vivos* de bens imóveis – ITBI com base no valor venal do imóvel"

Segundo essa posição, a capacidade contributiva em relação aos impostos reais não poderia ser concretizada através da progressividade das alíquotas, mas sim de forma proporcional ao preço da venda do imóvel (STF, **RE 234.105**, j. 08.04.1999). As alíquotas progressivas seriam aplicáveis apenas nos impostos em que houvesse autorização constitucional expressa. Haveria uma enumeração taxativa a respeito.

Essa orientação, todavia, foi alterada no ano de 2013. No **RE 562.045** (j. 06.02.2013), julgamento sob a sistemática de **repercussão geral**, foi fixada a seguinte tese: "É constitucional a fixação de alíquota progressiva para o Imposto sobre Transmissão ***Causa Mortis*** **e Doação — ITCD**".

Sendo o imposto sobre transmissão *causa mortis* e doação um tributo real, houve uma mudança de paradigma em relação ao entendimento anteriormente adotado. A partir desse julgado, o STF passou a admitir como constitucionais leis estaduais que instituíssem o ITCMD (imposto real) com alíquotas progressivas. Uma justificativa para essa conclusão pode ser encontrada no voto do Ministro Eros Grau:

> "O que a Constituição diz é que os impostos, sempre que possível, deverão ter caráter pessoal. (...) todos os impostos – repito – estão sujeitos ao princípio da capacidade contributiva, especialmente os diretos, independentemente de sua classificação como de caráter real ou pessoal; isso é completamente irrelevante"

Assim, uma vez que o art. 145, § 1º da CF reza que os impostos (sem distinção) serão graduados segundo a capacidade contributiva, não haveria razão para excluir da aplicação desse princípio os impostos reais. E sendo a técnica da progressividade o instrumento por excelência da capacidade contributiva (voto de Joaquim Barbosa no RE 562.045), não haveria empecilho para a sua adoção em relação aos impostos reais.

Em julgado anterior da 2ª Turma do STF (não vinculante, portanto), já havia sido afirmado que todos os tributos submetem-se ao princípio da capacidade contributiva, ao menos em relação a um de seus três aspectos (objetivo, subjetivo e proporcional), independentemente de classificação extraída de critérios puramente econômicos (**RE 406.955 AgR**, j. 04.10.2011).

O conhecimento do RE 562.045 foi exigido em questão do concurso de Procurador da República em 2015:

MPF – Procurador da República/28º Concurso – 2015: LEI ESTADUAL ESTABELECE PROGRESSIVIDADE DE ALÍQUOTA DO ITCMD. NESTE CASO, SEGUNDO O STF:

a) É incabível a progressividade de alíquotas porquanto é restrita aos tributos taxativamente elencados na vigente CF;
b) A progressividade prevista na cobrança viola o princípio da capacidade contributiva;
c) É cabível a cobrança do referido imposto de forma progressiva com vistas a assegurar a aferição da capacidade econômica do contribuinte;
d) A progressividade na cobrança do imposto infringe o constitucional princípio da igualdade material tributária.

Correta a alternativa "c", que expressa o entendimento do STF.

A Constituição prevê outro critério de diferenciação que se aproxima da capacidade contributiva. Trata-se do **tratamento diferenciado e favorecido para as microempresas e para as empresas de pequeno porte** a ser definido em lei complementar (CF, art. 146, III, *d*).

Entendeu o constituinte que as empresas de pequeno porte possuem um papel importante na economia, o que justifica o fomento de suas atividades através de um tratamento diferenciado que deve se dar, inclusive, na esfera tributária[27]. Configurando verdadeiro princípio constitucional, o

27. CF, art. 170. A ordem econômica, fundada na valorização do trabalho humano e na livre iniciativa, tem por fim assegurar a todos existência digna, conforme os ditames da justiça social, observados os seguintes princípios: (...)IX – tratamento favorecido para as empresas de pequeno porte constituídas sob as leis brasileiras e que tenham sua sede e administração no País. (...) Art. 179. A União, os Estados, o Distrito Federal e os Municípios dispensarão às microempresas e às empresas de pequeno porte, assim definidas em lei, tratamento jurídico diferenciado, visando a incentivá-las pela simplificação de suas obrigações administrativas, tributárias, previdenciárias e creditícias, ou pela eliminação ou redução destas por meio de lei.

incentivo a esses empreendimentos busca compensar a escassez de recursos para fazer frente à concorrência de empresas maiores (**ADI 4033**, j. 15.09.2010).

Esse critério diferenciador (porte econômico da empresa) já foi expressamente reconhecido pelo STF como compatível com a isonomia tributária. Para a Corte Constitucional, **não fere o princípio da isonomia a norma constitucional que concede tratamento favorecido às empresas de pequeno porte** (**ADI-MC 2006**, j. 01.07.1999).

A Lei 9.317/1996 (revogada pela LC 123/2006), ao estabelecer as condições de acesso ao tratamento favorecido às empresas de pequeno porte, excluiu do regime diferenciado as sociedades constituídas por profissionais liberais (art. 9º, XIII). Contra essa norma, a Confederação Nacional dos Profissionais Liberais ajuizou ADI alegando que haveria violação ao princípio da isonomia tributária, já que a exclusão das pessoas jurídicas formadas por profissionais liberais do SIMPLES seria uma discriminação em razão da ocupação profissional, expressamente vedada pelo art. 150, II da CF. Segundo a autora da ADI, haveria uma distinção fundada não em condições econômicas ou na capacidade contributiva (art. 145, § 1º da CF), mas simplesmente na profissão de quem contribui.

O pedido da ação de inconstitucionalidade, contudo, foi julgado improcedente. Entendeu o STF que "**não há ofensa ao princípio da isonomia tributária se a lei, por motivos extrafiscais, imprime tratamento desigual a microempresas e empresas de pequeno porte de capacidade contributiva distinta, afastando do regime do SIMPLES aquelas cujos sócios têm condição de disputar o mercado de trabalho sem assistência do Estado**" (**ADI 1643**, j. 05.12.2002).

Para o STF, as principais razões a justificar o tratamento favorecido às microempresas e empresas de pequeno porte não estariam presentes no âmbito das sociedades de profissionais liberais. Não haveria, por exemplo, o mesmo nível de domínio de mercado por grandes empresas. Tampouco haveria, em relação às sociedades profissionais, o potencial de geração de empregos que representa uma das justificativas para os benefícios do SIMPLES.

Por fim, cumpre destacar que a essencialidade dos produtos e mercadorias também é um critério diferenciador expressamente aceito pela Constituição para legitimar uma tributação diferenciada pelo IPI e pelo ICMS (CF, art. 153, § 3º, I e art. 155, § 2º, III). Em outras palavras, produtos supérfluos devem sofrer uma tributação mais agravada que os produtos essenciais.

3. PRINCÍPIOS DA IRRETROATIVIDADE E DA ANTERIORIDADE – SEGURANÇA JURÍDICA

> CF, art. 150. Sem prejuízo de outras garantias asseguradas ao contribuinte, é vedado à União, aos Estados, ao Distrito Federal e aos Municípios: (...) III – cobrar tributos: a) em relação a fatos geradores ocorridos antes do início da vigência da lei que os houver instituído ou aumentado; b) no mesmo exercício financeiro em que haja sido publicada a lei que os instituiu ou aumentou; c) antes de decorridos noventa dias da data em que haja sido publicada a lei que os instituiu ou aumentou, observado o disposto na alínea b; (...)

Os princípios a serem estudados nesse capítulo buscam proteger o contribuinte de alterações repentinas que majorem a carga tributária. Uma das maiores preocupações do empreendedor é a previsibilidade. O desempenho das atividades econômicas exige alto grau de planejamento, envolvendo emprego de recursos próprios, assunção de empréstimos, riscos de litigiosidade e, ainda, previsão da carga tributária envolvida.

Representando um dos custos da atividade empresarial, os tributos devidos pelo contribuinte devem ter o seu valor conhecido com antecedência, sob pena de o Estado, surpreendendo os particulares com aumentos inesperados de carga tributária, afugentar aqueles que desejam se dedicar ao exercício da empresa.

Não por outro motivo, os princípios da irretroatividade e da anterioridade (anual e nonagesimal) são tomados em conjunto como expressões do princípio da não surpresa ou da segurança jurídica.

Apesar da denominação de princípios, é possível enxergar tanto a irretroatividade como regra. Nas palavras de Humberto Ávila:

> "O dispositivo constitucional segundo o qual se houver instituição ou aumento de tributos, então só podem ser abrangidos fatos geradores ocorridos após o início da vigência da lei que os houver instituído ou aumentado, é aplicado como regra se o aplicador entendê-lo como mera exigência de publicação de lei antes da ocorrência do fato gerador do tributo, e pode ser aplicado como princípio se o aplicador concretizá-lo com a finalidade de realizar o valor segurança (...), ou com o objetivo de realizar o valor confiança (...)" (ÁVILA, 2015, p. 63).

O mesmo vale para o princípio da anterioridade, que também pode ser entendido como uma regra fechada e bem definida, ao mesmo tempo em que pode ser um vetor valorativo.

Ainda a título de introdução, destacamos que os princípios ora estudados dizem respeito a tributos, conceito que não se confunde com o de multa. Consequência prática disso é que **a instituição de multa por infração à legislação tributária não é abarcada** pelos dispositivos constitucionais acima.

3.1 Princípio da irretroatividade

> CF, art. 150. Sem prejuízo de outras garantias asseguradas ao contribuinte, é vedado à União, aos Estados, ao Distrito Federal e aos Municípios:
>
> (...) III – cobrar tributos: a) em relação a fatos geradores ocorridos antes do início da vigência da lei que os houver instituído ou aumentado;

O princípio da irretroatividade possui como base a ideia de segurança jurídica. Sua configuração genérica pode ser encontrada no art. 5º, XXXVI da CF, segundo o qual a lei não prejudicará o direito adquirido, o ato jurídico perfeito e a coisa julgada.

No direito tributário, possui previsão específica no art. 150, III, *a* da CF, que veda aos entes políticos a cobrança de tributos em relação a fatos geradores ocorridos antes do início da vigência da lei que os houver instituído ou aumentado.

Assim como ocorre em relação ao princípio da legalidade, o critério para a aplicação da irretroatividade consiste na identificação de uma instituição ou majoração de tributo. Ou seja, caso o legislador (inclusive o poder constituinte reformador) pretenda instituir ou aumentar um tributo, só pode fazê-lo em relação a fatos geradores futuros, jamais podendo alcançar situações passadas.

Não há obrigatoriedade de se observar o princípio em questão se a lei nova apenas institui deveres instrumentais ou normas procedimentais relativas à fiscalização tributária. O CTN é expresso nesse sentido:

> CTN, art. 144, § 1º. **Aplica-se ao lançamento a legislação que, posteriormente à ocorrência do fato gerador da obrigação, tenha instituído novos critérios de apuração ou processos de fiscalização**, ampliado os poderes de investigação das autoridades administrativas, ou outorgado ao crédito maiores garantias ou privilégios, exceto, neste último caso, para o efeito de atribuir responsabilidade tributária a terceiros.

O tema é importante para concursos públicos, não só pela possibilidade de "pegadinha" que o examinador pode elaborar tentando confundir as espécies de normas, mas também pleo fato de o STF possuir decisão de **repercussão geral** a respeito. No **RE 601.314** (j. 24.02.2016), o STF fixou a tese de que normas que instituem procedimentos de fiscalização não precisam obedecer a irretroatividade: **"A Lei 10.174/01 não atrai a aplicação do princípio da irretroatividade das leis tributárias, tendo em vista o caráter instrumental da norma, nos termos do artigo 144, §1°, do CTN".**

3.1.1 Irretroatividade e tributos de apuração anual

As principais discussões quanto ao princípio da irretroatividade tributária dizem respeito aos tributos cujo fato gerador abrange um período anual, em que vários fatos econômicos são reunidos e considerados pela lei como um único fato ocorrido em um dia específico.

É assim com a Contribuição Social sobre o Lucro Líquido (CSLL). Nesse tributo, várias operações econômicas ocorridas durante o período anual são somadas para se chegar a um resultado que será levado à tributação (caso positivo o resultado). Tanto a legislação quanto a jurisprudência do STF entendem que **o fato gerador desse tributo só se completa e caracteriza no dia 31 de dezembro.**

A partir daí, surge o questionamento: a irretroatividade tem como marco cada um dos fatos econômicos que irão compor o lucro? Ou a irretroatividade teria como marco de delimitação o dia 31 de dezembro, última dia do período anual e data em que se considera completado o fato gerador da CSLL?

Em outras palavras, o fato gerador, para fins de aplicação da irretroatividade, reputa-se ocorrido em cada um dos momentos que se verifica atividade econômica geradora de renda ou apenas no último dia do exercício em que se mensura o lucro tributável da empresa?

A resposta dada pelo STF foi a de que a irretroatividade estaria respeitada caso a lei seja publicada antes do dia 31 de dezembro, ainda que abarque fatos econômicos ocorridos antes da publicação da lei.

Tome-se como parâmetro a CSLL, tributo sujeito apenas à anterioridade nonagesimal (necessidade de que a lei seja publicada 90 dias antes do início da exigência do tributo). Caso uma lei que aumente a alíquota da CSLL seja publicada antes do início do mês de outubro (respeitando-se, portanto, a anterioridade nonagesimal), não haveria, para o STF, violação ao princípio da irretroatividade, já que o fato gerador apenas restaria definitivamente caracterizado em 31 de dezembro[28]. O julgado abaixo ilustra essa posição:

> EMENTA: CONTRIBUIÇÃO SOCIAL. LEI Nº 7.856, DE 25 DE OUTUBRO DE 1989, QUE, NO ART. 2º, ELEVOU A RESPECTIVA ALÍQUOTA DE 8 PARA 10%. LEGITIMIDADE DA APLICAÇÃO DA NOVA ALÍQUOTA SOBRE O LUCRO APURADO NO BALANÇO DO CONTRIBUINTE ENCERRADO EM 31 DE DEZEMBRO DO MESMO ANO. Tratando-se de lei de conversão da Medida Provisória nº 86, de 25 de setembro de 1989, da data da edição desta é que flui o prazo de noventa dias previsto no art. 195, § 6º, da CF, o qual, no caso, teve por termo final o dia 24 de dezembro do mesmo ano, possibilitando o cálculo do tributo, pela nova alíquota, sobre o lucro da recorrente, apurado no balanço do próprio exercício de 1989. Recurso não conhecido. (**RE 197.790**, j. 19.02.1997)

O STF entende que a lei que aumenta a CSLL pode ser aplicada no mesmo exercício em que publicada, ainda que atinja fatos ocorridos antes de sua publicação, já que o fato gerador da CSLL considera-se ocorrido no dia 31 de dezembro. O marco para a verificação da retroatividade da lei, portanto, é o último dia do ano, data em que se considera ocorrido, para os efeitos legais, o fato gerador.

Assim, uma lei publicada em julho de 2018, aumentando a CSLL, seria aplicável sobre todo o lucro de 2018, incluindo-se os meses anteriores à sua publicação, sem que haja ofensa ao princípio da irretroatividade. Deve-se observar apenas a anterioridade nonagesimal aplicável às contribuições:

> EMENTA: TRIBUTÁRIO. IMPOSTO DE RENDA E CONTRIBUIÇÃO SOCIAL. MEDIDA PROVISÓRIA Nº 812, DE 31.12.94, CONVERTIDA NA LEI Nº 8.981/95. ARTIGOS 42 E 58, QUE REDUZIRAM A 30% A PARCELA DOS PREJUÍZOS SOCIAIS, DE EXERCÍCIOS ANTERIORES, SUSCETÍVEL DE SER DEDUZIDA NO LUCRO REAL, PARA APURAÇÃO DOS TRIBUTOS EM REFERÊNCIA. ALEGAÇÃO DE OFENSA AOS PRINCÍPIOS DA ANTERIORIDADE E DA IRRETROATIVIDADE. **Diploma normativo que foi editado em 31.12.94, a tempo, portanto, de incidir sobre o resultado do exercício financeiro encerrado. Descabimento da alegação de ofensa aos princípios**

28. A doutrina majoritária rechaça esse entendimento. Sintetizando a posição contrária ao STF, reproduzimos excertos do voto **vencido** do Ministro Maurício Corrêa no RE 197.790: "(...) o fato gerador do lucro da empresa não ocorre em um único momento, muito embora a apuração desse lucro se dê ao final do exercício financeiro. E assim, a lei nova não poderia incidir sobre estas aquisições de disponibilidades anteriores à sua vigência. ". Há ainda alguns julgados que adotaram essa posição vencida: RE 148.331, j. 13.10.1992; RE 138.284, j. 01.07.1992; RE 146.733, j. 29.06.1992.

da anterioridade e da irretroatividade, relativamente ao Imposto de Renda, o mesmo não se dando no tocante à contribuição social, sujeita que está à anterioridade nonagesimal prevista no art. 195, § 6º da CF, que não foi observado. Recurso conhecido, em parte, e nela provido. (**RE 232.084**, j. 04.04.2000 – grifamos).

Como se pode ver do julgado acima, entendimento semelhante a respeito do princípio da irretroatividade é aplicável ao imposto de renda. Nesse caso, a posição do STF foi cristalizada na **súmula 584**: "Ao imposto de renda calculado sobre os rendimentos do ano-base, aplica-se a lei vigente no exercício financeiro em que deve ser apresentada a declaração".

A diferença do imposto de renda em comparação com a CSLL é que no primeiro não há necessidade de observância da anterioridade nonagesimal, não se devendo aguardar o período de 90 dias entre a publicação e a aplicação da lei.

Também para o imposto de renda, a lei editada no final do ano-base atinge a renda apurada durante todo o ano, já que o fato gerador somente se completa e se caracteriza, ao final do respectivo período, ou seja, a 31 de dezembro (**RE 194.612**, j. 24.03.1998). Basta que a lei esteja em vigor antes do exercício financeiro em que deva ser apresentada a declaração.

Essa orientação tradicional do STF foi temperada no ano de 2014, quando se admitiu que a norma que aumenta alíquota do imposto de renda pode não se submeter ao consagrado na súmula 584 do STF se a norma em questão possuir evidente função extrafiscal. A decisão foi tomada no **RE 183.130** (j. 25.09.2014), no qual se discutiu o marco temporal para a aplicação do art. 1º, I, da Lei 7.988/1989 (publicada em 29 de dezembro de 1989), que aumentou a alíquota do imposto de renda incidente sobre o lucro de exportações incentivadas.

No voto do Ministro Carlos Velloso no **RE 183.130** (j. 25.09.2014), foi ponderado que a súmula 584 do STF, apesar de ser compatível com a natureza do fato gerador do imposto de renda, deveria ser aplicada com certos temperamentos, tendo em vista o princípio da irretroatividade das leis. Ainda segundo Carlos Velloso, "a lei nova que institui incidência tributária, criando ou majorando tributo, não tem aplicação retroativa, simplesmente, não sendo necessário indagar se ela viola ou não direito adquirido, ato jurídico perfeito ou coisa julgada.".

O Ministro Nelson Jobim, por sua vez, argumentou que o fato gerador do imposto de renda só ocorreria no último dia de cada ano (como entende a jurisprudência acima abordada) para a hipótese normal do imposto de renda na sua função fiscal (finalidade arrecadatória). Para Jobim, caso o imposto de renda tivesse, excepcionalmente, função extrafiscal (indução de comportamento econômico), como na hipótese do RE 183.130 (incentivo às exportações), não deveria ser aplicada a súmula 584 do STF. Do voto de Nelson Jobim:

> "No caso do IR ser utilizado em caráter extrafiscal, a configuração do fato gerador dá-se em outro momento. O momento da realização da operação. (...) Por isso, após a realização do comportamento estimulado, a lei nova somente poderia ter eficácia para novas possibilidades de comportamentos sob o risco de ser inconstitucional por violação à irretroatividade das leis em matéria de extrafiscalidade.".

Essa linha de argumentação foi a que prevaleceu no julgamento, ficando a ementa assim redigida:

> CONSTITUCIONAL. TRIBUTÁRIO. IMPOSTO DE RENDA. OPERAÇÕES INCENTIVADAS. LEI 7.988/89, ART. 1º, I. 1. **Não é legítima a aplicação retroativa do art. 1º, I, da Lei 7.988/89 que majorou a alíquota incidente sobre o lucro proveniente de operações incentivadas ocorridas no passado, ainda que no mesmo exercício.** Relativamente a elas, a legislação havia conferido tratamento fiscal destacado e mais favorável, justamente para incrementar a sua exportação. **A evidente função extrafiscal da tributação das referidas operações afasta a aplicação, em relação a elas, da Súmula 584/STF**. 2. Recurso Extraordinário improvido. (**RE 183.130**, j. 25.09.2014 – grifamos).

O entendimento do STF no caso pode assim ser sintetizado: quando o imposto de renda busca incentivar operações específicas, com acentuada função extrafiscal, não pode a lei publicada no exercício que serve como base de apuração ser aplicada aos fatos que lhe forem anteriores. Isso porque o contribuinte teria praticado as operações incentivadas em resposta ao estímulo do Estado. Se o Poder Público, posteriormente, decide majorar a tributação sobre as operações que havia incentivado, tal majoração só poderá alcançar os fatos posteriores à edição da lei, sob pena de se trair a confiança do contribuinte que adotou o comportamento outrora desejado pelo ente tributante.

Em 2015, essa orientação foi consolidada em julgamento submetido à sistemática de **repercussão geral**, consolidando-se a seguinte tese:

> "É inconstitucional a aplicação retroativa de lei que majora a alíquota incidente sobre o lucro proveniente de operações incentivadas ocorridas no passado, ainda que no mesmo ano-base, tendo em vista que **o fato gerador se consolida no momento em que ocorre cada operação de exportação, à luz da extrafiscalidade da tributação na espécie.**" (RE **592.396 – repercussão geral**, j. 03.12.2015).

> Não houve, até o momento, uma superação integral da súmula 584 do STF, que foi afastada apenas nos casos em que o imposto de renda assumir função extrafiscal.

Por fim, vale notar que a Constituição não excepciona o princípio da irretroatividade das leis. Em nível infraconstitucional, contudo, o CTN prevê leis tributárias retroativas em seu art. 106, sempre em benefício do contribuinte[29].

3.2. Princípio da anterioridade anual

> Art. 150. Sem prejuízo de outras garantias asseguradas ao contribuinte, é vedado à União, aos Estados, ao Distrito Federal e aos Municípios:
>
> III – cobrar tributos:
>
> b) no mesmo exercício financeiro em que haja sido publicada a lei que os instituiu ou aumentou (...).

O princípio da anterioridade anual, ou anterioridade de exercício, eleva ainda mais o princípio da segurança jurídica no direito tributário, impedindo que o contribuinte seja surpreendido com uma tributação mais onerosa sem o necessário tempo para se planejar.

A estrutura dessa norma apresenta um critério rígido de aplicação, bastando-se realizar a operação de subsunção do fato à norma (lógica do "tudo ou nada"): se houver a instituição ou a majoração de tributo, a lei veiculadora da inovação mais gravosa só produzirá efeitos no exercício seguinte ao da publicação. Por isso, alguns doutrinadores consideram a norma

29. CTN, art. 106. A lei aplica-se a ato ou fato pretérito: I – em qualquer caso, quando seja expressamente interpretativa, excluída a aplicação de penalidade à infração dos dispositivos interpretados; II – tratando-se de ato não definitivamente julgado: a) quando deixe de defini-lo como infração; b) quando deixe de tratá-lo como contrário a qualquer exigência de ação ou omissão, desde que não tenha sido fraudulento e não tenha implicado em falta de pagamento de tributo; c) quando lhe comine penalidade menos severa que a prevista na lei vigente ao tempo da sua prática.

acima como uma regra e não como um princípio. Apesar dessa observação a respeito da classificação do postulado ora tratado, iremos nos referir a ele como princípio, por ser a nomenclatura adotada mais comum.

Assim, a lei que instituir ou aumentar um tributo só produzirá efeitos no exercício seguinte ao de sua publicação.

Não há necessidade, contudo, de haver prévia autorização orçamentária para a exigência de tributos, já existentes ou a serem criados. Isso porque não vige mais no Brasil o princípio da anualidade, que determinava como condição à exigência de tributos a prévia autorização orçamentária. **O princípio da anualidade tributária foi retirado do direito brasileiro pela EC 1/1969, não tendo sido acolhido pela CF/88**[30]. Existe doutrina no sentido de que nada impede que as Constituições Estaduais e as Leis Orgânicas Municipais tragam a previsão desse princípio, que traria uma segurança maior para o contribuinte do que apenas o princípio da anterioridade (CARRAZZA, 2015, p. 247).

Imagine-se, por exemplo, uma lei publicada em 2015, elevando a alíquota do imposto sobre a propriedade territorial rural (ITR). Nesse caso, o efeito de agravamento da carga tributária (elevação da alíquota) só poderá produzir efeitos em relação aos fatos geradores constatados a partir de primeiro de janeiro de 2016.

Para o STJ (**REsp 318.849**, j. 07.03.2002), o que determina a vigência da lei é a data da publicação, pouco importando que o Diário Oficial tenha circulado apenas no ano seguinte. Assim, caso a lei seja publicada em 31 de dezembro de 2018 e o respectivo Diário Oficial só circule no dia primeiro de janeiro, estaria observado o princípio da anterioridade anual.

No **RE 232.084** (j. 04.04.2000), o STF entendeu que não haveria violação ao princípio da anterioridade se a Medida Provisória que aumenta tributo fosse editada no Diário Oficial de 31 de dezembro que circulasse num sábado, sendo distribuído apenas na segunda-feira no ano seguinte. Seria irrelevante o fato de o último dia do ano em que publicada a lei caísse num sábado.

Percebe-se pelo texto constitucional que a proteção só existe em face da instituição ou aumento de tributo. Se a lei nova extinguir ou reduzir o tributo, não se exige que sua produção de efeitos seja postergada para o exercício seguinte, sendo perfeitamente possível a aplicação imediata. Tal

30. "Continua válida no sistema a prescrição do art. 165, §§ 5º e 8º, que determina a obrigatoriedade da inclusão de todas as receitas no orçamento anual. Sua inobservância, todavia, não mais inibe a possibilidade de exigência do gravame desde que se obedeça à anterioridade fixada no art. 150, III, *b* (...)" (CARVALHO, 2013, p. 167).

ocorre porque a anterioridade anual é uma garantia para o contribuinte, não para o ente tributante, editor das leis.

Com esse pensamento, o STF consignou na ementa da **ADI 939** (j. 15.12.1993) que o princípio da anterioridade tributária é uma garantia individual do contribuinte, protegida pelo manto da **cláusula pétrea**, não podendo ser suprimido por emenda constitucional. Trata-se de um **direito individual análogo**, fora do catálogo do artigo 5º da CF.

Apesar desse peso conferido ao princípio da anterioridade, o Supremo tem adotado uma posição restritiva de sua aplicação em vários de seus julgados.

No **RE 209.386** (j. 05.12.1997), o Pretório Excelso decidiu que a lei que se limita simplesmente a mudar o prazo de recolhimento da obrigação tributária, sem qualquer outra repercussão, não se submete ao princípio da anterioridade. A matéria foi objeto da **súmula 669 do STF**, convertida na **súmula vinculante 50**, segundo a qual "**norma legal que altera o prazo de recolhimento da obrigação tributária não se sujeita ao princípio da anterioridade**"[31].

Seguindo essa linha restritiva, o STF também possui julgado no qual considerou que **a redução ou a extinção de desconto para pagamento de tributo não pode ser equiparada à majoração do tributo** (**ADI-MC 4.016**, j. 01.08.2008). Ou seja, mesmo que a redução ou extinção de desconto acarrete uma situação mais gravosa para o contribuinte, não haverá a proteção da anterioridade anual, pois o STF rechaçou a tese segundo a qual a redução ou supressão de desconto previsto em lei implica, automática e aritmeticamente, aumento do valor do tributo.

Por fim, destacamos que a modificação dos fatores de indexação ou a mudança de índice de atualização monetária não deve obediência à anterioridade tributária:

> "Substituição legal dos fatores de indexação. Alegada ofensa às garantias constitucionais do direito adquirido e da anterioridade tributária. Inocorrência. Simples atualização monetária que não se confunde com majoração do tributo. (...) A modificação dos fatores de indexação, com base em legislação superveniente, não constitui desrespeito a situações jurídicas consolidadas (CF, art. 5º, XXXVI), nem transgressão ao

31. Em **provas discursivas e orais**, pode ser citado o entendimento doutrinário vencido segundo o qual a alteração do prazo de pagamento do tributo deve observar o princípio da anterioridade: "o princípio da anterioridade não é respeitado se lei do exercício financeiro em curso reduz prazos de pagamento do tributo (...) É que tais práticas aumentam a perda patrimonial do contribuinte e, *ipso facto*, majoram o tributo." (CARRAZZA, 2015, p. 250).

postulado da não surpresa, instrumentalmente garantido pela cláusula da anterioridade tributária (CF, art. 150, III, b)." (**RE 200.844 AgR**, j. 25.06.2002)

A atualização monetária, para o STF, não se classifica como aumento de tributo, para fins de aplicação da legalidade ou da anterioridade.

3.2.1 Revogação de isenções e anterioridade

Tema que exige muita cautela em sua análise é o da aplicabilidade ou não do princípio da anterioridade em relação às revogações de isenções tributárias.

A doutrina majoritária entende que, ao se revogar uma isenção de tributo, estar-se-ia inevitavelmente aumentando a carga tributária sobre os contribuintes envolvidos, o que atrairia a proteção da anterioridade[32]. Desse modo, revogada a lei que concedia a isenção, a situação mais gravosa para o contribuinte só passaria a valer a partir do exercício seguinte ao da publicação da lei revogadora.

A jurisprudência do Supremo, todavia, trilhou orientação diversa. Desde a égide da Constituição anterior, o STF já entendia que a revogação de isenção opera de imediato, passando o tributo a ser devido sobre as transações posteriores, ainda que no mesmo exercício (**RMS 15.466**, DJ 02.03.1966; **RE 97.482**, j. 26.10.1982). Em julgado posterior à Constituição de 1988, o STF adotou a mesma lógica, registrando que revogada a isenção, o tributo torna-se imediatamente exigível, não havendo que se observar o princípio da anterioridade (**RE 204.062**, 27.09.1996). E mais recentemente, em 2012, a 2ª Turma do STF decidiu que "a revisão ou revogação de benefício fiscal, por se tratar de questão vinculada à política econômica que pode ser revista pelo Estado a qualquer momento, não está adstrita à observância das regras de anterioridade tributária" (**RE 617.389 AgR**, j. 08.05.2012).

Para essa compreensão, em caso de isenção, o tributo já existe, e por isso a revogação da benesse não representa criação de tributo novo, mas apenas restauração do direito de cobrar o tributo, o que não implicaria na observância do princípio da anterioridade.

32. Mais uma vez na posição favorável aos contribuintes: "a lei que afasta ou diminui uma isenção tributária assemelha-se, em tudo e por tudo, à que cria ou aumenta um tributo. Afinal, o encargo que acarreta para o contribuinte é o mesmo. Seu patrimônio será, por igual modo, atingido." (CARRAZZA, 2015, p. 251).

Em setembro de 2014, a 1ª Turma do STF, em votação apertada, decidiu de modo contrário à jurisprudência anterior:

> (...) **Promovido aumento indireto do Imposto Sobre Circulação de Mercadorias e Serviços – ICMS por meio da revogação de benefício fiscal, surge o dever de observância ao princípio da anterioridade,** geral e nonagesimal, constante das alíneas "b" e "c" do inciso III do artigo 150, da Carta. Precedente – Medida Cautelar na Ação Direta de Inconstitucionalidade nº 2.325/DF, de minha relatoria, julgada em 23 de setembro de 2004. (**RE 564.225 AGR**, j. 02.09.2014 – grifamos)[33].

O que parecia ser um julgado isolado da 1ª Turma acabou sendo reafirmado pela 2ª Turma em 2018:

> Dois agravos regimentais no recurso extraordinário. Tributário. REINTEGRA. Decreto nº 8.415/15. Princípio da Anterioridade Nonagesimal. Aplicação. Anterioridade geral. Inaplicabilidade. 1. **O entendimento desta Corte vem se firmando no sentido de que não só a majoração direta de tributos atrai a aplicação da anterioridade nonagesimal, mas também a majoração indireta decorrente de revogação de benefícios fiscais.** (...) (RE 1.081.041 AgR, j. 09.04.2018 – grifamos).

Nesse último julgado, a decisão foi tomada por unanimidade, o que sinaliza uma alteração de entendimento do STF. Apesar de o tema ainda não ter sido levado ao Plenário, a posição mais segura a ser adotada em provas de concursos nos parece a mais atual, tendo em vista a inexistência de decisão em sentido contrário desde 2014, quando se decidiu pela aplicação da anterioridade à revogação de isenções. Além disso, no RE 1.081.041 AgR, o relator Dias Toffoli cita uma série de decisões monocráticas que adotaram o mesmo entendimento[34].

Uma observação importante deve ser feita. É que a controvérsia abordada acima a respeito da produção de efeitos imediata só diz respeito às isenções não onerosas, que não geram direito adquirido, por não exigirem qualquer contrapartida do contribuinte.

33. A ADI 2.325 citada no acórdão não tratava de revogação de isenção, mas sim da aplicação da anterioridade à limitação do aproveitamento de crédito do ICMS.

34. RE nº 1.105.918/SC, Relator Ministro Gilmar Mendes, DJe de 21/02/18; RE nº 1.040.084/RS, Relator Ministro Alexandre de Moraes, DJe de 14/02/18; RE nº 1.026.463/RS, Relatora Ministra Rosa Weber, DJe de 10/3/17; RE nº 1.014.747/RS, Relator Ministro Marco Aurélio, DJe de 01/02/18; RE nº 1.081.193/RS, Relator Ministro Ricardo Lewandowski, DJe de 01/02/18; RE nº 1.091.378/SC, Relator Ministro Edson Fachin, DJe de 29/11/17; RE nº 1.065.092/RS, Relator Ministro Celso de Mello, DJe de 05/09/17 e, ainda, RE nº 1.053.254/RS, Relator Ministro Roberto Barroso, DJe de 21/08/17.

Já as **isenções onerosas**, por sua vez, são aquelas que exigem a satisfação de certas condições a serem cumpridas pelo contribuinte, com o que passam a ser gozadas por prazo definido na lei, gerando, assim, direito adquirido.

Em relação às isenções onerosas é impossível a revogação imediata, devendo-se aguardar o período fixado na lei para a fruição do benefício. Esse é o entendimento expresso na **súmula 544 do STF**: "**Isenções tributárias concedidas, sob condição onerosa, não podem ser livremente suprimidas**".

Para que fique claro: embora a revogação da lei que concede isenção onerosa seja livre decisão do legislador, a própria isenção não será retirada do mundo jurídico simultaneamente, pois se integrou ao patrimônio jurídico do contribuinte que satisfez os requisitos exigidos.

Na mesma linha, tem-se o **artigo 178 do CTN**: "A isenção, salvo se concedida por prazo certo e em função de determinadas condições, pode ser revogada ou modificada por lei, a qualquer tempo, observado o disposto no inciso III do art. 104".

O dispositivo mencionado (art. 104, III, do CTN) preceitua que "entram em vigor no primeiro dia do exercício seguinte àquele em que ocorra a sua publicação os dispositivos de lei, referentes a impostos sobre o patrimônio ou a renda que extinguem ou reduzem isenções, salvo se a lei dispuser de maneira mais favorável ao contribuinte, e observado o disposto no artigo 178".

Atente-se que o artigo 104 do CTN refere-se apenas aos impostos sobre o patrimônio ou a renda. Além disso, a doutrina adverte que o dispositivo não representa o princípio da anterioridade (que diria respeito à eficácia da norma tributária, segundo alguns), já que trata da entrada em vigor da lei.

Diante disso, a doutrina tem entendido que mesmo a orientação do Supremo de que a revogação de isenção opera efeitos imediatamente deveria ressalvar a aplicação do artigo 104, III, do CTN, que diz respeito aos impostos sobre o patrimônio ou a renda.

MPF, Procurador da República, 25°, **2011**- "As isenções, integrando o sistema constitucional tributário brasileiro, se subordinam aos princípios que o informam, e assim é certo que: a) a lei ordinária que reduz uma isenção tem aplicação imediata no mesmo exercício de sua entrada em vigor; (...)"

Apesar da alternativa ser considerada **errada** pelo gabarito definitivo, foi considerada, posteriormente, **correta** pelo CNMP no PCA n° 0.00.000.001231/2011-00, por estar em consonância com o entendimento do STF no **RE 204.062. Vale notar que a prova foi aplicada em 2011, antes dos julgamentos do STF que aplicaram a anterioridade à revogação de isenções.**

3.2.2 Exceções ao princípio da anterioridade anual

> CF, art. 150, § 1º: **A vedação do inciso III, *b*, não se aplica aos tributos previstos nos arts. 148, I, 153, I, II, IV e V; e 154, II**; e a vedação do inciso III, *c*, não se aplica aos tributos previstos nos arts. 148, I, 153, I, II, III e V; e 154, II, nem à fixação da base de cálculo dos impostos previstos nos arts. 155, III, e 156, I.

A Constituição estabeleceu, no art. 150, § 1 º acima, algumas exceções ao princípio da anterioridade anual. Certos tributos não precisam aguardar o exercício seguinte para que a respectiva instituição ou majoração produza efeitos.

Pela sua natureza extrafiscal, os impostos sobre importação, sobre exportação e sobre "operações financeiras" (II, IE e IOF) não se submetem à anterioridade anual. Caso houvesse necessidade de se aguardar o exercício seguinte para a produção de efeitos nesses tributos regulatórios, sua função indutora restaria inutilizada.

Também o IPI é exceção à anterioridade de exercício. Apesar de não haver consenso quanto à predominância de sua função (se fiscal ou extrafiscal), fato é que a instituição ou majoração do IPI pode produzir efeitos no mesmo exercício em que a lei for publicada.

> Atenção para uma sutileza recorrente em provas de concursos: **o IPI não se submete à anterioridade anual, mas deve obedecer a anterioridade nonagesimal.** Apesar de não se aguardar o exercício seguinte, é necessário o interstício do prazo de 90 dias para a instituição ou majoração do IPI.

O imposto extraordinário de guerra, também de competência da União, previsto no art. 154, II, pode ser instituído e cobrado imediatamente, pela própria excepcionalidade de uma situação de guerra que o pressupõe.

Também os empréstimos compulsórios (mais uma vez, competência da União) instituídos **nos casos de calamidade pública, de guerra externa ou sua iminência são exceções à anterioridade anual. Na outra hipótese de empréstimo compulsório (**no caso de investimento público de caráter urgente e de relevante interesse nacional), deve ser observado o disposto no art. 150, III, "b" (CF, art. 148). Interessante notar que os empréstimos compulsórios, em qualquer hipótese, devem ser instituídos por lei complementar, o que representa um maior rigor para no processo legislativo, em contraposição com a inobservância da anterioridade em uma de suas hipóteses.

Dentre as contribuições, as que se destinam à seguridade social devem observar apenas a anterioridade nonagesimal, não se lhes aplicando a anterioridade anual[35].

Duas exceções peculiares à anterioridade anual dizem respeito ao ICMS monofásico incidente sobre combustíveis definidos em lei complementar e à CIDE-combustíveis. A peculiaridade consiste no fato de a exceção à anterioridade abranger apenas o restabelecimento da alíquota anteriormente reduzida por ato do Poder Executivo[36]. Apenas quando a majoração de alíquota corresponde a um restabelecimento ao percentual dentro dos limites fixados em lei é que estará dispensada a obediência à anterioridade anual.

Exceções ao princípio da anterioridade anual:
• II, IE, IPI, IOF
• Imposto Extraordinário de Guerra
• Empréstimo Compulsório em caso de guerra ou calamidade pública
• Contribuições **da seguridade social**
• ICMS monofásico sobre combustíveis
• CIDE-combustível

Atenção para as contribuições:
As contribuições **da seguridade social** não obedecem a anterioridade anual, mas obedecem a noventena (CF, 195, § 6º).

35. CF, art. 195, § 6º: As contribuições sociais de que trata este artigo só poderão ser exigidas após decorridos noventa dias da data da publicação da lei que as houver instituído ou modificado, não se lhes aplicando o disposto no art. 150, III, "b".
36. CF, CF, art. 155, § 4º Na hipótese do inciso XII, h, observar-se-á o seguinte: (...) IV – as alíquotas do imposto serão definidas mediante deliberação dos Estados e Distrito Federal, nos termos do § 2º, XII, g, observando-se o seguinte: (...) c) poderão ser reduzidas e restabelecidas, não se lhes aplicando o disposto no art. 150, III, b; CF, art. 177, § 4º A lei que instituir contribuição de intervenção no domínio econômico relativa às atividades de importação ou comercialização de petróleo e seus derivados, gás natural e seus derivados e álcool combustível deverá atender aos seguintes requisitos: I – a alíquota da contribuição poderá ser: (...) b) reduzida e restabelecida por ato do Poder Executivo, não se lhe aplicando o disposto no art. 150,III, b.

Já as demais contribuições obedecem a anterioridade anual e a noventena, salvo a CIDE-combustível, que não obedece a anterioridade anual para o restabelecimento de alíquotas reduzidas por ato do Poder Executivo.

3.3 Anterioridade nonagesimal (noventena)

> CF, art. 150. Sem prejuízo de outras garantias asseguradas ao contribuinte, é vedado à União, aos Estados, ao Distrito Federal e aos Municípios: (...) III – cobrar tributos: (...) c) antes de decorridos noventa dias da data em que haja sido publicada a lei que os instituiu ou aumentou, observado o disposto na alínea b;
>
> (...) art. 195, § 6º As contribuições sociais de que trata este artigo só poderão ser exigidas após decorridos noventa dias da data da publicação da lei que as houver instituído ou modificado, não se lhes aplicando o disposto no art. 150, III, "b".

O princípio da anterioridade nonagesimal significa que a lei que institui ou aumenta um tributo só produzirá efeitos 90 dias após sua publicação.

O objetivo dessa proteção adicional em relação à anterioridade de exercício é evitar que leis publicadas nos últimos dias do ano cumpram o princípio da anterioridade anual sem oferecer um tempo razoável para o contribuinte planejar suas atividades, driblando o princípio da segurança jurídica.

Assim, caso um tributo tenha sua alíquota elevada no dia 31 de dezembro, não produzirá efeitos no dia seguinte, primeiro de janeiro, sendo necessário o transcurso do prazo de 90 dias (em caso de submissão do tributo às duas espécies de anterioridade).

A anterioridade nonagesimal estava na CF desde sua promulgação em relação às contribuições da seguridade social, que não precisavam observar a anterioridade anual (CF, 195, § 6º). Com a EC 42/03, estendeu-se genericamente aos demais tributos.

A anterioridade nonagesimal prevista para as contribuições da seguridade social no art. 195, § 6º da CF se refere à lei que institua ou **modifique** a contribuição social, enquanto a noventena prevista para os tributos em geral no art. 150, III, *c* da CF fala em lei que institua ou **aumente** tributo. Em que pese a palavra "modificação" possuir uma acepção mais ampla que "aumento", o STF já pacificou o entendimento de que a diferença entre os termos, nesse caso, é irrelevante. No **RE 201.618** (j. 20.05.1997), por exemplo, foi adotado o entendimento de que a alteração de critério de atualização monetária para contribuição da seguridade social não ofendia a anterioridade nonagesimal, tendo em vista não haver no caso majoração de tributo ou modificação da base de cálculo e do fato gerador. O mesmo entendimento foi reiterado no **RE 199.198** (j. 28.05.2002)[37].

Consequência dessa orientação é a inaplicabilidade da anterioridade nonagesimal nos casos de alteração do prazo de recolhimento da contribuição para a seguridade social, já que a modificação nessa hipótese não é substancial (leia-se, não representa um aumento do tributo).

> EMENTA: PIS: prazo de recolhimento: alteração pela L. 8.218, de 29.08.91: inaplicabilidade do art. 195, § 6º, da Constituição. **A norma legal que simplesmente altera o prazo de recolhimento de tributo, não se sujeita ao princípio da anterioridade especial.** (**RE 205.686**, j. 04.05.1999)

Como já se viu, esse entendimento se estende a todos os tributos, incluindo também a anterioridade anual, como se extrai da súmula vinculante 50: "**norma legal que altera o prazo de recolhimento da obrigação tributária não se sujeita ao princípio da anterioridade**".

Outra questão interessante relativa à anterioridade nonagesimal enfrentada pelo STF é a hipótese de **prorrogação de alíquota já aplicada anteriormente.**

As primeiras discussões que chegaram ao STF sobre esse tema tratavam da anterioridade nonagesimal do art. 195, § 6º da CF. A orientação definida pela Corte Constitucional foi no sentido de que **a lei que se limita a prorrogar a cobrança da contribuição ainda vigente não se sujeitaria à anterioridade nonagesimal** (ADI 2666, j. 03.10.2002). O princípio da anterioridade nonagesimal aplica-se somente aos casos de instituição ou modificação da contribuição social, e não ao caso de simples prorrogação da lei que a houver instituído ou modificado.

No voto da relatora Ellen Gracie, foi explicitado que a prorrogação da vigência da contribuição, sem solução de continuidade, não se subsume a nenhuma das hipóteses em que se tem como obrigatória a observância do prazo nonagesimal: instituição ou majoração da contribuição social.

37. Em voto na **ADI 1135** (j. 13.08.1997), o Ministro Carlos Velloso foi categórico: "a expressão 'modificado', posta no § 6º do art. 195, da Constituição, deve ser entendida como 'majorado'.".

Esse entendimento foi reiterado em sede de **repercussão geral** (**RE 566.032**, j. 25.06.2009). No voto do relator Gilmar Mendes restou consignado que não haveria violação da segurança jurídica no caso, pois o contribuinte já vinha pagando a alíquota prorrogada por um longo período de tempo.

Além disso, não só a anterioridade nonagesimal do art. 195, § 6º da CF está abrangida por essa orientação. A mesma *ratio* é aplicada à anterioridade nonagesimal relativa aos tributos em geral (CF, art. 150, III, *c*), o que também já foi solidificado em **repercussão geral** pelo STF no **RE 584.100** (j. 25.11.2009).

Por outro lado, **haverá violação à anterioridade nonagesimal quando a suposta "prorrogação" ocorrer após já expirada a vigência da norma que se pretende manter no ordenamento**. Numa situação assim, não seria o caso de prorrogação, pois não se pode prorrogar norma que já não se encontra no ordenamento jurídico. Não se admite, portanto, a vigência retroativa (**ADI 1135**, j. 13.08.1997).

No mesmo sentido decidiu o STF no **RE 587.008** (j. 02.02.2011), submetido à sistemática de **repercussão geral**: "(...) A emenda Constitucional nº 10/96 (...) é um novo texto que veicula nova norma, e não mera prorrogação da emenda anterior. (...) Necessidade de observância do princípio da anterioridade nonagesimal contido no art. 195, § 6º da Constituição Federal".

Percebe-se da transcrição do RE 587.008 acima que nem mesmo emenda constitucional pode contrariar o princípio da anterioridade, que representa uma garantia individual e, portanto, uma cláusula pétrea. Assim, expirado o prazo de vigência de determinada contribuição social, não cabe sua "prorrogação" sem respeito à noventena. Essa mesma orientação foi mais uma vez reiterada no **RE 848.353** (j. 12.05.2016), em sede de **repercussão geral**. Em se tratando de nova norma, e não de mera prorrogação da anterior, a contribuição só poderia passar a ser exigida após decorridos noventa dias da data da publicação da respectiva norma (voto do relator Teori Zavascki no RE 848.353).

Assim como a anterioridade anual, a anterioridade nonagesimal também possui exceções. Nesse ponto devemos separar a anterioridade nonagesimal prevista no art. 150, III, *c* da CF da prevista no art.195, § 6º. Essa última só é aplicável às contribuições da seguridade social. Já a noventena prevista no art. 150. III, *c* dirige-se a todos os tributos e possui algumas exceções[38] que são exigidas em concursos públicos.

38. CF, art. 150, § 1º, segunda parte: "(...) a vedação do inciso III, c, não se aplica aos tributos previstos nos arts. 148, I, 153, I, II, III e V; e 154, II, nem à fixação da base de cálculo dos impostos previstos nos arts. 155, III, e 156, I.".

Os impostos extrafiscais sobre a importação, sobre a exportação e sobre operações financeiras (II, IE e IOF) não se sujeitam à regra da noventena. Da mesma forma que estes não se sujeitam à anterioridade anual, a justificativa permanece a mesma: o objetivo de atuar como indução dos agentes econômicos requer uma celeridade que seria prejudicada com o prazo de noventa dias.

Também o imposto extraordinário de guerra e o empréstimo compulsório em caso de guerra ou calamidade pública não se sujeitam à anterioridade nonagesimal (estes tributos também não se sujeitam à anterioridade anual). As situações urgentes de guerra e calamidade pública justificam a não submissão à noventena.

A mesma observação feita sobre o empréstimo compulsório na anterioridade anual vale também em relação à nonagesimal. Apenas no caso de guerra ou calamidade pública ocorre a exceção. Na outra hipótese de empréstimo compulsório (no caso de investimento público de caráter urgente e de relevante interesse nacional), deve ser observado o disposto no art. 150, III, *c*.

O imposto de renda também não precisa observar a anterioridade nonagesimal, mas precisa obedecer a anterioridade anual. Isso significa que se a alíquota do imposto de renda for aumentada em 31 de dezembro, essa majoração valerá já para o dia seguinte, pois, estaria atendida a anterioridade anual e não seria preciso respeitar o prazo de 90 dias diante da exceção que o imposto de renda representa para a noventena.

Por fim, há mais duas exceções peculiares, que dizem respeito apenas à fixação da **base de cálculo** do IPVA (imposto sobre a propriedade de veículo automotor) e do IPTU (imposto sobre a propriedade territorial urbana). Assim, a fixação da base de cálculo desses impostos não precisa aguardar o prazo de noventa dias para produzir efeitos. Já a alteração de alíquota está submetida à anterioridade nonagesimal.

Exceções ao princípio da anterioridade nonagesimal:

- II, IE, IOF
- Imposto Extraordinário de Guerra
- Empréstimo Compulsório em caso de guerra ou calamidade pública
- Imposto de renda
- Fixação da base de cálculo do IPVA e do IPTU

3.4 Anterioridade e medida provisória

> CF, art. 62, § 2º Medida provisória que implique instituição ou majoração de **impostos**, exceto os previstos nos arts. 153, I, II, IV, V, e 154, II, só produzirá efeitos no exercício financeiro seguinte se houver sido convertida em lei até o último dia daquele em que foi editada.

As medidas provisórias possuem uma vigência inicial de 60 dias, prorrogáveis por igual período. Após esse período total de 120 dias, a medida provisória que não for convertida em lei perderá sua eficácia[39].

No que diz respeito ao direito tributário, uma medida provisória que institua ou aumente **impostos** só produzirá efeitos no exercício seguinte se for convertida em lei até o último dia do exercício em que foi editada. O art. 62, § 2º da CF acima transcrito traz uma regra que se aplica apenas aos **impostos**.

Uma medida provisória que aumente a alíquota do Imposto Territorial Rural (ITR), por exemplo, que seja publicada em 20.09.2018, só produzirá efeitos em 2019 se for convertida em lei até o dia 31.12.2018. O ITR obedece tanto a anterioridade anual quanto a nonagesimal. Em se tratando de instituição por medida provisória, é necessário ainda que a medida provisória seja convertida em lei no exercício anterior ao da produção de efeitos. Some-se a isso a exigência de que **a lei de conversão da medida provisória não pode conter alteração substancial**[40].

Caso a medida provisória em questão seja convertida em lei apenas em 02.01.2019, o aumento do ITR só produzirá efeitos em 2020, pois em se tratando de impostos (salvo as exceções a serem analisadas), a medida provisória que os institui ou majora só produz tais efeitos no exercício seguinte ao de sua conversão em lei.

Chamamos a atenção para uma sutileza: a obediência do ITR ao prazo de 90 dias é contada a partir da data da edição da medida provisória. Assim, a lei que converte a medida provisória pode ser publicada em 31 de dezembro e o aumento de alíquota produzirá efeitos no dia seguinte se a data da edição da medida provisória é de mais de 90 dias do dia primeiro de janeiro de 2020.

---

39. CF, art. 62, § 3º As medidas provisórias, ressalvado o disposto nos §§ 11 e 12 perderão eficácia, desde a edição, se não forem convertidas em lei no prazo de sessenta dias, prorrogável, nos termos do § 7º, uma vez por igual período, devendo o Congresso Nacional disciplinar, por decreto legislativo, as relações jurídicas delas decorrentes.
40. RE 448.558, j. 29.11.2005.

Em outras palavras, o marco para se averiguar a obediência à anterioridade nonagesimal é a data da edição da medida provisória, e não a data da lei de conversão.

O art. 62, § 2º da CF traz algumas exceções à necessidade de conversão em lei no exercício anterior ao da produção de efeitos da instituição ou do aumento. Não se submetem ao requisito os seguintes impostos: II, IE, IPI, IOF e o imposto extraordinário de guerra. No caso do II, IE, IOF e imposto extraordinário de guerra, a medida provisória que veicule aumento desses impostos produzirá efeitos imediatamente, pois não há necessidade de se obedecer à anterioridade anual e à nonagesimal, tampouco de haver conversão em lei. No caso do IPI, há necessidade de se observar a anterioridade nonagesimal, aguardando-se o transcurso de 90 dias, contados da edição da medida provisória, para a produção de efeitos.

Em relação aos outros tributos não se aplica o art. 62, § 2º. Desse modo, não há necessidade de conversão da medida provisória em lei, devendo-se observar, em relação a cada espécie tributária, a incidência ou não dos princípios da anterioridade anual e nonagesimal.

Tomemos como exemplo as contribuições de intervenção no domínio econômico, as contribuições no interesse das categorias profissionais e as taxas, todos esses tributos sujeitos aos princípios da anterioridade anual e nonagesimal, mas não sujeitos ao art. 62, § 2º, não havendo necessidade de prévia conversão em lei da medida provisória. No caso desses tributos, uma medida provisória editada em 20.09.2018 já produziria efeitos em 01.01.2019, mesmo que não fosse convertida em lei até o dia 31.12.2018. Em não havendo o obstáculo de conversão em lei do art. 62, § 2º da CF, vale a regra geral de que a medida provisória tem força de lei, devendo observar apenas as regras de anterioridade, se for o caso. A conversão em lei só seria necessária para que a medida provisória não perca seus efeitos após o prazo de 120 dias contados de sua edição[41].

Agora vejamos um exemplo de contribuição para a seguridade social. Não se exige o requisito de conversão em lei do art. 62, § 2º da CF, que só se aplica aos impostos. Tais contribuições só devem respeito à anterioridade nonagesimal, e não à anterioridade anual (CF, art. 195, § 6º). Desse modo, uma medida provisória que institua ou aumente uma contribuição para a

41. CF, art. 62, § 3º As medidas provisórias, ressalvado o disposto nos §§ 11 e 12 perderão eficácia, desde a edição, se não forem convertidas em lei no prazo de sessenta dias, prorrogável, nos termos do § 7º, uma vez por igual período, devendo o Congresso Nacional disciplinar, por decreto legislativo, as relações jurídicas delas decorrentes.

seguridade social produzirá efeitos 90 dias após sua edição, independentemente da data. Seja a medida provisória editada em primeiro de janeiro, 10 de junho ou 31 de dezembro, sempre será necessário aguardar o prazo de 90 dias, não se inquirindo acerca de conversão em lei ou anterioridade anual.

Uma observação se faz necessária. As medidas provisórias, repetimos, possuem uma vigência inicial de 60 dias, prorrogáveis por igual período. Num caso em que não haja necessidade de conversão em lei para a produção de efeitos de medida provisória que institua ou aumente tributo, é possível que uma medida produza efeitos por apenas 30 dias[42], caso não seja convertida em lei. O requisito da conversão em lei continua sendo exigido para que a medida provisória não perca sua eficácia. Isso porque **qualquer** medida provisória precisa ser convertida em lei em até 120 dias após sua edição.

Para que fique claro: a desnecessidade de conversão em lei para produção de efeitos de medida provisória que institua ou aumente determinado tributo (art. 62, § 2º da CF, que se aplica apenas a **impostos**) não significa desnecessidade de conversão em lei da medida provisória.

Resumindo:

- medida provisória que institua ou aumente **impostos** (salvo II, IE, IPI, IOF e imposto extraordinário de guerra) só produzirá efeitos no exercício seguinte se for convertida em lei até o último dia do exercício em que foi editada;
- medida provisória que implique em aumento de II, IE, IPI, IOF e o imposto extraordinário de guerra não precisa ser convertida em lei até o último dia do exercício em que foi editada, produzindo efeitos imediatamente, salvo em relação ao IPI, que obedece a noventena;
- medida provisória que institua ou aumente contribuição de melhoria, contribuições de intervenção no domínio econômico, contribuições no interesse das categorias profissionais e taxas não precisa ser convertida em lei até o último dia do exercício em que foi editada, mas há necessidade de se observar os princípios da anterioridade anual e nonagesimal;
- medida provisória que institua ou aumente contribuição para a seguridade social não precisa ser convertida em lei até o último dia do exercício em que foi editada, mas há necessidade de se observar o princípio nonagesimal.

42. Após 90 dias de edição da medida provisória restam apenas mais 30 dias de eficácia, pois após o período de 120 dias sem conversão em lei a medida provisória deixa de produzir efeitos. CF, art. 62, § 3º As medidas provisórias, ressalvado o disposto nos §§ 11 e 12 perderão eficácia, desde a edição, se não forem convertidas em lei no prazo de sessenta dias, prorrogável, nos termos do § 7º, uma vez por igual período, devendo o Congresso Nacional disciplinar, por decreto legislativo, as relações jurídicas delas decorrentes.

4. PRINCÍPIO DO NÃO CONFISCO

> CF, art. 150. Sem prejuízo de outras garantias asseguradas ao contribuinte, é vedado à União, aos Estados, ao Distrito Federal e aos Municípios:
>
> (...) IV – utilizar tributo com efeito de confisco;

O princípio do não confisco no direito tributário brasileiro significa a vedação constitucional à utilização do tributo com efeito de confisco.

Ensina Luciano Amaro que "confiscar é tomar para o Fisco, desapossar alguém de seus bens em proveito do Estado" (AMARO, 2005, p. 144). Apesar de o tributo representar uma supressão parcial do direito de propriedade, essa supressão não pode assumir tal monta de modo a se tornar confiscatória. Não se pode, a pretexto de exigir tributo, anular a propriedade privada. Em uma imagem popular, não se pode "esganar a galinha dos ovos de ouro".

A identificação de uma situação de confisco, contudo, é tarefa complexa. Não existe uma fórmula matemática a ser utilizada para todos os tributos que forneça uma resposta acerca da configuração ou não do efeito de confisco. Diante da indeterminação desse tipo, a análise casuística ganha maior importância.

Em tributos extrafiscais, por exemplo, há uma tolerância maior a alíquotas altas, já que a necessidade de coibir determinado comportamento econômico pode justificar uma tributação que represente um desestímulo ou até mesmo um impedimento a algumas operações. Uma alíquota elevada de ICMS ou IPI sobre cigarro pode ser considerada constitucional, não havendo confisco, enquanto a mesma alíquota sobre gêneros alimentícios. Ou seja, não existe um percentual fixo a partir do qual todo e qualquer tributo é confiscatório.

Nessa linha de raciocínio, o STF já decidiu que "o isolado aumento de alíquota do tributo é insuficiente para comprovar a absorção total ou demasiada do produto da atividade econômica, de modo a torná-la inviável ou excessivamente onerosa" (**RE 448.432 AgR**, j. 20.04.2010).

Essa constatação não impede, como veremos, que a jurisprudência busque alguns parâmetros fixos quanto a exações específicas.

Reconhecendo essa dose de subjetividade, o STF, em importante paradigma, considerou que o efeito confiscatório deve ser avaliado em função da **totalidade da carga tributária de um único ente tributante:**

> "(...) A proibição constitucional do confisco em matéria tributária nada mais representa senão a interdição, pela Carta Política, de qualquer

pretensão governamental que possa conduzir, no campo da fiscalidade, à **injusta apropriação estatal, no todo ou em parte, do patrimônio ou dos rendimentos dos contribuintes**, comprometendo-lhes, pela insuportabilidade da carga tributária, o exercício do direito a uma existência digna, ou a prática de atividade profissional lícita ou, ainda, a regular satisfação de suas necessidades vitais (educação, saúde e habitação, por exemplo). **A identificação do efeito confiscatório deve ser feita em função da totalidade da carga tributária**, mediante verificação da capacidade de que dispõe o contribuinte – considerado o montante de sua riqueza (renda e capital) – para suportar e sofrer a incidência de todos os tributos que ele deverá pagar, dentro de determinado período, à mesma pessoa política que os houver instituído (a União Federal, no caso), condicionando-se, ainda, a aferição do grau de insuportabilidade econômico-financeira, à observância, pelo legislador, de padrões de razoabilidade destinados a neutralizar excessos de ordem fiscal eventualmente praticados pelo Poder Público. **Resulta configurado o caráter confiscatório de determinado tributo, sempre que o efeito cumulativo – resultante das múltiplas incidências tributárias estabelecidas pela mesma entidade estatal – afetar, substancialmente, de maneira irrazoável, o patrimônio e/ou os rendimentos do contribuinte.** – O Poder Público, especialmente em sede de tributação (as contribuições de seguridade social revestem-se de caráter tributário), não pode agir imoderadamente, pois a atividade estatal acha-se essencialmente condicionada pelo **princípio da razoabilidade**. (...)" (**ADI 2010**, j. 30.09.1999 – grifamos).

Não se indaga sobre efeito confiscatório levando em consideração todos os entes tributantes, mas **de apenas um ente político**. Apesar do relator Celso de Mello citar as doutrinas de Ives Gandra e Hugo de Brito, para os quais o efeito confiscatório seria avaliado em função da universalidade da carga tributária de todo o sistema, o STF acabou restringindo essa avaliação aos **tributos em conjunto de um único ente tributante**.

Além disso, o julgado acima ressalta que a aferição do confisco deve se dar em função da noção de razoabilidade. É dizer, o princípio da vedação de efeito confiscatório alinha-se com a tributação razoável.

Outro importante julgado do STF acerca do não confisco é o que estendeu a aplicação do princípio ora estudado às **multas tributárias** (no caso analisado, multa fiscal em razão de inadimplemento). Multa é penalidade, o que não se confunde com tributo, que por sua vez não constitui sanção de ato ilícito (CTN, art. 3º). Apesar de o art. 150, IV da CF mencionar expressamente apenas o tributo, o STF entendeu que a proibição constitucional do confisco em matéria tributária também abrange as multas fiscais (**ADI 1075**, j. 17.06.1998).

Em decisão posterior, o STF reafirmou esse entendimento e acrescentou que o caráter confiscatório da multa fiscal estaria evidenciado diante da **desproporção** entre a violação à norma tributária e a reprimenda sancionadora (**ADI 551**, j. 24.10.2002). Nesse julgado, a multa tributária invalidada pelo STF era de duas vezes o valor do tributo inadimplido.

Em vários julgados que se seguiram, o STF fixou a orientação de que são confiscatórias as multas fixadas em valor superior ao do tributo devido[43]. Em outras palavras, apesar da dificuldade de se identificar o efeito confiscatório, no que tange às multas o STF solidificou o entendimento de que são confiscatórias as multas que ultrapassam 100% do valor do respectivo tributo.

Por outro lado, há orientação consolidada em sede de **repercussão geral** pela qual o STF considerou razoável a multa moratória fixada em 20% do valor do tributo pago em atraso, não havendo confisco nesse caso (**RE 582.461**, j. 18.05.2011).

(Vunesp – Juiz de Direito – TJ – SP/2018) O Supremo Tribunal Federal tem adotado entendimento no sentido de que, embora o confisco seja conceito jurídico indeterminado, o princípio da vedação do confisco deve ser utilizado para limitar o percentual de multa imposta ao contribuinte.

Assertiva **correta**, em consonância com a jurisprudência do STF.

Ainda no que diz respeito aos critérios de identificação do confisco, o STF possui julgado a respeito das taxas. Como tais tributos são contraprestacionais, ou seja, representam uma remuneração de um serviço público, a caracterização do efeito confiscatório deve guardar relação com o custo do serviço estatal. Eis o entendimento do STF:

> "(...) A taxa, enquanto contraprestação a uma atividade do Poder Público, não pode superar a relação de razoável equivalência que deve existir entre o custo real da atuação estatal referida ao contribuinte e o valor que o Estado pode exigir de cada contribuinte, considerados, para esse efeito, os elementos pertinentes às alíquotas e à base de cálculo fixadas em lei. – **Se o valor da taxa, no entanto, ultrapassar o custo do serviço**

43. RE 833.106 AgR, j. 25.11.2014; AI 851.038 AgR, j. 10.02.2015; RE 602.686 AgR-Segundo, j. 09.12.2014; RE 748.257 AgR, j. 06.08.2013; RE 754.554 AgR, j. 22.10.2013.

> **prestado ou posto à disposição do contribuinte, dando causa, assim, a uma situação de onerosidade excessiva, que descaracterize essa relação de equivalência entre os fatores referidos (o custo real do serviço, de um lado, e o valor exigido do contribuinte, de outro), configurar-se-á**, então, quanto a essa modalidade de tributo, hipótese de **ofensa à cláusula vedatória inscrita no art. 150, IV, da Constituição** da República. (...)" (**ADI 2551 MC-QO**, j. 02.04.2003 – grifamos).

Como se vê, a taxa cujo valor ultrapassar o custo do serviço público que a enseja, inexistindo, portanto, uma equivalência entre o custo do serviço e o valor exigido, estará configurada uma situação de confisco, vedada pelo art. 150, IV da CF.

Por fim, cumpre destacar que a pena de perdimento, aplicável no âmbito do controle aduaneiro, não é considerada confisco pelo STF:

> "Longe fica de configurar concessão, a tributo, de efeito que implique confisco a decisão que, a partir de normas estritamente legais, aplicáveis à espécie, resultou na perda de bem imóvel importado." (**AI 173.689 AgR**, j. 12.03.1996)

Nesse julgado, a 2ª turma do STF negou a caracterização de confisco quando a entrada de bens no território nacional sem a obediência das normas legais concernentes à importação leva à perda do bem. De fato, a pena de perdimento possui autorização constitucional[44] e é prevista no art. 105 do Decreto-Lei 37/66, tendo como fundamento o controle aduaneiro, ou seja, o controle de entrada e saída de bens do território nacional, que envolve questões de segurança, ambientais, de saúde pública, sanitárias, entre outras.

Os princípios envolvidos na aplicação da pena de perdimento são mais relativos ao direito aduaneiro[45] que ao direito tributário, razão pela qual não se reputa ofendido o princípio da vedação de utilização de tributo com efeito de confisco.

5. PRINCÍPIO DA LIBERDADE DE TRÁFEGO

> CF, art. 150. Sem prejuízo de outras garantias asseguradas ao contribuinte, é vedado à União, aos Estados, ao Distrito Federal e aos Municípios:

44. CF, art. 5º, XLVI – a lei regulará a individualização da pena e adotará, entre outras, as seguintes: (...) b) perda de bens;
45. CF, art. 237: A fiscalização e o controle sobre o comércio exterior, essenciais à defesa dos interesses fazendários nacionais, serão exercidos pelo Ministério da Fazenda.

> (...) V – estabelecer limitações ao tráfego de pessoas ou bens, por meio de tributos interestaduais ou intermunicipais, ressalvada a cobrança de pedágio pela utilização de vias conservadas pelo Poder Público;

A vedação constitucional acima impede que o legislador crie tributo que possua como fato gerador o simples tráfego de pessoas ou bens entre municípios ou Estados. O tributo não pode incidir sobre o deslocamento de pessoas ou bens entre as fronteiras municipais ou estaduais. Privilegia-se a liberdade de locomoção, direito individual previsto no art. 5º, XV da CF[46]. Ricardo Lobo Torres menciona ainda, como fundamentos do art. 150, V, a liberdade de comércio e o princípio do federalismo (TORRES, 2013, p. 67).

Isso não significa dizer, todavia, que qualquer operação interestadual ou intermunicipal está livre da incidência de tributos. Uma venda de mercadoria que tenha vendedor e comprador situados em Estados ou municípios diferentes será uma operação tributada pelo ICMS. Do mesmo modo, será tributado pelo ISS um serviço em que o prestador necessite se deslocar do seu Estado ou município para realizar o serviço em benefício do tomador.

Nesses dois casos, o tributo não incidiu sobre o deslocamento de fronteiras estaduais ou municipais. A tributação não teve como fato gerador o tráfego de pessoas ou bens, mas sim a operação de circulação jurídica de mercadoria (compra e venda) e a prestação de serviço, que, acidentalmente, envolvem mais de um Estado ou município.

Do mesmo modo, é perfeitamente possível a cobrança de tributo sobre serviços de transporte interestadual ou intermunicipal. Ainda que haja, inevitavelmente, uma limitação indireta configurada pela oneração do transporte de pessoas ou bens pelos Estados ou municípios, essa exigência tributária é prevista expressamente pelo constituinte originário ao atribuir aos Estados a competência para a instituição do ICMS[47]. Deve o intérprete reconhecer a vigência das duas normas, embora a mais específica deva prevalecer nas situações que busca regular[48].

---

46. CF, art. 5º, XV – é livre a locomoção no território nacional em tempo de paz, podendo qualquer pessoa, nos termos da lei, nele entrar, permanecer ou dele sair com seus bens;

47. CF, art. 155. Compete aos Estados e ao Distrito Federal instituir impostos sobre: (...) II – operações relativas à circulação de mercadorias e sobre prestações de serviços de transporte interestadual e intermunicipal e de comunicação, ainda que as operações e as prestações se iniciem no exterior;

48. "(...) o princípio convive com o imposto estadual sobre operações relativas à circulação de mercadorias e sobre prestação de serviços de transporte interestadual e intermunicipal e de comunicação (ICMS), tributo que sofreu especial cuidado da Constituição, no que tange às operações interestaduais." (AMARO, 2005, p. 146).

Quanto à ressalva do pedágio, deve-se ter em mente que sua natureza jurídica é controvertida. Uma interpretação literal do art. 150, V da CF leva à conclusão de que o pedágio e tributo, pois constitui uma ressalva à cobrança de tributos que poderiam representar limitações ao tráfego de pessoas ou de bens.

No caso de pedágio cobrado por particulares (como, por exemplo, os concessionários das rodovias do Estado de São Paulo), a doutrina entende que a natureza jurídica do valor cobrado passa a ser de preço ou tarifa, não se aplicando o regime jurídico tributário (legalidade, anterioridade, etc.).

Em voto proferido na **ADI 800** (j. 11.06.2014), o então ministro do STF Teori Zavascki sintetizou os argumentos das duas correntes:

> "Os que sustentam sua natureza tributária, da subespécie taxa, o fazem sob os seguintes fundamentos, essencialmente: (a) estar o pedágio referido na Constituição quando tratou das limitações ao poder de tributar; (b) constituir pagamento de um serviço específico ou divisível, prestado ao contribuinte ou posto à sua disposição; (c) não ser cabível remunerar serviços públicos por meio outro que não o de taxa (Roque Antônio Carrazza. Curso de direito constitucional tributário financeiro e tributário. 18. ed. São Paulo: Malheiros, 2002, p. 115. Também: Geraldo Ataliba; Aires Barreto. Pedágio federal. Revista de Direito Tributário, São Paulo, nº. 46, p. 90-96, out./dez. 1988). Já os que sustentam tratar-se de preço público, com natureza contratual, o fazem com base nas seguintes considerações: (a) a inclusão no texto constitucional apenas esclarece que, apesar de não incidir tributo sobre o tráfego de pessoas ou bens, pode, excepcionalmente, ser cobrado o pedágio, espécie jurídica diferenciada; (b) não existir compulsoriedade na utilização de rodovias; e (c) a cobrança se dá em virtude da utilização efetiva do serviço, não sendo devida com base no seu oferecimento potencial (Ricardo Lobo Torres. Tratado de direito constitucional tributário. 3. ed. Rio de Janeiro: Renovar, 2005, p. 486. Igualmente: Sacha Calmon Navarro Coêlho. Comentários à Constituição de 1988: sistema tributário. 9. ed. Rio de Janeiro: Forense, 2005, p. 308-309)."

No **RE 181.475** (j. 04.05.1999), o STF considerou que o pedágio teria natureza jurídica de taxa. No caso concreto, porém, tratava-se de selo-pedágio cobrado pelo Poder Público, que possuía feição de exação compulsória a todos os usuários de rodovias federais, por meio de um pagamento renovável mensalmente (art. 3º do Decreto 97.532/89), independentemente da frequência de uso das rodovias. Considerou-se haver um serviço público específico e divisível, prestado ao contribuinte ou posto à sua disposição, o que justificaria a natureza de taxa.

Em junho de 2014, contudo, o STF decidiu, por meio de seu Plenário, que pedágio cobrado pelo Poder Público possuía natureza de preço público, não se sujeitando ao princípio da legalidade (**ADI 800**, j. 11.06.2014).

Nesse julgado, foram utilizados os seguintes argumentos para fundamentar a decisão:

- O enquadramento do pedágio como taxa ou preço público independeria de sua localização topológica no texto constitucional, mas seria relacionado ao preenchimento, ou não, dos requisitos previstos no art. 3º do CTN;
- Seria irrelevante também, para a definição da natureza jurídica do pedágio, a existência, ou não, de via alternativa gratuita para o usuário trafegar.

Além disso, o relator da ADI 800, Teori Zavascki, distinguiu expressamente o selo-pedágio previsto na Lei 7.712/1988 (considerado taxa no RE 181.475 e extinto desde a entrada em vigor da Lei 8.075/1990) do pedágio corriqueiramente cobrado nas rodovias brasileiras atualmente.

Para o STF, o pedágio, tal como cobrado hoje nas rodovias, é espécie de preço público por não ser cobrado compulsoriamente de quem não utilizar a rodovia; ou seja, é uma retribuição facultativa paga apenas mediante o uso voluntário do serviço.

6. VEDAÇÕES À UNIÃO E NÃO DISCRIMINAÇÃO EM RAZÃO DA PROCEDÊNCIA OU DESTINO

6.1 Uniformidade geográfica e não discriminação em razão da procedência ou destino

> CF, art. 151. É vedado à União: I – instituir tributo que não seja uniforme em todo o território nacional ou que implique distinção ou preferência em relação a Estado, ao Distrito Federal ou a Município, em detrimento de outro, admitida a concessão de incentivos fiscais destinados a promover o equilíbrio do desenvolvimento sócio-econômico entre as diferentes regiões do País; (...)
>
> Art. 152. É vedado aos Estados, ao Distrito Federal e aos Municípios estabelecer diferença tributária entre bens e serviços, de qualquer natureza, em razão de sua procedência ou destino.

O art. 151, I da CF e o art. 152 são normas que possuem fundamento semelhante. Ambos visam coibir a tributação que diferencie produtos, serviços ou pessoas unicamente em razão da mera localização territorial. Um ente tributante não pode estabelecer uma alíquota maior de determinado imposto simplesmente por causa da localidade.

Ressalte-se que a União mencionada no art. 151 é o ente federal em isolado, ou seja, ordem parcial, e não a República Federativa do Brasil (que, representada pela União, engloba também os Estados, Distrito Federal e Municípios).

Considerando que a União pode representar todos os entes federativos no plano internacional, a distinção é relevante. Esse entendimento já foi adotado pelo STF na **ADI 1600** (j. 26.11.2001), quando se decidiu que o âmbito de aplicação do art. 151 da CF é o das relações das entidades federadas entre si, não tendo por objeto a União quando esta se apresenta na ordem externa.

O Constituinte houve por bem tratar da União no art. 151 separadamente dos demais entes federativos, tendo em vista que o **ente federal** (insistimos, ordem parcial) tem a faculdade de promover incentivos regionais para fomentar o desenvolvimento das localidades com menor desenvolvimento econômico.

A norma do art. 151, I, assim, proíbe que o Presidente da República em exercício utilize o poderio da União para perseguir, mediante discriminação tributária, esse ou aquele Estado ou Município, por razão política ou qualquer outro motivo. Por outro lado, a mesma norma ressalva a concessão de incentivos fiscais destinados a promover o equilíbrio do desenvolvimento socioeconômico entre as diferentes regiões do País[49].

Desse modo, a Constituição chancela a discriminação em favor da busca por uma homogeneidade econômica dos diversos entes do território nacional. Como já ensinava Aliomar Baleeiro, os benefícios fiscais em favor de regiões menos desenvolvidas acabam por favorecer todo o país, "pela ampliação do mercado interno por obra da elevação do poder aquisitivo das populações empobrecidas" (BALEEIRO, 2015, p. 188).

Percebe-se aqui uma decorrência do princípio da isonomia, que exige a utilização de critérios de discrímen que legitimem um tratamento

49. Essa possibilidade não consta do art. 10 do CTN, que possui a seguinte redação: "CTN, art. 10. É vedado à União instituir tributo que não seja uniforme em todo o território nacional, ou que importe distinção ou preferência em favor de determinado Estado ou Município.".

diferenciado. E o critério indicado pelo art. 151, I da CF vai ao encontro do objetivo fundamental da República de reduzir as desigualdades sociais e regionais (CF, art. 3º, III).

Ao analisar a constitucionalidade de alíquotas regionalizadas de IPI sobre açúcar, o STF apoiou-se nos arts. 3º, III e 151, I da CF para decidir que a instituição de incentivo fiscal mediante alíquotas diferenciadas é ato discricionário, fundado em juízo de conveniência e oportunidade, que não se revela passível de controle pelo Judiciário (**AI 630.997 AgR**, j. 24.04.2007; **RE 344.331**, j. 11.02.2003).

Esse entendimento foi confirmado em sede de **repercussão geral**, no **RE 592.145** (j. 05.04.2017). Nesse julgado, o STF reiterou a constitucionalidade do art. 2º da Lei 8.393/1991, que concedia isenção aos contribuintes situados na área de atuação da Superintendência de Desenvolvimento do Nordeste (SUDENE) e da Superintendência de Desenvolvimento da Amazônia (SUDAM).

A outra norma constitucional que proíbe a tributação arbitrária em razão da localidade é o art. 152 da CF, que se dirige aos Estados, Distrito Federal e Municípios[50]. Nesse caso, não há a ressalva que permite a tributação diferenciada para promover a redução das desigualdades regionais, já que a atuação de milhares de entes federativos promovendo tratamentos diferenciados criaria distorções ainda maiores.

Aliomar Baleeiro (2015, p. 204) ensina que essa norma proíbe também o tratamento diferencial dos bens importados pelo Estado que os recebe. Esse entendimento é seguido pelo STF, que não admite a alíquota diferenciada de IPVA para veículos importados e os de procedência nacional. Para o Supremo, tal tratamento desigual significaria uma nova tributação pelo fato gerador da importação (**RE 367.785 AgR**, j. 09.05.2006). No **AI 203.845 AgR** (j. 07.12.1998), o relator Ministro Maurício Corrêa consignou que o artigo 152 da CF, ao estabelecer a isonomia tributária, impede aos Estados e Municípios tratamento diferenciado dos contribuintes em razão da procedência e destino de bens e serviços, o que implica na vedação de alíquota maior do IPVA para os veículos importados.

Ainda em relação ao art. 152, o STF entende que ofende a vedação à discriminação tributária de natureza espacial a fixação de reserva de mercado a prestadores domiciliados em determinado Estado-membro como requisito

50. O art. 11 do CTN possui norma de redação similar, que não se refere apenas aos serviços, provavelmente pela diminuta importância do setor de serviços à época da edição do Código: "CTN, art. 11. É vedado aos Estados, ao Distrito Federal e aos Municípios estabelecer diferença tributária entre bens de qualquer natureza, em razão da sua procedência ou do seu destino.".

para a fruição de regime tributário favorecido e de acesso a investimentos públicos (**ADI 5472**, j. 01.08.2018). Não pode o Estado estabelecer isenção fiscal condicionada à efetivação de reserva de mercado em favor de contribuintes domiciliados em ente federado específico e arbitrário (voto do relator Ministro Edson Fachin).

Por outro lado, não ofende o art. 152 da CF a exigência de recolhimento antecipado de ICMS nas operações interestaduais. A antecipação de pagamento do imposto, quando a mercadoria se destina a outro Estado, não configura a adoção de diferença tributária, em razão do destino e procedência dos bens (**RE 167.034 AgR**, j. 14.12.1999).

6.2 Vedação às isenções heterônomas

> CF, art. 151. É vedado à União: (...) III – instituir isenções de tributos da competência dos Estados, do Distrito Federal ou dos Municípios.

O art. 151, III da CF veda que a União institua isenções sobre tributos não compreendidos em sua competência. Apesar de a norma constitucional possuir vedação expressa apenas à União, é consenso e indisputado que os Estados, o Distrito Federal e os Municípios também não podem instituir isenções sobre tributos de competência alheia. Trata-se de uma decorrência lógica do princípio federativo e da autonomia financeira dos entes.

Essa regra possui exceção prevista na própria Constituição. O art. 156, § 3º, II da CF dispõe que **a União pode, por meio de lei complementar, excluir da incidência do ISS (imposto municipal) exportações de serviços para o exterior.** Como a desoneração tributária ocorrerá por lei complementar (e não diretamente de norma constitucional) de ente diverso do competente para instituir o tributo, tem-se aqui uma isenção heterônoma, isenção instituída por pessoa diversa da que possui a respectiva competência tributária.

Outra norma constitucional similar é o art. 155, § 2º, XII, *e*, que dispõe caber à lei complementar da União excluir da incidência do ICMS (imposto estadual), nas exportações para o exterior, serviços e produtos que não fossem industrializados[51].

Essa regra, contudo, foi tacitamente revogada pela Emenda Constitucional 42/2003, que instituiu imunidade do ICMS nas exportações de forma ampla,

51. Antes da EC 42/2003 o art. 155, § 2º, *a* da CF concedia imunidade de ICMS sobre produtos industrializados exportados.

não mais incidindo o imposto sobre quaisquer operações que destinem mercadorias para o exterior, nem sobre serviços prestados a destinatários no exterior[52]. Ao se prever na Constituição, após a EC 42/3002, a imunidade sobre todas as operações que destinem mercadorias para o exterior, não há mais espaço para o legislador complementar da União excluir da incidência do ICMS produtos exportados para o exterior.

Apesar dessa revogação tácita do art. 155, § 2º, XII, *e* da CF, o dispositivo ainda continua no texto constitucional, razão pela qual sua literalidade pode ser exigida em provas de concursos.

Tema que suscita debates na doutrina e na jurisprudência é o das isenções tributárias oriundas de tratados internacionais.

A questão envolve a análise da relação entre os tratados internacionais e a legislação doméstica elaborada pelo Poder Legislativo. Basicamente, há duas correntes a respeito: a de que os tratados não podem ser derrogados pela legislação interna superveniente, e a de que a lei brasileira pode trazer normas contrárias às previstas no tratado.

Para os adeptos da primeira corrente, os compromissos internacionais envolvem concessões que devem ser respeitados no âmbito interno, sob pena de se comprometer a credibilidade da República Federativa do Brasil no plano externo. Os tratados internacionais devem ser observados pela legislação interna em face do princípio *pacta sunt servanda*. Tal dever de observância seria aplicável em relação a qualquer tratado internacional, independentemente da matéria a ser tratada. Tal posição teria mais força a partir de 2009, quando o Brasil ratificou a Convenção de Viena sobre o Direito dos Tratados, a qual prevê, em seu artigo 27, que uma parte não pode invocar as disposições de seu direito interno para justificar o inadimplemento de um tratado. Haveria um primado dos tratados, e não uma paridade hierárquica entre estes e as leis domésticas[53].

Já para a segunda vertente, o legislador nacional não pode ser impedido de criar novas regras por conta de tratados internacionais, sob pena de se vulnerar a soberania nacional[54]. Nesse sentido, haveria uma paridade

52. CF, art. 155, § 2º, X diz que o ICMS não incidirá "sobre operações que destinem mercadorias para o exterior, nem sobre serviços prestados a destinatários no exterior, assegurada a manutenção e o aproveitamento do montante do imposto cobrado nas operações e prestações anteriores" (Redação dada pela EC 42/2003).

53. "A tese da paridade hierárquica entre tratado internacional e lei interna (...) serve, evidentemente, aos interesses dos Estados que não desejam um constrangimento duradouro à livre expressão da sua soberania interna (...)". (XAVIER, 2015, p. 86).

54. Em matéria não tributária, essa corrente já foi adotada pelo STF no RE 80.004, j. 01.06.1977; e na Ext 662, j. 28.11.1996. Para a posição dos tratados de direitos humanos, conferir RE 349.703, j. 03.12.2008.

hierárquica entre os tratados internacionais e as leis ordinárias, como se pode verificar da jurisprudência do STF:

> "(...) Os tratados ou convenções internacionais, uma vez regularmente incorporados ao direito interno, situam-se, no sistema jurídico brasileiro, nos mesmos planos de validade, de eficácia e de autoridade em que se posicionam as leis ordinárias, havendo, em conseqüência, entre estas e os atos de direito internacional público, mera relação de paridade normativa. Precedentes. **No sistema jurídico brasileiro, os atos internacionais não dispõem de primazia hierárquica sobre as normas de direito interno.** A eventual precedência dos tratados ou convenções internacionais sobre as regras infraconstitucionais de direito interno somente se justificará quando a situação de antinomia com o ordenamento doméstico impuser, para a solução do conflito, a aplicação alternativa do critério cronológico ("lex posterior derogat priori") ou, quando cabível, do critério da especialidade. (...)" (**ADI-MC 1480**, j. 04.09.2007 – grifamos).

No campo tributário, o Código Tributário Nacional dispõe em seu art. 98 que os tratados internacionais "os tratados e as convenções internacionais revogam ou modificam a legislação tributária interna, e serão observados pela que lhes sobrevenha". Haveria, portanto, uma primazia dos tratados em matéria tributária em face da legislação interna.

A prevalência dos tratados em matéria tributária é aplicada pelo STF também quando se está diante de isenções de tributos estaduais ou municipais instituídas nos acordos internacionais celebrados pela União. O tratado é norma que prevalece sobre a legislação ordinária nesse caso, não só por conta do art. 98 do CTN, mas também por conta de a União atuar no campo internacional em nome da República brasileira, composta por todos os entes federativos.

> (...) 1. A isenção de tributos estaduais prevista no Acordo Geral de Tarifas e Comércio para as mercadorias importadas dos países signatários quando o similar nacional tiver o mesmo benefício foi recepcionada pela Constituição da República de 1988. 2. O artigo 98 do Código Tributário Nacional "possui caráter nacional, com eficácia para a União, os Estados e os Municípios" (voto do eminente Ministro Ilmar Galvão). 3. No direito internacional apenas a República Federativa do Brasil tem competência para firmar tratados (art. 52, § 2º, da Constituição da República), dela não dispondo a União, os Estados-membros ou os Municípios. **O Presidente da República não subscreve tratados como**

> **Chefe de Governo, mas como Chefe de Estado, o que descaracteriza a existência de uma isenção heterônoma, vedada pelo art. 151, inc. III, da Constituição.** 4. Recurso extraordinário conhecido e provido. (**RE 229.096**, j. 16.08.2007 – grifamos).

Do julgado acima que a isenção de tributo estadual oriunda de tratado firmado pela União não seria uma isenção heterônoma, já que a União seria apenas uma representante da República. Em outras palavras, a isenção não seria implementada mediante iniciativa da União como ordem parcial, mas sim pelo conjunto maior de todos os entes federativos da República Federativa[55].

Como já decidiu o STF em outra ocasião, o âmbito de aplicação do art. 151 da CF é o das relações das entidades federadas entre si, e não a União quando esta se apresenta na ordem externa (**ADI 1600**, j. 26.22.2001).

A vedação do art. 151, III da CF, portanto, não alcança a celebração de tratados internacionais pela União como representante da República Federativa.

6.3 Vedação da tributação discriminatória da renda

> CF, art. 151. É vedado à União:
>
> (...) II – tributar a renda das obrigações da dívida pública dos Estados, do Distrito Federal e dos Municípios, bem como a remuneração e os proventos dos respectivos agentes públicos, em níveis superiores aos que fixar para suas obrigações e para seus agentes;

As obrigações da dívida pública são a remuneração paga a pessoas que emprestam recursos financeiros às pessoas políticas (por meio da compra de títulos da dívida pública). A renda das obrigações da dívida pública é um rendimento de juros correspondente ao valor que o particular disponibiliza a um ente político. A remuneração do capital particular (produto do capital, nos termos do art. 43 do CTN), ao representar um acréscimo patrimonial, pode ser tributada pelo imposto de renda, de competência da União.

O art. 151, II da CF veda justamente que a União, titular da competência para tributar a renda, utilize essa prerrogativa para tornar os títulos da dívida pública dos Estados, Distrito Federal e Municípios de modo mais oneroso, o que acarretaria numa remuneração líquida (após a incidência do imposto de

55. No mesmo sentido RE 258.759 AgR, j. 23.09.2008.

renda) menor para os títulos que não fossem federais. Caso fosse possível à União tributar a renda dos títulos estaduais e municipais com alíquotas maiores, haveria uma concorrência desleal na busca por capital particular, pois o retorno líquido dos títulos federais seria maior, e, portanto, mais atrativo (considerando uma taxa de juros idêntica).

A outra vedação constante no inciso possui objeto diferente, mas a mesma lógica. Não pode a União tributar a remuneração e os proventos dos agentes públicos estaduais, distritais e municipais de forma mais gravosa que tributa os seus agentes públicos (federais). Caso os rendimentos e proventos dos agentes estaduais, por exemplo, tivessem alíquotas de imposto de renda maiores que as aplicáveis aos agentes federais, a União estaria utilizando a tributação para tornar a remuneração no serviço público federal, de forma indireta, mais atrativa, em franca violação ao princípio da isonomia.

7. DIREITOS INDIVIDUAIS EM MATÉRIA TRIBUTÁRIA

7.1 Sigilo bancário

O art. 145, § 1º da CF prevê que a administração tributária pode identificar o patrimônio, os rendimentos e as atividades econômicas do contribuinte para que seja possível a graduação dos impostos de acordo com a capacidade econômica do contribuinte. Uma condicionante para essa atuação do fisco é o respeito aos direitos individuais.

Esse dispositivo, ao conferir ao fisco o poder de investigação do patrimônio do contribuinte, evidencia o conflito entre princípios constitucionais: o da igualdade tributária e o da capacidade contributiva, de um lado, e o direito à intimidade[56] e do sigilo de dados[57] de outro.

Privilegiando a identificação da capacidade contributiva, o legislador infraconstitucional previu a possibilidade de a administração tributária ter acesso a registros de instituições financeiras, inclusive referentes a contas de depósitos e aplicações financeiras:

> Lei complementar 105/2001. Art. 6º. As autoridades e os agentes fiscais tributários da União, dos Estados, do Distrito Federal e dos Municípios

56. CF, art. 5º, X: "são invioláveis a intimidade, a vida privada, a honra e a imagem das pessoas, assegurado o direito a indenização pelo dano material ou moral decorrente de sua violação".
57. CF, art. 5º, XII: "é inviolável o sigilo da correspondência e das comunicações telegráficas, de dados e das comunicações telefônicas, salvo, no último caso, por ordem judicial, nas hipóteses e na forma que a lei estabelecer para fins de investigação criminal ou instrução processual penal".

> somente poderão examinar documentos, livros e registros de instituições financeiras, **inclusive os referentes a contas de depósitos e aplicações financeiras**, quando houver processo administrativo instaurado ou procedimento fiscal em curso e tais exames sejam considerados indispensáveis pela autoridade administrativa competente. Parágrafo único. O resultado dos exames, as informações e os documentos a que se refere este artigo serão conservados em sigilo, observada a legislação tributária.

Os contribuintes questionaram o acesso do fisco aos dados bancários, alegando violação à privacidade e ao sigilo de dados. Alegavam que haveria uma quebra do sigilo bancário, a qual só poderia ocorrer mediante prévia autorização judicial.

A Fazenda Nacional, por sua vez, argumentava que os direitos fundamentais não são absolutos, podendo ser limitados, especialmente no intuito de coibir ilícitos. A autoridade fiscal nem mesmo saberia como o dinheiro foi gasto, mas apenas o montante das transações, ou seja, apenas a informação necessária para exercer suas atribuições. Outro argumento era o de que o Estado possui instrumentos de fiscalização muito mais invasivos que o simples acesso a dados bancários. Por exemplo, abrir malas em público nos aeroportos e usar *scanners* modernos que verificam o que se encontra abaixo da roupa das pessoas.

Algumas das premissas adotadas pelos contribuintes eram negadas pela Fazenda Nacional. Nessa linha, não haveria reserva jurisdicional em relação ao acesso a dados bancários, pois as Comissões Parlamentares de Inquérito podem quebrar o sigilo bancário, o que é reconhecido pelo próprio STF. Além disso, não haveria "quebra" de sigilo, mas apenas uma transferência de sigilo, pois os dados repassados à Administração Tributária continuam conservados em sigilo (art. 6º, parágrafo único da LC 105/2001).

Outra tese convincente era a seguinte: se a Receita Federal teria acesso à declaração do patrimônio total de bens dos contribuintes, conjunto maior, não haveria razão para negar o acesso à movimentação bancária, que seria um conjunto menor (entendimento dos Ministros Dias Toffoli, Carmen Lúcia, Ayres Britto e Ellen Gracie no **RE 389.808**, j. 15.12.2010, Rel. Min. Marco Aurélio).

No ano de 2016, o STF solidificou seu entendimento em sede de **repercussão geral**, admitindo a constitucionalidade da lei que permite o acesso da administração tributária aos dados bancários:

> (...) 2. **Do ponto de vista da autonomia individual, o sigilo bancário é uma das expressões do direito de personalidade** que se traduz em ter suas atividades e informações bancárias livres de ingerências ou ofensas, qualificadas como arbitrárias ou ilegais, de quem quer que seja, inclusive do Estado ou da própria instituição financeira. (...) 4. Verifica-se que **o Poder Legislativo não desbordou dos parâmetros constitucionais, ao exercer sua relativa liberdade de conformação da ordem jurídica, na medida em que estabeleceu requisitos objetivos para a requisição de informação pela Administração Tributária às instituições financeiras, assim como manteve o sigilo dos dados a respeito das transações financeiras do contribuinte, observando-se um translado do dever de sigilo da esfera bancária para a fiscal**. 5. A alteração na ordem jurídica promovida pela Lei 10.174/01 não atrai a aplicação do princípio da irretroatividade das leis tributárias, uma vez que aquela se encerra na atribuição de competência administrativa à Secretaria da Receita Federal, o que evidencia o caráter instrumental da norma em questão. Aplica-se, portanto, o artigo 144, §1º, do Código Tributário Nacional. 6. Fixação de tese em relação ao item "a" do Tema 225 da sistemática da repercussão geral: "**O art. 6º da Lei Complementar 105/01 não ofende o direito ao sigilo bancário, pois realiza a igualdade em relação aos cidadãos, por meio do princípio da capacidade contributiva, bem como estabelece requisitos objetivos e o translado do dever de sigilo da esfera bancária para a fiscal**". 7. Fixação de tese em relação ao item "b" do Tema 225 da sistemática da repercussão geral: "A Lei 10.174/01 não atrai a aplicação do princípio da irretroatividade das leis tributárias, tendo em vista o caráter instrumental da norma, nos termos do artigo 144, §1º, do CTN". 8. Recurso extraordinário a que se nega provimento. (**RE 601.314 – repercussão geral**, j. 24.02.2016 – grifamos).

Essa orientação veio a confirmar a inserção do Brasil numa comunidade internacional cada vez maior de países que relativizam o sigilo bancário em prol do combate a fraudes fiscais, financeiras e a atividades terroristas e criminosas[58].

58. Em 2010, os Estados Unidos criaram o FATCA (*Foreign Account Tax Compliance Act*), mecanismo que impõe severa tributação a instituições financeiras que se recusam a fornecer dados de transações financeiras relevantes de pessoas físicas ou jurídicas residentes ou nacionais daquele país. A partir daí, os Estados Unidos tomaram a iniciativa de celebrar tratados internacionais com vários países (inclusive com o Brasil em 2014), objetivando o compartilhamento de informações obtidas junto a instituições financeiras de cada Estado. Até mesmo a Suíça, conhecida por seus banqueiros discretos, passou a se obrigar aos termos do FATCA a partir de primeiro de julho de 2014 (https://www.swissinfo.ch/eng/us-legislation_swiss-banks-to-tell-all-under-fatca/40473870, acesso em 12.11.2018).

7.2 Sanções políticas

Costuma-se chamar de sanções políticas as restrições e os impedimentos aos contribuintes com a finalidade de compeli-los ao pagamento de tributos. Em voto de Joaquim Barbosa na **ADI 173** (j. 25.09.2008), adotou-se a seguinte definição para as sanções políticas: "restrições **não razoáveis** ou **desproporcionais** ao exercício de atividade econômica ou profissional lícita, utilizadas como forma de indução ou coação ao pagamento de tributos" (grifos do original).

São exemplos dessa espécie de sanção a interdição de estabelecimento e a apreensão de mercadorias motivadas pelo inadimplemento tributário. Tais mecanismos de cobrança são inconstitucionais porque violam o **direito fundamental ao livre exercício de trabalho, ofício ou profissão** (artigo 5º, XIII, da CF) e a **liberdade do exercício de atividade econômica** (artigo 170, parágrafo único, da CF). Além disso, os meios coercitivos e indiretos de cobrança não respeitariam o devido processo legal.

Uma vez que a Fazenda Pública possui meios próprios de cobrança judicial dos seus créditos tributários (ação de execução fiscal, disciplinada pela Lei 6.830/80), inclusive com uma série de prerrogativas em relação aos credores comuns, não lhe é lícito obstruir o exercício da atividade econômica para forçar o pagamento de tributos devidos por parte dos contribuintes.

Nesse sentido, há súmulas do STF que vedam a interdição de estabelecimento e a apreensão de mercadorias como meio coercitivo de cobrança de tributos:

> **Súmula 70 do STF**: "É inadmissível a interdição de estabelecimento como meio coercitivo para cobrança de tributo."
>
> **Súmula 323 do STF**: "É inadmissível a apreensão de mercadorias como meio coercitivo para pagamento de tributos."
>
> **Súmula 547 do STF**: "Não é lícito à autoridade proibir que o contribuinte em débito adquira estampilhas, despache mercadorias nas alfândegas e exerça suas atividades profissionais."

Além dos casos acima, o STF considera **inconstitucional a legislação estadual que proíbe a impressão de notas fiscais em bloco**, subordinando o contribuinte, quando este se encontra em débito para com o fisco, ao requerimento de expedição, negócio a negócio, de nota fiscal avulsa (**RE 413.782**, j. 17.03.2005). A emissão de notas fiscais individualizadas para o contribuinte em débito inviabilizaria a atividade empresarial, ao sujeitar a empresa a um ônus excessivo, representa uma medida coercitiva para o pagamento de tributos que não passa no teste da razoabilidade e proporcionalidade.

No mesmo sentido, o STF fixou tese de **repercussão geral** no sentido de que **consubstancia sanção política visando o recolhimento de tributo condicionar a expedição de notas fiscais a fiança, garantia real ou fidejussória por parte do contribuinte** (**RE 565.048**, j. 29.05.2014).

7.2.1 A apreensão de mercadorias importadas pelo não recolhimento de tributos

Em relação à apreensão de mercadorias é preciso fazer um aprofundamento. É comum na prática aduaneira a exigência, pelas autoridades fiscais atuantes na alfândega, do pagamento dos tributos incidentes na importação como condição para a liberação das mercadorias importadas. As autoridades aduaneiras fundamentam-se no artigo 511, § 1º do Decreto 4.543/2002, que assim dispõe:

> "Não será desembaraçada a mercadoria cuja exigência de crédito tributário no curso da conferência aduaneira esteja pendente de atendimento, salvo nas hipóteses autorizadas pelo Ministro de Estado da Fazenda, mediante a prestação de garantia."

Alguns autores entendem que o pagamento dos tributos incidentes na importação é condição para o desembaraço aduaneiro do produto, sem que, com isso, haja qualquer ofensa à Súmula 323 do STF[59]. Na jurisprudência, algumas decisões chegaram a adotar essa orientação[60].

O STJ, contudo, possui decisões em sentido oposto, tendo decidido que não se exige garantia para liberação de mercadoria importada, retida por conta de pretensão fiscal de reclassificação tarifária, com consequente cobrança de multa e diferença de tributo (**AgRg no REsp 1.277.611**, j. 19.03.2013; **AgRg no REsp 1.263.038**, j. 05.06.2012).

Uma observação deve ser feita em relação ao ICMS incidente nas importações. Apesar desse imposto estadual possuir praticamente o mesmo fato

59. "sendo tais tributos devidos por força da própria operação de importação, a exigência do seu pagamento para a liberação do produto não é descabida nem configura meio impróprio para a satisfação do crédito tributário. Portanto, não se cuida de constrangimento passível de ser encarado como 'sanção política'" (PAULSEN e MELO, 2012, p. 27).

60. TRF da 4ª Região, 2ª Turma, Apelação em Mandado de Segurança Nº 98.04.05334-9/SC, Relator Des. João Surreaux Chagas, j. 09/03/2004; TRF da 3ª Região, 3ª Turma – Apelação em Mandado de Segurança nº 199399, Rel. Des. Nery Júnior j. 16/10/2002.

gerador do imposto de importação, o STF entende possível a vinculação do desembaraço aduaneiro ao recolhimento do ICMS incidente na importação, como se pode ver da **súmula vinculante 48** (resultante da conversão da súmula 661 do STF): "na entrada de mercadoria importada do exterior, é legítima a cobrança do ICMS por ocasião do desembaraço aduaneiro".

Em precedente que embasou a edição da súmula, foi tecido o seguinte raciocínio do voto condutor do julgamento:

> "Consagrou a nova Carta, portanto, finalmente, a pretensão, de há muito perseguida pelos Estados, de verem **condicionado o desembaraço da mercadoria ou do bem importado ao recolhimento, não apenas dos tributos federais, mas também do ICMS incidente sobre a operação.** O benefício decorrente da medida salta à vista: reduzir praticamente a zero a sonegação, com simultânea redução do esforço de fiscalização, sem gravame maior para o contribuinte." (**RE 193.817**, voto do rel. min. Ilmar Galvão, j. 23.10.1996 – grifamos).

A ementa desse julgado deixou expresso que é **incensurável "o condicionamento do desembaraço da mercadoria importada à comprovação do recolhimento do tributo estadual, de par com o tributo federal, sobre ela incidente".**

Essa orientação chegou a ser confirmada em 2015 pela 1ª Turma do STF, quando se decidiu que "não fica constatada nenhuma coação indireta na exigência, fundada em Lei, do recolhimento dos tributos relativos ao desembaraço aduaneiro de bens importados" (**RE 810.035 AgR**, j. 07.04.2015).

Fica evidente a incompatibilidade entre as conclusões adotadas em relação ao imposto de importação em contraposição às adotadas para o ICMS. Enquanto nesse tributo é possível o condicionamento do desembaraço aduaneiro ao recolhimento do tributo, a mesma exigência, no que diz respeito ao imposto de importação, é caracterizada como coação indireta, vedada pela Constituição. Apesar de já termos apontado a incongruência da jurisprudência[61], os dois entendimentos devem ser considerados em provas de concursos, desde que se leve em consideração a referência expressa ao ICMS ou ao imposto de importação. Reproduções literais da súmula vinculante 48 devem ser assinaladas como corretas, do mesmo modo que assertivas em cosonância com as decisões que considerem sanção política a exigência do imposto de importação como condição para o desembaraço aduaneiro.

61. Para maior aprofundamento, consultar texto de nossa autoria: https://www.jota.info/opiniao-e-analise/colunas/contraditorio/o-imposto-de-importacao-no-desembaraco-aduaneiro-21072017.

Ainda em relação aos tributos incidentes na importação, não se pode confundir a retenção de mercadorias como meio de exigir o imposto de importação com a apreensão em decorrência de indícios de infração punível com a pena de perdimento. Essa penalidade é prevista no art. 105 do Decreto-Lei 37/1966, e visa coibir, basicamente, a falsificação de documentos relativos à mercadoria importada. No caso de atos que ensejam a aplicação de pena de perdimento, é perfeitamente legítima a retenção de mercadorias[62].

7.2.2 Hipóteses não caracterizadas como sanção política

Há ainda outros casos relevantes em que o STF entende não haver a caracterização de sanção política: o cancelamento de registro especial para fabricação de cigarros diante da inadimplência do IPI, a vedação ao ingresso no Simples Nacional de microempresa ou empresa de pequeno porte que possua débito tributário, o protesto de certidão de dívida ativa, e a exigência de regularidade fiscal para participar de licitações e contratar com o poder público.

No primeiro caso, a jurisprudência do STF tem validado o art. 2º, II do Decreto-Lei 1.593/1977, pelo qual o registro especial para fabricação de cigarro pode ser cancelado pelo inadimplemento de obrigação tributária principal ou acessória, relativa a tributo administrado pela Receita Federal.

Nessa hipótese, o STF vem admitindo que o cancelamento de registro especial é legítimo, desde que sejam observados alguns requisitos, como o devido processo legal e a relevância do valor dos créditos tributários inadimplidos:

> (...) 3. A orientação firmada pelo Supremo Tribunal Federal rechaça a aplicação de sanção política em matéria tributária. Contudo, para se caracterizar como sanção política, a norma extraída da interpretação do art. 2º, II, do Decreto-lei 1.593/1977 deve atentar contra os seguintes parâmetros: (1) relevância do valor dos créditos tributários em aberto, cujo não pagamento implica a restrição ao funcionamento da empresa; (2) manutenção proporcional e razoável do devido processo legal de controle do ato de aplicação da penalidade; e (3) manutenção proporcional e razoável do devido processo legal de controle da validade dos créditos tributários cujo não-pagamento implica a cassação do registro especial.

62. REsp 1.141.785, j. 02.03.2010; REsp 500.286, j. 15.03.2005; REsp 529.614, j. 20.11.2003.

(...) (**RE 550.769**, j. 22.05.2013)[63].

(...) Carece de razoabilidade jurídica, para efeito de emprestar efeito suspensivo a recurso extraordinário, a pretensão de indústria de cigarros que, deixando sistemática e isoladamente de recolher o Imposto sobre Produtos Industrializados, com conseqüente redução do preço de venda da mercadoria e ofensa à livre concorrência, viu cancelado o registro especial e interditados os estabelecimentos. (**AC 1657 MC**, j. 27.06.2007)

A posição do STF a respeito desse tema será consolidada em sede de **repercussão geral** no **RE 1.067.086**, que ainda aguarda julgamento[64].

Do mesmo modo, o STF decidiu que a exigência de regularidade fiscal para a adesão ao Simples Nacional (art. 17, V, da LC 123/2006) não se caracteriza como sanção política. Um fator fundamental que orientou o resultado do julgamento foi o fato de que o Simples Nacional era um regime tributário facultativo, o que permitiria a exigência de requisitos especiais e diferenciados para a fruição de seus benefícios. Em outras palavras, não haveria um direito prévio ao ingresso no Simples Nacional, sendo legítima a instituição de exigências razoáveis e proporcionais a serem cumpridas (inclusive a regularidade fiscal) pelos interessados na adesão ao regime. O requisito da inexistência de dívidas tributárias ativas ainda serviria para realizar o princípio da isonomia, pois o contribuinte que possui dívidas não está na mesma situação daquele que cumpre as obrigações tributárias.

Esse entendimento foi consolidado em sede de **repercussão geral**:

(...) 3. A condicionante do inciso V do art. 17 da LC 123/06 não se caracteriza, a priori, como fator de desequilíbrio concorrencial, pois se constitui em exigência imposta a todas as pequenas e as microempresas (MPE), bem como a todos os microempreendedores individuais (MEI), devendo ser contextualizada, por representar também, forma indireta de se reprovar a infração das leis fiscais e de se garantir a neutralidade, com enfoque na livre concorrência. 4. **A presente hipótese não se confunde com aquelas fixadas nas Súmulas 70, 323 e 547 do STF, porquanto a espécie não se caracteriza como meio ilícito de coação**

63. Na **ADI 3952**, julgada em 05.09.2018, quatro ministros dos nove que poderiam votar (dois estavam impedidos) adotaram os parâmetros estabelecidos no RE 550.769. Diante da multiplicidade de conclusões dos outros votos, devemos aguardar a publicação do acórdão com a proclamação do resultado para uma orientação mais precisa.

64. O RE 1.067.086 substituiu o RE 607.420 para a apreciação do tema 327 de repercussão geral ("http://portal.stf.jus.br/processos/downloadPeca.asp?id=312626375&ext=.pdf").

a pagamento de tributo, nem como restrição desproporcional e desarrazoada ao exercício da atividade econômica. Não se trata, na espécie, de forma de cobrança indireta de tributo, mas de requisito para fins de fruição a regime tributário diferenciado e facultativo. 5. Recurso extraordinário não provido. (**RE 627.543 – repercussão geral**, j. 30.10.2013 – grifamos)[65].

Vale registrar que, em outra direção, o STF possui jurisprudência no sentido de que a norma local que condiciona a concessão de regime especial de tributação à apresentação de CND configura meio indireto de cobrança de tributo (**AI 798.210 AgR**, j. 08.05.2012). Apesar de as premissas dos dois julgados serem conflitantes, deve-se observar que o julgamento em repercussão geral abordou especificamente o regime do SIMPLES.

Também o protesto de certidão de dívida ativa não é considerado uma sanção política pelo STF. Dentre os títulos executivos extrajudiciais elencados pelo Código de Processo Civil (Lei 13.105/2015), encontra-se a certidão de dívida ativa[66]. Essa certidão abrange dívidas tributárias e não tributárias[67], alcançando apenas os créditos de pessoas jurídicas de direito público.

Diante dessa natureza pública da Certidão de Dívida Ativa, sustentou-se na **ADI 5135** (j. 09.11.2016) que seria inconstitucional o dispositivo de lei que permitia o protesto dessas certidões[68]. Alegava-se ofensa ao devido processo legal (CF, art. 5º, XXXV), à livre iniciativa e à liberdade profissional (CF, arts. 5º, XIII, 170, III e parágrafo único, e 174), e ainda à proporcionalidade, uma vez que o protesto de CDA seria meio adequado e desnecessário de cobrança do crédito público, se comparado à execução fiscal.

---

65. O STJ já vinha decidindo nesse sentido, como se vê do RMS 27.376, j. 04.06.2009, e do RMS 27.473, j. 22.11.2011.
66. CPC, art. 784. São títulos executivos extrajudiciais: (...) IX – a certidão de dívida ativa da Fazenda Pública da União, dos Estados, do Distrito Federal e dos Municípios, correspondente aos créditos inscritos na forma da lei;
67. Lei 6.830/80, art. 1º – A execução judicial para cobrança da Dívida Ativa da União, dos Estados, do Distrito Federal, dos Municípios e respectivas autarquias será regida por esta Lei e, subsidiariamente, pelo Código de Processo Civil. Art. 2º – Constitui Dívida Ativa da Fazenda Pública aquela definida como tributária ou não tributária na Lei nº 4.320, de 17 de março de 1964, com as alterações posteriores, que estatui normas gerais de direito financeiro para elaboração e controle dos orçamentos e balanços da União, dos Estados, dos Municípios e do Distrito Federal. § 1º – Qualquer valor, cuja cobrança seja atribuída por lei às entidades de que trata o artigo 1º, será considerado Dívida Ativa da Fazenda Pública.
68. Lei 9.492/1997, Art. 1º Protesto é o ato formal e solene pelo qual se prova a inadimplência e o descumprimento de obrigação originada em títulos e outros documentos de dívida. Parágrafo único. **Incluem-se entre os títulos sujeitos a protesto as certidões de dívida ativa da União, dos Estados, do Distrito Federal, dos Municípios e das respectivas autarquias e fundações públicas.** (Incluído pela Lei 12.767/2012).

> (...) 1. **O parágrafo único do art. 1º da Lei nº 9.492/1997, inserido pela Lei nº 12.767/2012, que inclui as Certidões de Dívida Ativa – CDA no rol dos títulos sujeitos a protesto, é compatível com a Constituição** Federal, tanto do ponto de vista formal quanto material. (...) 3. **Tampouco há inconstitucionalidade material na inclusão das CDAs no rol dos títulos sujeitos a protesto. Somente pode ser considerada "sanção política" vedada pelo STF (cf. Súmulas nº 70, 323 e 547) a medida coercitiva do recolhimento do crédito tributário que restrinja direitos fundamentais dos contribuintes devedores de forma desproporcional e irrazoável, o que não ocorre no caso do protesto de CDAs.** 3.1. Em primeiro lugar, não há efetiva restrição a direitos fundamentais dos contribuintes. De um lado, **inexiste afronta ao devido processo legal, uma vez que (i) o fato de a execução fiscal ser o instrumento típico para a cobrança judicial da Dívida Ativa não exclui mecanismos extrajudiciais**, como o protesto de CDA, e (ii) o protesto não impede o devedor de acessar o Poder Judiciário para discutir a validade do crédito. De outro lado, **a publicidade que é conferida ao débito tributário pelo protesto não representa embaraço à livre iniciativa e à liberdade profissional, pois não compromete diretamente a organização e a condução das atividades societárias (diferentemente das hipóteses de interdição de estabelecimento, apreensão de mercadorias, etc)**. (...) Fixação da seguinte tese: "**O protesto das Certidões de Dívida Ativa constitui mecanismo constitucional e legítimo, por não restringir de forma desproporcional quaisquer direitos fundamentais garantidos aos contribuintes e, assim, não constituir sanção política.**" (**ADI 5135**, j. 09.11.2016 – grifamos).

Em síntese, o STF rechaçou todos os argumentos que questionavam a constitucionalidade do protesto de Certidão de Dívida Ativa, ponderando, contudo, que a administração tributária deve adotar a medida de acordo com parâmetros claros e objetivos, promovendo ainda a revisão de protestos relativos a créditos inválidos ou inexigíveis.

Por fim, a jurisprudência admite a exigência de regularidade fiscal para participar de licitações e para contratar com o Poder Público.

A Lei 8.666/1993, em seus arts. 27, IV e 29, exige a regularidade fiscal para a habilitação nas licitações. Do mesmo modo, o art. 193 do CTN determina que nenhum departamento da administração pública da União, dos Estados, do Distrito Federal, ou dos Municípios, ou sua autarquia, celebrará contrato ou aceitará proposta em concorrência pública sem que o contratante ou proponente faça prova da quitação de todos os tributos devidos à Fazenda Pública interessada, relativos à atividade em cujo exercício contrata ou concorre.

O fundamento de tal exigência repousa na própria Constituição Federal, que prevê no art. 37, XXI, a atribuição do legislador para estabelecer as exigências de qualificação técnica e econômica indispensáveis à garantia do cumprimento das obrigações. Além disso, a Constituição reforça a legitimidade da exigência de regularidade fiscal no art. 195, § 3º, ao dispor que a pessoa jurídica devedora de contribuições da seguridade social não poderá contratar com o Poder Público.

Diante dessa disciplina constitucional, a jurisprudência do STF reconhece a validade do dispositivo da Lei 8.666/93 que exige a regularidade fiscal nas licitações (**ADI 173**, j. 25.09.2008)[69].

Na ADI 173, o STF deixou expresso que **a regularidade fiscal da lei de licitações era conceito que abrangia não apenas a inexistência de dívidas tributárias, alcançando ainda o contribuinte que possua débitos tributários em discussão na esfera administrativa ou judicial**[70].

Da mesma maneira, o STF negou haver sanção política na norma de Constituição Estadual que previa a **retenção temporária de mercadorias desacompanhadas de documentação fiscal idônea, até a comprovação da legitimidade de sua posse pelo proprietário** (**ADI 395**, j. 17.05.2007). Entendeu o Supremo que essa providência estaria justificada pelo poder de polícia da administração na apuração de ilícitos tributários.

69. No mesmo sentido: "1. É necessária a comprovação de regularidade fiscal do licitante como requisito para sua habilitação, conforme preconizam os arts. 27 e 29 da Lei n. 8.666/93, exigência que encontra respaldo no art. 195, § 3º, da CF. 2. A exigência de regularidade fiscal deve permanecer durante toda a execução do contrato, a teor do art. 55, XIII, da Lei n. 8.666/93, que dispõe ser 'obrigação do contratado de manter, durante toda a execução do contrato, em compatibilidade com as obrigações por ele assumidas, todas as condições de habilitação e qualificação exigidas na licitação'." (STJ, **RMS 24.953**, j. 04.03.2008). E mais recentemente: STJ, **RMS 53.467**, j. 27.06.2017.

70. Entendemos que o mero ajuizamento de ação judicial não seria suficiente para a satisfação da regularidade fiscal, sendo necessária a existência de decisão judicial, ainda que liminar, suspendendo o óbice relativo às dívidas tributárias. Nesse sentido, Ronny Torres: "caso admitíssemos que o mero ajuizamento de ação judicial pudesse sustar a exigência de regularidade fiscal, tornaríamos sem efeito tal condição habilitatória. Diante da autonomia do direito de ação, mesmo o maior fraudador fiscal poderia ajuizar uma ação judicial, às vésperas do certame, o que lhe permitiria a continuidade da licitação." (TORRES, 2011, p. 202). **Esse entendimento deve ser citado em provas discursivas e orais**, principalmente em provas de concursos para a **Advocacia Pública**.

7.3 Direito de petição em matéria tributária

O direito de petição possui previsão constitucional no art. 5º, XXXIV, *a* da CF, segundo o qual são a todos assegurados, independentemente do pagamento de taxas, o direito de petição aos Poderes Públicos em defesa de direitos ou contra ilegalidade ou abuso de poder.

Em conflito com o direito individual acima, o Decreto 70.235/1972, que regula o processo administrativo fiscal federal, possuía um dispositivo (hoje revogado) que condicionava a interposição de recurso no processo administrativo ao depósito do valor correspondente a 30% do crédito tributário mantido em decisão administrativa:

> Decreto 70.235/1972, art. 33, § 2º Em qualquer caso, o recurso voluntário somente terá seguimento se o recorrente o instruir com prova do depósito de valor correspondente a, no mínimo, trinta por cento da exigência fiscal definida na decisão.

O dispositivo acima foi impugnado na **ADI 1976** (j. 28.03.2007), onde a Presidência da República defendeu a norma sob o argumento de que não haveria um direito ao recurso administrativo. Apesar de o STF já ter entendido que a exigência do depósito prévio como requisito de admissibilidade para o recurso administrativo era constitucional (**ADI-MC 1049**, j. 18.05.1995; **RE 210.246**, j. 12.11.1997), a orientação que prevaleceu foi a de que não seria dado ao legislador tornar o processo administrativo impossível ou inviável por meios indiretos, como a exigência de depósito. A decisão tomada na **ADI 1976** (j. 28.03.2007) considerou ainda que a exigência de depósito prévio como condição de admissibilidade violaria direitos individuais previstos no art. 5º da CF, como o direito de petição (CF, art. 5º, XXXIV) e o contraditório (CF, art. 5º, LV).

O STF editou súmula vinculante a respeito do tema, tornando a orientação obrigatória na esfera administrativa[71]:

> **Súmula vinculante 21**: É inconstitucional a exigência de depósito ou arrolamento prévios de dinheiro ou bens para admissibilidade de recurso administrativo.

71. CF, art. 103-A. O Supremo Tribunal Federal poderá, de ofício ou por provocação, mediante decisão de dois terços dos seus membros, após reiteradas decisões sobre matéria constitucional, aprovar súmula que, a partir de sua publicação na imprensa oficial, **terá efeito vinculante em relação** aos demais órgãos do Poder Judiciário e à administração pública direta e indireta, nas esferas federal, estadual e municipal, bem como proceder à sua revisão ou cancelamento, na forma estabelecida em lei.

O entendimento acima privilegia ainda o princípio democrático, ao promover um procedimento administrativo amplamente acessível aos administrados (voto do Ministro Joaquim Barbosa na ADI 1976).

Outro julgado relevante do STF em relação ao direito de petição diz respeito ao artigo 38, parágrafo único da Lei 6.830/1980 (Lei de Execuções Fiscais), que dispõe:

> Lei 6.830/1980, art. 38. A discussão judicial da Dívida Ativa da Fazenda Pública só é admissível em execução, na forma desta Lei, salvo as hipóteses de mandado de segurança, ação de repetição do indébito ou ação anulatória do ato declarativo da dívida, esta precedida do depósito preparatório do valor do débito, monetariamente corrigido e acrescido dos juros e multa de mora e demais encargos. Parágrafo Único. **A propositura, pelo contribuinte, da ação prevista neste artigo importa em renúncia ao poder de recorrer na esfera administrativa e desistência do recurso acaso interposto.**

O dispositivo acima determina que o ajuizamento de ação que tenha por objeto uma mesma lide tributária[72] já discutida em processo administrativo importa em renúncia dessa última esfera. Em outras palavras, não é possível a discussão simultânea de um mesmo litígio tributário nos âmbitos administrativo e judicial, prevalecendo esse último, por conta da função jurisdicional típica do Poder Judiciário.

Alguns contribuintes alegaram que o direito de petição na esfera administrativa restaria violado pelo art. 38, parágrafo único da Lei 6.830/1980, sendo inconstitucional a previsão que prejudique o direito do contribuinte de se insurgir na esfera administrativa como consequência do exercício do direito de ação.

O STF, de modo contrário, entendeu que **o direito constitucional de petição e o princípio da legalidade não implicam a necessidade de esgotamento da via administrativa para discussão judicial da validade de crédito inscrito em Dívida Ativa da Fazenda Pública.** Decidiu o Supremo que é constitucional o art. 38, parágrafo único da Lei 6.630/1980 (**RE 233.582**, j. 16.08.2007).

---

72. O artigo 38 da Lei 6.830/1980 abrange as dívidas ativas da Fazenda Pública de natureza tributária e não tributária (multas por infração à legislação trabalhista ou eleitoral, por exemplo). Para o nosso estudo, focamos na dívida tributária.

7.4 Ações judiciais em matéria tributária e a inafastabilidade do controle jurisdicional

Outro tema de direito individual que possui grande repercussão no direito tributário diz respeito ao direito de acesso ao Poder Judiciário, previsto no art. 5º, XXXV da CF: "a lei não excluirá da apreciação do Poder Judiciário lesão ou ameaça a direito".

No que tange a contribuições previdenciárias (que possuem natureza de tributo), o art. 19 da Lei 8.870/1994 determina que as ações judiciais que pretendam discutir tais dívidas devem ser precedidas de depósito com valor correspondente ao débito:

> "As ações judiciais, inclusive cautelares, que tenham por objeto a discussão de débito para com o INSS serão, obrigatoriamente, precedidas do depósito preparatório do valor do mesmo, monetariamente corrigido até a data de efetivação, acrescido dos juros, multa de mora e demais encargos."

Os contribuintes defendiam que esse dispositivo legal violava o direito fundamental de acesso ao Judiciário, ao impor uma condição excessivamente onerosa para a apreciação de eventuais ilegalidades pelo juízo competente.

Na **ADI 1074** (j. 28.03.2007), o STF declarou inconstitucional o art. 19 da Lei 8.870/1994, por impor condição à propositura das ações cujo objeto seja a discussão de créditos tributários, consubstanciando barreira ao acesso ao Poder Judiciário[73].

Ampliando os efeitos da ADI 1074, o STF editou a **súmula vinculante 28**, com a seguinte redação: "é **inconstitucional a exigência de depósito prévio como requisito de admissibilidade de ação judicial na qual se pretenda discutir a exigibilidade de crédito tributário**".

O **depósito**, alcançado pela súmula vinculante, seria termo mais restrito que a **garantia**, conceito mais amplo que não estaria contemplado na redação da súmula. Enquanto o depósito diz respeito a dinheiro, a garantia abrange as mais variadas espécies de bens e direitos, como a fiança bancária, o seguro garantia, a penhora de títulos da dívida pública, de imóveis, veículos etc. A leitura dos arts. 9º e 11 da Lei 6.830/1980 (Lei de Execuções Fiscais) permite a diferenciação entre depósito e garantia:

73. Aguarda julgamento o **RE 607.747**, submetido à sistemática de **repercussão geral**, que discute a validade da exigência de depósito recursal como pressuposto de admissibilidade do recurso extraordinário na Justiça do Trabalho.

> Art. 9º – **Em garantia da execução**, pelo valor da dívida, juros e multa de mora e encargos indicados na Certidão de Dívida Ativa, **o executado poderá**: I – **efetuar depósito em dinheiro**, à ordem do Juízo em estabelecimento oficial de crédito, que assegure atualização monetária; II – **oferecer fiança bancária ou seguro garantia**; III – **nomear bens à penhora**, observada a ordem do artigo 11; ou IV – indicar à penhora bens oferecidos por terceiros e aceitos pela Fazenda Pública.
>
> (...) Art. 11 – A penhora ou arresto de bens obedecerá à seguinte ordem: I – dinheiro; II – título da dívida pública, bem como título de crédito, que tenham cotação em bolsa; III – pedras e metais preciosos; IV – imóveis; V – navios e aeronaves; VI – veículos; VII – móveis ou semoventes; e VIII – direitos e ações.

Delimitando o alcance da súmula vinculante 28, o Tribunal Constitucional decidiu que apenas o depósito está alcançado pelo enunciado, rechaçando uma interpretação ampla que abrangeria também a garantia. Em julgamento de reclamação constitucional, a 1ª turma do STF assim decidiu:

> (...) 1. **Não guarda estrita pertinência com a Súmula Vinculante 28 decisão que exige garantia para embargos à execução fiscal (art. 16, § 1º, III, da Lei nº 6.830/1980)**. (...) 3. É certo que a impossibilidade econômica de arcar com a garantia do juízo não pode ser fator impeditivo do exercício do contraditório e da ampla defesa. A incidência de tal entendimento, todavia, deve ser buscada na via processual própria. 4. Recurso ao qual se nega provimento. (**Rcl 20.617 AgR**, j. 02.02.2016)[74]

Nesse julgamento, o Ministro Luís Roberto Barroso ponderou que não se poderia afastar a exigência legal[75] de garantia da execução para oferecimento de embargos, apenas por força da súmula vinculante 28. Não se decidiu que a exigência de garantia para a admissibilidade de embargos à execução fiscal é constitucional. Pelo contrário, constou da decisão que a impossibilidade econômica de garantir o juízo não poderia representar óbice ao exercício do contraditório e da ampla defesa. Contudo, **a súmula vinculante 28 não impede a exigência de garantia para discussão de dívida tributária, já que o enunciado abarca apenas o depósito.**

A apreciação da constitucionalidade do art. 16, § 1º da Lei 6.830/1980, que exige a garantia para os embargos, deve se dar por meio de recurso extraordinário ou ação direta de inconstitucionalidade.

---

74. No mesmo sentido: **Rcl 19724 AgR**, j. 17.03.2015, também da 1ª turma do STF.

75. Lei 6.830/1980, art. 16, § 1º. Não são admissíveis embargos do executado antes de garantida a execução.

Ainda em relação ao depósito judicial e à inafastabilidade do controle jurisdicional, o STF possui decisão em sede de **repercussão geral** (**RE 640.095**, j. 15.12.2016) segundo a qual **não viola o princípio de livre acesso à justiça a restrição de ingresso a parcelamento tributário dos contribuintes que questionaram o tributo em juízo com depósito judicial** dos débitos tributários. No caso apreciado, a Portaria 655/1993 do Ministério da Fazenda vedava a adesão a parcelamento de COFINS (Contribuição para Financiamento da Seguridade Social) para os contribuintes que tivessem ingressado em juízo e implementado depósito judicial da dívida tributária controvertida. Entendeu o STF que a Portaria não trazia imposição ao depósito judicial para o ingresso em juízo, não havendo, portanto, violação ao princípio do livre acesso à jurisdição.

Vale destacar ainda que o direito de acesso ao Judiciário não é uma garantia individual apenas dos contribuintes, mas também das pessoas jurídicas de direito público que figuram no polo passivo da obrigação tributária.

Por essa razão, violam o direito fundamental da inafastabilidade do controle jurisdicional as decisões judiciais que extinguem execuções fiscais de baixo valor. Não pode o julgador negar aos entes públicos o direito de ação nos casos de cobrança judicial de dívidas de valor diminuto.

Diante de decisões que utilizavam um raciocínio baseado na relação entre custo e benefício do processo judicial para extinguir execuções fiscais que perseguissem a satisfação de um crédito de valor menor que o custo do serviço judiciário, os Tribunais Superiores sedimentaram o entendimento de que não se pode recusar a prestação jurisdicional por conta de um critério econômico.

Nessa linha, o **STJ** editou a **súmula 452**, segundo a qual "**a extinção das ações de pequeno valor é faculdade da Administração Federal, vedada a atuação judicial de ofício**".

O STF adota a mesma orientação, tendo já decidido em sede de **repercussão geral** que negar ao Município a possibilidade de executar seus créditos de pequeno valor sob o fundamento da falta de interesse econômico viola o direito de acesso à justiça (**RE 591.033 – repercussão geral**, j. 17.11.2010). Eventual renúncia de crédito pelo ente político deve se dar mediante o exercício de sua autonomia.

QUESTÕES OBJETIVAS

1. (Cespe – Procurador do Estado – PGE – PE/2018) – A técnica de tributação que observa o princípio da capacidade contributiva consiste em

A) diminuir a alíquota na proporção da ampliação da base de cálculo.

B) majorar a carga tributária conforme a essencialidade do produto tributado.

C) estabelecer teto máximo de valor para o pagamento de determinados tributos, mantendo-se a modicidade tributária.

D) fixar alíquotas percentualmente menores para os contribuintes que tenham menor patrimônio pessoal.

E) confiscar bens considerados supérfluos em relação aos contribuintes que apresentem sinais externos de riqueza excessiva.

2. (Vunesp – Cartório – Provimento – TJ – SP/2018) A Constituição Federal veda que determinados tributos sejam cobrados no mesmo exercício financeiro em que tenha sido publicada a lei que os instituiu ou aumentou. Trata-se de limitação constitucional ao poder de tributar, conhecida por princípio da anterioridade. Assinale a alternativa na qual consta um tributo que excepciona tal princípio.

(A) Contribuição Social no interesse das categorias profissionais ou econômicas.

(B) Imposto sobre a propriedade rural.

(C) Empréstimo compulsório instituído no caso de investimento público de caráter urgente e de relevante interesse nacional.

(D) Imposto sobre operações de crédito, câmbio e seguro, ou relativas a títulos e valores mobiliários.

3. (ESAF – Auditor-Fiscal– RFB/2014) Sobre o entendimento do STF acerca da vedação da utilização, por parte da União, Estados, Distrito Federal e Municípios, dos tributos com efeitos de confisco, pode-se afirmar que:

a) por veicular um conceito jurídico indeterminado, e não havendo diretriz objetiva e genérica, aplicável a todas as circunstâncias, é permitido aos Tribunais que procedam à avaliação dos excessos eventualmente praticados pelo Estado, com apoio no prudente critério do Juiz.

b) a chamada 'multa moratória', que tem por objetivo sancionar o contribuinte que não cumpre suas obrigações tributárias, prestigiando a conduta daqueles que pagam em dia seus tributos aos cofres públicos, não possui caráter confiscatório, independentemente de seu importe.

c) o isolado aumento da alíquota do tributo em dez pontos percentuais é suficiente para comprovar seu efeito de confisco.

d) não é cabível, em sede de controle normativo abstrato, a possibilidade de o Supremo Tribunal Federal examinar se determinado tributo ofende, ou não, o princípio constitucional da não confiscatoriedade.

e) leis estaduais que estipulam margens mínima e máxima das custas, dos emolumentos e da taxa judiciária e realizam uma disciplina progressiva das alíquotas – somente sendo devido o pagamento dos valores elevados para as causas que envolvam considerável vulto econômico – configuram ofensa ao princípio constitucional do não confisco.

4. (TRF 5 – Juiz Federal Substituto 5ª região/2015) Considerando um acordo bilateral celebrado entre Brasil e Bolívia, no qual a União tenha concedido isenção de tributos estaduais e municipais para as operações do gasoduto Brasil-Bolívia, assinale a opção correta com base na jurisprudência do STF.

A) Tratado internacional na área tributária, desde sua assinatura, pode ser invocado por particulares para a defesa de seus direitos na esfera tributária.

B) Ao estabelecer como princípio regente nas relações internacionais a integração econômica com os países latino- americanos, a CF alterou o modo como o Brasil deve interpretar e integrar os tratados e convenções internacionais às normas nacionais.

C) O acordo em questão é inconstitucional em virtude de ferir a vedação constitucional da instituição de isenção heterônoma pela União.

D) O Estado Federal brasileiro, por ser representado pela União, não ultrapassou os limites do seu poder tributário ao instituir a referida isenção de tributos de competência de estados e municípios.

E) Os tratados internacionais revogam as leis ordinárias, desde sua assinatura pelas representações dos países, pois vige, no nosso ordenamento jurídico, o postulado da aplicabilidade imediata dos tratados na área tributária.

5. (Vunesp – Juiz de Direito – TJ – SP/2018) Em reiteradas decisões ao longo do tempo, o Supremo Tribunal Federal tem mantido firme o entendimento de não admitir sanção política como meio de coerção ao pagamento de tributo. A respeito do tema, é correto afirmar que a Corte considera inadmissível, por constituir sanção política,

A) o condicionamento de impressão de notas fiscais à prestação de garantia real ou fidejussória por parte do contribuinte com débitos fiscais.

B) a vedação de adesão ao Simples Nacional fundada na existência de débitos perante a Fazenda Pública ou INSS.

C) o protesto de certidão de dívida ativa.

D) a dupla exigência do ICMS em operações interestaduais, como consequência de diferença entre a alíquota do Estado remetente e a do Estado destinatário.

6. (PUC – Procurador do Estado – PR/2015) Entende-se por sanções políticas tributárias as restrições não razoáveis ou desproporcionais ao exercício de atividade econômica ou profissional lícita, utilizadas como meio de indução ou coação a pagamento de tributos.

Sobre as sanções políticas tributárias, assinale a alternativa CORRETA.

A) O protesto de certidão de dívida ativa, nos termos da jurisprudência mais recente do Superior Tribunal de Justiça, configura sanção política.

B) A exigência de Certidão Negativa de Débitos Tributários – CND como requisito prévio à participação em licitações é exemplo de sanção política.

C) De acordo com entendimento pacífico do Superior Tribunal de Justiça, a Fazenda Pública tem legitimidade e interesse para requerer a falência da empresa insolvente devedora de tributos.

D) A retenção de mercadoria pelo tempo estritamente necessário à lavratura do auto de infração não configura sanção política.

E) Segundo recente entendimento do Supremo Tribunal Federal, não se admite o cancelamento da inscrição da empresa no cadastro de contribuintes de determinado imposto em razão de dívidas tributárias, ainda que comprovados intuito deliberado de não pagar o imposto e violação à livre concorrência.

7. (Cespe – Juiz de Direito Substituto – AM/2016) Considerando que a fazenda pública deve observar os princípios constitucionais para a legítima cobrança de tributos, assinale a opção correta com base na jurisprudência do STF.

A) Para o STF, é constitucional a apreensão de mercadorias como forma de obrigar o devedor a pagar os tributos devidos.

B) A exigência, pela fazenda pública, de prestação de fiança para a impressão de notas fiscais de contribuintes em débito com o fisco viola as garantias do livre exercício do trabalho, ofício ou profissão, da atividade econômica e do devido processo legal.

C) É constitucional a exigência de depósito prévio como requisito de admissibilidade de ação judicial na qual se pretenda discutir a exigibilidade de crédito tributário.

D) A imunidade tributária dos impostos sobre a renda não alcança as empresas públicas prestadoras de serviços públicos.

E) Norma local que condicione a concessão de regime especial de tributação à apresentação de certidão negativa de débitos tributários não constitui meio indireto de cobrança de tributo.

8. (FMP – Procurador do Estado – AC/ 2012) Assinale a alternativa incorreta.

A) O IPI (Imposto sobre Produtos Industrializados) não está sujeito ao princípio da anterioridade tributária anual, mas se submete ao princípio da anterioridade tributária nonagesimal.

B) O IOF (Imposto sobre operações de Crédito, Câmbio, Seguro, Títulos e Valores Mobiliários) pode, nos limites da lei, ter suas alíquotas alteradas por ato do Poder Executivo.

C) O IR (Imposto sobre a Renda e Proventos de qualquer natureza) está sujeito ao princípio da anterioridade tributária anual, mas não se submete ao princípio da anterioridade tributária nonagesimal.

D) O II (Imposto sobre a Importação) é de competência da União Federal, mas poderá, nas hipóteses previstas na Constituição Federal, ser cobrado e fiscalizado pelos Estados-membros que se situam nas fronteiras do território nacional.

9. (Vunesp – Procurador Município – Prefeitura São Paulo – SP/2014) Determina a Constituição Federal que, sempre que possível, os impostos terão caráter pessoal e serão graduados segundo a capacidade econômica do contribuinte, facultado à administração tributária, especialmente para conferir efetividade a esses objetivos, identificar, respeitados os direitos individuais e nos termos da lei, o patrimônio, os rendimentos e as atividades econômicas do contribuinte. Referida determinação reflete um princípio que, por seu turno, é corolário do princípio tributário da

(A) imposição do efeito confiscatório.

(B) isonomia tributária.

(C) anterioridade.

(D) irretroatividade.

(E) parafiscalidade.

GABARITO

1 – D	2 – D	3 – A
4 – D	5 – A	6 – D
7 – B	8 – D	9 – B

CAPÍTULO 5

COMPETÊNCIA TRIBUTÁRIA E IMUNIDADES TRIBUTÁRIAS

1. COMPETÊNCIA TRIBUTÁRIA

1.1 Definição

A doutrina costuma definir competência tributária como a aptidão dos **entes políticos** (União, Estados, Distrito Federal e Municípios) para instituir, por meio de lei e em abstrato, tributos que lhe foram conferidos pela Constituição Federal, não só pelas normas atributivas, mas também pelas normas de imunidade (impedimentos constitucionais à tributação). É dizer, a competência tributária de um ente é extraída não só de uma norma constitucional que confere a um ente determinado tributo a ser instituído, já que as normas constitucionais que imunizam pessoas ou materialidades econômicas de tributos também participam do desenho das competências tributárias dos entes políticos.

A competência tributária contrapõe-se ao poder tributário, pois enquanto este é absoluto e soberano, exercido pelo constituinte originário, a competência é juridicamente limitada pela Constituição[1].

1. "Ao poder tributário juridicamente delimitado (...) dá-se o nome de competência tributária. A palavra poder alberga a ideia de mando ilimitado. O direito existe para impor limites ao poder. (...) A palavra competência traduz a ideia de poder limitado (...) Em um momento pré-constitucional, portanto, é adequada a alusão ao poder de tributar, mas depois de promulgada a Constituição é mais adequado falar-se em competência tributária." (MACHADO, 2005, p. 50).

Do mesmo modo, a competência tributária não se confunde com a competência para legislar sobre direito tributário. A primeira diz respeito, necessariamente, à instituição de tributo, tal como definido no art. 3º do CTN[2]; é, portanto, a criação de tributo mediante a previsão legal de todos os elementos necessários para sua exigência (materialidade sobre a qual recai a incidência, base de cálculo, alíquota, sujeito passivo etc.). Já a competência para legislar sobre direito tributário é mais ampla, pois abrange qualquer matéria tributária, como as normas gerais de direito tributário, a criação de regimes especiais de tributação, a instituição de deveres instrumentais à fiscalização tributária como o fornecimento de documentos (obrigações acessórias) e até mesmo as normas de responsabilidade tributária (eleição de pessoa que não pratica o fato gerador e que mesmo assim deve recolher o tributo).

A competência para legislar sobre direito tributário é concorrente entre a União, os Estados e o Distrito Federal, conforme determina o art. 24, I da CF. No âmbito da legislação concorrente, a competência da União limitar-se-á a estabelecer normas gerais (CF, art. 24, § 1º). Em caso de inércia do legislador da União na edição de normas gerais, os Estados exercerão a competência legislativa plena, para atender a suas peculiaridades (CF, art. 24, § 3º).

Com base nesse regramento constitucional, o STF entende legítima a competência legislativa dos Estados em relação às normas gerais do Imposto sobre Propriedade de Veículos Automotores (IPVA). Como esse imposto estadual não possui a definição de suas normas gerais (fato gerador, base de cálculo e contribuintes) no CTN, a inexistência de lei complementar da União sobre suas normas gerais abre espaço para a competência legislativa plena dos Estados nessa matéria (**RE 191.703 AgR**, j. 19.03.2001).

1.2 Características da competência tributária

a) Privatividade – em regra, a atribuição de competência tributária a um ente implica a exclusão do outro ente. Paulo de Barros Carvalho (2013, p. 220) lembra que nos Territórios Federais, compete à União os impostos estaduais, e, se o Território não for dividido em Municípios, também os impostos municipais (CF, 147). Além disso, a União pode instituir na iminência

2. CTN, art. 3º. Tributo é toda prestação pecuniária compulsória, em moeda ou cujo valor nela se possa exprimir, que não constitua sanção de ato ilícito, instituída em lei e cobrada mediante atividade administrativa plenamente vinculada.

ou no caso de guerra externa, impostos extraordinários, **compreendidos ou não em sua competência tributária** (CF, 154, II). Por isso, rigorosamente, só os impostos da União são privativos, não podendo ser instituídos por nenhum outro ente.

A privatividade se manifesta também nos tributos vinculados (como as taxas exigidas em razão da prestação de serviço público ou do exercício do poder de polícia), mesmo nos casos de competência administrativa comum. Em se tratando de um serviço público atribuído constitucionalmente a todos os entes da Federação, a competência tributária continua privativa, pois a respectiva taxa só pode ser instituída pelo ente que desempenha o serviço que a enseja[3].

b) Indelegabilidade – a competência tributária não admite delegação, só podendo ser exercida pelo ente definido em norma constitucional. A delegação de competência tributária por lei do ente competente significaria uma alteração da Constituição por via oblíqua, o que não é possível diante da rigidez do texto constitucional.

Nesse sentido, o art. 7º do CTN dispõe que a competência tributária é indelegável, permitindo-se, contudo, a delegação a **pessoa jurídica de direito público** das funções de **arrecadar ou fiscalizar** tributos[4].

Tratando de outro tema, o § 3º do mesmo art. 7º do CTN[5] preceitua que não constitui delegação de competência o cometimento, a **pessoas de direito privado**, do encargo ou da função de **arrecadar tributos.** Nessa hipótese do art. 7º, § 3º do CTN, não estamos diante da transferência das funções de arrecadação e fiscalização de tributos (capacidade tributária ativa), como ocorre no art. 7º, *caput*.

O art. 7º, § 3º trata apenas de atos meramente mecânicos e burocráticos de arrecadação do tributo, como o recolhimento de valores em guias de arrecadação nas agências bancárias. Não se confunde com a delegação de capacidade tributária ativa prevista no art. 7º, *caput*, apenas para pessoas jurídicas de direito público, o que abrange todos os atos necessários à

3. "Temos para nós que, também em relação aos tributos vinculados, a competência tributária de cada pessoa política é rígida, privativa e indelegável. (...) as taxas e as contribuições de melhoria só podem ser criadas pela pessoa política que: a) possuir competência administrativa para realizar a atuação estatal (...); e b) tiver regulado, por meio de lei, tal atuação." (CARRAZZA, 2015, p. 767).

4. CTN, art. 7º: "A competência tributária é indelegável, salvo atribuição das funções de arrecadar ou fiscalizar tributos, ou de executar leis, serviços, atos ou decisões em matéria tributária, conferida por uma pessoa jurídica de direito público a outra (...)".

5. CTN, art. 7º, § 3º: "Não constitui delegação de competência o cometimento, a pessoas de direito privado, do encargo ou da função de arrecadar tributos.".

satisfação do crédito tributário, desde os atos de fiscalização, como a abertura de procedimentos investigatórios e a lavratura de auto de infração, até a emissão de certidão de dívida ativa e o ajuizamento de execução fiscal.

Ou seja, a "função de arrecadar" tributo prevista no art. 7º, § 3º não é exatamente a mesma "função de arrecadar" tributo prevista no art. 7º, *caput*, pois esta última, ao contrário da primeira, inclui medidas coercitivas de satisfação do crédito tributário, como a emissão de certidão de dívida ativa e a cobrança por meio de execução fiscal.

Dessa maneira, um tributo da União pode ter sua arrecadação e fiscalização delegadas a outra pessoa jurídica de direito público, como uma autarquia federal. Seria o caso, por exemplo, de uma contribuição previdenciária de competência da União ser exigida por meio do Instituto Nacional do Seguro Social (INSS, autarquia federal), que poderia inclusive fiscalizar o tributo por auditores próprios e executar a dívida tributária por meio de seus procuradores judiciais[6]. Outro exemplo da delegação de capacidade tributária ativa pode ser encontrado na autorização constitucional para que o Imposto Territorial Rural (imposto da União) seja fiscalizado e cobrado pelos Municípios que assim optarem (CF, art. 153, § 4º, III).

Temos então que a arrecadação e a fiscalização de tributos, funções delegáveis, representam a chamada capacidade tributária ativa, que não se confunde com a competência tributária. A capacidade tributária ativa possui natureza administrativa, podendo ser transferida a outrem por meio de lei, enquanto a competência tributária, indelegável, possui natureza legislativa (COSTA, 2014, p. 168).

Em síntese:

- **Competência tributária** – faculdade de instituir tributos por meio de lei – **indelegável.**
- **Capacidade tributária ativa** – atribuição de arrecadar (inclusive coercitivamente) e fiscalizar tributos – **delegável apenas a pessoas jurídicas de direito público.**
- **Arrecadação de tributos prevista no art. 7º, § 3º do CTN** – função mais limitada que se limita ao encargo de receber o pagamento de tributo, não envolvendo sua exigência por meios coercitivos – **delegável a pessoas jurídicas de direito privado.**

6. Assim ocorria antes de a Lei 11.457/2007 ter unificado a arrecadação e a fiscalização dos tributos federais, inclusive as contribuições previdenciárias, sob a responsabilidade da Receita Federal do Brasil e da Procuradoria-Geral da Fazenda Nacional, órgãos (sem personalidade jurídica) da União.

c) Incaducabilidade – o não exercício da competência tributária, ainda que por um longo lapso de tempo, não acarreta sua perda. O art. 8 º do CTN é didático ao enunciar que **"o não exercício da competência tributária não a defere a pessoa jurídica de Direito Público diversa daquela a que a Constituição a tenha atribuído"**. Bom exemplo dessa característica é o imposto sobre grandes fortunas, de competência da União, que desde a Constituição de 1988 não foi instituído.

d) Inalterabilidade – não é possível a alteração da competência por ato **infraconstitucional**. O que se admite é a alteração das competências por emenda constitucional, desde que não prejudique a autonomia financeira dos entes federativos, uma vez que a forma federativa de Estado é cláusula pétrea (CR, art. 60, § 4º, I)[7]. Exemplo de alteração da competência tributária pelo constituinte reformador é a criação da Contribuição sobre Iluminação Pública (CF, art. 149-A, introduzido pela EC 39/2002), de competência dos Municípios.

e) Irrenunciabilidade – apesar de o ente não ser obrigado a exercitar sua competência, não pode a esta renunciar em favor de outro ente. A pessoa política competente não pode, por exemplo, legislar no sentido de que decidiu pela renúncia de sua competência tributária. Nesse sentido, dispõe o art. 8º do CTN: "o não-exercício da competência tributária não a defere a pessoa jurídica de direito público diversa daquela a que a Constituição a tenha atribuído".

f) Facultatividade – a atribuição de competência tributária não é um mandamento obrigatório para que os entes políticos instituam seus tributos, que podem deixar de fazê-lo total ou parcialmente por livre decisão política. Não existe uma imposição aos entes políticos para que estes exercitem sua competência tributária. Assim é que a União não é obrigada a instituir o imposto sobre grandes fortunas, que remanesce sem ser instituído desde a promulgação da Constituição de 1988.

Paulo de Barros Carvalho aponta como exceção à facultatividade da competência tributária a instituição do ICMS, que seria obrigatória, sob pena de se permitir a instalação de uma guerra fiscal:

> "(...) a exceção vem aí para solapar o caráter de universalidade da proposição: refiro-me ao ICMS. Por sua índole eminentemente nacional,

---

7. "Já quanto à inalterabilidade da competência tributária, somente é verdadeiro afirmá-lo se considerarmos a impossibilidade de modificação de seus contornos pelo próprio legislador infraconstitucional, porquanto por meio de emenda, ainda que existam sérias limitações (art. 60, § 4º, CR), é possível realizar alterações." (COSTA, 2014, p. 66).

não é dado a qualquer Estado-membro ou ao Distrito Federal operar por omissão, deixando de legislar sobre esse gravame. Caso houvesse uma só unidade da federação que empreendesse tal procedimento e o sistema do ICMS perderia consistência, abrindo-se ao acaso das manipulações episódicas, tentadas com tanta frequência naquele clima que conhecemos por 'guerra fiscal'. Seria efetivamente um desastre para a sistemática impositiva da exação que mais recursos carreia para o erário do País. O ICMS deixaria, praticamente, de existir." (CARVALHO, 2013, p. 222).

Deve ser esclarecido ainda que não há incompatibilidade entre a facultatividade da competência tributária e o artigo 11 da Lei de Responsabilidade Fiscal (LC 101/2000), que assim dispõe:

> LC 101/2000, art. 11: Constituem requisitos essenciais da responsabilidade na gestão fiscal a instituição, previsão e efetiva arrecadação de todos os tributos da competência constitucional do ente da Federação. Parágrafo único. É vedada a realização de transferências voluntárias para o ente que não observe o disposto no *caput*, no que se refere aos impostos.

Primeiramente, o *caput* traz um conceito infraconstitucional de gestão fiscal responsável, que abrange a instituição, previsão e efetiva arrecadação de todos os tributos de competência do ente político. Esse conceito legal não é capaz de derrogar a facultatividade da competência tributária. O ente da Federação continua sendo livre para decidir a respeito da instituição ou não de seus tributos.

Já o parágrafo único traz uma consequência negativa (vedação de acesso a transferências voluntárias) para o ente que não adotar a gestão fiscal responsável prevista no *caput*. Deve ficar claro que não há uma obrigação legal à instituição de tributos, mas apenas uma desvantagem decorrente da omissão do ente. Por isso, a Lei de Responsabilidade Fiscal não traz uma obrigatoriedade à instituição de tributos, restando preservada a facultatividade da competência tributária.

1.3 Competência tributária e repartição de receitas

A competência tributária não é prejudicada na eventualidade de certo tributo possuir sua receita partilhada com outros entes da Federação, diversos do titular da competência. O art. 6º, parágrafo único, do CTN é expresso nesse sentido:

> Os tributos cuja receita seja distribuída, no todo ou em parte, a outras pessoas jurídicas de direito público pertencem à competência legislativa daquela a que tenham sido atribuídos.

A título de exemplo, o fato de o Município ter direito a parte da arrecadação de um tributo federal não impede a União de conceder isenção dessa exação, mesmo diante de prejuízo aos cofres municipais.

A doutrina majoritária reconhece, igualmente, que o titular da competência tributária não possui restrição à liberdade de conceder isenções pelo fato de o tributo possuir sua receita partilhada. Em outras palavras, "o direito de participar do produto da arrecadação de dado tributo não atribui ao partícipe nenhuma parcela de competência legislativa ou impositiva sobre o mesmo tributo" (DERZI, 2015, p. 64)[8].

O Supremo encampou a orientação acima no **RE 705.423** (j. 17.11.2016), sujeito à sistemática de **repercussão geral**. Nesse julgamento, a controvérsia dizia respeito ao impacto dos benefícios ficais concedidos pela União em relação ao IR e ao IPI, que possuem parte de sua receita destinada ao Fundo de Participação dos Municípios.

Entendeu o STF que a expressão "produto da arrecadação", prevista no artigo 159, I, da Constituição, deve ser interpretada como resultado efetivo, e não potencial, da arrecadação dos impostos. A competência tributária, desse modo, abrange a plena disposição sobre os tributos constitucionalmente outorgados ao ente político, que possui liberdade não apenas para instituir ou não o tributo, como também para conceder isenção ou qualquer outra espécie de benefício fiscal. Além disso, a autonomia financeira dos municípios não reduz a competência tributária da União, mesmo em relação aos tributos federais cujo produto da arrecadação seja parcialmente destinado à municipalidade.

A tese de repercussão geral restou fixada nos seguintes termos:

> "É constitucional a concessão regular de incentivos, benefícios e isenções fiscais relativos ao Imposto de Renda e Imposto sobre Produtos

8. No mesmo sentido: "a repartição das receitas tributárias (...) não faz com que a exigência fiscal deixe de pertencer à competência da pessoa política constitucionalmente indicada, em razão da indelegabilidade da competência tributária" (COSTA, 2014, p. 167); "A participação ou distribuição não influi na competência da Pessoa de Direito Público Interno, à qual é atribuído o imposto. (...) Se isenta ou não tributa, essa atitude política não gera qualquer direito para as outras Pessoas de Direito Público que se beneficiaram pela participação ou distribuição" (BALEEIRO, 2015, p. 64); "Só há falar em participação no produto da arrecadação do tributo após ele ter sido instituído pela pessoa política competente e nascido com a ocorrência do fato imponível. (...) a pessoa política 'participante' não adquire o direito de tributar (...) o que a Constituição faz é estipular que, na hipótese de ser criado o tributo, pela pessoa política competente, o produto de sua arrecadação será total ou parcialmente destinado a outra pessoa política." (CARRAZZA, 2015, p. 798-799).

Industrializados por parte da União em relação ao Fundo de Participação de Municípios e respectivas quotas devidas às Municipalidades".

É preciso ainda comparar esse julgado com outro, também do STF e em **repercussão geral**. Trata-se do **RE 572.762** (j. 18.06.2008), onde se decidiu que o produto da arrecadação do ICMS pertencente aos Municípios nos termos do art. 158, IV, da CF[9] não pode sujeitar-se a condição prevista em programa de benefício fiscal de âmbito estadual[10]. Na ementa desse julgado o STF deixou expresso que essa parcela do ICMS pertence de pleno direito aos Municípios, afirmação que não é compatível com o entendimento consolidado no **RE 705.423 (repercussão geral**, j. 17.11.2016), onde se entendeu que o direito a parte do produto da arrecadação de um imposto de outro ente não interfere na liberdade do ente competente para conceder isenções.

Há, contudo, uma diferença sutil entre os precedentes. O RE 572.762 não se referia a isenção, mas sim a **postergação do pagamento de tributo**, e, consequentemente, do repasse da parcela do produto da arrecadação. Ou seja, este julgamento tratou de um caso em que o tributo era exigido, mas sua arrecadação era diferida[11]. O RE 705.423, por outro lado, abordou a renúncia de receita por meio de isenção do tributo cujo resultado era partilhado com os Municípios.

Por outro lado, a afirmação de que "a parcela do ICMS a que se refere o art. 158, IV da CF pertence de pleno direito aos Municípios" (também constante da ementa do RE 572.762), a nosso ver, é inconciliável com a tese de repercussão geral fixada no RE 705.423, segundo a qual o direito dos Municípios a parte do produto da arrecadação de imposto federal não impede a concessão de isenções pelo ente titular da competência tributária.

Acreditamos que irá prevalecer a tese da inexistência de restrições à faculdade de conceder isenções de tributos cuja receita seja partilhada com outros entes federativos[12].

---

9. CF, art. 158. Pertencem aos Municípios: (...) IV – vinte e cinco por cento do produto da arrecadação do imposto do Estado sobre operações relativas à circulação de mercadorias e sobre prestações de serviços de transporte interestadual e intermunicipal e de comunicação.
10. No mesmo sentido: ADI-MC 2405, j. 06.11.2002.
11. "o tributo em tela já havia sido efetivamente arrecadado, sendo forçoso reconhecer que o Estado, ao reter a parcela pertencente aos Municípios, interferiu indevidamente no sistema constitucional de repartição de rendas" Voto do relator Ministro Ricardo Lewandowski.
12. Um indício dessa tendência seria a suspensão da súmula vinculante 30, que possui a seguinte redação: "É inconstitucional lei estadual que, a título de incentivo fiscal, retém parcela do ICMS pertencente aos municípios". O enunciado foi publicado em 03.02.2010 e suspenso logo em seguida.

1.4 Bitributação e *Bis in idem*

A bitributação e o *bis in idem* tributário são dois conceitos importantes no estudo da competência tributária.

O primeiro conceito diz respeito à tributação de uma específica materialidade econômica por mais de uma pessoa política. **A bitributação pode ser interna, quando ocorre num interior de um único sistema jurídico**, como seria o caso de um Estado e um Município tributarem ao mesmo tempo o mesmo fato gerador em relação a um mesmo sujeito passivo.

Em geral, a delimitação de competências tributárias na Constituição impede a bitributação interna. Excepcionalmente, contudo, há espaços constitucionais em que se permite a concorrência de entes políticos na tributação de um mesmo fato, como no caso dos impostos extraordinários de guerra, em que a União pode tributar fatos econômicos atribuídos à competência estadual ou municipal[13].

Pode ainda ocorrer a **bitributação internacional**, que por sua vez pode ser jurídica ou econômica. A dupla tributação internacional jurídica se dá quando mais de um Estado soberano tributa a renda ou o capital **de uma mesma pessoa.** Já a dupla tributação econômica ocorre quando mais de um Estado soberano tributa duas pessoas distintas em relação a uma mesma renda ou capital[14]. Essa última situação ocorreria se um Estado tributasse o lucro de uma empresa e outro Estado tributasse os dividendos derivados do mesmo lucro, quando distribuídos aos sócios. Os tratados contra a dupla tributação visam evitar apenas a bitributação internacional jurídica.

Já o ***bis in idem* tributário** ocorre quando **um mesmo fato gerador é tributado mais de uma vez por uma mesma pessoa política.** Esse expediente seria em regra vedado, ressalvando-se as situações admitidas na própria Constituição. Um bom exemplo é a incidência concomitante do Imposto de Renda de Pessoa Jurídica (IRPJ) e da Contribuição Social sobre o Lucro Líquido (CSLL) sobre o lucro auferido pelas empresas. O STF, no **RE 138.284** (j. 01.07.1992), assentou a legitimidade da exigência da CSLL cumulativamente com o IRPJ, justamente por conta da autorização constitucional para a cobrança das contribuições[15].

---

13. CF, art. 154. A União poderá instituir: (...) II – na iminência ou no caso de guerra externa, impostos extraordinários, **compreendidos ou não em sua competência tributária**, os quais serão suprimidos, gradativamente, cessadas as causas de sua criação.

14. OECD, 2017, Model Tax Convention on Income and on Capital: Condensed Version 2017, OECD Publishing.

15. Voto do relator Ministro Carlos Velloso: "Nem seria possível a utilização do argumento de que teríamos, no caso, bis in idem – o lucro das pessoas jurídicas constituindo fato gerador do imposto sobre a renda

O STF tem o entendimento pacífico no sentido de que, tratando-se de contribuição, **a Constituição não proíbe a coincidência de sua base de cálculo com a do imposto, o que é vedado relativamente às taxas.** (**RE 177.137**, j. 24.05.1995).

Esse entendimento foi reafirmado em sede de **repercussão geral**, no **RE 883.542** (j. 02.06.2017), onde se rechaçou a alegação de inconstitucionalidade da cobrança da contribuição sindical rural simultaneamente com o imposto territorial rural. Mesmo diante da identidade de sujeito ativo (União) e base de cálculo (valor do imóvel rural) entre o imposto e a contribuição, o STF entendeu não haver impedimento constitucional para que as contribuições possuam a mesma base de cálculo dos impostos.

Curiosamente, o Supremo mencionou o instituto em análise como bitributação, e não como *bis in idem*, a despeito de a tributação cumulativa ser exigida de um único ente político[16].

2. IMUNIDADES TRIBUTÁRIAS

> CF, art. 150. Sem prejuízo de outras garantias asseguradas ao contribuinte, é vedado à União, aos Estados, ao Distrito Federal e aos Municípios: (...)
>
> VI – instituir impostos sobre: (...)

2.1 As Imunidades e as Competências Tributárias

Os entes políticos (União, Estados, Distrito Federal e Municípios) instituem tributos por meio de lei. E antes da lei instituidora do tributo, há as normas constitucionais que atribuem competência tributária.

Sendo assim, a competência tributária representa a autorização constitucional para que os entes editem lei criando tributos sobre determinadas situações, fatos e pessoas.

A competência tributária pode ser conferida de forma específica em relação a uma materialidade já prevista no texto constitucional, como, por

e da contribuição – por isso que é a Constituição que, expressamente, admite a contribuição sobre o lucro (C.F., art. 195, I)."

16. Tese de **repercussão geral** no **RE 883.542** (j. 02.06.2017): "A Contribuição Sindical Rural, instituída pelo Decreto-Lei 1.661/1971, não configura hipótese de bitributação e tal tributo foi recepcionado pela ordem constitucional vigente".

exemplo, a competência dos Estados para instituir imposto sobre a propriedade veículo automotor (CF, art. 155, III).

Pode acontecer também de a Constituição conferir competência para a instituição de um tributo sem prever a materialidade a ser observada pelo legislador, cuidando de estabelecer outros limites para conduzir a criação do tributo, como a necessária observância a uma finalidade constitucional. É o que ocorre, via de regra, com as contribuições especiais previstas no artigo 149 da Constituição (ressalvamos os casos em que, excepcionalmente, o constituinte prevê materialidades para essas contribuições, como o faturamento ou a receita, o valor aduaneiro, a folha de salários etc.).

> As imunidades tributárias participam da alocação de competências tributárias aos entes políticos. Ao invés, contudo, de atribuir competência para a instituição de determinado tributo, as imunidades atuam negativamente, impedindo que determinadas situações, fatos ou pessoas sejam tributados.

Em outras palavras, a imunidade impede que um ente político institua tributo sobre o recorte feito pela norma imunitória.

O fato de a imunidade atuar na composição e delimitação das competências tributárias possui uma implicação inafastável: as imunidades são normas constitucionais.

Esses dois traços (atuação negativa e *status* constitucional) fazem parte do núcleo do conceito das imunidades, abordado a seguir.

2.2 Conceito

O conceito das imunidades tributárias é objeto de várias abordagens doutrinárias. A seguir, reproduzimos algumas para então tentar extrair um denominador comum.

Para Luciano Amaro, imunidade é

> "técnica legislativa por meio da qual o constituinte exclui do campo tributável determinadas situações sobre as quais ele não quer que incida este ou aquele gravame fiscal (...). Não se trata de uma amputação ou supressão do poder de tributar, pela boa razão de que, nas situações imunes, não existe (nem preexiste) poder de tributar." (AMARO, 2005, p. 151)

Como se vê da definição acima, a imunidade participa, de forma simultânea e com a mesma relevância das normas atribuidoras de competências, da delimitação dos tributos conferidos a cada pessoa política.

Também pode ser destacado o esclarecimento de que a imunidade não suprime ou exclui a competência tributária, uma vez que competência e imunidade são normas que se complementam de modo simultâneo, não havendo que se falar em precedência ou posterioridade de uma em relação à outra. Nesse sentido, Misabel Derzi destaca que a imunidade "atua não de forma sucessiva no tempo, mas concomitantemente" (DERZI, 2015, p. 115).

A ideia de exclusão da competência tributária é criticada por Regina Helena Costa:

> "(...) afigura-se-nos incorreta a designação de imunidade como 'exclusão' ou 'supressão' da competência tributária, transmissora da falsa ideia de que esta existia e foi, posteriormente, afastada (...) a competência tributária já nasce desprovida do campo constitucionalmente imune" (COSTA, 2015, p. 49)

Podemos então dizer que onde há imunidade não há competência, do mesmo modo que onde há competência não há imunidade. Podemos inferir essa ideia da jurisprudência do STF, que já afirmou que a

> "**regra de imunidade compreende o reverso da atribuição de competência tributária**. Isso porque a norma imunitória se traduz em um decote na regra de competência, determinando a não incidência da regra matriz nas áreas protegidas pelo beneplácito concedido pelo constituinte." (**RE 385.091**, j 06.08.2013 - grifamos)

Ainda segundo Regina Helena, temos a seguinte definição:

> "exoneração, fixada constitucionalmente, traduzida em norma expressa impeditiva da atribuição de competência tributária ou extraível, necessariamente, de um ou mais princípios constitucionais, que confere direito público subjetivo a certas pessoas, (...) de não se sujeitarem à tributação." (COSTA, 2015, p. 58)

Do conceito acima se percebe que a imunidade pode ser constatada seja de texto expresso, seja de modo implícito. Misabel Derzi igualmente ressalta essa possibilidade de se reconhecer uma imunidade tributária sem que haja enunciação expressa, definindo a imunidade como "regra constitucional expressa (ou implicitamente necessária), que estabelece a não competência das pessoas políticas da federação para tributar certos fatos e situações" (DERZI, 2015, p. 115).

É possível ainda entender a imunidade como uma "hipótese de não-incidência constitucionalmente qualificada" (Amílcar de Araújo Falcão). Tal conceito, considerado tradicional, é inclusive reproduzido em algumas provas de concursos públicos.

Assim é que podemos entender a imunidade como uma **limitação ao poder de tributar** advinda de **norma constitucional, explícita ou implícita**, que **atua de modo negativo**, mas conjunta e simultaneamente com as normas atribuidoras de tributos às pessoas políticas, completando a delimitação das competências tributárias.

Por fim, vale lembrar que as **imunidades não excluem a atribuição, por lei, às entidades imunes, da condição de responsáveis** pelos tributos que lhes caiba reter na fonte, **e não as dispensa da prática de atos, previstos em lei, assecuratórios do cumprimento de obrigações tributárias por terceiros** (CTN, art. 9º, § 1º). Significa o dispositivo que as entidades imunes não estão livres do cumprimento das chamadas "obrigações acessórias", que dizem respeito, basicamente, a deveres de escrituração e documentação.

Características da imunidade:

- Norma constitucional;
- Explícita ou implícita;
- Atua negativamente;
- Participa da delimitação das competências tributárias;
- Não exonera o ente imune das obrigações acessórias.

2.3 Imunidades e isenções

Imunidades e isenções são espécies de normas que se assemelham por implicarem na ausência da tributação de determinado ato, fato ou pessoa. Ou seja, a função de tais normas é impedir a plenitude de uma regra de tributação, de modo concomitantemente à atribuição da competência tributária (no caso da imunidade), ou em relação àquela já existente (no caso da isenção).

Tais espécies de normas podem ser instituídas no intuito de privilegiar valores constitucionais fundamentais ou ainda como um instrumento de promoção de determinados objetivos econômicos e políticos mais específicos e setoriais. Também podem as duas normas ser aplicáveis a quaisquer tributos.

As diferenças entre os institutos, contudo, superam as semelhanças.

Como visto acima, a imunidade atua de modo conjunto e simultâneo com as normas que atribuem competência tributária aos entes políticos. As isenções, por outro lado, pressupõem a existência de uma competência tributária anterior para que possa agir, subtraindo o campo de incidência da norma tributante. Justamente por isso, a doutrina costuma afirmar que a imunidade atua plano da definição da competência, enquanto a isenção age no plano da definição da incidência, ou seja, no exercício da competência (AMARO, 2005, p. 281).

O *status* das duas espécies de normas é outro ponto distintivo. As imunidades são normas constitucionais, enquanto as isenções são normas infraconstitucionais. Por isso, mesmo quando a Constituição denomina de isenção uma norma constitucional que subtrai uma pessoa, bem ou situação da tributação dos entes políticos, estaremos diante de uma imunidade.

Um exemplo é o artigo 195, § 7º, que determina serem "**isentas**" de contribuição para a seguridade social as entidades beneficentes de assistência social que atendam às exigências estabelecidas em lei. Apesar de o texto do dispositivo falar em isenção, a natureza do instituto mencionado corresponde a imunidade. O STF, em várias decisões reconhece a natureza de imunidade da norma do artigo 195, § 7º da CF, como se pode ver da **ADI 2028** e do **MI 232**.

Ainda, as imunidades admitem interpretação extensiva e teleológica, ao contrário das isenções, que são guiadas por uma interpretação literal (que alguns preferem qualificar como "estrita", enquanto outros admitem uma interpretação "restritiva"). De fato, o CTN é expresso quanto à interpretação literal que deve ser conferida à legislação tributária que disponha sobre isenções (art. 111, II do CTN).

O próprio STF faz essa distinção, já tendo decidido que no "caso da imunidade das entidades beneficentes de assistência social, a Corte tem conferido interpretação extensiva à respectiva norma, ao passo que tem interpretado restritivamente as normas de isenção." (RE 385.091, j 06.08.2013)[17].

17. Encontramos julgado do STJ que aplica a interpretação restritiva também às imunidades: "Ademais, é cediço que as regras isentivas devem ser interpretadas restritivamente, nos termos do art. 111 do CTN. Por analogia, aplicável o citado artigo também às imunidades, pois qualquer benefício que excepcione o dever de cumprir obrigação tributária deve ser interpretado restritivamente." (STJ, REsp 1.052.830, j. 21.10.2008). Tal entendimento, contudo, parece-nos minoritário, e não deve ser adotado em provas de concursos públicos. Em provas, deve-se adotar o entendimento do STF de que as imunidades podem ter interpretação extensiva e teleológica.

Disso decorre outra distinção: as imunidades podem ser implícitas ou explícitas, enquanto as isenções só podem ser explícitas. Como exemplo de imunidade implícita, a doutrina cita o caso das repartições consulares estrangeiras, que não se sujeitam à tributação no Brasil por conta de um costume internacional, não obstante a Constituição seja silente a respeito (SCHOUERI, 2015, p. 426). Além disso, as imunidades ontológicas, a serem estudadas a seguir, são consideradas implícitas, pois independem de previsão expressa, decorrendo dos princípios constitucionais. As isenções, por outro lado, só podem ser explícitas, não sendo possível o reconhecimento de uma isenção através da interpretação sistemática ou teleológica. Não se reconhece uma isenção através de princípios genéricos e fundamentais, mas apenas através de um texto legal expresso e categórico.

No que diz respeito à diferenciação entre imunidade e isenção, merece ainda comentário a hipótese em que a Constituição atribui à lei complementar a incumbência de excluir da incidência do imposto sobre serviços as exportações de serviços para o exterior (CF, art. 156, § 3º, II). Em tal caso, não estamos diante de uma imunidade, pois o efeito prático de impedir a incidência tributária sobre operações de exportação de serviços só será verificado quando da atuação do legislador complementar. É dizer, a Constituição, por si só, não impede, nesse caso, a tributação das exportações de serviços, não sendo possível reconhecer uma imunidade.

O resultado concernente na exoneração tributária das exportações de serviços só ocorrerá após e se houver edição de lei complementar nesse sentido, razão pela qual se está diante de uma isenção, que se opera, portanto, em nível infraconstitucional.

Imunidade	x	Isenção
Status constitucional	x	Status infraconstitucional
Plano da definição da competência	x	Plano do exercício da competência
Interpretação teleológica	x	Interpretação literal
Pode ser implícita ou explícita	x	Só pode ser explícita

2.4 Classificação

São diversas as classificações doutrinárias das imunidades. Selecionamos a seguir apenas as mais relevantes para provas de concursos públicos.

a) Imunidades genéricas e específicas

Imunidades **genéricas** são as aplicáveis **a impostos** e previstas no art. 150, VI da CF. Essa exoneração constitucional denomina-se genérica por **se dirigir a todos os entes políticos e abarcar todos os impostos**. As imunidades genéricas, contudo, **não abrangem todos os tributos**, mas apenas os impostos (quaisquer impostos). Essa espécie de imunidade também é caracterizada por se destinar a preservar "valores constitucionais básicos, (...) de intensa carga axiológica" (COSTA, 2015, p. 138).

Imunidades **específicas** são as que **se dirigem a um ente político e a um tributo em particular**, sendo justificada por um objetivo setorial ou por valores de abrangência limitada. Exemplos dessas imunidades são as que se destinam a estimular as exportações, como a que libera as receitas decorrentes de exportação da incidência de contribuições sociais e de intervenção no domínio econômico (CF, art. 149, § 2º, I) ou ainda as que impedem a instituição do IPI sobre produtos industrializados destinados ao exterior (CF, art. 153, § 3º, II) e do ICMS sobre operações que destinem mercadorias para o exterior (CF, art. 155, § 2º, X, *a*).

b) Subjetivas, objetivas e mistas

Imunidades **subjetivas** são as conferidas em função de **características pessoais**, ou seja, sua justificativa está relacionada à proteção de uma pessoa que mereceu atenção especial do constituinte por conta de seus atributos próprios.

Os melhores exemplos de imunidade subjetiva são os relativos às pessoas políticas (CF, art. 150, VI, *a*), autarquias e fundações instituídas e mantidas pelo Poder Público (CF, art. 150, VI, § 2º), ou ainda os partidos políticos e suas fundações, as entidades sindicais dos trabalhadores, as instituições de educação e de assistência social sem fins lucrativos (CF, art. 150, VI, *c*).

As imunidades **objetivas**, por sua vez, são outorgadas para a **proteção de bens, fatos ou situações** que o constituinte julgou relevantes para a promoção de determinados valores. Apesar de beneficiarem, indiretamente, pessoas envolvidas nas operações relativas ao bem em questão (empresas e consumidores), o objetivo maior dessas imunidades é facilitar o acesso ou a aquisição de bens eleitos pela norma constitucional, por meio da redução de custo obtida com a exoneração.

O exemplo mais relevante de imunidade objetiva é a chamada imunidade cultural, que impede a instituição de impostos sobre livros, jornais, periódicos e o papel destinado a sua impressão (CF, art. 150, VI, *d*). Outro exemplo seria a imunidade sobre produtos industrializados destinados ao exterior (CF, art. 153, § 3º, II).

A imunidade **mista**, como o próprio nome denuncia, combina elementos das duas espécies anteriores, envolvendo **tanto aspectos subjetivos quanto objetivos**. É dizer, essa espécie de imunidade é concedida em função de condições pessoais (caráter subjetivo) e ao mesmo tempo em função de determinados bens (caráter objetivo).

> Como exemplo, temos a não incidência sobre pequenas glebas rurais, definidas em lei, quando as explore o proprietário que não possua outro imóvel (CF, art. 153, § 4º, II).

Para encerrar essa classificação, vale citar a observação de que, a rigor, toda imunidade acaba por beneficiar pessoas, seja pelas suas qualidades particulares, seja pela sua relação com bens, fatos ou situações. Nesse sentido, a doutrina afirma que "mesmo a chamada imunidade objetiva alcança pessoas, só que não por suas qualidades, características ou tipo de atividade que desempenham, mas porque relacionadas com determinados fatos, bens ou situações" (CARRAZZA, 2015, p. 842).

c) Imunidades ontológicas e políticas

Essa classificação diz respeito ao caráter fundamental ou não das imunidades, ou seja, se as imunidades se referem a valores nucleares e essenciais da Constituição, devendo ser reconhecidas independentemente de previsão expressa (**imunidades ontológicas**), ou se tratam de valores periféricos sujeitos a opções políticas do constituinte originário ou derivado (**imunidades políticas**).

Por conta disso, é comum a associação de que as imunidades **ontológicas** podem ser **explícitas no texto constitucional ou mesmo implícitas**, enquanto as imunidades **políticas** devem necessariamente ser **implícitas**.

As imunidades ontológicas são extraíveis dos princípios da isonomia e da capacidade contributiva, sem a exigência de texto expresso a reconhecendo. Nessa categoria temos a imunidade recíproca dos entes políticos e a imunidade das instituições de educação e de assistência social sem fins lucrativos. No último caso, não seria constitucional a exigência de tributos de tais entidades, uma vez que todos os seus recursos são voltados à satisfação das necessidades coletivas e do interesse público. Ou seja, tais instituições destinam todo seu patrimônio e todo o seu ganho ao bem comum, não havendo capacidade contributiva. Se o patrimônio dessas pessoas jurídicas de direito privado é integralmente destinado a atribuições públicas que são de responsabilidade do Estado, não faz sentido que este retire parcela desse patrimônio por meio de impostos.

No caso da imunidade recíproca, além do princípio da capacidade contributiva, aplica-se também o princípio da isonomia entre os entes políticos, o princípio da autonomia municipal e a forma federativa de Estado. Como a instituição de impostos pressupõe a supremacia da pessoa credora, que exige o imposto independentemente da vontade do devedor, não é cabível que um ente federativo exija imposto de outro, diante dos princípios já mencionados.

As imunidades políticas, por sua vez, são aquelas que dependem de previsão expressa, inserida na Constituição por conta de uma **opção política** do constituinte em privilegiar determinados valores ou metas. Apesar de tais valores serem considerados importantes pelo constituinte a ponto de legitimar a opção em exonerar uma situação ou bem ou pessoa da tributação, a imunidade não seria reconhecida por conta dos princípios previstos na Constituição. Não há, nesse caso, um princípio ou direito fundamental que seja suficiente para se reconhecer a impossibilidade de se tributar a situação, o bem ou a pessoa, sendo imprescindível a inserção da imunidade em uma norma específica. Bons exemplos são as imunidades dos templos de qualquer culto, das entidades sindicais de trabalhadores, dos partidos políticos e suas fundações e ainda a imunidade dos livros, jornais, periódicos e do papel destinado à sua impressão.

Um exemplo ainda mais evidente de imunidade política é a chamada imunidade musical, instituída pelo constituinte derivado. Com efeito, a emenda constitucional 75/2013 introduziu a vedação à instituição de impostos sobre fonogramas e videofonogramas musicais produzidos no Brasil contendo obras musicais ou literomusicais de autores brasileiros e/ou obras em geral interpretadas por artistas brasileiros bem como os suportes materiais ou arquivos digitais que os contenham, salvo na etapa de replicação industrial de mídias ópticas de leitura a laser.

Ora, se tal imunidade só passou a existir após sua inserção por meio de emenda constitucional, fica claro que sem a previsão expressa no texto constitucional não se podia extrair a imunidade em questão, sendo um caso de imunidade política.

A liberdade religiosa, a proteção dos trabalhadores por sindicatos, a atividade política e partidária, bem como a cultura e a educação são valores constitucionais importantes o suficiente para que o constituinte tenha **optado** por renunciar aos impostos que pudesse onerar as atividades relacionadas. Contudo, tais valores constitucionais não são fundamentais o suficiente para justificarem a imunidade independentemente de previsão constitucional expressa.

d) Imunidades condicionadas e incondicionadas

As imunidades **condicionadas** são aquelas que **dependem de regulamentação para sua produção de efeitos**, não sendo possível se aplicar a imunidade diretamente do texto constitucional, sem a existência de legislação regulamentadora. São veiculadas, desse modo, por meio de **normas constitucionais de eficácia limitada**, que não obrigam imediatamente seus destinatários, a não ser o legislador que passa a ter o dever de editar a respectiva legislação[18]. Exemplos: imunidade das instituições de educação e de assistência social sem fins lucrativos, que depende da atuação do legislador infraconstitucional para disposição sobre os requisitos a serem atendidos.

Imunidades **incondicionadas**, por outro lado, são as que **podem ser fruídas e aplicadas sem a necessidade de qualquer regulamentação legislativa prévia**. O próprio texto constitucional já oferece as balizas necessárias e suficientes para que a imunidade seja usufruída pelo seu beneficiário. São veiculadas por meio de **normas constitucionais de eficácia plena e aplicabilidade direta e imediata**. Incluímos nessa categoria a imunidade recíproca, a imunidade dos templos e a imunidade dos livros.

> A distinção é quanto à necessidade ou não de regulamentação para que a imunidade possa ser implementada e fruída pelos seus destinatários. É perfeitamente possível que uma imunidade incondicionada venha a ser, ainda que indiretamente, regulamentada (ainda que seja em relação à apresentação de documentação básica junto à administração tributária).

2.5 Imunidade recíproca

> CF, art. 150. Sem prejuízo de outras garantias asseguradas ao contribuinte, é vedado à União, aos Estados, ao Distrito Federal e aos Municípios: (...)
>
> VI – instituir impostos sobre: (...)
>
> a) patrimônio, renda ou serviços, uns dos outros; (...)

18. Registre-se a opinião contrária (que não recomendamos seja seguida em provas de concursos públicos) de que "a imunidade tributária não se abriga em normas constitucionais de eficácia limitada (...) Em decorrência desse raciocínio, a eventual hipótese de omissão legislativa não implicará a inviabilização da fruição da exoneração fiscal." (COSTA, 2015, p. 145).

2.5.1 Fundamento

A imunidade recíproca é embasada na igualdade entre os entes federativos. Não havendo superioridade ou prevalência entre tais entes, não se justifica a exigência de impostos entre eles.

Outro fundamento encontra-se no princípio da capacidade contributiva. Uma vez que todos os recursos das entidades políticas são voltados à satisfação das necessidades coletivas, não se verifica a capacidade contributiva necessária para a exigência de impostos. Fato é que "as pessoas jurídicas de Direito Público não têm capacidade contributiva. Tudo o que arrecadam já é voltado aos gastos da coletividade" (SCHOUERI, 2015, p. 424).

> Também o princípio federativo e a autonomia municipal servem de fundamento a essa vedação quanto à instituição de impostos. O STF já decidiu, inclusive, que a imunidade recíproca é uma garantia da Federação, cláusula pétrea prevista no art. 60, § 4º, I da CF (**ADI 939**, j. 15.12.1993).

Quanto à classificação, temos aqui uma imunidade **subjetiva, genérica e ontológica.**

Esta imunidade está prevista no art. 150, VI, *a* da CF, que veda à União, aos Estados, aos Municípios e ao Distrito Federal a instituição de impostos sobre patrimônio, renda ou serviços, uns dos outros.

Trata-se de proteção restrita à espécie tributária "impostos", o que não impede a incidência de outros tributos, como taxas e contribuições. Aliás, é comum que municípios em crise sejam devedores, perante a União, de grandes quantias referentes a contribuições previdenciárias. A **jurisprudência do STF**, inclusive, já afirmou que a imunidade recíproca não pode ser invocada na hipótese de contribuições previdenciárias (**ADI 2024**, j. 03.05.2007).

> A respeito dos tributos vinculados a uma atuação estatal (taxas e contribuições de melhoria), fica fácil perceber a inaplicabilidade da imunidade recíproca quando se tem em mente que tais tributos são devidos em razão de uma contraprestação específica do poder público. Por esse motivo, "empréstimos compulsórios cujo aspecto material revista a natureza de imposto estão, igualmente, abrangidos pela imunidade." (COSTA, 2015, p. 153). Caso o empréstimo compulsório possua fato gerador e base de cálculo de taxa, não há que se falar em imunidade.

2.5.2 "Patrimônio, renda ou serviços"

A referência do texto constitucional ao patrimônio, à renda e aos serviços protegidos deve ser bem compreendida.

Primeiramente, não há limitação quanto ao patrimônio, à renda ou aos serviços das pessoas políticas imunes, não havendo restrição quanto à afetação ou não a finalidades essenciais. **Pressupõe-se que todas as atividades dos entes federativos são vinculadas ao bem comum, justificando a imunidade** (nesse sentido, decisão monocrática no RE 635.517, j. 07.02.2013). A única limitação seria a exploração de atividade econômica (art. 150, § 3º da CF), tema a ser estudado em separado.

Além disso, a menção aos termos "**patrimônio, renda ou serviços**", utilizados como pontos de referência para definições de fatos geradores de impostos, não deve ser tomada em sentido estrito.

Isso porque já se chegou a sustentar o entendimento de que os impostos que não incidissem sobre bases referentes a patrimônio, renda e serviços, de acordo com a classificação do CTN, não seriam alcançados pela imunidade recíproca. O chamado imposto sobre "operações financeiras", que envolve materialidades como crédito e câmbio, por exemplo, não estaria abarcado pela imunidade recíproca caso se adotasse uma interpretação restrita das expressões "patrimônio, bens e serviços".

Essa tese, contudo, foi rechaçada pelo **Supremo Tribunal Federal**, segundo o qual os **critérios de classificação dos impostos adotados por normas infraconstitucionais não devem ser invocados para restringir a aplicação da imunidade recíproca** (**RE 210.251**, j. 17.11.1998). Em decisão mais recente, o STF reafirmou que a imunidade recíproca não é restrita aos impostos incidentes sobre o patrimônio, a renda ou o serviço, abrangendo qualquer imposto que possa comprometer o funcionamento do ente imune (ACO 502, j. 19.04.2010).

2.5.3 Imunidade recíproca e impostos indiretos

Controvérsia antiga diz respeito à imunidade recíproca em relação aos impostos indiretos. Em tais impostos, há um repasse do ônus econômico do tributo, surgindo daí uma separação entre o contribuinte de fato e o contribuinte de direito (ou contribuinte *de iure*). O primeiro seria aquele que suporta verdadeiramente o ônus do tributo, ou seja, o contribuinte do ponto de vista econômico. O contribuinte de direito, por sua vez, é o eleito pela norma tributária para figurar como sujeito passivo perante o ente público.

Imagine por exemplo o imposto sobre consumo ICMS. Apesar de o comerciante ser o obrigado a recolher o tributo perante o respectivo Estado, o consumidor adquirente da mercadoria é quem suporta o ônus econômico do ICMS, que se verifica no preço.

Diante dessa repercussão econômica nos impostos indiretos, surge a questão: devem-se imunizar os entes políticos mesmo nas operações em que ele não seja contribuinte de direito, mas sim o contribuinte de fato? Ou seja, caso um ente imune seja o adquirente de mercadorias ou de produtos industrializados, é possível argumentar que o ônus econômico do tributo suportado pelo ente imune justifica a aplicação da imunidade recíproca?

Apesar de a doutrina divergir a respeito[19], o STF possui uma orientação sólida sobre o tema desde a década de 1970, tendo inclusive cristalizado o entendimento na **súmula 591**: "A imunidade ou a isenção tributária do comprador não se estende ao produtor, contribuinte do IPI". Listamos a seguir julgados representativos do entendimento da Corte constitucional:

> "O contribuinte *de iure* é o industrial ou produtor. Não é possível opor à forma jurídica a realidade econômica para excluir uma obrigação fiscal precisamente definida em lei. O contribuinte de fato é estranho à relação tributária e não pode alegar, a seu favor, a imunidade recíproca." (**RE 68.741**, j. 28.09.1970).
>
> "A imunidade do art. 150, VI, a, da Constituição somente se aplica ao imposto incidente sobre serviço, patrimônio ou renda do próprio ente beneficiado, na qualidade de contribuinte de direito" (**ARE /AgR 690.382**, j. 04.12.2012).
>
> "A imunidade prevista no artigo 150, inciso VI, alínea "a", do Diploma Maior, a impedir a instituição de impostos sobre patrimônio, renda ou serviços de pessoas jurídicas de direito público está umbilicalmente

19. Admitindo a imunidade quando o ente político for contribuinte de fato: "Se a imunidade recíproca for concebida de forma concreta e efetiva, então as situações nas quais os entes públicos, como adquirentes de mercadorias e produtos industrializados suportam, economicamente, a transferência do IPI ou do ICMS incidentes na operação, serão levadas em conta." (DERZI, 2015, p. 141). Em sentido contrário: "Problema surge no instante em que se traz ao debate a aplicabilidade da regra que imuniza a impostos cujo encargo econômico seja transferido a terceiros, como no IPI e no ICMS. Predomina a orientação no sentido de que tais fatos não seriam alcançados pela imunidade (...). A relação jurídica se instaura entre sujeito pretensor e sujeito devedor, sem que haja qualquer participação integrativa dos terceiros beneficiados." (CARVALHO, 2013, p. 194)

ligada ao contribuinte de direito, não abarcando o contribuinte de fato." (**AI/AgR 500.139**, j. 13.04.2011)

Por fim, o Tribunal Constitucional consolidou tese de **repercussão geral** em 2017, fixando-a nos seguintes termos:

> "A imunidade tributária subjetiva aplica-se a seus beneficiários na posição de contribuinte de direito, mas não na de simples contribuinte de fato, sendo irrelevante para a verificação da existência do beneplácito constitucional a repercussão econômica do tributo envolvido." (**RE 608.872**, j. 23.02.2017),

Como se vê, a jurisprudência optou por uma corrente mais consoante com as formas jurídicas, negando efeitos jurídicos à repercussão econômica dos tributos quando se está diante de reconhecimento de imunidade.

2.5.4 Imunidade recíproca extensiva

2.5.4.1 Finalidades essenciais

A imunidade recíproca não se limita apenas às pessoas políticas (União, Estados, Distrito Federal e Municípios), estendendo-se também às pessoas jurídicas de direito público da Administração Indireta (autarquias e fundações públicas). O benefício dos entes da Administração Indireta encontra-se previsto no art. 150, § 2º da CF:

> "A imunidade recíproca é extensiva às autarquias e às fundações instituídas e mantidas pelo Poder Público, no que se refere ao patrimônio, à renda e aos serviços, vinculados a suas finalidades essenciais ou às delas decorrentes."

As entidades de direito público da Administração Indireta são apenas uma extensão do ente político (*longa manus*), que igualmente perseguem fins públicos, devendo também se beneficiar da imunidade.

Contudo, ao contrário do que ocorre em relação às pessoas políticas, as autarquias e fundações públicas só farão jus à imunidade recíproca quanto ao exercício de suas finalidades essenciais ou às delas decorrentes.

Isso porque as entidades da Administração Indireta obedecem ao princípio da especialidade, segundo o qual tais pessoas não podem exercer toda e qualquer atividade pública, mas apenas as relativas aos fins previstos na lei que cria a pessoa jurídica de direito público[20].

Em síntese, a imunidade recíproca extensiva presta-se a proteger os serviços públicos que devem ser desempenhados pela autarquia ou fundação pública, podendo ainda abarcar as prestações decorrentes das finalidades essenciais. Não há uma proteção genérica e abrangente como ocorre com a imunidade dos entes políticos.

2.5.4.2 O caso "sui generis" da OAB

Os Conselhos de Profissão Regulamentada são autarquias, sendo assim beneficiadas pela imunidade. De fato, o Conselho de Medicina e o Conselho de Arquitetura e Engenharia, dentre outros, exercem atividade pública, sendo criados por lei e tendo a personalidade jurídica de direito público, conforme decidiu o STF na **ADI 1.717** (j. 07.11.2002), ao declarar inconstitucional o artigo 58 da Lei 9.649/98. **Para o STF, as atividades de fiscalização e punição nas profissões regulamentadas só podem ser exercidas por pessoas jurídicas de direito público.**

Em sendo assim, os Conselhos de Profissão Regulamentada fazem jus à imunidade recíproca extensiva.

A natureza jurídica da Ordem de Advogados do Brasil, contudo, não segue a mesma disciplina dos demais conselhos profissionais. Por força de entendimento do STF, a OAB não deve obedecer ao regime jurídico de direito público a que se submetem as autarquias (contratação por concurso público, obrigatoriedade de licitação etc.).

Para o STF, a OAB não se caracteriza como uma autarquia, não sendo parte da Administração Indireta federal como ocorre com os outros conselhos profissionais, sendo um "serviço público independente". Pela importância da decisão (**ADI 3.026**) em provas de direito administrativo e direito tributário, reproduzimos alguns de seus trechos mais relevantes:

> "(...) 2. Não procede a alegação de que a OAB sujeita-se aos ditames impostos à Administração Pública Direta e Indireta. 3. A OAB não é uma entidade da Administração Indireta da União. A Ordem é um serviço público independente, categoria ímpar no elenco das personalidades

20. CF, art. 37, XIX – somente por lei específica poderá ser criada autarquia e autorizada a instituição de empresa pública, de sociedade de economia mista e de fundação, cabendo à lei complementar, neste último caso, definir as áreas de sua atuação;

> jurídicas existentes no direito brasileiro. 4. A OAB não está incluída na categoria na qual se inserem essas que se tem referido como "autarquias especiais" para pretender-se afirmar equivocada independência das hoje chamadas "agências". 5. Por não consubstanciar uma entidade da Administração Indireta, a OAB não está sujeita a controle da Administração, nem a qualquer das suas partes está vinculada. Essa não-vinculação é formal e materialmente necessária. (...) 7. A Ordem dos Advogados do Brasil, cujas características são autonomia e independência, não pode ser tida como congênere dos demais órgãos de fiscalização profissional. A OAB não está voltada exclusivamente a finalidades corporativas. Possui finalidade institucional. 8. Embora decorra de determinação legal, o regime estatutário imposto aos empregados da OAB não é compatível com a entidade, que é autônoma e independente. 9. Improcede o pedido do requerente no sentido de que se dê interpretação conforme o artigo 37, inciso II, da Constituição do Brasil ao caput do artigo 79 da Lei n. 8.906, que determina a aplicação do regime trabalhista aos servidores da OAB. 10. Incabível a exigência de concurso público para admissão dos contratados sob o regime trabalhista pela OAB. (...)." **ADI 3026**, j. 08.06.2006.

Um raciocínio previsível a partir desse julgado seria o de que a OAB, não sendo autarquia, não teria direito a imunidade recíproca extensiva.

Esse não é, contudo o entendimento do STF!

Considerando a relevância pública das atividades exercidas pela OAB, o STF reconheceu que a entidade, **para fins de imunidade recíproca**, deve ter o mesmo tratamento de uma autarquia:

> "1. A imunidade tributária gozada pela OAB é da espécie recíproca, na medida em que a OAB desempenha atividade própria de Estado (defesa da Constituição, da ordem jurídica do Estado Democrático de Direito, dos direitos humanos, da justiça social, bem como a seleção e controle disciplinar dos advogados). 2. A imunidade tributária recíproca alcança apenas as finalidades essenciais da entidade protegida. (...)" (**RE/AgR 259.976**, j. 23.03.2010)

O resultado dos dois julgados acima reproduzidos é o de que a OAB é uma entidade *"sui generis"*, possuindo tratamento híbrido. Por um lado, não se sujeita a controle da Administração, não sendo obrigada a realizar licitações ou concursos públicos, além de os valores exigidos a título de anuidade não serem tributos (o que afasta os princípios constitucionais tributários da anterioridade e legalidade). Por outro lado, **as atividades**

exercidas pela OAB são de suma relevância, a ponto de serem consideradas atividades próprias de Estado (como a defesa da Constituição e da ordem democrática), o que justifica a fruição da imunidade.

Como já se viu, a imunidade recíproca extensiva é limitada pela correlação às finalidades essenciais. Isso significa que não são todas as atividades das autarquias e fundações públicas que serão protegidas pela imunidade, mas apenas aquelas que decorram de suas finalidades essenciais. Aplicando essa norma, **o STF excluiu a aplicação da imunidade recíproca à Caixa de Assistência de Advogados da OAB**, uma vez que sua finalidade não se presta a fomentar as atividades relevantes próprias de Estado que justificam a concessão de imunidade à OAB:

> "A Caixa de Assistência de Advogados instituída nos termos dos arts. 45, IV e 62 da Lei 8.906/1994, **não desempenha as atividades inerentes à Ordem** dos Advogados do Brasil. (defesa da Constituição, da ordem jurídica do Estado democrático de direito, dos direitos humanos, da justiça social Também não lhe compete privativamente promover a representação, a defesa, a seleção e a disciplina dos advogados em toda a República Federativa do Brasil). Trata-se de entidade destinada a prover benefícios pecuniários e assistenciais a seus associados. 2. Por não se revelar instrumentalidade estatal, a Caixa de Assistência dos Advogados não é protegida pela imunidade tributária recíproca (art. 150, VI, a da Constituição). 3. A circunstância de a Caixa de Assistência integrar a estrutura maior da OAB não implica na extensão da imunidade, dada a dissociação entre as atividades inerentes à atuação da OAB e as atividades providas em benefício individual dos associados. Recurso extraordinário conhecido e ao qual se dá provimento." (**RE 233.843**, j. 01.12.2009).

Podemos concluir resumidamente que a OAB é uma entidade *sui generis*, que apesar de não possuir a natureza jurídica de autarquia, é beneficiada pela imunidade recíproca extensiva. Essa benesse, contudo, não se estende à Caixa de Assistência de Advogados, que apesar de integrar a estrutura da OAB, não desempenha atividades próprias de Estado.

2.5.4.3 Exploração de atividade econômica e as empresas públicas e sociedades de economia mista

A imunidade recíproca, seja a dos entes políticos, seja a da administração indireta, é limitada pelo § 3º do artigo 150, que assim dispõe:

> § 3º As vedações do inciso VI, "a", e do parágrafo anterior não se aplicam ao patrimônio, à renda e aos serviços, relacionados com exploração de atividades econômicas regidas pelas normas aplicáveis a empreendimentos privados, ou em que haja contraprestação ou pagamento de preços ou tarifas pelo usuário, nem exonera o promitente comprador da obrigação de pagar imposto relativamente ao bem imóvel.

O texto acima dispõe que a imunidade recíproca não se aplica nem os entes políticos da Federação (CF, art. 150, inciso VI, *a*) nem às autarquias e fundações públicas (CF, art. 150, § 2º) no que se refere ao patrimônio renda ou serviços relacionados com a exploração de atividades econômicas. Também o recebimento de preços ou tarifas se revela incompatível com a imunidade recíproca[21].

Esse dispositivo consagra um dos fundamentos da imunidade recíproca: a ausência de capacidade contributiva. Se os entes públicos destinam seus recursos à persecução do bem comum, não há motivo para se exigir impostos. Se, por outro lado, a União, o Estado, o Município ou uma de suas autarquias ou fundações públicas atuam no mesmo campo dos particulares, desempenhando atividades regidas por normas aplicáveis aos empreendimentos privados, não há que se falar em imunidade.

Nesse último caso, há manifestação de capacidade contributiva. Além disso, a concessão de imunidade nessas hipóteses ameaçaria o princípio da livre concorrência, pois representaria um benefício fiscal que não seria usufruído pelos agentes privados.

Um raciocínio natural que se poderia extrair desse panorama é o de que as empresas públicas e sociedades de economia mista não podem ser beneficiadas pela imunidade recíproca, já que atuam no setor econômico.

Embora como regra geral essa conclusão seja verdadeira, há diversas exceções que podem ser encontradas na jurisprudência do STF.

As empresas públicas e sociedades de economia mista (espécies do gênero empresas estatais) compõem a Administração Indireta, apesar de possuírem personalidade jurídica de direito privado e serem instituídas para o exercício de atividade econômica.

21. "A imunidade também não beneficia as pessoas políticas enquanto exercem atividades econômicas, mediante contraprestação ou recebimento de preços ou tarifas. (...) as pessoas políticas são imunes quando exercem atividades econômicas sem contrapartida ou pagamento de preços ou tarifas pelo beneficiário." (CARRAZZA, 2015, p. 863)

Esses entes são criados após autorização legal[22], servindo como um instrumento de exploração de atividade econômica pelo Estado, quando essa atuação for justificada por imperativos de segurança nacional ou relevante interesse coletivo[23].

> Embora as empresas estatais tenham sido idealizadas para atuar no domínio econômico, há casos excepcionais em que uma empresa pública ou mesmo uma sociedade de economia mista desempenha serviços públicos estatais.

Apesar de se adotar a forma jurídica de empresa estatal, tendo personalidade jurídica de direito privado, as funções por ela exercidas diriam respeito a finalidades essencialmente públicas. Haveria, em essência, a prestação de um serviço público, tal como o desempenhado por uma autarquia ou fundação pública. Da mesma forma que as autarquias, as empresas estatais, enquanto prestadoras de serviços públicos, seriam uma extensão do ente político, fazendo jus à imunidade.

Um caso paradigmático é o dos Correios (Empresa Brasileira de Correios e Telégrafos – EBCT). Trata-se de ente da administração indireta criada sob a forma de empresa pública, que tem como finalidade a prestação de serviço exclusivo do Estado, qual seja, o serviço postal e o correio aéreo nacional, de competência da União (CF, art. 21, X).

Como a própria Constituição determina a competência da União para desempenhar o serviço postal e o correio aéreo nacional, a opção da União em instituir uma empresa pública para esse fim não seria suficiente para a retirada da imunidade. O patrimônio, a renda e o serviço da EBCT continuariam vinculados a uma finalidade essencial própria da União. Não se aplicaria o artigo 150, § 3º da CF, já que a EBCT estaria a prestar serviço público, e não a exercer atividade econômica:

> EMENTA: CONSTITUCIONAL. TRIBUTÁRIO. EMPRESA BRASILEIRA DE CORREIOS E TELÉGRAFOS: IMUNIDADE TRIBUTÁRIA RECÍPROCA: C.F., art. 150, VI, a. EMPRESA PÚBLICA QUE EXERCE ATIVIDADE ECONÔMICA E EMPRESA PÚBLICA PRESTADORA DE SERVIÇO PÚBLICO: DISTINÇÃO. I.

---

22. CF, art. 37, XIX – somente por lei específica poderá ser criada autarquia e autorizada a instituição de empresa pública, de sociedade de economia mista e de fundação, cabendo à lei complementar, neste último caso, definir as áreas de sua atuação.

23. CF, art. 173. Ressalvados os casos previstos nesta Constituição, a exploração direta de atividade econômica pelo Estado só será permitida quando necessária aos imperativos da segurança nacional ou a relevante interesse coletivo, conforme definidos em lei.

> – As empresas públicas prestadoras de serviço público distinguem-se das que exercem atividade econômica. A Empresa Brasileira de Correios e Telégrafos é prestadora de serviço público de prestação obrigatória e exclusiva do Estado, motivo por que está abrangida pela imunidade tributária recíproca: C.F., art. 150, VI, a. II. – R.E. conhecido em parte e, nessa parte, provido. (**RE 407.099**, j. 22.06.1999)

O mesmo entendimento foi aplicado em relação à INFRAERO, que também é uma empresa pública responsável pela prestação de serviços públicos:

> **"A INFRAERO, que é empresa pública, executa, como atividade-fim, em regime de monopólio, serviços de infra-estrutura aeroportuária constitucionalmente outorgados à União Federal, qualificando-se, em razão de sua específica destinação institucional, como entidade delegatária dos serviços públicos a que se refere o art. 21, inciso XII, alínea "c", da Lei Fundamental, o que exclui essa empresa governamental, em matéria de impostos, por efeito da imunidade tributária recíproca** (CF, art. 150, VI, "a"), do poder de tributar dos entes políticos em geral. (...) A submissão ao regime jurídico das empresas do setor privado, inclusive quanto aos direitos e obrigações tributárias, somente se justifica, como consectário natural do postulado da livre concorrência (CF, art. 170, IV), se e quando as empresas governamentais explorarem atividade econômica em sentido estrito, não se aplicando, por isso mesmo, a disciplina prevista no art. 173, § 1º, da Constituição, às empresas públicas (caso da INFRAERO), às sociedades de economia mista e às suas subsidiárias que se qualifiquem como delegatárias de serviços públicos." (**RE/AgR 363.412**, j. 07.08.2007).

Apesar de os julgados da EBCT e da INFRAERO terem mencionado a circunstância de o serviço público ser prestado sob o regime de monopólio (privilégio, para Eros Graus), em outra decisão, referente à PETROBRÁS, o STF afirmou ser **"irrelevante para definição da aplicabilidade da imunidade tributária recíproca a circunstância de a atividade desempenhada estar ou não sujeita a monopólio estatal"** (**RE/AgR 285.716**, j. 02.03.2010)

Continuando, **também é possível encontrar na jurisprudência do STF o reconhecimento da imunidade a sociedades de economia mista que prestam serviços públicos.**

É o caso da Companhia de Águas e Esgotos de Rondônia – CAERD, que teve a imunidade reconhecida na **Ação Cautelar 1.550** (j. 06.02.2007), julgada pelo **STF**. Nessa decisão, o Supremo entendeu que, a CAERD "é sociedade de economia mista prestadora do serviço público obrigatório de saneamento básico (abastecimento de água e esgoto sanitários) e, portanto, (...) está abrangida pela imunidade tributária (...)" (voto do relator Gilmar Mendes).

O traço comum das situações acima é a prestação de serviço público pela empresa estatal. Outros fatores, porém, passaram a ser analisados pelo STF. Assim é que no **RE 255.472** (j. 25.08.2010), o STF aplicou uma espécie de fórmula para a aplicação da imunidade recíproca com a verificação de três estágios:

> "a aplicabilidade da imunidade recíproca deve passar por três estágios (...): 1.1 (...) se aplica à propriedade, bens e serviços utilizados na satisfação dos objetivos institucionais imanentes dos entes federados (...); 1.2 Atividades de exploração econômica, destinadas primordialmente a aumentar o patrimônio do Estado ou de particulares, devem ser submetidas à tributação, por apresentarem-se como manifestações de riqueza. 1.3 A desoneração não deve ter como efeito colateral a quebra da livre concorrência."

Ainda no RE 253.472, o STF considerou a sociedade de economia mista CODESP (Companhia de Docas do Estado de São Paulo) imune, pois:

a) sua atividade, exploração de portos marítimos, fluviais e lacustres, caracteriza-se como serviço público;

b) o controle acionário da CODESP pertence em sua quase totalidade à União (99,97%);

c) não há indicação de risco de quebra do equilíbrio concorrencial ou de livre iniciativa, eis que ausente comprovação de que a CODESP concorra com outras entidades em seu campo de atuação.

Da exposição acima, pode-se concluir que, se preenchido o requisito de "prestação de serviço público", deve-se ainda assegurar que a imunidade sobre a atividade exercida não representa violação ao princípio da livre concorrência.

> Não se pode esquecer que o serviço público também pode ser prestado por empresas privadas (**concessionárias e permissionárias** reguladas na Lei 8.987/95) e com intuito lucrativo, como no caso do serviço de transporte urbano. Nesse caso, **não há que se falar em imunidade**: "a prestação de serviços públicos mediante empresas privadas detentoras de concessão ou permissão não é alcançada pela vedação da exigência de impostos, pelo simples fato de que estas exploram economicamente a prestação de serviço público." (COSTA, 2015, p. 160). Justamente pelos **serviços notariais e de registros públicos** serem desenvolvidos **com intuito lucrativo**, o STF permitiu a sua **tributação pelo ISS**, afastando-lhes a imunidade (**ADI 3089**, j. 13.02.2008).

O outro ponto a ser conferido, correspondente à detenção de controle acionário ou predominância no capital social, refere-se à certificação de que a sociedade de economia mista corresponde a uma instrumentalidade estatal, ou seja, a uma *longa manus* do Estado. A importância dessa análise foi consagrada em julgado submetido a **repercussão geral:**

> "A prestação de ações e serviços de saúde por sociedades de economia mista corresponde à própria atuação do Estado, desde que a empresa estatal não tenha por finalidade a obtenção do lucro. As sociedades de economia mista prestadores de ações e serviços de saúde, **cujo capital social seja majoritariamente estatal**, gozam da imunidade recíproca." (**RE 580.264**, j. 16.12.2010 – grifamos).

De modo contrário, a **Petrobrás** não possui a imunidade recíproca a seu favor, já que visa o lucro (o que implica na existência de capacidade contributiva) e não a prestação de serviços públicos.

> "2. É irrelevante para definição da aplicabilidade da imunidade tributária recíproca a circunstância de a atividade desempenhada estar ou não sujeita a monopólio estatal. **O alcance da salvaguarda constitucional pressupõe o exame (i) da caracterização econômica da atividade (lucrativa ou não), (ii) do risco** à **concorrência e** à **livre-iniciativa e (iii) de riscos ao pacto federativo pela pressão política ou econômica**. 3. A imunidade tributária recíproca não se aplica à Petrobrás, pois: 3.1. Trata-se de sociedade de economia mista destinada à exploração econômica em benefício de seus acionistas, pessoas de direito público e privado, e a salvaguarda não se presta a proteger aumento patrimonial dissociado de interesse público primário; 3.2. A Petrobrás visa a distribuição de lucros, e, portanto, tem capacidade contributiva para participar do apoio econômico aos entes federados; 3.3. A tributação de atividade econômica lucrativa não implica risco ao pacto federativo." (**RE/AgR 285.716**, j. 02.03.2010 – grifamos)

Esse critério de excluir a exploração de atividade econômica da aplicação da imunidade recíproca foi utilizado também pelo STF em caso envolvendo uma **autarquia** federal, o INCRA (Instituto Nacional de Colonização e Reforma Agrária). No **RE 242.827** (j. 02.09.2008), assim entendeu o tribunal:

> "1. A atividade exercida pelo Incra, autarquia federal, não se enquadra entre aquelas sujeitas ao regime tributário próprio das empresas privadas, considerando que a eventual exploração de unidade agroindustrial, desapropriada, em área de conflito social, está no âmbito de

sua destinação social em setor relevante para a vida nacional. 2. A imunidade tributária só deixa de operar quando a natureza jurídica da entidade estatal é de exploração de atividade econômica."

De todos os julgados acima, depreende-se que o STF sempre excluiu a aplicação da imunidade recíproca nos casos de exploração de atividade econômica.

Essa constante foi flexibilizada a partir de 2013, quanto a Corte Constitucional enfrentou a discussão sobre a extensão da imunidade dos serviços públicos da EBCT às atividades exercidas por esta em caráter privado.

Tratava o caso de atividades como a venda de títulos de capitalização, o recebimento de mensalidades de associações e sindicatos e de inscrições em vestibulares e concursos, praticadas pelos Correios em regime de concorrência, já que bancos privados são habilitados a essas mesmas atividades.

O STF acabou entendendo que a situação peculiar dos Correios exigia um tratamento diferenciado. Considerou-se que eventual lucro obtido com atividades econômicas seria voltado à manutenção do serviço postal e do correio aéreo nacional, finalidades públicas que deveriam ser prestadas independentemente de lucro ou prejuízo[24].

As atividades consideradas privadas, aliás, seriam exercidas com vistas ao interesse público, pois em cidades pouco populosas onde não há agências bancárias os serviços financeiros mais básicos seriam supridos pelos Correios.

Levou-se em conta, inclusive, a expressão literal "**manter** o serviço postal e o correio aéreo nacional", presente no artigo 21, X da CF. Tal necessidade de **manter** (e não meramente prestar) os serviços públicos dos Correios, para a corrente vencedora no STF, permitiria a exploração de atividades econômicas em regime de concorrência para viabilizar o serviço postal (tese do **subsídio cruzado**).

A posição vencedora também ressaltou que os Correios são obrigados a realizar licitações e a realizar concursos públicos, mesmo em relação às atividades não cobertas pelo monopólio estatal.

Tendo tudo isso em vista, a ementa do **RE 601.392** (j. 28.02.2013, **repercussão geral**) consignou expressamente que, no caso específico da Empresa

24. A professora Misabel Derzi, que atuou no julgamento a favor da estatal, ensina: "a ECT não tem escolha na prestação dos serviços típicos que presta, tampouco liberdade para definir seus preços, devendo atender aos princípios constitucionais da universalidade e da continuidade (...) os serviços típicos de Estado que a empresa presta são responsáveis por apenas 58% de seu orçamento, portanto, ela precisa valer-se de outros serviços, de cunho econômico, para financiar as atividades deficitárias" (DERZI, 2015, p. 131).

Brasileira de Correios e Telégrafos, o exercício simultâneo de atividades em regime de exclusividade e em concorrência com a iniciativa privada, diante das peculiaridades do serviço postal, é irrelevante para fins da imunidade prevista no art. 150, VI, *a* da CF. Em outras palavras, a imunidade abrange também as atividades dos Correios que são exercidas em concorrência com particulares[25].

> A permissão para que os Correios exerçam atividades econômicas cujo resultado seja voltado às finalidades públicas encontra paralelo na imunidade religiosa e na imunidade assistencial, a serem estudadas a seguir. Desde já, deve-se ter em mente a seguinte noção: "Se uma entidade imune atua fora do Domínio Econômico, não há capacidade contributiva. Mas o mero fato de ela passar a atuar naquele Domínio não implica, *ipso facto*, a existência daquela capacidade. (...) Ora, **se os recursos assim obtidos (no Domínio Econômico) se vinculam aos objetivos (públicos) daquelas entidades, então ainda não há que falar em capacidade contributiva**" (SCHOUERI, 2015, p. 427-428 – grifamos).

Outro tema controverso que foi submetido ao STF diz respeito à aplicabilidade ou não da imunidade recíproca aos bens públicos que se encontram cedidos a empresas privadas exploradoras de atividade econômica.

A discussão foi impulsionada com a concessão de alguns aeroportos brasileiros a empresas privadas, que passaram a defender a aplicação da imunidade quanto ao IPTU em relação aos imóveis públicos cedidos ao empreendimento particular. Argumentava-se que a posse direta da concessionária (pessoa privada) de imóvel público não justificaria a incidência do imposto, já que a propriedade continuaria sendo do ente imune.

O entendimento do STF, porém, foi o de que a imunidade recíproca não foi concebida para facilitar o desenvolvimento de atividade econômica pelo particular, ou a livre utilização de bem público por este. Ou seja, nos casos em que o imóvel público fosse empregado por particular para atividades privadas com intuito lucrativo, não haveria fundamento para a imunidade. Com isso, o STF aplicou ao caso o art. 150, § 3º da CF, e fixou a tese de **repercussão geral** pela qual **incide o IPTU sobre imóvel de pessoa jurídica de direito público cedido a pessoa jurídica de direito privado** (**RE 601.720**, j. 19.04.2017). O mesmo entendimento foi aplicado, também em **repercussão geral**, em relação a sociedade de economia mista (que atua

25. Críticas à posição vencedora: "Em nosso entender, a orientação acolhida, por maioria pela Corte, não rende homenagem ao art. 173, § 2º da CR, segundo o qual, quando o Estado explora atividade econômica, deve sujeitar-se ao mesmo regime tributário aplicável às empresas privadas" (COSTA, 2015, p. 276); "a circunstância de a ECT aplicar os recursos, aferidos em atividades de primordial interesse econômico de terceiros, em suas atividades essenciais é insuficiente, tão-somente por si, para reconhecer-lhe imunidade ampla e irrestrita." voto de Joaquim Barbosa no RE 601.392.

com intuito de lucro) arrendatária de terreno localizado em área portuária pertencente à União (**RE 594.015**, j. 06.04.2017).

Juiz federal 3ª Região 2011 – Considere que, em determinada autarquia estadual cuja finalidade essencial seja a prestação de serviços à população mediante pagamento de tarifas pelos beneficiários, a prestação dos serviços não configure exploração de atividade econômica regida pelas normas aplicáveis a empreendimentos privados. Nesse caso, a autarquia:

a) deve pagar as contribuições sociais de natureza previdenciária sobre a folha de salários de empregados regidos pela CLT.

b) é imune ao pagamento da CSLL.

c) é imune ao pagamento do IPTU.

d) deve pagar o imposto sobre a transmissão onerosa de bens imóveis caso venda algum imóvel.

e) fica imune ao pagamento de ITBI caso compre algum imóvel.

O gabarito definitivo considerou corretas as letras "A", "C" ou "E", seguindo o entendimento de que em se tratando de prestação de serviços públicos, a cobrança de tarifa não exclui a imunidade.

2.6 Imunidade dos templos de qualquer culto

> CF, art. 150. Sem prejuízo de outras garantias asseguradas ao contribuinte, é vedado à União, aos Estados, ao Distrito Federal e aos Municípios: (...)
>
> VI – instituir impostos sobre: (...) b) templos de qualquer culto; (...)

2.6.1 Fundamento

A imunidade dos templos de qualquer culto, ou imunidade religiosa, visa resguardar a liberdade de crença e o livre exercício de cultos religiosos (CF, art. 5º, VI). Outra norma constitucional correlata à imunidade religiosa é a vedação de os entes federativos estabelecerem cultos religiosos ou igrejas, subvencioná-los, embaraçar-lhes o funcionamento ou manter com eles ou com seus representantes relações de dependência ou aliança (CF, art. 19, I). A imunidade em questão pode ser vista como uma decorrência da separação entre a Igreja e o Estado (CARRAZZA, 2015, p. 885). Sendo o Estado brasileiro laico, a interferência nessa ou naquela religião por meio de impostos foi vedada pelo constituinte.

Apesar de ser inspirada no princípio da liberdade religiosa, essa imunidade representa uma opção do constituinte, que poderia ter entendido por bem exigir impostos das entidades religiosas. Trata-se, portanto, de uma **imunidade política.**

Outro ponto a ser destacado é o **caráter subjetivo** da imunidade, apesar de o texto constitucional referir-se expressamente a "templos".

2.6.2 Abrangência

Para se compreender a extensão da imunidade religiosa, deve-se, primeiramente, descobrir o que são "templos de qualquer culto".

Aqui a acepção deve ser o mais ampla possível. Não se protege apenas o templo, mas eventuais edifícios anexos que sirvam à finalidade religiosa. Até mesmo um templo móvel estaria abarcado pela imunidade:

> "O 'templo de qualquer culto' não é apenas a materialidade do edifício (...) O templo não deve ser apenas a igreja, sinagoga ou edifício principal, onde se celebra a cerimônia pública, mas também a dependência acaso contígua, o convento, os anexos por força de compreensão, inclusive a casa ou residência especial, do páraco ou pastor, pertencente à comunidade religiosa, desde que não empregados em fins econômicos. (...) Não repugna à Constituição inteligência que equipare ao templo – edifício – também a embarcação, o veículo ou avião usado como templo móvel, só para o culto" (BALEEIRO, 2015, p. 150).

Essa orientação é consagrada pelo STF, que reconheceu a imunidade sobre o i**móvel destinado à residência de ministro religioso** (**ARE/AgR 694.453**, j. 25.06.2013) e até mesmo sobre os **cemitérios que consubstanciam extensões de entidades de cunho religioso** (**RE 578.562**, j. 21.05.2008). Nessa última decisão, foi feita a distinção entre cemitérios de cunho religioso sem fins lucrativos e cemitérios de caráter comercial, que por sua vez não são alcançados pela imunidade.

Se por um lado não se pode discriminar cultos de minorias, por outro a imunidade só protege cultos religiosos, e não cultos relativos a costumes morais que não sejam religiosos. Com esse entendimento, o STF decidiu que a imunidade religiosa "é restrita aos templos de qualquer culto religioso, **não se aplicando à maçonaria, em cujas lojas não se professa qualquer religião**" (**RE 562.351**, j. 04.09.2012). Nesse julgado, entendeu-se que a maçonaria seria uma filosofia de vida, e não uma religião.

2.6.3 Finalidades essenciais

O artigo 150, § 4º da CF possui importante norma para a compreensão da imunidade religiosa. Segundo o dispositivo, a imunidade em questão só compreende o patrimônio, a renda e os serviços que sejam relacionados com as finalidades essenciais das entidades religiosas.

Há quem extraia dessa norma uma imunidade mais restrita do que a referente às autarquias e fundações públicas, uma vez que, enquanto a imunidade recíproca extensiva abranja também as finalidades **decorrentes** das essenciais (CF, art. 150, § 2º), a imunidade religiosa diz respeito apenas às finalidades essenciais (COSTA, 2015, p. 171).

A interpretação do artigo 150, § 4º da CF pelo STF parece ser mais ampla. Isso porque a jurisprudência aplica o dispositivo para conferir imunidade aos imóveis alugados a terceiros, vedando a incidência do IPTU nesses casos. A posição vencedora no **RE 325.822** (j. 18.12.2002) entendeu que a destinação da renda de aluguéis dos imóveis às finalidades essenciais do culto justifica o reconhecimento da imunidade. Essa corrente adotada pelo STF é bem explicitada na lição de Roque Carrazza:

> "se as rendas obtidas, ainda que de forma atípica, pela instituição religiosa tiverem aplicação consentânea com as finalidades essenciais do culto, o reconhecimento da imunidade tributária é de rigor. (...) O único limite que o § 4º do art. 150 da CF estabelece (...) é a impossibilidade de a Igreja distribuir seus bens ou rendimentos aos que a dirigem ou a terceiros que desempenham atividades laicas. (...) o que o dispositivo (...) veda é a apropriação dos haveres da Igreja para serem utilizados em finalidades distintas do culto." (CARRAZZA, 2015, p. 891).

Ou seja, a norma constitucional preocupa-se com a destinação das rendas da entidade religiosa, e não com a sua natureza. O entendimento foi reiterado pelo STF em 2013, quando se decidiu que a imunidade dos cultos engloba o imóvel destinado à residência de seus ministros religiosos. Um dos fundamentos da decisão foi o de que "**a circunstância de a entidade religiosa alugar o imóvel de sua propriedade a terceiro, sem qualquer vínculo com ela, não afasta a imunidade**" (**ARE/AgR 694.453**, j. 25.06.2013).

Por fim, cabe destacar que o STF reconhece a imunidade não só aos imóveis alugados, mas também aos imóveis vagos das entidades religiosas. Não se pode pressupor que o **imóvel vago** não seja destinado às finalidades essenciais do culto. **O ônus de demonstrar que o imóvel não se vincula às**

finalidades essenciais é da administração tributária, e não da entidade religiosa (**ARE 800.305**, j. 28.10.2014).

2.7 Imunidade das entidades do art. 150, VI, 'c' – partidos políticios e suas fundações, entidades sindicais dos trabalhadores, instituições de educação e de assistência social sem fins lucrativos

> CF, art. 150. Sem prejuízo de outras garantias asseguradas ao contribuinte, é vedado à União, aos Estados, ao Distrito Federal e aos Municípios: (...)
>
> VI – instituir impostos sobre: (...)
>
> c) patrimônio, renda ou serviços dos partidos políticos, inclusive suas fundações, das entidades sindicais dos trabalhadores, das instituições de educação e de assistência social, sem fins lucrativos, atendidos os requisitos da lei;

2.7.1 Partidos políticos e entidades sindicais dos trabalhadores

Para melhor compreensão da imunidade do artigo 150, VI *c* da CF, separamos os partidos políticos (bem como suas fundações) e as entidades sindicais dos trabalhadores, a serem analisados em conjunto, das instituições de educação e de assistência social sem fins lucrativos.

Em relação aos partidos políticos e suas fundações, a imunidade visa promover o pluralismo político (CF, art. 1º, V), impedindo que a tributação por meio de impostos seja um obstáculo à agremiação partidária.

As entidades sindicais **dos trabalhadores**, por sua vez, possuem a incumbência constitucional de defender os direitos e interesses coletivos ou individuais da categoria profissional (CF, art. 8º, III). Optou o constituinte pela exoneração tributária referente a impostos para promover a representação dos trabalhadores.

> As entidades sindicais dos empregadores, ou patronais, não são beneficiadas pela imunidade.

Apesar da relevância dos direitos políticos e sindicais dos trabalhadores, a imunidade sobre o patrimônio, renda e serviços das entidades acima mencionadas não decorre implicitamente do sistema constitucional, só sendo reconhecida por conta da existência de previsão expressa no texto constitucional. Trata-se, portando, de **imunidade política.**

Tanto os partidos políticos e suas fundações quanto as entidades sindicais dos trabalhadores são entes que, por sua natureza, não se destinam à obtenção de lucro. Por isso, o requisito quanto à ausência de finalidade lucrativa previsto no texto constitucional destina-se apenas às instituições de educação e de assistência social (COSTA, 2015, p. 176), sendo redundante sua aplicação quanto às entidades sindicais dos trabalhadores e aos partidos políticos e suas fundações.

Vale dizer que a imunidade dos partidos políticos e das entidades sindicais dos trabalhadores é restrita ao patrimônio, renda e serviços ligados às suas finalidades essenciais (CF, art. 150, § 4º). Com base nessa condicionante, o STF coibiu a aplicação da imunidade à colônia de férias de sindicato, tendo considerado que tal patrimônio não seria ligado às finalidades essenciais da entidade (**RE 245.093 AgR**, j. 14.11.2006).

2.7.2 Instituições de educação e de assistência social sem fins lucrativos

2.7.2.1 Fundamento

Educação e assistência social são incumbências do Estado que podem ter a participação de particulares. A educação é direito de todos e dever do Estado e da família, podendo ser promovida e incentivada pela sociedade (artigo 205 da CF). A assistência social é prestada àqueles que necessitarem, independentemente de contribuição à seguridade social (art. 203 da CF), sendo que as ações governamentais na área da assistência social possuem, entre suas diretrizes, a participação da população por meio de organizações representativas (art. 204, II da CF).

Tanto a educação quanto a assistência social, portanto, são áreas de atuação do Estado em que a participação de agentes privados possui relevância. Os atores da iniciativa particular que decidem atuar nessas áreas podem ter intuito lucrativo ou não. No caso da educação, há inclusive expressa referência constitucional de que o ensino é livre à iniciativa privada (CF, art. 209).

Quando os entes particulares envolvidos na prestação de educação e assistência social não tiverem interesses lucrativos, haverá a imunidade de impostos. **Não faria sentido que o Estado exigisse impostos da pessoa que, de forma altruísta e em benefício da coletividade, desempenha**

atividades que estão entre as obrigações do Estado, o que resulta numa redução da demanda da sociedade sobre os cofres públicos.

Como já decidiu o STF, a imunidade em questão busca incentivar a cooperação entre o Poder Público e a iniciativa privada (**RE 378.666 AgRg**, j. 03.04.2012)

A ausência de finalidade lucrativa das instituições de educação e de assistência social implica o reconhecimento da inexistência de capacidade contributiva. **Se todos os recursos da entidade altruísta são destinados à satisfação de necessidades coletivas, sem que haja distribuição de lucros a gerentes ou investidores, não há que se falar em capacidade contributiva que justifique a exigência de impostos**[26].

Desse raciocínio podemos extrair uma pista acerca da classificação dessa imunidade ser política ou ontológica. Ao reconhecermos que as entidades de educação e de assistência social não possuem capacidade contributiva, sendo todos os seus recursos voltados aos fins públicos, a posição mais coerente seria a de que estamos diante de uma imunidade **ontológica**, que deveria existir independentemente de previsão constitucional.

Trataremos mais detalhadamente da proibição de intuito lucrativo no tópico a seguir.

2.7.2.2 Finalidades essenciais e a ausência de fins lucrativos

O artigo 150, § 4º da CF dispõe que a imunidade só compreende o patrimônio, a renda e os serviços relacionados com as finalidades essenciais das entidades de educação e de assistência social, da mesma forma como ocorre em relação às entidades religiosas.

Dessa norma surge a dúvida a respeito de atividades que proporcionem um superávit para o ente: haveria vedação a uma atuação superavitária, já que tais entidades não podem ter fins lucrativos?

A resposta é negativa.

O fato de a entidade possuir superávit não significa a constatação de finalidade lucrativa ou o desvio de suas finalidades essenciais. O

26. "Para as entidades assistenciais e de educação, a *ratio* da imunidade é ainda mais evidente: educação e assistência social estão entre as funções do Estado. Assim, quando uma entidade privada assume tais tarefas, desincumbe o Estado de executá-las. Exerce, pois, atividade do Estado. Atua, assim, no setor público, em que não cabe cogitar de capacidade contributiva." (SCHOUERI, 2015, p. 463); "Quando as instituições de educação ou de assistência social estão voltadas a atividades sem fins lucrativos, na realidade, falece-lhes capacidade econômica de contribuir." (DERZI, 2015, p. 153).

superávit significa apenas que a entidade é autossuficiente e não necessita de auxílios de terceiros para exercer sua missão. O fato de o balanço financeiro restar positivo no final do exercício permite que os recursos excedentes sejam investidos na persecução das finalidades essenciais do ente.

Os recursos dessas entidades, inclusive o superávit, devem ser totalmente consumidos pelas suas finalidades essenciais, razão pela qual não há que se falar em capacidade contributiva. Esse o sentido do § 4º do artigo 150 da CF, cumulado com a expressão "sem fins lucrativos" presente no artigo 150, VI, *c* do Texto Magno[27].

Ausência de finalidade lucrativa também não significa gratuidade dos serviços prestados. Como já ensinou Aliomar Baleeiro, "não perde o caráter de instituição de educação e assistência a que (...) cobra serviços a alguns para custear assistência e educação gratuita a outros." (BALEEIRO, 2015, p. 224).

Existe um caso, porém, em que o STF apenas reconhece a imunidade do art. 150, VI, *c* da CF se o beneficiário da prestação oferecida pela entidade assistencial não realizar qualquer contrapartida financeira. Essa exceção diz respeito às entidades de previdência privada em que o empregador (patrocinador do plano de previdência) assume integralmente o ônus das contribuições ao sistema.

Em tais situações, o plano de previdência, ironicamente, deixa de ser de natureza "previdenciária", uma vez que a previdência requer a contribuição do segurado. Um plano de previdência privado no qual o beneficiário não realize qualquer aporte acaba por se aproximar de uma natureza assistencial, já que, na ordem social a assistência social independe de contribuição (CF, art. 203), enquanto a previdência possui caráter contributivo (CF, art. 201).

Nessa linha de raciocínio, o STF decidiu que **haverá imunidade quando os beneficiários do plano de previdência privada não contribuem e a mantenedora arca com todos os ônus** (**RE 259.756**, j. 28.11.2001). Por outro lado, as entidades de previdência privada que se mantenham com a contribuição dos associados não são entidades de assistência social, razão

27. "A qualificação de uma entidade como sendo 'sem fins lucrativos' exige o atendimento de dois únicos pressupostos: a não-distribuição dos lucros auferidos (ou superávits) e a não-reversão de seu patrimônio às pessoas que a criaram, com a aplicação dos seus resultados econômicos positivos obtidos na própria entidade. Em consequência, a não-gratuidade dos serviços prestados por uma entidade e a remuneração de seus dirigentes e administradores, bem como de seus empregados, não afastam, por si sós, a exigida ausência de finalidade lucrativa." (COSTA, 2015, p. 196).

por que não estão abrangidas pela imunidade (**RE 246.886**, j. 19.12.2001). Essa orientação foi sedimentada **Súmula 730 do STF:**

> "A imunidade tributária conferida a instituições de assistência social sem fins lucrativos pelo art. 150, VI, 'c' da CF somente alcança as entidades fechadas de previdência social privada se não houver contribuição dos beneficiários".

Outro ponto que merece destaque é a **possibilidade do exercício de atividades remuneradas fora das atividades típicas da entidade**, desde que os recursos assim auferidos sejam revertidos às suas finalidades essenciais.

Nesse sentido, o STF decidiu que a renda obtida pelo SESC na prestação de serviços de diversão pública, mediante a venda de ingressos de cinema ao público em geral, e aproveitada em suas finalidades assistenciais, é abrangida na imunidade prevista no art. 150, VI, *c*, da Constituição (**AI 155.822 AgR**, j. 20.09.1994). Tampouco a manutenção de livraria em imóvel do ente imune afasta a imunidade, desde que os recursos daí derivados sejam revertidos aos fins institucionais (**RE 345.830**, j. 08.10.2002).

Nos casos acima, a manutenção da imunidade representa uma vantagem da entidade imune em relação a outros particulares que atuam no mesmo segmento econômico. O STF privilegiou a vinculação dos recursos à finalidade essencial, não considerando haver uma ofensa à livre concorrência apta a desconstituir a imunidade.

Do mesmo modo, "eventual renda obtida pela instituição de assistência social mediante cobrança de estacionamento de veículos em área interna da entidade, destinada ao custeio das atividades desta, está abrangida pela imunidade" (**RE 144.900**, j. 22.04.1997).

Até mesmo investimentos financeiros das entidades assistenciais são imunes ao chamado "IOF" (Imposto sobre Operações Financeiras):

> "(...) a manutenção de investimentos pode ser instrumento útil para a formação de recursos destinados às atividades filantrópicas. Desde que respeitados os limites da imunidade (não privilegiar atividade privada econômica lucrativa e não afetar a livre iniciativa), a imunidade tributária será aplicável ao produto das operações financeiras" (**RE/AgR 454.753**, j. 20.04.2010).

A cláusula da vinculação do patrimônio da entidade com suas finalidades essenciais permite ainda que o imóvel pertencente à instituição de assistência social mantenha a imunidade ao IPTU mesmo quando estiver alugado a terceiros, desde que a renda dos aluguéis seja destinada aos fins institucionais do ente imune (**RE 231.928**, j. 23.10.2001).

Esse entendimento foi cristalizado na súmula 724 do STF, hoje convertida na **súmula vinculante 52**:

> "Ainda quando alugado a terceiros, permanece imune ao IPTU o imóvel pertencente a qualquer das entidades referidas pelo art. 150, VI, "c", da Constituição Federal, desde que o valor dos aluguéis seja aplicado nas atividades para as quais tais entidades foram constituídas."

Além dessa possibilidade de imóveis alugados a terceiros, o STF reconheceu a imunidade em relação aos **imóveis utilizados como escritório e residência de membros da entidade** (**ARE/AgR 895.972**, j. 02.02.2016).

Ainda no que diz respeito à vinculação do patrimônio da entidade às suas finalidades essenciais, cumpre assinalar que o STF só permite o afastamento da imunidade caso a autoridade tributária produza prova de que o bem não está afetado aos fins institucionais. A presunção milita em favor da entidade imune (**AI 746.263 AgR-ED**, j. 12.11.2013.).

Por esse motivo, o fato de um imóvel encontrar-se vago ou sem edificação não é suficiente, por si só, para suprimir a imunidade. Mais uma vez, opera em favor da entidade imune a presunção de que seu patrimônio está vinculado às suas atividades essenciais, cabendo ao fisco o ônus de desconstituir tal presunção (**RE 470.520**, j. 17.09.2013).

Esse entendimento merece uma atenção especial, já que foi sedimentado em sede de **repercussão geral** no **RE 767.332** (j. 31.10.2013), no qual se definiu a seguinte tese: "A imunidade tributária, prevista no art. 150, VI, *c*, da CF/88, aplica-se aos bens imóveis, temporariamente ociosos, de propriedade das instituições de educação e de assistência social sem fins lucrativos que atendam os requisitos legais".

Outro julgado do STF que ainda merece ser comentado aborda os limites da cláusula "finalidades essenciais". Como já se viu acima, o tribunal negou a aplicação da imunidade à colônia de férias de sindicato de trabalhadores, entendendo que no caso não haveria pertinência com as finalidades essenciais da entidade (**RE 245.093 AgR**, j. 14.11.2006). Em outro julgado, a Corte pareceu adotar posição oposta, ao admitir que a "utilização do imóvel para atividade de lazer e recreação não configura desvio de finalidade com relação aos objetivos da Fundação caracterizada como entidade de assistência social". (**RE 236.174**, j. 02.09.2008).

Em provas de concursos públicos deve-se prestar atenção a tais diferenças. De uma maneira geral, contudo, é possível se guiar pela orientação de que as imunidades das instituições de educação e de assistência social têm recebido uma interpretação ampla.

2.7.2.3 Impostos indiretos

Os impostos indiretos, como já visto no capítulo acerca da imunidade recíproca, são aqueles em que o ônus econômico do tributo recai sobre pessoa diversa (contribuinte de fato) do contribuinte eleito pela norma tributária (contribuinte de direito).

Em se tratando de impostos indiretos, o STF tem jurisprudência pacífica[28] no sentido de que a imunidade alcança apenas o contribuinte de direito. Numa transação de aquisição interna de mercadorias (onerada pelo ICMS) por uma entidade assistencial imune, por exemplo, não haveria a imunidade, já que o contribuinte de direito do imposto sobre circulação de mercadorias é o comerciante e não o adquirente.

De acordo com o STF, a imunidade prevista no art. 150, VI, *c*, do Diploma Maior, a impedir a instituição de impostos sobre patrimônio, renda ou serviços das entidades sindicais dos trabalhadores, das instituições de educação e de assistência social, sem fins lucrativos, está umbilicalmente ligada ao contribuinte de direito, não abarcando o contribuinte de fato." (**RE 491.574- AgR**, j. 21.08.2012)

Caso uma entidade imune deva recolher um imposto indireto na condição de **responsável** (pessoa que possui a obrigação de recolher o tributo, mas que não é o contribuinte que pratica o fato gerador eleito pela lei), não terá o benefício da imunidade, já que a proteção imunizante não exclui a atribuição, por lei, às entidades imunes, da condição de responsáveis pelos tributos que lhes caiba reter na fonte (CTN, art. 9º, § 1º). Nessa trilha decidiu o STF:

> "A responsabilidade ou a substituição tributária não alteram as premissas centrais da tributação, cuja regra-matriz continua a incidir sobre a operação realizada pelo contribuinte. Portanto, **a imunidade tributária não afeta, tão-somente por si, a relação de responsabilidade tributária ou de substituição e não exonera o responsável tributário ou o substituto.**" (**RE 202.987**, j. 30.06.2009 – grifamos).

28. Desde 1976, a **súmula 591 do STF** já preceituava: "a imunidade ou a isenção tributária do comprador não se estende ao produtor, contribuinte do imposto sobre produtos industrializados".

A prevalência do contribuinte de direito para fins de atribuição da imunidade foi sedimentada em sede de **repercussão geral:**

> Imunidade do art. 150, VI, c, CF. Entidade beneficente de assistência social. ICMS. Aquisição de insumos e produtos no mercado interno na qualidade de contribuinte de fato. Beneplácito reconhecido ao contribuinte de direito. Repercussão econômica. Irrelevância. (...) "A imunidade tributária subjetiva aplica-se a seus beneficiários na posição de contribuinte de direito, mas não na de simples contribuinte de fato, sendo irrelevante para a verificação da existência do beneplácito constitucional a repercussão econômica do tributo envolvido". (**RE 608.872**, j. 23.02.2017).

Prevaleceu no STF uma posição formalista, em detrimento da substância econômica do fenômeno tributário.

2.7.2.4 Requisitos da lei

As entidades imunes do art. 150, VI, *c* da CF devem atender os "requisitos da lei", conforme consta da redação desse dispositivo.

Dúvida surge a respeito da espécie legislativa em questão.

Por um lado, a lei complementar só é exigida pelo texto constitucional de modo expresso, e por isso a referência ao termo "lei" sem a qualificação "complementar" significaria que o dispositivo está a exigir lei ordinária.

Por outro lado, a matéria imunidade diz respeito a uma limitação constitucional do poder de tributar, que exige regulamentação por lei complementar. Isso por força do artigo 146, II da CF, segundo o qual cabe à lei complementar regular as limitações constitucionais ao poder de tributar. Assim, apesar de o artigo 150, VI, *c* da CF ser silente quanto à necessidade de lei complementar, o artigo 146, II não deixaria outra alternativa que não fosse a exigência de lei complementar, por se estar diante de uma limitação constitucional ao poder de tributar.

Há ainda a posição segundo a qual os "requisitos da lei" mencionados no artigo 150, VI, *c* da CF não diriam respeito aos requisitos necessários para a fruição da imunidade, mas sim aos requisitos de constituição e funcionamento das entidades a serem beneficiadas. Os "requisitos da lei" seriam normas voltadas diretamente à entidade, não se relacionando de modo direto com as condições a serem cumpridas para o gozo da imunidade. Essa interpretação do dispositivo conclui que a lei em questão seria ordinária, já que não regula diretamente uma limitação constitucional ao poder de tributar.

O STF possui jurisprudência nesse sentido, já tendo decidido que:

> "o que a Constituição remete à lei ordinária, no tocante à imunidade tributária considerada, é a fixação de normas sobre a constituição e o funcionamento da entidade educacional ou assistencial imune; não, o que diga respeito aos lindes da imunidade, que, quando susceptíveis de disciplina infraconstitucional, ficou reservado à lei complementar." (**ADI-MC 1802**, j. 27.08.1998).

Essa distinção considera que as normas de constituição e funcionamento da entidade estão mais afetas ao direito privado do que ao direito tributário, podendo, portanto, ser disciplinadas em lei ordinária. A reserva de lei complementar seria exigida apenas para normas atinentes à delimitação do objeto da imunidade.

Exemplificando, as associações, entidades sem fins lucrativos, possuem normas a respeito de sua constituição dispostas no Código Civil, que se caracteriza como uma lei ordinária[29].

Inicialmente, portanto, podemos identificar a diferença entre normas sobre a constituição e o funcionamento da entidade educacional ou assistencial imune (que poderiam ser dispostas em lei ordinária), e normas que diriam respeito aos lindes da imunidade, ou seja, às condições de acesso à exoneração constitucional (que exigiriam lei complementar). Vale destacar que esse entendimento foi tomado em sede de medida cautelar da ADI 1802.

A diferença, contudo, é sutil. A rigor, uma norma sobre constituição e funcionamento da entidade (que por essa posição inicial do STF poderia ser tratada por lei ordinária) não deixa de ser um pressuposto para a caracterização de instituição de educação ou assistência social sem fins lucrativos, e, portanto, um requisito para a fruição da imunidade (que, por sua vez, deveria ser regulado em lei complementar).

No julgamento da mesma ADI 1802, quando da análise do mérito em abril de 2018, o plenário decidiu que os **aspectos procedimentais necessários** à **verificação do atendimento das finalidades constitucionais da regra de**

29. "(...) o papel da LC, plenamente exercido pelo artigo 14 do CTN, é o de arrolar os requisitos para o gozo da imunidade. Não significa isso, entretanto, que não haja matéria, que afete a imunidade, regulada por lei ordinária. Assim, para não ir mais longe, basta citar que é no Código Civil (lei ordinária) que se encontram os dispositivos acerca da constituição e de funcionamento de associações; o fato de estas poderem gozar de imunidade não implica não possa uma lei ordinária dispor sobre seu funcionamento." (SCHOUERI, 2015, p. 469).

imunidade, tais como as referentes à **certificação,** à **fiscalização e ao controle administrativo, continuam passíveis de definição por lei ordinária.** A reserva de lei complementar estaria adstrita a aspectos relativos ao **modo beneficente (no caso de assistência e educação) de atuação das entidades acobertadas pela imunidade, especialmente aqueles que criaram contrapartidas a serem observadas pelas entidades.**

O relator da ação, Ministro Dias Toffoli (seguido pela unanimidade dos outros Ministros), adotou a posição de Teori Zavascki na **ADI 2028** (julgada em 02.03.2017), segundo a qual **as normas de constituição e fundamento das entidades de educação e assistência social repercutem na possibilidade de fruição da imunidade.**

A consequência de se adotar essa posição, no julgamento da ADI 1802, foi que as normas referentes ao modo beneficente de atuação das entidades acobertadas pela imunidade foram identificadas como normas que criam contrapartidas a serem observadas pela entidade que postula a imunidade. Para tais normas, haveria a necessidade de se observar a reserva de lei complementar.

A lei ordinária, desse modo, restaria legítima para a regulação de aspectos procedimentais necessários à verificação do atendimento das finalidades constitucionais da regra de imunidade, tais como as referentes à certificação, à fiscalização e ao controle administrativo. Assim, normas de procedimento que imputam obrigações meramente acessórias às entidades beneficentes, com a finalidade de viabilizar a fiscalização de suas atividades, seriam passíveis de disciplina por lei ordinária.

Confira-se a ementa da **ADI 1802:**

> "EMENTA Ação direta de inconstitucionalidade. Pertinência temática verificada. Alteração legislativa. Ausência de perda parcial do objeto. Imunidade. Artigo 150, VI, c, da CF. Artigos 12, 13 e 14 da Lei nº 9.532/97. Requisitos da imunidade. Reserva de lei complementar. Artigo 146, II, da CF. Limitações constitucionais ao poder de tributar. Inconstitucionalidades formal e material. Ação direta parcialmente procedente. Confirmação da medida cautelar. 1. Com o advento da Constituição de 1988, o constituinte dedicou uma seção específica às "limitações do poder de tributar" (art. 146, II, CF) e nela fez constar a imunidade das instituições de assistência social. **Mesmo com a referência expressa ao termo "lei", não há mais como sustentar que inexiste reserva de lei complementar.** No que se refere aos impostos, o maior rigor do quórum qualificado para a aprovação dessa importante regulamentação

se justifica para se dar maior estabilidade à disciplina do tema e dificultar sua modificação, estabelecendo regras nacionalmente uniformes e rígidas. 2. A necessidade de lei complementar para disciplinar as limitações ao poder de tributar não impede que o constituinte selecione matérias passíveis de alteração de forma menos rígida, permitindo uma adaptação mais fácil do sistema às modificações fáticas e contextuais, com o propósito de velar melhor pelas finalidades constitucionais. **Nos precedentes da Corte, prevalece a preocupação em respaldar normas de lei ordinária direcionadas a evitar que falsas instituições de assistência e educação sejam favorecidas pela imunidade.** É necessário reconhecer um espaço de atuação para o legislador ordinário no trato da matéria. 3. **A orientação prevalecente no recente julgamento das ADIs nº 2.028/DF, 2.036/DF, 2.228/DF e 2.621/DF é no sentido de que os artigos de lei ordinária que dispõem sobre o modo beneficente (no caso de assistência e educação) de atuação das entidades acobertadas pela imunidade, especialmente aqueles que criaram contrapartidas a serem observadas pelas entidades, padecem de vício formal, por invadir competência reservada a lei complementar. Os aspectos procedimentais necessários à verificação do atendimento das finalidades constitucionais da regra de imunidade, tais como as referentes à certificação, à fiscalização e ao controle administrativo, continuam passíveis de definição por lei ordinária.** 4. São inconstitucionais, por invadir campo reservado a lei complementar de que trata o art. 146, II, da CF: (i) a alínea f do § 2º do art. 12, por criar uma contrapartida que interfere diretamente na atuação da entidade; o art. 13, caput, e o art. 14, ao prever a pena se suspensão do gozo da imunidade nas hipóteses que enumera. 5. Padece de inconstitucionalidade formal e material o § 1º do art. 12 da Lei nº 9.532/97, com a subtração da imunidade de acréscimos patrimoniais abrangidos pela vedação constitucional de tributar. 6. Medida cautelar confirmada. Ação direta julgada parcialmente procedente, com a declaração i) da inconstitucionalidade formal da alínea f do § 2º do art. 12; do caput art. 13; e do art. 14; bem como ii) da inconstitucionalidade formal e material do art. 12, § 1º, todos da Lei nº 9.532/91, sendo a ação declarada improcedente quanto aos demais dispositivos legais." (ADI 1802, j. 12.04.2018 – grifamos).

Como se vê da ementa acima, reafirmou-se entendimento que já havia sido adotado na ADI 2028:

(...) 1. "[...] fica evidenciado que (a) entidade beneficente de assistência social (art. 195, § 7º) não é conceito equiparável a entidade de assistência social sem fins lucrativos (art. 150, VI); (b) a Constituição Federal não reúne elementos discursivos para dar concretização segura ao que se possa entender por modo beneficente de prestar assistência social; (c) a definição desta condição modal é indispensável para garantir que a imunidade do art. 195, § 7º, da CF cumpra a finalidade que lhe é designada pelo texto constitucional; e (d) esta tarefa foi outorgada ao legislador infraconstitucional, que tem autoridade para defini-la, desde que respeitados os demais termos do texto constitucional.". 2. **"Aspectos meramente procedimentais referentes** à **certificação, fiscalização e controle administrativo continuam passíveis de definição em lei ordinária. A lei complementar** é **forma somente exigível para a definição do modo beneficente de atuação das entidades de assistência social contempladas pelo art. 195, § 7º, da CF, especialmente no que se refere** à **instituição de contrapartidas a serem observadas por elas.".** (...) (ADI 2028, j. 02.03.2017 – grifamos)

Do confronto dos julgados acima podemos concluir:

a) **Lei ordinária** – legítima para a regulação de **aspectos procedimentais necessários** à **verificação do atendimento das finalidades constitucionais da regra de imunidade, tais como as referentes** à **certificação,** à **fiscalização e ao controle administrativo.**

b) **Lei complementar** – necessária para **definição do modo beneficente de atuação da entidade imune, especialmente no que se refere** à **instituição de contrapartidas a serem observadas por elas.**

Uma observação pertinente a respeito dos julgados acima é que a ADI 1802 e a ADI 2028 dizem respeito dispositivos distintos do texto constitucional que foram utilizados como parâmetro de constitucionalidade. Enquanto a ADI 1802 tratava da interpretação do artigo 150, VI, *c*, a ADI 2028 analisou o alcance do artigo 195, § 7º da CF (que contém imunidade a ser estudada em outro capítulo). Apesar de tratarem de imunidades distintas, o entendimento a respeito da reserva de lei complementar foi o mesmo nos dois julgamentos.

No **RE 566.622** (j. 23.02.2017), julgado pela sistemática de **repercussão geral**, foi definido a sucinta (e pouco esclarecedora) tese de que "a regência de imunidade faz-se mediante lei complementar". Abordaremos mais detidamente esse julgado quando tratarmos da imunidade prevista no artigo 195, § 7º da CF.

Tendo essa jurisprudência em mente, podemos estudar a Lei 9.532/97, que teve sua constitucionalidade formal e material analisada pelo STF na **ADI 1802**:

> Lei 9.532/97, art. 12. Para efeito do disposto no art. 150, inciso VI, alínea "c", da Constituição, considera-se imune a instituição de educação ou de assistência social que preste os serviços para os quais houver sido instituída e os coloque à disposição da população em geral, em caráter complementar às atividades do Estado, sem fins lucrativos.
>
> §1º **Não estão abrangidos pela imunidade os rendimentos e ganhos de capital auferidos em aplicações financeiras de renda fixa ou de renda variável.** (declarado inconstitucional do ponto de vista formal e material na ADI 1802)
>
> §2º Para o gozo da imunidade, as instituições a que se refere este artigo, estão obrigadas a atender aos seguintes requisitos:
>
> a) não remunerar, por qualquer forma, seus dirigentes pelos serviços prestados, exceto no caso de associações, fundações ou organizações da sociedade civil, sem fins lucrativos, cujos dirigentes poderão ser remunerados, desde que atuem efetivamente na gestão executiva e desde que cumpridos os requisitos previstos nos arts. 3º e 16 da Lei nº 9.790, de 23 de março de 1999, respeitados como limites máximos os valores praticados pelo mercado na região correspondente à sua área de atuação, devendo seu valor ser fixado pelo órgão de deliberação superior da entidade, registrado em ata, com comunicação ao Ministério Público, no caso das fundações[30]; (Redação dada pela Lei nº 13.204, de 2015)
>
> b) aplicar integralmente seus recursos na manutenção e desenvolvimento dos seus objetivos sociais;
>
> c) manter escrituração completa de suas receitas e despesas em livros revestidos das formalidades que assegurem a respectiva exatidão;
>
> d) conservar em boa ordem, pelo prazo de cinco anos, contado da data da emissão, os documentos que comprovem a origem de suas receitas e a efetivação de suas despesas, bem assim a realização de quaisquer outros atos ou operações que venham a modificar sua situação patrimonial;
>
> e) apresentar, anualmente, Declaração de Rendimentos, em conformidade com o disposto em ato da Secretaria da Receita Federal;

30. "a citada alínea a do § 2º da Lei nº 9.532/1997 jamais foi aceita, em sua literalidade, pelo Supremo Tribunal Federal, que somente se refere ao art. 14 do CTN, em todas as suas decisões dobre a imunidade do art. 150, inciso VI, alínea c, assim como jamais foi aceita pela jurisprudência administrativa do Conselho de Contribuintes." (DERZI, 2015, p. 237).

f) **recolher os tributos retidos sobre os rendimentos por elas pagos ou creditados e a contribuição para a seguridade social relativa aos empregados, bem assim cumprir as obrigações acessórias daí decorrentes**; (declarado inconstitucional do ponto de vista formal na ADI 1802)

g) assegurar a destinação de seu patrimônio a outra instituição que atenda às condições para gozo da imunidade, no caso de incorporação, fusão, cisão ou de encerramento de suas atividades, ou a órgão público;

h) outros requisitos, estabelecidos em lei específica, relacionados com o funcionamento das entidades a que se refere este artigo.

Art. 13. **Sem prejuízo das demais penalidades previstas na lei, a Secretaria da Receita Federal suspenderá o gozo da imunidade a que se refere o artigo anterior, relativamente aos anos-calendários em que a pessoa jurídica houver praticado ou, por qualquer forma, houver contribuído para a prática de ato que constitua infração a dispositivo da legislação tributária, especialmente no caso de informar ou declarar falsamente, omitir ou simular o recebimento de doações em bens ou em dinheiro, ou de qualquer forma cooperar para que terceiro sonegue tributos ou pratique ilícitos fiscais.** (declarado inconstitucional do ponto de vista formal na ADI 1802)

Parágrafo único. Considera-se, também, infração a dispositivo da legislação tributária o pagamento, pela instituição imune, em favor de seus associados ou dirigentes, ou, ainda, em favor de sócios, acionistas ou dirigentes de pessoa jurídica a ela associada por qualquer forma, de despesas consideradas indedutíveis na determinação da base de cálculo do imposto sobre a renda ou da contribuição social sobre o lucro líquido.

Art. 14. À suspensão do gozo da imunidade aplica-se o disposto no art. 32 da Lei nº 9.430, de 1996. (declarado inconstitucional do ponto de vista formal na ADI 1802)

Aplicando os conhecimentos já assimilados acerca do entendimento do STF, temos:

a) O artigo 12, § 1º da lei ordinária acima é **formalmente inconstitucional** por tratar de uma delimitação do objeto da imunidade, o que só poderia ser feito por lei complementar. Além disso, há também **inconstitucionalidade material**, pois os "rendimentos e ganhos de capital auferidos em aplicações financeiras de renda fixa ou de renda variável" mencionados no dispositivo nada mais são do que **renda**[31], prevista expressamente no texto do

31. Como já visto, o STF admite a aplicação da imunidade em relação aos impostos que oneram aplicações financeiras: "(...) a manutenção de investimentos pode ser instrumento útil para a formação de recursos

artigo 150, VI, *c* da Constituição. Por isso, os rendimentos e ganhos de capital referidos não poderiam ser subtraídos sequer por lei complementar (voto do Ministro Sepúlveda Pertence na Medida Cautelar da ADI 1802, adotado como fundamento no julgamento do mérito da mesma ação);

b) A alínea *f* do artigo 12, § 2º, o artigo 13, *caput*, e o artigo 14, todos da Lei 9.532/97 são **formalmente inconstitucionais**, pois criaram contrapartidas a serem observadas pelas entidades de educação e assistência social sem fins lucrativos, invadindo assim competência reservada à lei complementar.

Se a lei ordinária acima comentada não pode dispor sobre os limites da imunidade, o mesmo não se pode dizer do Código Tributário Nacional. Apesar de tal diploma ter sido promulgado como lei ordinária (Lei 5.172/1966), foi recepcionado pela Constituição de 1988 como lei complementar, adquirindo esse *status* por conta de regular matéria que a atual Constituição reserva à lei complementar (art. 146 da CF).

Assim é que o artigo 14 do CTN, com seu *status* de lei complementar, traz normas que exercem o papel de regulamentar os limites da imunidade do 150, VI, *c* da CF:

> "CTN, artigo 14. O disposto na alínea c do inciso IV do art. 9º [Imunidade do art. 150, VI, *c* da CF] é subordinado à observância dos seguintes requisitos pelas entidades nele referidas:
>
> I – não distribuírem qualquer parcela de seu patrimônio ou de suas rendas, a qualquer título;
>
> II – aplicarem integralmente, no País, os seus recursos na manutenção dos seus objetivos institucionais;
>
> III – manterem escrituração de suas receitas e despesas em livros revestidos de formalidades capazes de assegurar sua exatidão.".

Quanto ao inciso I, é certo que o superávit que seja destinado às finalidades essenciais da entidade não a descaracteriza como uma instituição sem fins lucrativos. Nesse sentido é explícito o artigo 12, § 3º da Lei 9.532/97[32]. Tampouco a remuneração de dirigentes de acordo com as normas

destinados às atividades filantrópicas. Desde que respeitados os limites da imunidade (não privilegiar atividade privada econômica lucrativa e não afetar a livre iniciativa), a imunidade tributária será aplicável ao produto das operações financeiras" (RE/AgR 454.753, j. 20.04.2010).

32. "§ 3º Considera-se entidade sem fins lucrativos a que não apresente superávit em suas contas ou, caso o apresente em determinado exercício, destine referido resultado, integralmente, à manutenção e ao desenvolvimento dos seus objetivos sociais.".

e os parâmetros do mercado é capaz de prejudicar a fruição da imunidade, uma vez que não se exige o trabalho gratuito dos que contribuem para as atividades da instituição imune. O que se veda é a distribuição de rendas da entidade, não a contraprestação justa por um serviço laboral.

O inciso II, por sua vez, deve ser interpretado com certos cuidados. A obrigatoriedade de aplicação integral dos recursos no Brasil não significa que é vedada qualquer remessa ou pagamento a residente no exterior. Imagine-se, por exemplo, uma entidade educacional que utiliza, para aprendizado de seus assistidos, *software* fornecido por empresa residente no Canadá. Ou ainda pode-se pensar em uma entidade que necessita de um equipamento que só é fornecido por residente no exterior. Em tais casos, não há que se falar em aplicação de recursos fora do país para se negar a imunidade, ressalvando-se, claro, os abusos e desvios. O que deve ser verificado é se o recurso aplicado se destina ao atendimento das finalidades essenciais buscadas em solo brasileiro[33].

Por fim, o inciso III eleva as chamadas "obrigações acessórias" ou "deveres instrumentais" ao patamar de condição para a fruição da imunidade. Vale lembrar que mesmo a condição de ente imune não significa exoneração da condição de responsáveis pelos tributos que lhes caiba reter na fonte, muito menos dispensa da prática de atos, previstos em lei, assecuratórios do cumprimento de obrigações tributárias por terceiros (artigo 9º, § 1º do CTN).

No direito tributário brasileiro a obrigação acessória independe da principal.

2.8 Imunidade dos livros, jornais, periódicos e do papel destinado a sua impressão

> CF, art. 150. Sem prejuízo de outras garantias asseguradas ao contribuinte, é vedado à União, aos Estados, ao Distrito Federal e aos Municípios: (...)
> VI – instituir impostos sobre: (...)
> d) livros, jornais, periódicos e o papel destinado a sua impressão.

33. "A exigência de aplicarem no País seus recursos deve ser compreendida com algum cuidado: teria o legislador exigido que todos os gastos daquelas entidades se dessem no País? (...) Como fica a instituição de ensino que paga um curso no exterior para o aperfeiçoamento de seus docentes? Mais adequado parece ser o entendimento de que se espera que tais entidades apliquem os recursos no interesse do País, i. e., que seus dispêndios, mesmo que ocorridos no exterior, sejam voltados a atender a uma necessidade do País." (SCHOUERI, 2015, p. 470-471).

2.8.1 Fundamento e abrangência

A imunidade ora em estudo (apelidada de imunidade "cultural") recai sobre os livros, jornais, periódicos e sobre o papel destinado a sua impressão. O objetivo dessa imunidade é resguardar e promover direitos individuais como a liberdade da manifestação do pensamento e da expressão (art. 5º, IV e IX da CF), além do acesso à informação (art. 5º, XIV da CF)[34]. A Constituição reforça a relevância dada à manifestação do pensamento quando trata da comunicação social no artigo 220:

> CF, art. 220: A manifestação do pensamento, a criação, a expressão e a informação, sob qualquer forma, processo ou veículo não sofrerão qualquer restrição, observado o disposto nesta Constituição.

Apesar de toda essa preocupação com a difusão de conhecimento e de informação, não se pode concluir daí que o prestígio a esses valores pela Constituição implica na imunidade dos veículos de comunicação.

Em outras palavras, estamos diante de uma **imunidade política**, que representa uma opção do constituinte em proteger determinada atividade. Caso não houvesse a previsão expressa da vedação à instituição de impostos, não se poderia falar em imunidade dos livros e do papel, a despeito da importância da difusão de cultura e conhecimento.

A imunidade cultural também é classificada como uma **imunidade objetiva**, já que é conferida em razão das características de determinados objetos, e não em função das condições peculiares de uma pessoa. Por essa razão, a editora de livros deve pagar imposto de renda ou ainda imposto que incida sobre suas aplicações financeiras. Apenas os objetos mencionados na Constituição (livros, jornais, periódicos e o papel destinado a sua impressão) estão livres da incidência de impostos. As pessoas físicas ou jurídicas que atuem no respectivo setor não são imunes.

Muitas controvérsias surgem a respeito do alcance da imunidade cultural. É possível encontrar na doutrina o entendimento de que os livros protegidos são apenas aqueles que visam à transmissão de conhecimento, não sendo imunes os livros que se prestam apenas a registrar informações empresariais e fatos econômicos, como os livros de escrituração contábil. Os livros

34. CF, art. 5º, IV – é livre a manifestação do pensamento, sendo vedado o anonimato; (...) IX – é livre a expressão da atividade intelectual, artística, científica e de comunicação, independentemente de censura ou licença; XIV – é assegurado a todos o acesso à informação e resguardado o sigilo da fonte, quando necessário ao exercício profissional.

protegidos seriam aqueles que objetivam educar e difundir a cultura, e não aqueles que transmitem fatos do cotidiano[35].

O STF parece ter adotado esse entendimento, como se pode ver de trecho da ementa do **RE 330.817** (j. 08.03.2017), submetido à sistemática da **repercussão geral.** Nesse julgado, foi expressamente consignado que "**ao se invocar a interpretação finalística, se o livro não constituir veículo de ideias, de transmissão de pensamentos, ainda que formalmente possa ser considerado como tal, será descabida a aplicação da imunidade**".

Por outro lado, também há decisões segundo as quais **não estão excluídos da imunidade as publicações "que cuidam de informações genéricas ou específicas, sem caráter noticioso, discursivo, literário, poético ou filosófico, mas de inegável utilidade pública, como e o caso das listas telefônicas** (RE 134.071, j. 15. 09.1992). **As listas telefônicas são imunes ainda que nelas haja publicidade paga** (RE 199.183, j. 17.04.1998).

Em provas de concursos, enunciados que indiquem a imunidade de listas telefônicas devem ser assinalados como corretos.

Seguindo a tendência de não condicionar a fruição da imunidade ao conteúdo das publicações, o STF reconheceu o benefício aos álbuns de figurinhas:

> "IMUNIDADE. ART. 150, VI, "D" DA CF. "ÁLBUM DE FIGURINHAS". ADMISSIBILIDADE. A imunidade tributária sobre livros, jornais, periódicos e o papel destinado à sua impressão tem por escopo evitar embaraços ao exercício da liberdade de expressão intelectual, artística, científica e de comunicação, bem como facilitar o acesso da população à cultura, à informação e à educação. **O Constituinte, ao instituir esta benesse, não fez ressalvas quanto ao valor artístico ou didático, à relevância das informações divulgadas ou à qualidade cultural de uma publicação.** Não cabe ao aplicador da norma constitucional em tela afastar este benefício fiscal instituído para proteger direito tão importante ao exercício da democracia, por força de um juízo subjetivo acerca da qualidade cultural ou do valor pedagógico de uma publicação destinada ao público infanto-juvenil." (**RE 221.239**, j. 25.05.2004 – grifamos)

Nesse mesmo julgamento, a relatora Ministra Ellen Gracie, o álbum de figurinhas seria um meio de estimular o público infantil a se familiarizar

35. "só são considerados livros, para fins de imunidade tributária, os que se prestam para difundir ideias, informações, conhecimentos (...) os que são veículos de pensamento (...) não revestem a condição de livros, para os fins desta alínea 'd', os diários (livros em branco), que servem para registrar o que acontece no dia a dia de seus donos (...) Também não são livros, nesta acepção, (...) o livro de ponto (...), o livro de inscrição da dívida pública (...), o livro de bordo (...), o livro de atas" (CARRAZZA, 2015, p. 939-940).

com meios de comunicação impressos, o que atenderia, em última análise, à finalidade da imunidade cultural. No mesmo sentido, decidiu o STF no **RE 179.893** (j. 15.04.2008), em cuja ementa se mencionou ainda a aplicação da imunidade em relação aos cromos adesivos.

As apostilas, veículo de transmissão de cultura simplificado, igualmente são beneficiadas pela imunidade (**RE 183.403**, j. 07.11.2000). Considerou-se que a apostila seria uma "simplificação de um livro", que também serviria ao propósito de veicular uma mensagem ou um pensamento no contexto de obra de cultura (voto do relator Ministro Marco Aurélio).

Em relação ao sentido de "papel", o STF possui súmula no sentido de que os filmes e papéis fotográficos são abrangidos pela imunidade:

> Súmula 657 do STF: "A imunidade prevista no art. 150, VI, *d*, da CF abrange os filmes e papéis fotográficos necessários à publicação de jornais e periódicos"

Um julgado que merece destaque por sua peculiaridade é o que concedeu imunidade a peças sobressalentes para equipamentos de preparo e acabamento de chapas de impressão *offset* para jornais (**RE 202.149**, 26.04.2011). Ressalte-se que o julgado foi tomado em votação da Primeira Turma com diferença de um voto a mais para a posição vencedora.

A particularidade dessa decisão consiste na extensão da imunidade a uma peça de equipamento utilizado para a produção de jornais. Isso porque a jurisprudência do próprio STF, como se verá a seguir, já afastou a imunidade a insumos como tinta de jornal e tiras plásticas para sua amarração. A concessão de imunidade a peças de equipamentos não nos parece compatível com o afastamento da mesma imunidade a insumos. A reprodução de sua conclusão nos enunciados das provas de concursos, ainda assim, deve ser o suficiente para tornar o enunciado correto.

A maior controvérsia em relação à imunidade cultural, contudo, diz respeito ao **livro eletrônico**. O texto constitucional confere imunidade aos livros, jornais, periódicos e ao papel destinado à sua impressão.

A referência ao papel seria, segundo uma primeira corrente, um indicativo de que a imunidade não deveria abarcar os livros eletrônicos. De acordo com esse pensamento, a imunidade deveria ser interpretada literalmente[36].

36. "Essa interpretação ampla (...) é dotada de exagero, apresentando analogia ingênua entre a cultura tipográfica e a eletrônica. A imunidade sob análise (...) deve ser interpretada de acordo com a letra da lei (...) não há razão para estender esta imunidade para além do que o constituinte expressamente

Outra linha de raciocínio advoga uma interpretação teleológica a ser conferida às imunidades, o que conduziria à conclusão de que o livro eletrônico também deveria ser beneficiado pela imunidade cultural. Isso porque a mídia eletrônica também serve ao objetivo maior de propagar o pensamento e a cultura, favorecendo a educação do mesmo modo que o livro físico[37].

Inicialmente, o STF se manifestou por meio de decisões monocráticas que excluindo os livros eletrônicos da imunidade cultural[38]. Em acórdão da segunda turma, chegou a consignar que a imunidade cultural "estende-se, exclusivamente – tratando-se de insumos destinados à impressão de livros, jornais e periódicos – a materiais que se mostrem assimiláveis ao papel" (**RE 495.385 AgR**, j. 29.09.2009).

A orientação que prevaleceu em sede de **repercussão geral** (e que, portanto, deve ser seguida em provas de concursos públicos) foi a que confere uma interpretação extensiva e teleológica à imunidade em questão.

Confira-se a ementa do RE 330.817, submetido à sistemática da repercussão geral:

> EMENTA Recurso extraordinário. **Repercussão geral**. Tributário. Imunidade objetiva constante do art. 150, VI, d, da CF/88. Teleologia multifacetada. Aplicabilidade. Livro eletrônico ou digital. Suportes. **Interpretação evolutiva**. Avanços tecnológicos, sociais e culturais. Projeção. Aparelhos leitores de livros eletrônicos (ou e-readers). 1. **A teleologia da imunidade contida no art. 150, VI, d, da Constituição, aponta para a proteção de valores, princípios e ideias de elevada importância, tais como a liberdade de expressão**, voltada à democratização e à difusão da cultura; a formação cultural do povo indene de manipulações; a neutralidade, de modo a não fazer distinção entre grupos economicamente fortes e fracos, entre grupos políticos etc; a liberdade de informar e de ser informado; o barateamento do custo de produção dos livros, jornais e periódicos, de modo a facilitar

protegeu" (SCHOUERI, 2015, p. 478); "Discute-se intensamente sobre a extensão da vedação constitucional ao livro eletrônico e aos produtos da informática, que nos parece incabível" (LOBO TORRES, 2013, p. 77).

37. "se a imunidade conferida aos livros tem por finalidade assegurar a liberdade de pensamento (...), o conceito de livro engloba todo meio material pelo qual esse objetivo seja atingido (...) a imunidade em foco abarca também o chamado 'livro eletrônico'." (COSTA, 2015, p. 206-207); "a regra imunizante (...) alcança também os sucedâneos de livro (disquetes de computador, *CD-Roms*, vídeos etc.), que, embora não sejam fabricados com papel, também são veículos de propagação de ideias." (CARRAZZA, 2015, p. 948)

38. RE 416.579, j. 17.12.2009; RE 282.387, j. 23.05.2006.

e estimular a divulgação de ideias, conhecimentos e informações etc. **Ao se invocar a interpretação finalística, se o livro não constituir veículo de ideias, de transmissão de pensamentos, ainda que formalmente possa ser considerado como tal, será descabida a aplicação da imunidade.** (...) 3. **A interpretação das imunidades tributárias deve se projetar no futuro e levar em conta os novos fenômenos sociais, culturais e tecnológicos.** Com isso, evita-se o esvaziamento das normas imunizantes por mero lapso temporal, além de se propiciar a constante atualização do alcance de seus preceitos. 4. O art. 150, VI, d, da Constituição não se refere apenas ao método gutenberguiano de produção de livros, jornais e periódicos. O vocábulo "papel" não é, do mesmo modo, essencial ao conceito desses bens finais. O suporte das publicações é apenas o continente (corpus mechanicum) que abrange o conteúdo (corpus misticum) das obras. **O corpo mecânico não é o essencial ou o condicionante para o gozo da imunidade, pois a variedade de tipos de suporte (tangível ou intangível) que um livro pode ter aponta para a direção de que ele só pode ser considerado como elemento acidental no conceito de livro. A imunidade de que trata o art. 150, VI, d, da Constituição, portanto, alcança o livro digital (e-book).** 5. É dispensável para o enquadramento do livro na imunidade em questão que seu destinatário (consumidor) tenha necessariamente que passar sua visão pelo texto e decifrar os signos da escrita. Quero dizer que **a imunidade alcança o denominado "audio book", ou audiolivro (livros gravados em áudio, seja no suporte CD-Rom, seja em qualquer outro).** 6. **A teleologia da regra de imunidade igualmente alcança os aparelhos leitores de livros eletrônicos (ou e-readers) confeccionados exclusivamente para esse fim, ainda que, eventualmente, estejam equipados com funcionalidades acessórias ou rudimentares que auxiliam a leitura digital, tais como dicionário de sinônimos, marcadores, escolha do tipo e do tamanho da fonte etc. Esse entendimento não é aplicável aos aparelhos multifuncionais, como tablets, smartphone e laptops, os quais vão muito além de meros equipamentos utilizados para a leitura de livros digitais.** 7. O CD-Rom é apenas um corpo mecânico ou suporte. Aquilo que está nele fixado (seu conteúdo textual) é o livro. Tanto o suporte (o CD-Rom) quanto o livro (conteúdo) estão abarcados pela imunidade da alínea d do inciso VI do art. 150 da Constituição Federal. 8. Recurso extraordinário a que se nega provimento. TESE DA REPERCUSSÃO GERAL: 9. Em relação ao tema nº 593 da Gestão por Temas da Repercussão Geral do portal do STF na internet, foi aprovada a seguinte tese: **"A imunidade tributária constante do art. 150, VI, d, da CF/88 aplica-se ao livro eletrônico (e-book), inclusive aos**

suportes exclusivamente utilizados para fixá-lo." (**RE 330.817 – repercussão geral**, j. 08.03.2017 – grifamos).

Vale destacar ainda, em relação ao julgado reproduzido acima, a decisão relativa aos leitores de livros eletrônicos (como, por exemplo, o *kindle* da empresa *Amazon*). O STF entendeu que a imunidade cultural, acompanhando a evolução tecnológica, deve beneficiar não só os livros eletrônicos, mas também os dispositivos utilizados **exclusivamente** para a leitura desses livros (o que impede a extensão da imunidade a dispositivos multifuncionais, como *smartphones*, *tablets* e *laptops*).

Mantendo a interpretação teleológica, o STF reconheceu, em sede de **repercussão geral**, a imunidade de **componentes eletrônicos destinados exclusivamente a integrar a unidade didática com fascículos periódicos impressos** (**RE 595.676**, j. 08.03.2017). O caso em questão envolvia a comercialização de publicações periódicas de cunho educativo (cursos de eletrônica), em que os fascículos impressos da publicação eram acompanhados de elementos eletrônicos para aplicação prática dos conhecimentos expostos no material impresso. O entendimento do STF foi de que os componentes eletrônicos possuíam uma finalidade didática, complementando o curso prático oferecido nos fascículos impressos.

2.8.2 Hipóteses não abarcadas pela imunidade

Apesar da interpretação extensiva conferida pelo STF à imunidade cultural, encontramos julgados reconhecendo objetos não abarcados pela exoneração em tela.

O Tribunal já entendeu que a **tinta especial para jornal**, ainda que seja um insumo necessário à produção do periódico, **não é alcançada** pela imunidade. No mesmo julgado, ressaltou-se que "apenas os materiais relacionados com o papel – assim, papel fotográfico, inclusive para fotocomposição por laser, filmes fotográficos, sensibilizados, não impressionados, para imagens monocromáticas e papel para telefoto – estão abrangidos pela imunidade". (**RE 273.308**, j. 22.08.2000).

Se a tinta do jornal não é imune, com mais razão ainda **não se reconhece a imunidade às tiras plásticas para amarração de jornais** (RE-AgR 208.638, j. 2.3.1999).

Em que pese a orientação de negar a imunidade a insumos, há decisão de turma do STF em que se concedeu imunidade a peças sobressalentes para equipamentos de preparo e acabamento de chapas de impressão *offset* para jornais (**RE 202.149**, 26.04.2011). Como já visto, trata-se de decisão peculiar, não refletindo uma jurisprudência consolidada. A reprodução de sua conclusão nos enunciados das provas de concursos, ainda assim, deve ser o suficiente para tornar o enunciado correto.

A imunidade que alcança jornais e revistas não se estende aos encartes de propaganda que acompanham essas publicações. Aqui deve se tomar o devido cuidado. Jornais, revistas e até listas telefônicas que contenham publicidade paga inserida no corpo da própria publicação continuam imunes. Já não haverá mais imunidade, contudo, em relação a encartes publicitários separados das publicações imunes. Confira-se o julgado:

> **ENCARTES DE PROPAGANDA DISTRIBUÍDOS COM JORNAIS E PERIÓDICOS**. ART. 150, VI, d, DA CF. **Veículo publicitário que, em face de sua natureza propagandística, de exclusiva índole comercial, não pode ser considerado como destinado à cultura e à educação**, razão pela qual não está abrangido pela imunidade de impostos prevista no dispositivo constitucional sob referência. (**RE 213.094**, j. 22.06.1999 – grifamos).

Igualmente rechaçada foi a pretensão de se imunizar os serviços prestados por empresas que fazem a distribuição, o transporte ou a entrega de livros, jornais, periódicos e do papel destinado a sua impressão (**RE/AgR 530.121**, j. 09.11.2010). Serviços de transportes de livros, portanto, não são imunes.

Serviços de composição gráfica também não são imunes, de acordo com a jurisprudência do STF (**RE 435.978-AgR**, j. 08.02.2011; **RE 631.864-AgR**, j. 03.05.2011).

Por fim, o STF declarou inconstitucional dispositivo da Constituição Estadual do RJ que estendia a imunidade do art. 150, VI, *d* aos veículos de radiodifusão (**ADI 773**, j. 20.08.2014). Entendeu-se que eventual disciplina de nova modalidade de imunidade tributária por ente estadual representa violação aos princípios da isonomia (por criar tratamento diferenciado a contribuintes do ente estadual sem que haja qualquer situação fática diferenciada a justificá-lo) e federativo (por afetar tributos regulamentados por legislação federal e municipal)[39].

39. "Quanto aos serviços de radiodifusão e de televisão, todavia, parece-nos que sustentar sejam eles alcançados pela imunidade em tela implica elastecimento indevido dos confins do preceito imunitório. (...) tutelada está a mídia escrita (...) A mídia falada ou de imagens, portanto, escapa ao alcance dessa norma exonerativa" (COSTA, 2015, p. 207).

2.9 Imunidade de fonogramas e videogramas musicais

> CF, art. 150. Sem prejuízo de outras garantias asseguradas ao contribuinte, é vedado à União, aos Estados, ao Distrito Federal e aos Municípios: (...)
>
> VI – instituir impostos sobre: (...)
>
> e) fonogramas e videofonogramas musicais produzidos no Brasil contendo obras musicais ou literomusicais de autores brasileiros e/ou obras em geral interpretadas por artistas brasileiros bem como os suportes materiais ou arquivos digitais que os contenham, salvo na etapa de replicação industrial de mídias ópticas de leitura a laser.

2.9.1 Fundamento e abrangência

A presente imunidade foi introduzida pela Emenda Constitucional 75/2013, visando beneficiar a produção musical nacional (por isso é apelidada de "imunidade musical"). Seu fundamento seria o incentivo à produção cultural (SCHOUERI, 2015, p. 482)[40].

A ausência de tal imunidade no texto originário da Constituição deixa claro sua natureza **política**. Ou seja, a imunidade em questão só é reconhecida por conta de previsão expressa, não podendo ser extraída implicitamente do sistema constitucional.

Vale destacar que, da mesma forma que ocorre com a imunidade cultural, a chamada imunidade musical é **objetiva**, abrangendo apenas os impostos incidentes sobre os objetos tutelados. O produtor dos fonogramas e videofonogramas em questão é contribuinte do imposto de renda, não sendo beneficiado pela imunidade.

Fonograma, de acordo com a Lei de Direitos Autorais, é a **fixação de sons** de uma execução ou interpretação ou de outros sons, ou de uma representação de sons que não seja uma fixação incluída em uma obra audiovisual (Lei 9.610/1998, art. 5º, IX). Em síntese, fonograma é o arquivo de som, enquanto o **fonograma musical** seria, logicamente, o **arquivo de som que contém música**.

---

40. No mesmo sentido: "O intuito é incentivar a produção musical de autoria e/ou interpretação brasileiras, por meio de CDs, DVDs e outras mídias, desonerando esses itens da carga tributária de impostos. (...) tal exoneração tributária conduzirá a expressiva diminuição de custos no mercado fonográfico, desestimulando a 'pirataria'." (COSTA, 2015, p. 209).

O videofonograma não possui definição na atual lei de direitos autorais[41]. A Lei 9.610/1998 define obra audiovisual como a que resulta da fixação de imagens com ou sem som, que tenha a finalidade de criar, por meio de sua reprodução, a impressão de movimento, independentemente dos processos de sua captação, do suporte usado inicial ou posteriormente para fixá-lo, bem como dos meios utilizados para sua veiculação (art. 5º, VIII, *i*). A obra audivisual pode ser cinematográfica ou videofonográfica, sendo que o constituinte pretendeu imunizar apenas a última espécie (SCHOUERI, 2015, p. 481).

Uma definição mais específica de videofonograma pode ser encontrada na Medida Provisória 2.228-1/2001, que, além de ter criado a Agência Nacional do Cinema (ANCINE), estabelece princípios gerais da Política Nacional de Cinema. De acordo com o artigo 1º, inciso III da Medida Provisória, **obra videofonográfica é a obra audiovisual** cuja matriz original de captação é um meio magnético com capacidade de armazenamento **de informações que se traduzem em imagens em movimento, com ou sem som.**

Assim, podemos definir o **videofonograma** como a **fixação de imagens com ou sem som. Videofonograma musical**, por consequência, seria o **arquivo de imagens com música.**

Quanto aos requisitos, o primeiro a ser verificado é que o fonograma ou videofonograma seja produzido no Brasil. A produção em território nacional é condição primeira e necessária para a imunidade.

Além disso, as obras musicais ou literomusicais devem ter sido compostas por autores brasileiros ou interpretadas por artistas brasileiros.

Trata-se de um requisito alternativo: a obra precisa ser composta ou interpretada por um brasileiro.

Se o cantor irlandês Paul Hewson (Bono Vox) decidisse gravar a música "Céu da Boca" (composta pelo brasileiro Reinaldo Marcel), que cantou com Ivete Sangalo no carnaval de Salvador em 2006, e o respectivo fonograma fosse produzido no Brasil, a imunidade em comento deveria ser aplicada, por satisfazer o requisito alternativo "fonograma musical produzido no Brasil contendo obra musical de **autores** brasileiros". Do mesmo modo, se a intérprete brasileira Ivete Sangalo gravasse a canção "*Vertigo*" (de autoria internacional), igualmente estaria satisfeito o requisito.

41. A Lei 5.988/1973, revogada pela atual Lei de Direitos Autorais, definia videofonograma como "a fixação de imagem e som em suporte material" (art. 4º, VIII).

Essa imunidade alberga tanto os suportes materiais (CD, DVD, Blu-ray) quanto os arquivos digitais (acessados em nuvem, por *streaming* ou baixados da internet).

Por fim, a imunidade é excluída em relação à etapa de replicação industrial de mídias ópticas de leitura a laser. Essa ressalva foi inserida para que o novo benefício constitucional não esvaziasse a produção industrial das mídias na Zona Franca de Manaus. Como as indústrias estabelecidas na Zona Franca já são favorecidas por benefícios fiscais para concedidos às empresas que alise situam, eventual imunidade a nível nacional relativa à replicação industrial de mídias tornaria sem sentido a instalação de empresas do setor em Manaus.

2.9.2 Diálogo com acordos internacionais

Questionamento que pode ser levantado em relação a essa imunidade é sua possível incompatibilidade com os compromissos internacionais celebrados pelo Brasil em relação ao comércio internacional. Isso porque o Acordo Geral sobre Tarifas e Comércio (GATT), do qual o Brasil é signatário, possui como um de seus pilares o princípio da não discriminação ou do tratamento nacional, segundo o qual a tributação interna de produtos nacionais não seja mais favorável que a incidente sobre os produtos importados de países signatários do GATT:

> Artigo III
>
> Tratamento Nacional no tocante à Tributação e Regulamentação Internas
>
> 3.1 **As Partes Contratantes reconhecem que os impostos e outros tributos internos, assim como leis, regulamentos** e exigências relacionadas com a venda, oferta para venda, compra, transporte, distribuição ou utilização de produtos no mercado interno e as regulamentações sobre medidas quantitativas internas que exijam a mistura, a transformação ou utilização de produtos, em quantidade e proporções especificadas, **não devem ser aplicados a produtos importados ou nacionais, de modo a proteger a produção nacional.**
>
> 3.2 **Os produtos do território de qualquer Parte Contratante, importados por outra Parte Contratante, não estão sujeitos, direta ou indiretamente, a impostos ou outros tributos internos de qualquer espécie superiores aos que incidem, direta ou indiretamente, sobre produtos nacionais.** Além disso nenhuma Parte Contratante aplicará de outro modo, impostos ou outros encargos internos a produtos nacionais ou importados, contrariamente aos princípios estabelecidos no parágrafo 1. (grifamos)

Diante da incorporação desse acordo no ordenamento brasileiro, a falta de tributação dos produtos fabricados no Brasil exige que se estenda igual tratamento aos produtos importados de países signatários do GATT (SCHOUERI, 2015, p. 482).

Embora não haja ainda uma manifestação específica a esse respeito acerca da imunidade musical, tanto o STJ quanto o STF já estenderam isenção de tributo interno concedido a produto nacional ao seu similar oriundo de país signatário do GATT[42].

2.10 Imunidades específicas

2.10.1 Introdução

As imunidades específicas são aquelas que em geral restringem-se a um único tributo (seja ele imposto, taxa ou contribuição), atingindo apenas uma pessoa política. Contrapõem-se às imunidades genéricas, que se direcionam a todas as pessoas políticas e dizem respeito aos impostos (CF, artigo 150, VI).

No presente capítulo, estudaremos diversas imunidades específicas referentes a impostos, taxas e contribuições.

2.10.2 Imunidades específicas de impostos

2.10.2.1 Imunidades relativas aos impostos incidentes nas exportações - IPI e ICMS

> CF, art. 153, § 3º O imposto previsto no inciso IV (IPI): (...) III – não incidirá sobre produtos industrializados destinados ao exterior.
>
> CF, art. 155, § 2º O imposto previsto no inciso II (ICMS) atenderá ao seguinte: X – não incidirá: a) sobre operações que destinem mercadorias para o exterior, nem sobre serviços prestados a destinatários no exterior, assegurada a manutenção e o aproveitamento do montante do imposto cobrado nas operações e prestações anteriores;

As imunidades que impedem a tributação das exportações privilegiam o princípio do destino, segundo o qual os impostos sobre o consumo nas

42. Súmula 575 do STF: "À mercadoria importada de país signatário do GATT, ou membro da ALALC, estende-se a isenção do imposto sobre circulação de mercadorias concedida a similar nacional."; Súmula 20 do STJ: "A mercadoria importada de país signatário do GATT é isenta do ICM, quando contemplado com esse favor o similar nacional."; Súmula 71 do STJ: "O bacalhau importado de país signatário do GATT é isento do ICM.".

operações internacionais devem ser renunciados pelo país de origem e exigidos pelo país de destino[43].

Ainda, as normas imunizantes visam incentivar o comércio e a indústria nacional desonerando as exportações.

Em relação ao IPI (Imposto sobre Produtos Industrializados), o artigo 153, § 3º, III, da Constituição dispõe que o imposto não incidirá sobre produtos industrializados destinados ao exterior.

O mesmo ocorre com o ICMS, em relação ao qual o artigo 155, § 2º, X, *a* da CF dispõe que o imposto não incidirá sobre operações que destinem mercadorias para o exterior, nem sobre serviços prestados a destinatários no exterior, **assegurada a manutenção e o aproveitamento do montante do imposto cobrado nas operações e prestações anteriores.**

A última expressão grifada é uma cláusula importante para a efetividade do dispositivo.

Como o ICMS é um tributo não cumulativo (no qual o imposto incidente na operação é anterior é abatido do imposto devido na operação seguinte), os créditos de ICMS nas operações anteriores à exportação não podem ser abatidos do débito na saída da mercadoria para o exterior, já que a exportação é imune.

Considerando que as empresas beneficiadas pela imunidade podem dedicar-se quase que exclusivamente à exportação, o não aproveitamento do crédito das operações anteriores em que há incidência do ICMS resultaria praticamente em uma anulação da imunidade, uma vez que empresas que não exportam, apesar de serem oneradas nas operações de saída, poderiam aproveitar o crédito da entrada.

A garantia constitucional de manutenção e aproveitamento do montante do ICMS cobrado nas operações e prestações anteriores, portanto, representa uma preocupação em assegurar o alívio fiscal da imunidade[44].

Visando dar concretude à vontade constitucional, o legislador previu que os créditos acumulados de ICMS em decorrência das operações de exportações imunes (em virtude da inexistência de um débito na exportação

43. Segundo Alberto Xavier, o princípio do país do destino visa evitar distorções de concorrência, implicando que um mesmo consumo seja tributado uma única vez e que as mercadorias estrangeiras suportem o mesmo encargo fiscal que as mercadorias nacionais (XAVIER, 2015, p. 226).

44. No intuito de preservar o alívio fiscal da imunidade, o STF já decidiu que os créditos de insumos destinados à impressão de livros, jornais e periódicos devem ser aproveitados pela empresa que atua com os produtos imunes, não podendo o fisco exigir o estorno de tais créditos (**AC 2559 MC-REF**, j. 14.06.2010).

do qual seria abatido o crédito da entrada) podem ser imputados a outro estabelecimento do contribuinte ou, havendo ainda saldo, transferido a outros contribuintes, sempre no mesmo Estado. Assim dispõe o artigo 25, § 1º, da Lei Complementar 87/1995:

> § 1º Saldos credores acumulados a partir da data de publicação desta Lei Complementar por estabelecimentos que realizem operações e prestações de que tratam o inciso II do art. 3º e seu parágrafo único podem ser, na proporção que estas saídas representem do total das saídas realizadas pelo estabelecimento:
>
> I – imputados pelo sujeito passivo a qualquer estabelecimento seu no Estado;
>
> II – havendo saldo remanescente, transferidos pelo sujeito passivo a outros contribuintes do mesmo Estado, mediante a emissão pela autoridade competente de documento que reconheça o crédito.

Nessa última hipótese, o STF entende que a cessão dos créditos de ICMS a terceiros não gera receita tributável pelas contribuições PIS e COFINS. Ou seja, o valor que a empresa exportadora recebe em contrapartida aos créditos cedidos a terceiros não configura receita, mas uma mera recuperação do ônus econômico advindo do ICMS. No **RE 606.107** (j. 22.05.2013), julgado sob o regime de **repercussão geral**, o STF assim se posicionou:

> (...) I – **Esta Suprema Corte, nas inúmeras oportunidades em que debatida a questão da hermenêutica constitucional aplicada ao tema das imunidades, adotou a interpretação teleológica** do instituto, a emprestar-lhe abrangência maior, com escopo de assegurar à norma supralegal máxima efetividade. (...) III – A apropriação de créditos de ICMS na aquisição de mercadorias tem suporte na técnica da não cumulatividade, imposta para tal tributo pelo art. 155, § 2º, I, da Lei Maior, a fim de evitar que a sua incidência em cascata onere demasiadamente a atividade econômica e gere distorções concorrenciais. IV – **O art. 155, § 2º, X, "a", da CF** – cuja finalidade é o incentivo às exportações, desonerando as mercadorias nacionais do seu ônus econômico, de modo a permitir que as empresas brasileiras exportem produtos, e não tributos -, imuniza as operações de exportação e **assegura "a manutenção e o aproveitamento do montante do imposto cobrado nas operações e prestações anteriores". Não incidem, pois, a COFINS e a contribuição ao PIS sobre os créditos de ICMS cedidos a terceiros, sob pena de frontal violação do preceito constitucional.** (...) VI – **O aproveitamento dos créditos de ICMS por ocasião da saída imune para o exterior**

> **não gera receita tributável. Cuida-se de mera recuperação do ônus econômico advindo do ICMS**, assegurada expressamente pelo art. 155, § 2º, X, "a", da Constituição Federal. VII – Adquirida a mercadoria, a empresa exportadora pode creditar-se do ICMS anteriormente pago, mas somente poderá transferir a terceiros o saldo credor acumulado após a saída da mercadoria com destino ao exterior (art. 25, § 1º, da LC 87/1996). Porquanto só se viabiliza a cessão do crédito em função da exportação, além de vocacionada a desonerar as empresas exportadoras do ônus econômico do ICMS, as verbas respectivas qualificam-se como decorrentes da exportação para efeito da imunidade do art. 149, § 2º, I, da Constituição Federal. VIII – **Assenta esta Suprema Corte a tese da inconstitucionalidade da incidência da contribuição ao PIS e da COFINS não cumulativas sobre os valores auferidos por empresa exportadora em razão da transferência a terceiros de créditos de ICMS.** IX – Ausência de afronta aos arts. 155, § 2º, X, 149, § 2º, I, 150, § 6º, e 195, caput e inciso I, "b", da Constituição Federal. Recurso extraordinário conhecido e não provido, aplicando-se aos recursos sobrestados, que versem sobre o tema decidido, o art. 543-B, § 3º, do CPC.

Em suma, a cessão de créditos de ICMS das exportadoras a terceiros não gera receita tributável, sob pena de se reduzir o alcance da imunidade sobre as exportações de mercadorias.

2.10.2.2 Imunidade das pequenas glebas rurais

> CF, art. 153, § 4º O imposto previsto no inciso VI do *caput* (ITR): (...) II – não incidirá sobre pequenas glebas rurais, definidas em lei, quando as explore o proprietário que não possua outro imóvel;

O artigo 153, § 4º, II, da Constituição determina que o imposto sobre a propriedade territorial rural não incidirá sobre pequenas glebas rurais, definidas em lei, quando as explore o proprietário que não possua outro imóvel.

Perceba que essa imunidade não beneficia: a) o proprietário de dois imóveis rurais que, somando-se as suas áreas, ainda assim estaria dentro do limite da pequena gleba rural; e b) o agricultor que, embora não seja proprietário da pequena gleba rural, tenha sua posse e a explore com sua família ou com auxílio de empregados[45].

45. Para corrigir essa discrepância de tratamento, a Lei 9.393/1996 criou hipóteses de isenção. Art. 3º São isentos do imposto: I – o imóvel rural compreendido em programa oficial de reforma agrária,

Esse inciso II do § 4º foi incluído pela Emenda Constitucional 42/2003, não obstante a imunidade correspondente já estivesse prevista na redação original do art. 153, § 4º da CF[46].

Ao contrário do que acontecia anteriormente, **após a Emenda 42/2003 deixou-se de exigir que o proprietário explore sua gleba rural só ou com sua família. Atualmente, não há qualquer empecilho à contratação de empregados para a exploração da pequena gleba rural.**

Um ponto importante a ser destacado do texto constitucional é que as pequenas glebas rurais devem ser **definidas em lei**, o que denuncia ser a imunidade condicionada.

Embora o texto constitucional não seja explícito quanto à necessidade de lei complementar, é possível defender que se está diante de uma definição dos contornos da própria imunidade, o que exigiria o quórum qualificado da lei complementar. Apesar disso, a Lei 9.393/1996, em seu artigo 2º, definiu pequena gleba rural para os fins da imunidade:

> Art. 2º Nos termos do art. 153, § 4º, in fine, da Constituição, o imposto não incide sobre pequenas glebas rurais, quando as explore, só ou com sua família, o proprietário que não possua outro imóvel.
>
> Parágrafo único. Para os efeitos deste artigo, pequenas glebas rurais são os imóveis com área igual ou inferior a:
>
> I – 100 ha, se localizado em município compreendido na Amazônia Ocidental ou no Pantanal mato-grossense e sul-mato-grossense;
>
> II – 50 ha, se localizado em município compreendido no Polígono das Secas ou na Amazônia Oriental;
>
> III – 30 ha, se localizado em qualquer outro município.

Tal definição em lei ordinária, apesar de conferir um tratamento adequado ao tema, seria, para a doutrina, formalmente inconstitucional (CARRAZZA,

caracterizado pelas autoridades competentes como assentamento, que, cumulativamente, atenda aos seguintes requisitos: a) seja explorado por associação ou cooperativa de produção; b) a fração ideal por família assentada não ultrapasse os limites estabelecidos no artigo anterior; c) o assentado não possua outro imóvel. II – o conjunto de imóveis rurais de um mesmo proprietário, cuja área total observe os limites fixados no parágrafo único do artigo anterior, desde que, cumulativamente, o proprietário: a) o explore só ou com sua família, admitida ajuda eventual de terceiros; b) não possua imóvel urbano.

46. Antes da Emenda 42/2003, assim dispunha o art. 153, § 4º: "o Imposto Territorial Rural terá suas alíquotas fixadas de forma a desestimular a manutenção de propriedades improdutivas e **não incidirá sobre pequenas glebas rurais, definidas em lei, quando as explore, só ou com sua família, o proprietário que não possua outro imóvel**". Exigia-se, como se pode ver, que o proprietário da gleba não tivesse auxílio de terceiros que não pertencessem à sua família.

2015, p. 964), pois a regulação das limitações constitucionais ao poder de tributar deve se dar por lei complementar.

Apesar da crítica doutrinária, não há, até o presente momento, pronunciamento do STF nesse sentido.

2.10.2.3 Imunidade do ouro definido em lei como ativo financeiro ou instrumento cambial

> CF, art. 153, § 5º O ouro, quando definido em lei como ativo financeiro ou instrumento cambial, sujeita-se exclusivamente à incidência do imposto de que trata o inciso V do "caput" deste artigo, devido na operação de origem; a alíquota mínima será de um por cento, assegurada a transferência do montante da arrecadação nos seguintes termos: I – trinta por cento para o Estado, o Distrito Federal ou o Território, conforme a origem; II – setenta por cento para o Município de origem.

Essa imunidade está prevista no artigo 153, § 5º da Constituição, segundo o qual o ouro, quando definido em lei como ativo financeiro ou instrumento cambial, sujeita-se exclusivamente à incidência do imposto sobre operações de crédito, câmbio e seguro, ou relativas a títulos ou valores mobiliários (o chamado "IOF").

Significa, portanto, uma imunidade em relação a todos os outros impostos que porventura poderiam resvalar nessa base econômica. O art. 155, § 2º, X, *c* da CF reafirma a imunidade, ao dispor que o ICMS não incide sobre o ouro tal como já mencionado no art. 153, § 5º.

Apenas o ouro que seja qualificado como ativo financeiro está alcançado pela imunidade. Essa observação é importante porque o ouro também pode ser transacionado como mercadoria, ocasião em que será tributado pelo ICMS.

2.10.2.4 Imunidade das operações relativas a energia elétrica, serviços de telecomunicações, derivados de petróleo, combustíveis e minerais do país

> CF, art. 155, § 3º: À exceção dos impostos de que tratam o inciso II do *caput* deste artigo e o art. 153, I e II, nenhum outro imposto poderá incidir sobre operações relativas a energia elétrica, serviços de telecomunicações, derivados de petróleo, combustíveis e minerais do País.

O artigo 155, § 3º da Constituição dispõe que, à exceção do ICMS, do Imposto de Importação e do Imposto de Exportação, nenhum outro imposto poderá incidir sobre operações relativas a energia elétrica, serviços de telecomunicações, derivados de petróleo, combustíveis e minerais do País.

Trata-se de um recorte negativo da competência tributária dos entes em relação aos impostos que poderiam incidir sobre as operações acima descritas, ressalvando-se, expressamente, o ICMS, o Imposto de Importação e o Imposto de Exportação.

Como o próprio dispositivo indica, a imunidade é referente a **outros impostos**, e não a outros tributos. Essa diferença é muito importante, pois o artigo 155, § 3º da CF em sua redação originária fazia menção a tributos, termo que foi substituído por impostos com a Emenda Constitucional 33/2001.

Eliminou-se qualquer dúvida que poderia haver quanto à legitmidade da incidência de contribuições nas operações relativas a energia elétrica, serviços de telecomunicações, derivados de petróleo, combustíveis e minerais do País.

Vale dizer que mesmo sob o texto anterior à Emenda 33/2001, que se referia a **tributos**, o STF já entendia ser possível a incidência das contribuições nas operações acima mencionadas. No **RE 227.832** (j. 01.07.1999), por exemplo, foi decidido que incide Cofins sobre faturamento de empresas distribuidoras de derivados de petróleo, mineradoras, distribuidoras de energia elétrica e executoras de serviços de telecomunicações. Rejeitando-se a interpretação literal, um dos fundamentos para essa decisão foi o de que tais empresas não deveriam ser exoneradas do dever de contribuir para o financiamento da seguridade social previsto no art. 194 da CF (voto do Ministro Carlos Velloso).

Essa orientação foi consolidada na **súmula 659 do STF**:

> "É legítima a cobrança da COFINS, do PIS e do FINSOCIAL sobre as operações relativas a energia elétrica, serviços de telecomunicações, derivados de petróleo, combustíveis e minerais do País."

> Em suma, **se anteriormente a incidência de contribuições sobre as operações relativas a energia elétrica, serviços de telecomunicações, derivados de petróleo, combustíveis e minerais do País já era permitida por força de entendimento do STF, hoje tal possibilidade decorre da própria literalidade do artigo 155, § 3º da Constituição.**

Ainda em relação a essa imunidade, o STF já decidiu que o serviço de transporte de minerais não é imune ao Imposto Sobre Serviços (**RE 170.784**, j. 14.03.2006). Ou seja, a redação constitucional "operações relativas a minerais" não abrange os serviços de transporte de minerais, segundo o entendimento vencedor no julgado em questão.

2.10.2.5 Imunidade das prestações de serviço de comunicação nas modalidades de radiodifusão sonora e de sons e imagens de recepção livre e gratuita

> CF, art. 155, § 2º O imposto previsto no inciso II (ICMS) atenderá ao seguinte: (...) X – não incidirá: (...) d) nas prestações de serviço de comunicação nas modalidades de radiodifusão sonora e de sons e imagens de recepção livre e gratuita;

O artigo 155, § 2º, X, *d* da CF (essa alínea *d* foi incluída pela Emenda Constitucional 42/2003) prevê que o ICMS não incidirá nas prestações de serviço de comunicação nas modalidades de radiodifusão sonora e de sons e imagens de recepção livre e gratuita.

A norma peca pela redundância. Se os serviços de comunicação de radiodifusão sonora e de sons e imagens são de recepção **gratuita**, não há que se falar em incidência de nenhum tributo, já que não haveria materialidade econômica a sustentar a tributação.

2.10.2.6 Imunidade sobre operações que destinem a outros Estados petróleo, inclusive lubrificantes, combustíveis líquidos e gasosos dele derivados, e energia elétrica

> CF, art. 155, § 2º O imposto previsto no inciso II (ICMS) atenderá ao seguinte: (...) X – não incidirá: (...) b) sobre operações que destinem a outros Estados petróleo, inclusive lubrificantes, combustíveis líquidos e gasosos dele derivados, e energia elétrica;

Essa norma de imunidade visa privilegiar a tributação do estado de consumo dos bens referidos. Como o petróleo, seus derivados, e a energia elétrica são produzidos em poucos Estados devido a peculiaridades geográficas, a tributação na origem representaria grave desequilíbrio fiscal, concentrando receitas tributárias em poucos entes da Federação.

Ou seja, a imunidade do art. 155, § 2º, X, *b* objetiva eliminar, como fonte geradora do ICMS, os poços de petróleo e as refinarias situadas em poucos Estados, evitando o agravamento das desigualdades regionais (voto do Ministro Ilmar Galvão no **RE 198.088**).

Além disso, os recursos petrolíferos e hídricos para geração de energia elétrica são bens da União, e a exploração desses bens enseja compensação financeira (*royalties*) aos entes federados em que se realiza a exploração[47].

47. CF, art. 20, § 1º: "§ 1º É assegurada, nos termos da lei, aos Estados, ao Distrito Federal e aos Municípios, bem como a órgãos da administração direta da União, participação no resultado da exploração

Tais circunstâncias justificam a imunidade do ICMS sobre as operações que destinem a outros Estados petróleo, inclusive lubrificantes, combustíveis líquidos e gasosos dele derivados e energia elétrica.

Como já decidiu o STF, essa imunidade restringe-se ao Estado de origem, não abrangendo o Estado de destino da mercadoria, onde são tributadas as operações que compõem o ciclo econômico por que passam os produtos, independentemente de se tratar de consumidor final ou intermediário (**RE 190.992 AgR**, j. 12.11.2002; **RE 338.681 AgR-ED**, j. 06.12.2005).

Ainda segundo o STF, a imunidade em questão não foi instituída em benefício do consumidor, mas sim do Estado de destino, ao qual cabe a totalidade do ICMS incidente sobre o petróleo, seus derivados, e a energia elétrica, desde a remessa até o consumo (**RE 198.088**, j. 17.05.2000). Caso ocorra a distribuição de um Estado produtor de petróleo a um consumidor final localizado em outro Estado (operação interestadual), não há que se falar em imunidade, sendo o ICMS devido no Estado de destino.

2.10.2.7 Imunidade sobre a transmissão de bens ou direitos incorporados ao patrimônio de pessoa jurídica em realização de capital, bem como sobre a transmissão de bens ou direitos decorrente de fusão, incorporação, cisão ou extinção de pessoa jurídica

> CF, art. 156, § 2º O imposto previsto no inciso II (ITBI): I – não incide sobre a transmissão de bens ou direitos incorporados ao patrimônio de pessoa jurídica em realização de capital, nem sobre a transmissão de bens ou direitos decorrente de fusão, incorporação, cisão ou extinção de pessoa jurídica, salvo se, nesses casos, a atividade preponderante do adquirente for a compra e venda desses bens ou direitos, locação de bens imóveis ou arrendamento mercantil;

Uma pessoa jurídica pode ter seu capital integralizado não apenas com dinheiro, mas também com bens (móveis ou imóveis) e outros direitos[48].

O Imposto sobre a Transmissão *Inter Vivos* de Bens Imóveis (ITBI), por sua vez, incide sobre as transmissões a qualquer título de bens imóveis, desde que a alienação seja feita a título oneroso (CF, art. 156, II).

de petróleo ou gás natural, de recursos hídricos para fins de geração de energia elétrica e de outros recursos minerais no respectivo território, plataforma continental, mar territorial ou zona econômica exclusiva, ou compensação financeira por essa exploração.".

48. Na sociedade limitada há vedação expressa à contribuição para o capital social que consista em prestação de serviços, conforme o art. 1.055, § 2º do Código Civil.

A imunidade ora estudada, prevista no artigo 156, § 2º, I da CF, visa excluir expressamente a incidência do ITBI sobre bens imóveis transmitidos a título de integralização do capital. Desse modo, caso um sócio realize um aporte ao capital social de uma empresa mediante a transmissão de um bem imóvel, essa transmissão não será tributada por força da imunidade do art. 156, § 2º, I da CF. A norma imunizante ainda vai além ao exonerar as transmissões de bens ou direitos decorrentes de fusão[49], incorporação[50], cisão[51] ou extinção da pessoa jurídica.

O objetivo da imunidade é facilitar a utilização de imóveis na composição do patrimônio das pessoas jurídicas, seja no momento do aporte originário, seja em posteriores operações de fusão, cisão ou extinção.

Há, contudo, uma ressalva no art. 156, § 2º da CF. Se a atividade preponderante do adquirente dor a compra e venda de bens imóveis e direitos sobre imóveis, ou ainda locação de bens imóveis ou arrendamento mercantil.

Essa exceção mantém a imunidade afinada com seus objetivos de facilitar a utilização de imóveis como parte do capital social das pessoas jurídicas. Ao se imunizar pessoas jurídicas que possuem como própria razão de existir a realização de transações com imóveis, não se estaria cumprindo esse desiderato, mas sim estimulando a atividade empresarial imobiliária.

Observe-se que a atividade preponderante a ser analisada é a do adquirente, e não a do transmitente. O artigo 37, § 1º do CTN dispõe sobre a definição de atividade preponderante para fins dessa imunidade[52].

2.10.2.8 Imunidade das operações de transferência de imóveis desapropriados para fins de reforma agrária

> CF, art. 184, § 5º: São isentas de impostos federais, estaduais e municipais as operações de transferência de imóveis desapropriados para fins de reforma agrária.

49. Lei 6.404/1976, art. 228. A fusão é a operação pela qual se unem duas ou mais sociedades para formar sociedade nova, que lhes sucederá em todos os direitos e obrigações.
50. Lei 6.404/1976, art. 227. A incorporação é a operação pela qual uma ou mais sociedades são absorvidas por outra, que lhes sucede em todos os direitos e obrigações.
51. Lei 6.404/1976, art. 229. A cisão é a operação pela qual a companhia transfere parcelas do seu patrimônio para uma ou mais sociedades, constituídas para esse fim ou já existentes, extinguindo-se a companhia cindida, se houver versão de todo o seu patrimônio, ou dividindo-se o seu capital, se parcial a versão.
52. CTN, art. 36, § 1º Considera-se caracterizada a atividade preponderante referida neste artigo quando mais de 50% (cinqüenta por cento) da receita operacional da pessoa jurídica adquirente, nos 2 (dois) anos anteriores e nos 2 (dois) anos subseqüentes à aquisição, decorrer de transações mencionadas neste artigo.

O artigo 184, § 5º da CF, apesar de se referir a "isenção", introduz uma inequívoca imunidade. Como já visto, as imunidades são os recortes negativos de competência tributária, instituídas na Constituição. As isenções, por sua vez, não são inseridas em texto constitucional, mas sim em lei. A referência a "isenção" pelo art. 184, § 5º, portanto, ocorreu por conta de uma falha técnica do constituinte que não possui o condão de alterar a natureza dos institutos.

Apesar dessa falha técnica do constituinte, questões objetivas que reproduzam literalmente o texto constitucional devem ser assinaladas como **corretas**.

Em que pese a nobre intenção do constituinte de desonerar as transferências de imóveis desapropriados para fins de reforma agrária, o dispositivo em questão é desnecessário, pois nenhum imposto federal, estadual ou municipal poderia incidir sobre as operações acima.

Com efeito, a transferência de bens imóveis só poderia ser tributada pelos Municípios por meio do ITBI, não se cogitando de imposto federal ou estadual. E mesmo em relação à competência tributária municipal, não haveria fato gerador do ITBI, pois esse imposto só incide sobre as aquisições derivadas de propriedade imóvel, sendo que na desapropriação ocorre a aquisição originária, o que afasta a exigência do ITBI (COSTA, 2015, p. 226).

2.10.3 Imunidades de taxas

As taxas são tributos exigidos em razão da utilização, efetiva ou potencial, de serviço público específico e divisível ou em razão do exercício do poder de polícia (CF, art. 145, II). A Constituição também prevê imunidade de taxas. Em sua maioria, dizem respeito ao acesso ao judiciário ou a certidões de registros públicos.

Assim é que o direito de petição e a obtenção de certidões em repartições públicas para defesa de direitos e esclarecimento de situações de interesse pessoal não podem ser objeto de taxa:

> CF, art. 5º, XXXIV – são a todos assegurados, independentemente do pagamento de taxas:
>
> a) o direito de petição aos Poderes Públicos em defesa de direitos ou contra ilegalidade ou abuso de poder;
>
> b) a obtenção de certidões em repartições públicas, para defesa de direitos e esclarecimento de situações de interesse pessoal.

Nos dois casos acima, há prestações estatais específicas e divisíveis que não serão remuneradas pelo usuário do serviço público. A exoneração de taxa nessas situações busca promover e incentivar o exercício da cidadania, permitindo que o particular se defenda contra eventual arbitrariedade estatal.

Outra imunidade que se manifesta como garantia individual do art. 5º da CF é a gratuidade quanto às custas judiciais para a propositura da ação popular:

> CF, art. 5º, LXXIII – qualquer cidadão é parte legítima para propor ação popular que vise a anular ato lesivo ao patrimônio público ou de entidade de que o Estado participe, à moralidade administrativa, ao meio ambiente e ao patrimônio histórico e cultural, ficando o autor, salvo comprovada má-fé, **isento** de **custas judiciais** e do ônus da sucumbência.

Mais uma vez, a utilização do termo isenção não afeta a natureza de imunidade.

As taxas objeto de exoneração são as custas judiciais, exações exigidas pela utilização do serviço jurisdicional. Dada a importância da ação popular como mecanismo de controle da administração pública pelo cidadão, o constituinte optou pela desoneração do serviço jurisdicional envolvido. Além disso, o cidadão que ajuíza ação popular não age em nome de direito individual, mas em nome de interesse público, atuando em benefício da coletividade.

Também serão gratuitas as ações de *habeas corpus* e *habeas data*:

> CF, art. 5º, LXXVII – são gratuitas as ações de *habeas corpus* e *habeas data*, e, na forma da lei, os atos necessários ao exercício da cidadania.

O *habeas corpus* é garantia individual da liberdade de locomoção (CF, art. 5º, LXVIII), enquanto o *habeas data* é ação que visa garantir o conhecimento de informações pessoais (CF, art. 5º, LXXII). A importância conferida a estes direitos fez com que o constituinte tornasse imune a utilização do serviço jurisdicional visando a sua proteção.

Outra imunidade de taxa relacionada com o acesso à justiça é a que prevê assistência jurídica gratuita aos que não disponham de recursos:

> CF, art. 5º, LXXIV – o Estado prestará assistência jurídica integral e gratuita aos que comprovarem insuficiência de recursos

Já no tocante aos registros públicos, a imunidade protege os reconhecidamente pobres de qualquer taxa que poderia ser exigida em relação ao registro civil de nascimento e a certidão de óbito:

> CF, art. 5º, LXXVI – são gratuitos para os reconhecidamente pobres, na forma da lei: a) o registro civil de nascimento; b) a certidão de óbito;

O artigo 226, § 1º da CF, por outro lado, imuniza do pagamento de taxas a celebração do casamento civil, sem fazer qualquer distinção quanto à situação econômica das pessoas, ao dispor "o casamento é civil e gratuita a sua celebração".

2.10.4 Imunidades de contribuições

2.10.4.1 Imunidade da contribuição social do trabalhador e outros segurados sobre aposentadoria e pensão concedidas pelo regime geral de previdência social

> CF, Art. 195. A seguridade social será financiada por toda a sociedade, de forma direta e indireta, nos termos da lei, mediante recursos provenientes dos orçamentos da União, dos Estados, do Distrito Federal e dos Municípios, e das seguintes contribuições sociais: (...)II – do trabalhador e dos demais segurados da previdência social, não incidindo contribuição sobre aposentadoria e pensão concedidas pelo regime geral de previdência social de que trata o art. 201; (...).

O regime de geral de previdência social é financiado, em parte, pelas contribuições sociais do trabalhador e dos demais segurados da previdência social. Após a satisfação dos requisitos constitucionais e legais, esse regime geral proporciona aposentadoria e pensão aos segurados.

Tais benefícios previdenciários são imunes à contribuição social do trabalhador prevista no art. 195, II, da CF, que inclusive é expresso ao determinar que a contribuição previdenciária em questão não incide sobre a aposentadoria e a pensão concedidas.

Trata-se, portanto, de uma imunidade de contribuição previdenciária.

Em relação aos servidores públicos estatutários, há imunidade similar. Tais agentes públicos, após a Emenda Constitucional 41/2003, passaram a ser, após a aposentadoria, sujeitos passivos de contribuição previdenciária para o regime próprio de previdência social do respectivo ente político (antes os servidores aposentados não pagavam a contribuição). Essa contribuição instituída pelo constituinte derivado[53], contudo, só incide

53. A alteração constitucional que criou a contribuição previdenciária dos servidores inativos foi considerada inconstitucional pelo STF na **ADI 3105** (j. 18.08.2004), onde se entendeu não haver imunidade tributária absoluta.

sobre o valor da aposentadoria que ultrapassa o teto do regime geral de previdência social:

> CF, art. 40, § 18: Incidirá contribuição sobre os proventos de aposentadorias e pensões concedidas pelo regime de que trata este artigo que superem o limite máximo estabelecido para os benefícios do regime geral de previdência social de que trata o art. 201, com percentual igual ao estabelecido para os servidores titulares de cargos efetivos.

A norma acima, portanto, prevê uma imunidade da contribuição previdenciária dos servidores inativos até o valor de suas aposentadorias e pensões que não ultrapassem o limite máximo dos benefícios do regime geral de previdência social.

2.10.4.2 Imunidade das contribuições sociais e de intervenção no domínio econômico sobre as receitas decorrentes de exportação

> CF, art. 149, § 2º As contribuições sociais e de intervenção no domínio econômico de que trata o caput deste artigo: I – não incidirão sobre as receitas decorrentes de exportação; (...)

Assim como ocorre em relação ao IPI e ao ICMS, que possuem imunidade em relação às operações de exportação, a orientação de se exonerar as exportações também justificou a introdução de uma imunidade de contribuições sociais e de intervenção no domínio econômico sobre as receitas decorrentes de exportação. Contribuições incidentes sobre a receita, como o PIS e a COFINS, não podem incidir sobre as receitas que sejam oriundas de exportação, por força da imunidade acima reproduzida.

O alcance dessa norma constitucional de imunidade foi delimitado por alguns julgados do STF de **repercussão geral**. Tais decisões enfrentaram o sentido da expressão "receitas decorrentes de exportação".

Em um dos julgados, o STF entendeu que receitas não se confundem com movimentações financeiras, e por isso a Contribuição Provisória sobre Movimentações Financeiras não é atingida pela imunidade do art. 149, § 2º, I da CF. Ainda em relação a esse julgamento, constou de sua ementa que a imunidade tributária deve receber "interpretação restritiva" (**RE 566.259 – repercussão geral**, j. 12.08.2010). Em outras oportunidades, o STF decidiu que as imunidades devem ter interpretação teleológica e ampliativa.

Ainda delimitando o alcance das receitas decorrentes de exportação, o STF diferenciou tais receitas do lucro. A distinção é importante tendo em vista que o lucro é base de cálculo da CSLL – Contribuição Social sobre o Lucro Líquido. Caso se entenda que o lucro está abrangido pelo conceito de receitas decorrentes de exportação, não se poderia admitir a incidência da CSLL sobre tais receitas.

O STF, contudo, conferiu interpretação estrita à imunidade do art. 149, § 2º, I da CF. Entendeu o tribunal, em sede de repercussão geral, que lucro e receita são conceitos inconfundíveis.

De fato, lucro e receita são signos de riqueza que se apresentam em etapas distintas da atividade empresarial. Enquanto o lucro é grandeza que tem a ver com o acréscimo patrimonial de empresa num período de tempo após a apuração de custos, despesas e prejuízos, a receita é elemento que se verifica em etapa anterior, representando o ingresso de direito no patrimônio de determinada pessoa. Sobre o conceito de receita e sua diferenciação em relação ao lucro, colacionamos abaixo a lição de Ricardo Mariz de Oliveira:

> "(...) receita é qualquer ingresso ou entrada de direito que se incorpore positivamente ao patrimônio e que represente remuneração ou contraprestação de atos, atividades ou operações da pessoa titular do mesmo, ou que seja remuneração ou contraprestação do emprego de recursos materiais, imateriais ou humanos, existentes no seu patrimônio ou por ele custeados. (...) a receita, isoladamente considerada, agrega um fator positivo ao patrimônio, mas haver ou não aumento no mesmo depende de outros fatores que igualmente devem ser considerados em sua universalidade quando se apura a existência de aumento ou diminuição patrimonial. Este isolamento do fator positivo, para a identificação do que seja receita, é que distingue 'receita' de 'lucro', já que lucro se constitui no resultado positivo derivado da reunião de todos os elementos positivos e negativos que afetam o patrimônio e identificam uma mutação geral líquida nele havida ou uma mutação líquida particular a um determinado negócio, embora neste caso mais apropriadamente se deva falar em ganho ou perda." (OLIVEIRA, 106; 110).

Reconhecendo que receita e lucro são grandezas distintas, o STF pacificou o entendimento de que a imunidade das receitas decorrentes de exportação do art. 149, § 2º, I da CF não alcança o lucro das empresas exportadoras, incidindo sobre tal lucro a Contribuição Social sobre o Lucro Líquido (**RE 564.413 – repercussão geral**, j. 12.08.2010).

A imunidade em questão é objetiva, concedida às receitas decorrentes das operações de exportação, e não subjetiva[54].

54. "a imunidade do art. 149, § 2º, I, da CF somente tutela as receitas decorrentes das operações de exportação, não alcançando o lucro das empresas exportadoras. Isso porque se trata de imunidade objetiva,

Ainda no que diz respeito à imunidade de contribuições sociais e de intervenção no domínio econômico sobre as receitas decorrentes de exportação, o STF analisou a questão relativa às variações cambiais ativas das empresas exportadoras. Discutiu-se a inclusão ou não das receitas decorrentes de variações cambiais ativas no conceito de "receitas decorrentes de exportação".

Para realizar exportações, as empresas exportadoras precisam celebrar contratos de câmbio com instituições financeiras. Isso porque o pagamento das exportações é feito por moeda estrangeira, que só pode circular no Brasil mediante a intermediação de uma instituição financeira legalmente autorizada pelo Banco Central.

No contrato de câmbio, a empresa exportadora figura como vendedora de moeda estrangeira (auferida na operação de exportação), e a instituição financeira figura como compradora de moeda estrangeira. A instituição financeira, então, receberá a moeda estrangeira e entregará a moeda nacional ao exportador contratante, operando assim a liquidação do contrato de câmbio.

É comum que entre a data do fechamento do contrato de câmbio e a data de sua liquidação ocorra uma variação cambial, o que resultará numa diferença de valor a ser recebido em moeda nacional pela exportadora. Imagine, por exemplo, um contrato de câmbio pelo qual a exportadora deve entregar mil dólares a um banco, e que na data de fechamento do contrato o dólar esteja cotado a três reais. Na data em que o contrato de câmbio é fechado, portanto, o direito da exportadora corresponde ao recebimento de três mil reais. Caso a cotação do dólar varie para quatro reais na data de liquidação do contrato, o direito da exportadora corresponderá ao recebimento de quatro mil reais. Essa diferença positiva de mil reais auferida pela exportadora é chamada de **variação cambial ativa.**

As receitas decorrentes de exportação imunes às contribuições sociais e de intervenção no domínio econômico, alcançam, sem sombra de dúvidas as receitas correspondentes ao recebimento do preço pelo bem ou serviço exportado. Mas e as receitas auferidas pela exportadora por conta de uma variação cambial ativa?

Nesse caso, entendeu o STF ser aplicável a imunidade do art. 149, § 2º, I da CF. Confira-se o entendimento consolidado em sede de **repercussão geral:**

> EMENTA RECURSO EXTRAORDINÁRIO. CONSTITUCIONAL. TRIBUTÁRIO. IMUNIDADE. HERMENÊUTICA. CONTRIBUIÇÃO AO PIS E COFINS. NÃO INCIDÊNCIA.

concedida às receitas advindas das operações de exportação, e não subjetiva, a tutelar as empresas exportadoras, no que diz com o seu lucro"- voto da Ministra Rosa Weber no RE 627.815, j. 23.05.2013.

TELEOLOGIA DA NORMA. VARIAÇÃO CAMBIAL POSITIVA. OPERAÇÃO DE EXPORTAÇÃO. I – Esta Suprema Corte, nas inúmeras oportunidades em que debatida a questão da hermenêutica constitucional aplicada ao tema das imunidades, adotou a interpretação teleológica do instituto, a emprestar-lhe abrangência maior, com escopo de assegurar à norma supralegal máxima efetividade. II – **O contrato de câmbio constitui negócio inerente à exportação, diretamente associado aos negócios realizados em moeda estrangeira. Consubstancia etapa inafastável do processo de exportação de bens e serviços, pois todas as transações com residentes no exterior pressupõem a efetivação de uma operação cambial, consistente na troca de moedas.** III – O legislador constituinte – ao contemplar na redação do art. 149, § 2º, I, da Lei Maior as "receitas decorrentes de exportação" – conferiu maior amplitude à desoneração constitucional, suprimindo do alcance da competência impositiva federal todas as receitas que resultem da exportação, que nela encontrem a sua causa, representando consequências financeiras do negócio jurídico de compra e venda internacional. A intenção plasmada na Carta Política é a de desonerar as exportações por completo, a fim de que as empresas brasileiras não sejam coagidas a exportarem os tributos que, de outra forma, onerariam as operações de exportação, quer de modo direto, quer indireto. IV – **Consideram-se receitas decorrentes de exportação as receitas das variações cambiais ativas, a atrair a aplicação da regra de imunidade e afastar a incidência da contribuição ao PIS e da COFINS.** V – Assenta esta Suprema Corte, ao exame do *leading case*, a tese da **inconstitucionalidade da incidência da contribuição ao PIS e da COFINS sobre a receita decorrente da variação cambial positiva obtida nas operações de exportação de produtos.** VI – Ausência de afronta aos arts. 149, § 2º, I, e 150, § 6º, da Constituição Federal. Recurso extraordinário conhecido e não provido, aplicando-se aos recursos sobrestados, que versem sobre o tema decidido, o art. 543-B, § 3º, do CPC. (**RE 627.815**, j. 23.05.2013 – grifamos).

Em suma, entendeu o Supremo que as variações cambiais ativas auferidas pelas empresas exportadoras configuram também receitas decorrentes de exportação, devendo ser alcançadas pela imunidade do art. 149, § 2º, I da CF.

2.10.4.3 Imunidade de contribuição para a seguridade social das entidades beneficentes de assistência social que atendam às exigências estabelecidas em lei

CF, art. 195, § 7º: São isentas de contribuição para a seguridade social as entidades beneficentes de assistência social que atendam às exigências estabelecidas em lei.

O artigo 195, § 7º da Constituição, apesar de referir-se expressamente a isenção, trata de uma imunidade. Sendo uma norma constitucional que delimita negativamente a competência tributária, inevitável o reconhecimento da natureza de imunidade.

A exoneração constitucional em tela abrange apenas contribuições para a seguridade social. Contribuições de intervenção no domínio econômico, portanto, não são alcançadas pelo art. 195, § 7º da CF. Sobre as contribuições abrangidas, o STF já teve a oportunidade de decidir que a contribuição para o PIS, apesar de prevista no artigo 239 da Constituição[55], pertence ao gênero das contribuições para a seguridade social (previstas no artigo 195 da CF), e por isso está abrangida pela imunidade do art. 195, § 7º (**RE 636.941 – repercussão geral**, j. 13.02.2014). Assim é que o STF definiu a seguinte tese de repercussão geral no RE 636.941: "**a imunidade tributária prevista no art. 195, § 7º, da Constituição Federal abrange a contribuição para o PIS**".

Em relação às pessoas beneficiadas pela imunidade, necessário se faz compreender o significado da expressão "entidades beneficentes de assistência social", utilizada pelo constituinte.

Primeiramente, observa-se que o campo de atuação da entidade é apenas o de assistência social, não englobando as instituições de educação, como ocorre na imunidade do art. 150, VI, *c* da CF. Essa distinção é importante, pois apesar da assistência social ser um domínio amplo, a Constituição confere regramentos separados à assistência social e à educação, tratando-as como duas searas apartadas uma da outra. Apesar de as duas áreas estarem inseridas no Título VIII da Constituição ("Da Ordem Social"), a assistência social faz parte da seguridade social (CF, art. 203 e 204), enquanto a educação é financiada por recursos estranhos à seguridade, atendendo ao regramento constitucional básico dos arts. 205 a 214 da CF. Nesse sentido, Regina Helena Costa explica:

> "ainda que o conceito de assistência social, hodiernamente, seja abrangente da assistência em diversas áreas (médica, hospitalar, odontológica, psicológica, jurídica), a 'assistência educacional', a nosso ver, nele não se encontra albergada para efeito de imunidade tributária.

55. CF, art. 239. A arrecadação decorrente das contribuições para o Programa de Integração Social, criado pela Lei Complementar nº 7, de 7 de setembro de 1970, e para o Programa de Formação do Patrimônio do Servidor Público, criado pela Lei Complementar nº 8, de 3 de dezembro de 1970, passa, a partir da promulgação desta Constituição, a financiar, nos termos que a lei dispuser, o programa do seguro-desemprego e o abono de que trata o § 3º deste artigo.

(...) Justifica-se o tratamento díspar, em nossa opinião, pelo fato de a assistência social constituir o ramo da seguridade social, o que não ocorre com a educação." (COSTA, 2015, p. 238-239)

Outro ponto importante a ser compreendido é a qualificação da entidade de assistência social como "beneficente". Um ponto que costuma ser levantado na doutrina[56] e na jurisprudência é a inexigibilidade de gratuidade total dos serviços prestados aos assistidos. Em voto na **ADI 2028**, o então Ministro Joaquim Barbosa assim expôs a questão:

"A circunstância de a entidade cobrar pela prestação de alguns de seus serviços ou benefícios, ou ainda possuir outras fontes de receita que visem o lucro, não lhe retira a condição de beneficente. É evidente que a circunstância de a entidade cobrar pela prestação de alguns de seus serviços ou benefícios, ou ainda possuir outras fontes de receita que visem o lucro, não lhe retira a condição de beneficente, como, aliás, já decidiu esta Corte em diversas oportunidades (cf., v.g., o RE 116.118, rel. min. Sydney Sanches, Segunda Turma, DJ de 16.03.1990; o RE 108.796, rel. min. Carlos Madeira, Segunda Turma, DJ de 12.09.1986; o RE 89.012, rel. min. Moreira Alves, Segunda Turma, RTJ 87/684). De fato, é improvável que uma entidade beneficente privada consiga recursos suficientes para atender seus objetivos apenas com doações voluntárias de particulares. Por outro lado, é da essência das atividades privadas beneficentes não contar necessariamente com subsídio público."

Não há, contudo, um conceito constitucional preciso do que se deve entender por entidade beneficente. Como já reconhecido pelo STF, "a Constituição Federal não reúne elementos discursivos para dar concretização segura ao que se possa entender por modo beneficente de prestar assistência social" (**ADI 2028**, j. 02.03.2017). Em voto no **RE 566.622** (j. 23.02.2017), o Ministro Teori Zavascki, apesar de reconhecer que "entidade beneficente" é um conceito vago, refutou a mera ausência de finalidade lucrativa como suficiente para a caracterização de uma entidade como beneficente.

Diante da ausência de um conceito constitucional, cabe ao legislador explicitar o que se entende por entidade de assistência social beneficente.

56. Encontramos na doutrina conceito que identifica a entidade beneficente de assistência social como a que atende de forma gratuita (ainda que parcialmente) os necessitados: "Instituição ou entidade beneficente de assistência social é aquela que não somente não possui finalidade lucrativa, mas também dedica-se, ainda que parcialmente, ao atendimento dos necessitados. A gratuidade dos serviços prestados é, portanto, elemento caracterizador da beneficência." (COSTA, 2015, p. 240).

Com esse intuito, a Lei 9.732/1998 introduziu na Lei 8.212/1991 preceitos que buscavam definir a entidade beneficente de assistência social apta a fazer jus à imunidade das contribuições para a seguridade social, tais como os reproduzidos abaixo:

> Lei 8.212/1991, art. 55 (...) § 3º Para os fins deste artigo, entende-se por assistência social beneficente a prestação gratuita de benefícios e serviços a quem dela necessitar. § 5º Considera-se também de assistência social beneficente, para os fins deste artigo, a oferta e a efetiva prestação de serviços de pelo menos sessenta por cento ao Sistema Único de Saúde, nos termos do regulamento.[57]

O art. 195, § 7º da CF, por sua vez, dispõe que as entidades beneficentes de assistência social devem atender às exigências estabelecidas em lei. Não há qualificação da lei exigida como ordinária ou complementar. Diante disso, surge a dúvida quanto à constitucionalidade formal da lei ordinária veiculada pela União para dispor sobre as exigências a serem observadas pelas entidades beneficentes de assistência social.

A mesma discussão quanto à necessidade ou não de lei complementar existe em relação às entidades de educação e de assistência social da imunidade prevista no art. 150, VI, *c* da CF.

Caso se entenda que a falta de especificidade quanto à espécie legislativa exigida significa a exigência de lei ordinária, não haveria vício formal nos dispositivos acima reproduzidos. Contrariamente, é possível defender que a lei exigida é complementar, pois apesar da falta de menção expressa à lei complementar no art. 195, § 7º da CF, a matéria a ser regulada diz respeito às limitações constitucionais ao poder de tributar, incidindo o art. 146, II da CF[58].

A última posição foi a que prevaleceu no STF, tendo sido declarados **inconstitucionais, por** vício formal, os dispositivos da **lei ordinária 8.212/1991 que traziam requisitos a serem observados pelas entidades imunes.** Entendeu-se que apenas os aspectos meramente procedimentais

57. Tais dispositivos já foram revogados pela Lei 12.101/2009, que em seu artigo 29 trouxe uma série de requisitos para a fruição da imunidade das contribuições da seguridade social, não trazendo, contudo, exigências similares às previstas nos §§ 3º e 5º da Lei 8.212/1991. Justamente pela revogação dos dispositivos impugnados na ADI 2028, esta foi conhecida como Arguição de Descumprimento de Preceito Fundamental, espécie de ação que admite o controle de leis revogadas.

58. CF, art. 146. Cabe à lei complementar: (...) II – regular as limitações constitucionais ao poder de tributar;

referentes à certificação, fiscalização e controle administrativo das entidades beneficentes de assistência social seriam passíveis de regulação por lei ordinária. Já a instituição de condições e contrapartidas a serem observadas pelas entidades imunes só pode se dar por lei complementar. Assim restou redigido o acórdão da **ADI 2028:**

> EMENTA AÇÃO DIRETA DE INCONSTITUCIONALIDADE. CONVERSÃO EM ARGUIÇÃO DE DESCUMPRIMENTO DE PRECEITO FUNDAMENTAL. CONHECIMENTO. IMUNIDADE. CONTRIBUIÇÕES SOCIAIS. ARTS. 146, II, e 195, § 7º, DA CONSTITUIÇÃO FEDERAL. REGULAMENTAÇÃO. LEI 8.212/91 (ART. 55). DECRETO 2.536/98 (ARTS. 2º, IV, 3º, VI, §§ 1º e 4º e PARÁGRAFO ÚNICO). DECRETO 752/93 (ARTS. 1º, IV, 2º, IV e §§ 1º e 3º, e 7º, § 4º). ENTIDADES BENEFICENTES DE ASSISTÊNCIA SOCIAL. DISTINÇÃO. MODO DE ATUAÇÃO DAS ENTIDADES DE ASSISTÊNCIA SOCIAL. TRATAMENTO POR LEI COMPLEMENTAR. ASPECTOS MERAMENTE PROCEDIMENTAIS. REGRAMENTO POR LEI ORDINÁRIA. Nos exatos termos do voto proferido pelo eminente e saudoso Ministro Teori Zavascki, ao inaugurar a divergência: 1. "[...] fica evidenciado que (a) **entidade beneficente de assistência social (art. 195, § 7º) não é conceito equiparável a entidade de assistência social sem fins lucrativos (art. 150, VI)**; (b) **a Constituição Federal não reúne elementos discursivos para dar concretização segura ao que se possa entender por modo beneficente de prestar assistência social**; (c) a definição desta condição modal é indispensável para garantir que a imunidade do art. 195, § 7º, da CF cumpra a finalidade que lhe é designada pelo texto constitucional; e (d) esta tarefa foi outorgada ao legislador infraconstitucional, que tem autoridade para defini-la, desde que respeitados os demais termos do texto constitucional.". 2. "**Aspectos meramente procedimentais referentes à certificação, fiscalização e controle administrativo continuam passíveis de definição em lei ordinária. A lei complementar é forma somente exigível para a definição do modo beneficente de atuação das entidades de assistência social contempladas pelo art. 195, § 7º, da CF, especialmente no que se refere à instituição de contrapartidas a serem observadas por elas.**". 3. Procedência da ação "nos limites postos no voto do Ministro Relator". Arguição de descumprimento de preceito fundamental, decorrente da conversão da ação direta de inconstitucionalidade, integralmente procedente. (**ADI 2028**, j. 02.03.2017)

Nos termos do voto do Ministro Teori Zavascki, o terreno normativo a ser suprido pelo legislador ordinário seria aquele em que se busca prevenir que o benefício seja fruído por entidades beneficentes de fachada. Ou seja, a lei ordinária diria respeito à identificação de uma entidade como beneficente de assistência social, tratando de aspectos relativos à certificação e fiscalização. Assim, normas de procedimento que imputam obrigações meramente acessórias às entidades beneficentes, com a finalidade de viabilizar a fiscalização de suas atividades, seriam passíveis de disciplina por lei ordinária.

Por outro lado, intervenções mais severas na liberdade de atuação das entidades, como a instituição de contrapartidas a serem cumpridas, devem ser reservadas à lei complementar.

Podemos então concluir:

a) **Lei ordinária** – legítima para a regulação de **aspectos procedimentais necessários** à **verificação do atendimento das finalidades constitucionais da regra de imunidade, tais como as referentes** à **certificação,** à **fiscalização e ao controle administrativo.**

b) **Lei complementar** – necessária para **definição do modo beneficente de atuação da entidade imune, especialmente no que se refere** à **instituição de contrapartidas a serem observadas por elas.**

Outro julgamento do STF relativo ao mesmo tema que merece uma análise especial é o **RE 566.622** (j. 23.02.2017), submetido à sistemática de **repercussão geral**. A tese de repercussão geral fixada foi sucinta e pouco esclarecedora, limitando-se a dizer que "**os requisitos para o gozo de imunidade hão de estar previstos em lei complementar**".

Para se compreender a discussão travada e suas repercussões, necessário se faz uma breve análise dos votos proferidos no julgamento.

Nesse julgado, o relator, Ministro Marco Aurélio, consignou que as condições referidas no art. 195, § 7º da CF devem ser previstas em lei complementar, sendo vedado à lei ordinária criar obstáculos adicionais em relação aos exigidos por lei complementar. Os requisitos validamente exigidos das entidades imunes seriam os constantes no art. 14 do CTN[59], que possui *status* de lei complementar.

59. CTN, art. 14: "O disposto na alínea c do inciso IV do artigo 9º é subordinado à observância dos seguintes requisitos pelas entidades nele referidas: I – não distribuírem qualquer parcela de seu patrimônio ou de suas rendas, a qualquer título; II – aplicarem integralmente, no País, os seus recursos na manutenção dos seus objetivos institucionais; III – manterem escrituração de suas receitas e despesas em livros revestidos de formalidades capazes de assegurar sua exatidão.". Esse dispositivo foi estudado no capítulo referente à imunidade das instituições de educação e de assistência social.

Com base nessa fundamentação, **considerou inconstitucionais as exigências, por meio de lei ordinária, do reconhecimento de utilidade pública federal e estadual ou do Distrito Federal ou municipal; do Certificado e do Registro de Entidade de Fins Filantrópicos, fornecido pelo Conselho Nacional de Assistência Social; do Registro e do Certificado de Entidade Beneficente de Assistência Social, fornecidos pelo Conselho Nacional de Assistência Social**[60].

Nesse julgado, o relator, Ministro Marco Aurélio, esposou o entendimento de que

> "(...) o artigo 55 da Lei nº 8.212, de 1991, prevê requisitos para o exercício da imunidade tributária, versada no § 7º do artigo 195 da Carta da República, que revelam verdadeiras condições prévias ao aludido direito e, por isso, deve ser reconhecida a inconstitucionalidade formal desse dispositivo no que extrapola o definido no artigo 14 do Código Tributário Nacional, por violação ao artigo 146, inciso II, da Constituição Federal. Os requisitos legais exigidos na parte final do mencionado § 7º, enquanto não editada nova lei complementar sobre a matéria, são somente aqueles do aludido artigo 14 do Código". – Voto do Ministro Marco Aurélio no RE 566.622.

Vale dizer que, anteriormente, o STF já chegou a reconhecer que a exigência de Certificado de Entidade de Fins Filantrópicos dizia respeito a um aspecto relativo à constituição e ao funcionamento da entidade, podendo ter disciplina em lei ordinária:

> EMENTA: I. Imunidade tributária: entidade filantrópica: CF, arts. 146, II e 195, § 7º: delimitação dos âmbitos da matéria reservada, no ponto, à intermediação da lei complementar e da lei ordinária (ADI-MC 1802, 27.8.1998, Pertence, DJ 13.2.2004;RE 93.770, 17.3.81, Soares Muñoz, RTJ 102/304). A Constituição reduz a reserva de lei complementar da regra constitucional ao que diga respeito "aos lindes da imunidade", à demarcação do objeto material da vedação constitucional de tributar; mas remete à lei ordinária "as normas sobre a constituição

60. Art. 55. Fica isenta das contribuições de que tratam os arts. 22 e 23 desta Lei a entidade beneficente de assistência social que atenda aos seguintes requisitos cumulativamente: I – seja reconhecida como de utilidade pública federal e estadual ou do Distrito Federal ou municipal; II – seja portadora do Certificado e do Registro de Entidade de Fins Filantrópicos, fornecido pelo Conselho Nacional de Assistência Social, renovado a cada três anos; II - seja portadora do Registro e do Certificado de Entidade Beneficente de Assistência Social, fornecidos pelo Conselho Nacional de Assistência Social, renovado a cada três anos; (...). **O artigo 55 da Lei 8.212/1991, vale lembrar, foi revogado pela Lei 12.101/2009.**

> e o funcionamento da entidade educacional ou assistencial imune". II. Imunidade tributária: entidade declarada de fins filantrópicos e de utilidade pública: Certificado de Entidade de Fins Filantrópicos: exigência de renovação periódica (L. 8.212, de 1991, art. 55). Sendo o Certificado de Entidade de Fins Filantrópicos mero reconhecimento, pelo Poder Público, do preenchimento das condições de constituição e funcionamento, que devem ser atendidas para que a entidade receba o benefício constitucional, não ofende os arts. 146, II, e 195, § 7º, da Constituição Federal a exigência de emissão e renovação periódica prevista no art. 55, II, da Lei 8.212/91. (**RE 428.815 AgR**, j. 07.06.2005).

Esse também foi o entendimento do Ministro Teori Zavascki no **RE 566.622**:

> "Como o conteúdo da norma tem relação com a certificação da qualidade de entidade beneficente, fica afastada a tese de vício formal. Cuidam essas normas de meros aspectos procedimentais necessários à verificação do atendimento das finalidades constitucionais da regra de imunidade. Neste aspecto, sempre caberá lei ordinária, como já reafirmado em outras oportunidades pela jurisprudência do STF. (...) há também um domínio jurídico suscetível de disciplina por lei ordinária, como o que diz respeito à outorga a determinado órgão da competência de fiscalizar, mediante a emissão de certificado, o suprimento dos requisitos para fruição da imunidade do art. 195, §7º, da CF." voto do Ministro Teori Zavascki no RE 566.622[61]

A partir daí, pode-se definir uma contraposição entre duas teses. Uma primeira, de que a exigência de certificados atestando a dedicação da entidade a fins filantrópicos e beneficentes deveria estar contida em lei complementar. A segunda tese, por sua vez, considera que tais certificados dizem respeito a aspectos meramente procedimentais, e que por isso seria válida sua previsão em lei ordinária.

Em votação apertada (seis votos a cinco) a primeira tese sagrou prevaleceu. Com isso, o STF **considerou inconstitucionais as exigências, por meio de lei ordinária, do reconhecimento de utilidade pública federal e estadual ou do Distrito Federal ou municipal; do Certificado e do Registro de Entidade de Fins Filantrópicos, fornecido pelo Conselho**

61. No mesmo sentido o Ministro Dias Toffoli, ainda no RE 566.622: "Entendemos que os incisos I e II do art. 55 da Lei nº 8.212/91, examinados pelo Relator, são normas de caráter instrumental, servindo tão somente para regulamentar a constituição e o funcionamento da entidade imune, não interferindo no campo material reservado à lei complementar.".

Nacional de Assistência Social; do Registro e do Certificado de Entidade Beneficente de Assistência Social, fornecidos pelo Conselho Nacional de Assistência Social.

Tais exigências de certificação e registro seriam verdadeiras condições prévias ao exercício da imunidade tributária do art. 195, § 7º da CF, as quais só podem ser instituídas por lei complementar.

A ementa do julgado foi tão sucinta quanto a tese de repercussão geral:

> "IMUNIDADE – DISCIPLINA – LEI COMPLEMENTAR. Ante a Constituição Federal, que a todos indistintamente submete, a regência de imunidade faz-se mediante lei complementar." (**RE 566.622** – repercussão geral, j. 23.02.2017).

Em relação à decisão no recurso extraordinário acima, vale uma ponderação. Além de o resultado acima ter sido definido em votação apertada, há julgados anteriores, inclusive em sede de repercussão geral, nos quais as normas do artigo 55 da Lei 8.212/1991 foram admitidas como aplicáveis.

Por exemplo, o **RE 636.941**, submetido à sistemática de **repercussão geral** (j. 13.02.2014):

> "(...) A lei a que se reporta o dispositivo constitucional contido no § 7º do art. 195 da CF/88, segundo o STF, é a Lei 8.212/91 (MI 616). (...) A pessoa jurídica, para fazer jus à imunidade do § 7º do art. 195 da CF/88, com relação às contribuições sociais, deve atender aos requisitos previstos nos arts. 9º e 14 do CTN, bem como no art. 55 da Lei 8.212/91, alterada pelas Lei n. 9.732/98 e Lei n. 12.101/09, nos pontos onde não tiveram sua vigência suspensa liminarmente pelo STF nos autos da ADI-MC 2028 (...) A Suprema Corte, guardiã da Constituição Federal, indicia que somente se exige lei complementar para a definição dos seus limites objetivos (materiais), e não para a fixação das normas de constituição e de funcionamento das entidades imunes (aspectos formais ou subjetivos), os quais podem ser veiculados por lei ordinária, como sois ocorrer com o art. 55, da Lei nº 8.212/91, que pode estabelecer requisitos formais para o gozo da imunidade sem caracterizar ofensa ao art. 146, II, da Constituição Federal" (**RE 636.941 – repercussão geral**, j. 13.02.2014)

Diante da falta de uma posição sólida do STF, e até mesmo da falta de critérios seguros para se definir o que seriam "normas de constituição e funcionamento" das entidades imunes, ou aspectos procedimentais necessários à verificação do atendimento das finalidades constitucionais da regra de imunidade, tais como as referentes à certificação, à fiscalização e ao controle administrativo, recomendamos a máxima cautela em provas objetivas de concursos públicos.

Apesar de no **RE 566.622**, submetido à sistemática de repercussão geral, terem sido declaradas inconstitucionais as exigências de registro e certificação das entidades imunes por lei ordinária

Embora o STF tenha, no RE 566.622 (repercussão geral) declarado formalmente inconstitucional a exigência de registro e certificação das entidades imunes por lei ordinária, a tese de repercussão geral definida e a ementa desse julgado não forneceram uma tese sólida que pudesse ser conciliada com outros entendimentos adotados pela Corte Constitucional em julgados contemporâneos, como é o caso da **ADI 2028.** A ementa desse último julgado, aliás, seguiu orientação diversa e que restou explicitada na própria ementa.

Para fins de se obter uma segurança mínima no exame de provas de concursos, recomendamos a memorização do seguinte resumo:

a) **Lei ordinária** – legítima para a regulação de **aspectos procedimentais necessários à verificação do atendimento das finalidades constitucionais da regra de imunidade, tais como as referentes à certificação, à fiscalização e ao controle administrativo (ADI 2028).**

b) **Lei complementar** – necessária para **definição do modo beneficente de atuação da entidade imune, especialmente no que se refere à instituição de contrapartidas a serem observadas por elas (ADI 2028).**

c) **São inconstitucionais as exigências, por meio de lei ordinária, do reconhecimento de utilidade pública federal e estadual ou do Distrito Federal ou municipal; do Certificado e do Registro de Entidade de Fins Filantrópicos, fornecido pelo Conselho Nacional de Assistência Social; do Registro e do Certificado de Entidade Beneficente de Assistência Social, fornecidos pelo Conselho Nacional de Assistência Social (RE 566.622).**

Embora haja uma evidente contradição entre as teses dos itens "a" e "c" (como denunciado pelo Ministro Marco Aurélio no RE 566.622), tais teses foram adotadas pelo mesmo Plenário do STF em um curto intervalo de tempo.

Caso a prova faça uma menção mais específica ao reconhecimento de utilidade pública, ao certificado e registro de entidade de fins filantrópicos e ao registro e certificado de entidade beneficente de assistência social, deve-se concluir e assinalar que tais exigências só podem ser exigidas em lei complementar, diante da abordagem específica conferida a tais certificados no RE 566.622 (j. 23.02.2017).

Por outro lado, se a prova fizer uma menção mais genérica, referindo-se a aspectos procedimentais necessários à verificação do atendimento das finalidades constitucionais da regra de imunidade, tais como as referentes à certificação, à fiscalização e ao controle administrativo, deve-se entender que tais aspectos podem ser previstos em lei ordinária. Isso porque essa foi a conclusão expressa na ementa da ADI 2028 (j. 02.03.2017).

Vale um "macete" nesse ponto. A conclusão mais específica acima referente ao RE 566.622 não foi reproduzida na ementa do julgado (a conclusão é extraída do resultado do julgamento e do inteiro teor do acórdão), enquanto a expressão genérica relativa a certificados consta da ementa da ADI 2028. Por essa razão, acreditamos que os termos constantes da ADI 2028 são mais propícios a incidirem em provas de concursos públicos.

Além disso, a tese de que "**os aspectos procedimentais necessários** à **verificação do atendimento das finalidades constitucionais da regra de imunidade, tais como as referentes** à **certificação,** à **fiscalização e ao controle administrativo, continuam passíveis de definição por lei ordinária**" foi adotada na **ADI 1802** (j. 12.04.2018), o que lhe confere mais solidez.

Por fim, deve-se ter conhecimento a respeito da jurisprudência do STF e do STJ sobre o Certificado de Entidade Beneficente de Assistência Social, que ainda pode ser exigida em provas de concursos mesmo com a declaração de inconstitucionalidade formal do art. 55 da Lei 8.212/1991 no RE 566.622. Isso porque há súmulas do STJ a respeito que não foram ainda canceladas e podem ser cobradas pelos examinadores.

A discussão enfrentada nessa jurisprudência diz respeito ao prazo de validade do Certificado de Entidade Beneficente de Assistência Social. Partindo da premissa de que não existe direito adquirido a regime jurídico de imunidade tributária, tanto o STF quanto o STJ entenderam que o certificado em questão só possui validade pelo prazo determinado em lei. Não é possível que uma entidade declarada como beneficente em determinado momento tenha direito perpétuo à imunidade tributária. As exigências para o benefício devem ser mantidas quando da ocasião de renovação do certificado. Os seguintes julgados do STF elucidam o entendimento:

"(...) 1. A imunidade das entidades beneficentes de assistência social às contribuições sociais obedece a regime jurídico definido na Constituição. 2. O inciso II do art. 55 da Lei n. 8.212/91 estabelece como uma das condições da isenção tributária das entidades filantrópicas, a exigência de que possuam o Certificado de Entidade Beneficente de Assistência Social – CEBAS, renovável a cada três anos. 3. A jurisprudência desta Corte é firme no sentido de afirmar a inexistência de direito adquirido a regime jurídico, razão motivo pelo qual não há razão para falar-se em direito à imunidade por prazo indeterminado. 4. A exigência de renovação periódica do CEBAS não ofende os artigos 146, II, e 195, § 7º, da Constituição. Precedente [RE n. 428.815, Relator o Ministro SEPÚLVEDA PERTENCE, DJ de 24.6.05]. (...)" (RMS 27.093, j. 09.09.2008)

"(...) 1. Nenhuma imunidade tributária é absoluta, e o reconhecimento da observância aos requisitos legais que ensejam a proteção constitucional dependem da incidência da norma aplicável no momento em que o controle da regularidade é executado, na periodicidade indicada pelo regime de regência. 2. Não há direito adquirido a regime jurídico relativo à imunidade tributária. A concessão de Certificado de Entidade Beneficente – Cebas **não imuniza a instituição contra novas verificações ou exigências, nos termos do regime jurídico aplicável no momento em que o controle é efetuado. Relação jurídica de trato sucessivo.** (...)" (RMS 26.932, j. 01.12.2009).

O STJ segue a mesma trilha, tendo inclusive súmula sobre o assunto:

Súmula 352 do STJ: "A obtenção ou renovação do Certificado de Entidade Beneficente de Assistência Social (CEBAS) não exime a entidade do cumprimento dos requisitos legais supervenientes."

Referida súmula foi editada em 2008, antes, portanto, do julgamento do RE 566.622, de 2017. Não tendo sido a súmula cancelada, pode ainda ser cobrada em provas de concursos.

Outra súmula sobre o mesmo tema foi publicada em maio de 2018, ou seja, após o julgamento do **RE 566.622** (**repercussão geral**), que declarou inconstitucional o artigo 55 da Lei 8.212/1991 (que por sua vez exige o certificado de entidade beneficente de assistência social). Essa nova súmula dispõe que o certificado de entidade beneficente de assistência social possui natureza declaratória para fins de imunidade tributária, retroagindo à data em que demonstrado o cumprimento dos requisitos legais. Eis o teor do enunciado:

> **Súmula 612 do STJ**: O certificado de entidade beneficente de assistência social (CEBAS), no prazo de sua validade, possui natureza declaratória para fins tributários, retroagindo seus efeitos à data em que demonstrado o cumprimento dos requisitos estabelecidos por lei complementar para a fruição da imunidade.

Diante de tantas nuances e até contradições na jurisprudência sobre a imunidade das entidades beneficentes do art. 195, § 7º da CF, reproduzimos abaixo um resumo dos entendimentos jurisprudenciais:

a) **Lei ordinária** – legítima para a regulação de **aspectos procedimentais necessários à verificação do atendimento das finalidades constitucionais da regra de imunidade, tais como as referentes à certificação, à fiscalização e ao controle administrativo (ADI 2028)**.

b) **Lei complementar** – necessária para **definição do modo beneficente de atuação da entidade imune, especialmente no que se refere à instituição de contrapartidas a serem observadas por elas (ADI 2028)**.

c) **São inconstitucionais as exigências, por meio de lei ordinária, do reconhecimento de utilidade pública federal e estadual ou do Distrito Federal ou municipal; do Certificado e do Registro de Entidade de Fins Filantrópicos, fornecido pelo Conselho Nacional de Assistência Social; do Registro e do Certificado de Entidade Beneficente de Assistência Social, fornecidos pelo Conselho Nacional de Assistência Social (RE 566.622).**

d) **A concessão de Certificado de Entidade Beneficente – Cebas não imuniza a instituição contra novas verificações ou exigências (STF, RMS 26.032; súmula 352 do STJ)**

e) **O certificado de entidade beneficente de assistência social (CEBAS), no prazo de sua validade, possui natureza declaratória para fins tributários, retroagindo seus efeitos à data em que demonstrado o cumprimento dos requisitos estabelecidos por lei complementar para a fruição da imunidade (súmula 612 do STJ).**

Mais uma vez reforçamos o cuidado que se deve ter em relação ao item "c", já que a tese adotada no RE 566.622 foi contrariada pelo entendimento consolidado na ADI 2028 e na ADI 1802.

Caso haja uma referência específica ao **reconhecimento de utilidade pública**, ao **Certificado e ao Registro de Entidade de Fins Filantrópicos**, e ao **Registro e do Certificado de Entidade Beneficente de Assistência Social**, deve-se entender que tais exigências devem ser previstas em lei complementar, diante do resultado do julgamento do **RE 566.622**, submetido à sistemática de **repercussão geral**.

Diversamente, se o enunciado da prova de concurso fizer uma referência genérica a **aspectos procedimentais necessários** à **verificação do atendimento das finalidades constitucionais da regra de imunidade, tais como as referentes** à **certificação,** à **fiscalização e ao controle administrativo**, deve-se concluir que tais aspectos podem ser previstos em lei ordinária, diante do julgamento da ADI 2028 e da ADI 1802.

Essa última tese é mais provável de ser exigida em provas, pelo fato de ter sido reproduzida nas ementas das duas ações diretas de inconstitucionalidade.

QUESTÕES OBJETIVAS

1. (Cespe – Procurador do Estado – PGE – PE/2018) – As hipóteses de limitação ao poder de tributar decorrente do princípio constitucional da imunidade recíproca incluem

A) proibir a União de instituir impostos sobre o patrimônio de estados e municípios.

B) vedar as limitações ao tráfego de pessoas ou bens, por meio de tributos interestaduais ou intermunicipais.

C) proibir que estado estabeleça diferença tributária entre bens e serviços em razão do município de procedência ou de destino.

D) vedar isenções de tributos da competência de outros entes federativos.

E) proibir a instituição de tributo federal que não seja uniforme em todo o território nacional.

2. MPF – Procurador da República – 26° concurso – 2012:

Cobrança de contribuição sindical rural patronal. Identidade de base de cálculo e sujeição passiva com o ITR. Nesse caso, de simultânea cobrança da contribuição e do ITR, pode-se dizer que:

A) É inexigível a cobrança da contribuição por incidir o art. 154, I da CF;

B) É indevida a cobrança da contribuição porquanto haveria bitributação;

C) Tratando-se de contribuição, a CF não proíbe a coincidência da sua base de cálculo com a do imposto, o que é vedado relativamente ás taxas;

D) Mesmo as contribuições criadas na forma do § 4°, do art. 195, da CF, podem ter fato gerador e base de cálculo próprios das contribuições existentes, quando a União obedece à regra da competência residual.

3. (FCC – Agente Fiscal de Rendas – SP/2013) É uma das limitações constitucionais do poder de tributar:

A) A imunidade recíproca entre os Entes da Federação – União, Estados, Distrito Federal e Municípios que garante a isonomia na distribuição de receitas tributárias.

B) A imunidade aos impostos que gravem o patrimônio, a renda ou os serviços das entidades de assistência social, sem fins lucrativos, desde que não distribuam qualquer parcela do seu patrimônio ou de suas rendas, a qualquer título.

C) O princípio da anualidade, vigente na atual ordem constitucional, que impõe a necessidade, para a cobrança de determinado tributo, de sua previsão na lei orçamentária aprovada na legislatura no ano calendário anterior, salvo as exceções constitucionalmente previstas.

D) A legalidade tributária estrita, incluída na Constituição Federal de 1988 pela Emenda Constitucional 42, de 19 de dezembro de 2003.

E) A imunidade aos impostos, taxas e contribuições de melhoria dos templos de qualquer culto.

4. (FCC – Agente Fiscal de Rendas – SP/2013) A imunidade tributária

A) conferida a instituições de assistência social sem fins lucrativos pela Constituição Federal somente alcança as entidades fechadas de previdência social privada se não houver contribuição dos beneficiários.

B) recíproca é aplicável às autarquias e empresas públicas que prestem inequívoco serviço público, desde que distribuam lucros e tenham por objetivo principal conceder acréscimo patrimonial ao poder público.

C) não abrange renda obtida pela instituição de assistência social, por meio de cobrança de estacionamento de veículos em área interna da entidade, destinada ao custeio das atividades desta.

D) não abrange a renda obtida pelo SESC na prestação de serviços de diversão pública, mediante a venda de ingressos de cinema ao público em geral, e aproveitada em suas finalidades assistenciais.

E) não abrange IPTU de imóvel pertencente a entidades sindicais dos trabalhadores, quando alugado a terceiros, mesmo que o valor dos aluguéis seja aplicado nas atividades essenciais de tais entidades.

5. (FCC – Juiz de Direito Substituto – PE/2013) Sobre imunidade e isenção, analise os itens abaixo.

I. A Constituição Federal assegura isenção no pagamento de taxa para obtenção de certidões em repartições públicas e privadas que prestam serviço público, para defesa de direitos e esclarecimento de situações de interesse pessoal.

II. A imunidade sobre o templo de qualquer culto apenas alcança os impostos, sendo devidas, portanto, as taxas e contribuição de melhoria incidentes sobre o imóvel destinado ao templo.

III. Há isenção de imposto sobre comercialização de livro, jornal, periódico e sobre a comercialização de papel destinado a impressão destes produtos.

IV. Possui imunidade de contribuição social para seguridade social a entidade beneficente de assistência social que atenda às exigências estabelecidas em lei sobre a folha de salários e demais rendimentos do trabalho pagos ou creditados, a qualquer título, à pessoa física que lhe preste serviço, mesmo sem vínculo empregatício.

Está correto o que se afirma APENAS em

A) I e II.

B) II e IV.

C) I e III.

D) I, II e III.

E) II, III e IV.

6. (IESES – Cartório – TJ – PB/2014) As imunidades tributárias consistem em normas nas quais fica proibida a tributação sobre situações ou pessoas expressamente indicadas na Constituição Federal. Conclui-se, neste sentido, que:

A) A imunidade recíproca veda a instituição de impostos sobre o patrimônio, renda ou serviços de União, Estados e Municípios, excluído o Distrito Federal.

B) As imunidades tributárias estão todas previstas no artigo 150, VI, CF, com a única exceção prevista no art.5°, LXXVI, CF, o qual estabelece a gratuidade, para os reconhecidamente pobres, do registro civil de nascimento e da certidão de óbito.

C) Considerando que a CF refere-se à isenções e não incidência, quando trata de imunidades, a doutrina brasileira pondera que tais expressões são sinônimas, abarcando o mesmo fenômeno tributário.

D) As fundações mantidas pelos partidos políticos e os sindicatos de trabalhadores são imunes tão somente aos impostos, de acordo com o texto constitucional, devendo tais entidades, portanto, recolher os demais tributos do sistema.

7. (IBFC – Cartório – TJ – PR/2014) A imunidade distingue-se da isenção, considerando-se que:

A) Não libera o contribuinte do cumprimento de obrigações acessórias, diversamente do que ocorre com a isenção, que possui natureza mais abrangente.

B) Constitui uma limitação constitucional ao poder de tributar, enquanto a isenção pode ser concedida por lei ordinária ou complementar.

C) É sempre de caráter subjetivo, ao contrário da isenção que é exclusivamente objetiva.

D) Existe somente em relação a pessoas jurídicas de direito público, ao passo que a isenção também pode beneficiar pessoas de direito privado.

8. (Vunesp – Procurador Município – Prefeitura São Paulo – SP/2014) A imunidade recíproca consiste na vedação constitucional que impede a União, os Estados, o Distrito Federal e os Municípios de cobrar

A) tributos sobre os templos de qualquer culto.

B) tributos sobre patrimônio, renda ou serviços dos partidos políticos, inclusive suas fundações.

C) impostos sobre o patrimônio, renda ou serviços uns dos outros.

D) impostos sobre o patrimônio, renda ou serviços das instituições de educação e de assistência social, sem fins lucrativos, atendidos os requisitos da lei.

E) impostos sobre livros, jornais, periódicos e o papel destinado à sua impressão.

9. (ESAF – Auditor-Fiscal– RFB/2014) O entendimento do Supremo Tribunal Federal, no que toca à imunidade de que gozam as entidades beneficentes de assistência social, é no sentido de que:

A) entendem-se por serviços assistenciais as atividades continuadas que visem à melhoria de vida da população e cujas ações, voltadas para as necessidades básicas, observem os objetivos, os princípios e as diretrizes estabelecidos em lei.

B) o estabelecimento, como uma das condições de fruição de tal benefício por parte das entidades filantrópicas, da exigência de que possuam o certificado de Entidade Beneficente de Assistência Social – CEBAS, contraria o regime estabelecido na Constituição Federal.

C) a jurisprudência do STF é no sentido de afirmar a existência de direito adquirido ao regime jurídico da imunidade das entidades filantrópicas.

D) a exigência de renovação periódica do CEBAS, por parte das entidades filantrópicas, a cada três anos, ofende o disposto na Constituição Federal.

E) tratando-se de imunidade – que decorre, em função de sua natureza mesma, do próprio texto constitucional -, revela-se evidente a absoluta impossibilidade jurídica de, mediante deliberação de índole legislativa, restringir a eficácia do preceito.

10. (FEPESE – Promotor de Justiça – SC/2014) Analise o enunciado da questão abaixo e assinale se ele é falso ou verdadeiro:

Segundo orientação fixada no STF, é constitucional a incidência de ISSQN – Imposto sobre Serviços de Qualquer Natureza, quando devidamente previsto em legislação tributária municipal, sobre os serviços de registros públicos, cartorários e notariais, prestados na forma do art. 236 da CF por delegação do poder público, posto que a atividade em questão não se encontra ao abrigo da imunidade recíproca (art. 150, VI, 'a', da CF), uma vez que o serviço está compreendido em exceção constitucional, que afasta o benefício quanto às atividades desenvolvidas com intuito lucrativo.

11. (PUC – PR – Juiz de Direito Substituto – PR/2014) Sobre a imunidade tributária, é CORRETO afirmar:

I. A imunidade recíproca das entidades políticas pode ser estendida às autarquias e às fundações instituídas e mantidas pelo Poder Público.

II. A imunidade recíproca das entidades políticas não se aplica ao patrimônio, à renda e aos serviços, relacionados com exploração de atividades econômicas regidas pelas normas aplicáveis a empreendimentos privados, ou em que haja contraprestação ou pagamento de preços ou tarifas pelo usuário.

III. A imunidade sobre o patrimônio, a renda ou serviços das instituições de educação e de assistência social, sem fins lucrativos não é autoaplicável, porquanto está sujeita ao preenchimento de requisitos de legitimação, entre os quais a não distribuição de qualquer parcela de seu patrimônio ou de suas rendas, salvo à título de divisão de lucros entre seus sócios-diretores.

IV. A imunidade que recai sobre os partidos políticos, as entidades sindicais e as instituições de educação e de assistência social não alcança as taxas e contribuição de melhorias a que poderiam estar sujeitas.

A) Todas as alternativas estão corretas.

B) Somente as alternativas I, II e IV estão corretas.

C) Somente as alternativas I e II estão corretas.

D) Somente as alternativas III e IV estão corretas.

12. (FMP – Defensor Público – PA/2015) Assinale a alternativa CORRETA.

A) Segundo entendimento do Supremo Tribunal Federal (STF), a imunidade tributária dos templos de qualquer culto alcança as lojas maçônicas.

B) A imunidade tributária endereçada aos livros e periódicos não alcança, no entendimento do STF, álbuns de figurinhas.

C) A imunidade tributária recíproca não alcança o Imposto sobre operações relativas à Circulação de Mercadorias e sobre a prestação de Serviços de Transporte interestadual e intermunicipal e de comunicação (ICMS) que incide no transporte de bens e mercadorias realizado pela Empresa Brasileira de Correios e Telégrafos (ECT) porque, na esteira do entendimento do STF, tal atividade tem fins lucrativos, não merecendo tratamento tributário privilegiado.

D) Têm imunidade tributária fonogramas e videofonogramas musicais produzidos no Brasil contendo obras musicais ou literomusicais de autores brasileiros e/ou obras em geral, interpretadas por artistas brasileiros, bem como os suportes materiais ou arquivos digitais que os contenham, salvo na etapa de replicação industrial de mídias ópticas de leitura a laser.

E) Não têm imunidade tributária recíproca as autarquias e fundações instituídas e mantidas pelo Poder Público no que se refere ao patrimônio, à renda e aos serviços vinculados às suas finalidades essenciais.

13. (Fundatec – Procurador do Estado – RS/2015) Quanto às imunidades tributárias, analise as assertivas abaixo:

I. Segundo a doutrina e a jurisprudência majoritárias, quando a Constituição da República diz que certas entidades são "isentas" e determina que tributos "não incidam" sobre certos fatos ou pessoas, o que está a fazer não é consagrar isenções e não incidências, mas verdadeiras imunidades.

II. Os Estados são imunes frente a contribuições previdenciárias, dada a imunidade tributária recíproca.

III. Segundo a jurisprudência do STF, as imunidades não se aplicam às entidades destinatárias quando estas sejam contribuintes de fato, mas não de direito.

IV. A imunidade das entidades beneficentes de assistência social deve, segundo a jurisprudência do STF, ser regulamentada inteiramente por lei complementar, por força do art. 146, inciso II, da Constituição Federal de 1988, visto se tratar de regulamentação de limitação constitucional ao poder de tributar.

Após a análise, pode-se dizer que:

A) Está correta apenas a assertiva I.

B) Está correta apenas a assertiva III.

C) Estão corretas apenas as assertivas I e III.

D) Estão corretas apenas as assertivas II e III.

E) Está incorreta apenas a assertiva IV.

14. (Vunesp – Juiz de Direito – TJ SP/2017) Considerando-se o disposto no artigo 150, VI, "d" da Constituição Federal de 1988, notadamente a expressão "... e o papel destinado à sua impressão", é de se concluir corretamente que

A) a imunidade deve ser estendida também aos livros com suportes em CD e outros meios eletrônicos, em face das interpretações evolutiva e teleológica.

B) somente o livro de papel deve ser imune a impostos, uma vez que, operando a imunidade como limitação ao poder de tributar de que dotado o Estado, sua interpretação há de ser restritiva.

C) somente o livro de papel é imune a impostos, à vista da cláusula expressa ". e o papel destinado à sua impressão". (artigo 150,VI, "d", Constituição Federal).

D) se a Constituição não distinguiu o suporte tecnológico de elaboração de livros, jornais e periódicos, não pode o intérprete fazê-lo para o fim de ampliar a imunidade.

15. (Vunesp – Juiz de Direito – TJ SP/2017) A lei referida no parágrafo 7º do artigo 195 da Constituição Federal que estabelece os requisitos para o reconhecimento da imunidade para a seguridade social das entidades beneficentes de assistência social, segundo o julgamento do tema 32 pelo plenário do STF, deve ter hierarquia de

A) Lei complementar de caráter nacional.

B) Lei ordinária de caráter suplementar editada pelos entes federativos.

C) Lei ordinária de caráter nacional.

D) Lei ordinária a ser editada por cada ente federativo.

16. (Vunesp – Juiz de Direito – TJ SP/2017) Assinale a alternativa correta.

A) A imunidade do artigo 150, VI, "b" da Constituição Federal deve ser interpretada ampliativamente de modo a incluir todos os imóveis da entidade religiosa, sem restrição, uma vez que o Estado Brasileiro, embora laico, garante o exercício da fé religiosa, segundo orientação do Supremo Tribunal Federal.

B) A imunidade prevista no artigo 150, VI, "b" da Constituição Federal de 1988 deve ser estendida aos cemitérios de cunho religioso, segundo orientação do Supremo Tribunal Federal.

C) A imunidade conferida aos templos se estende à Maçonaria, em cujas lojas se professa culto no sentido empregado pela Constituição Federal, segundo decisão do Supremo Tribunal Federal.

D) A imunidade do artigo 150, VI, "b" da Constituição Federal de 1988 estende-se aos cemitérios, ainda que ostentem natureza privada e empresarial, uma vez que ali se realizam ritos relacionados com a fé religiosa, segundo orientação do Supremo Tribunal Federal.

GABARITO

1 – A	2 – C	3 – B
4 – A	5 – B	6 – D
7 – B	8 – C	9 – A
10 – VERDADEIRO	11 – B	12 – D
13 – A	14 – A	15 – A
16 – B		

CAPÍTULO 6

IMPOSTOS FEDERAIS, ESTADUAIS E MUNICIPAIS

1. IMPOSTOS FEDERAIS

CF, art. 153. Compete à União instituir impostos sobre:

I – importação de produtos estrangeiros;

II – exportação, para o exterior, de produtos nacionais ou nacionalizados;

III – renda e proventos de qualquer natureza;

IV – produtos industrializados;

V – operações de crédito, câmbio e seguro, ou relativas a títulos ou valores mobiliários;

VI – propriedade territorial rural;

VII – grandes fortunas, nos termos de lei complementar.

§ 1º É facultado ao Poder Executivo, atendidas as condições e os limites estabelecidos em lei, alterar as alíquotas dos impostos enumerados nos incisos I, II, IV e V.

§ 2º O imposto previsto no inciso III: I – será informado pelos critérios da generalidade, da universalidade e da progressividade, na forma da lei;

§ 3º O imposto previsto no inciso IV: I – será seletivo, em função da essencialidade do produto; II – será não-cumulativo, compensando-se o que for devido em cada operação com o montante cobrado nas anteriores; III – não incidirá sobre produtos industrializados destinados ao exterior. IV – terá reduzido seu impacto sobre a aquisição de bens de capital pelo contribuinte do imposto, na forma da lei.

§ 4º O imposto previsto no inciso VI do caput: I – será progressivo e terá suas alíquotas fixadas de forma a desestimular a manutenção de propriedades improdutivas; II – não incidirá sobre pequenas glebas rurais, definidas em lei, quando as explore o proprietário que não possua outro imóvel; III – será fiscalizado e cobrado pelos Municípios que assim optarem, na forma da lei, desde que não implique redução do imposto ou qualquer outra forma de renúncia fiscal.

§ 5º O ouro, quando definido em lei como ativo financeiro ou instrumento cambial, sujeita-se exclusivamente à incidência do imposto de que trata o inciso V do "caput" deste artigo, devido na operação de origem; a alíquota mínima será de um por cento, assegurada a transferência do montante da arrecadação nos seguintes termos: I – trinta por cento para o Estado, o Distrito Federal ou o Território, conforme a origem; II – setenta por cento para o Município de origem.

Art. 154. A União poderá instituir:

I – mediante lei complementar, impostos não previstos no artigo anterior, desde que sejam não-cumulativos e não tenham fato gerador ou base de cálculo próprios dos discriminados nesta Constituição;

II – na iminência ou no caso de guerra externa, impostos extraordinários, compreendidos ou não em sua competência tributária, os quais serão suprimidos, gradativamente, cessadas as causas de sua criação.

1.1 Imposto de importação

1.1.1 Noções introdutórias

O imposto sobre a importação (II) está previsto no artigo 153, I da CF, sendo de competência da União e vocacionado a estimular/desestimular um determinado comportamento ao contribuinte (é, portanto, um tributo **extrafiscal** ou regulatório). O II, desse modo, é um instrumento destinado à proteção da indústria nacional.

Essa extrafiscalidade exige maior liberdade para responder às oscilações do comércio exterior, e por isso o Poder Executivo pode alterar suas alíquotas dentro das condições e dos limites estabelecidos em lei (CF, artigo 153, § 1º), o que configura uma **mitigação do princípio da legalidade** do direito tributário.

Essa alteração de alíquotas por ato infralegal deve ser motivada, sendo válida a motivação que não se encontra no próprio decreto, mas apenas no processo administrativo que a ele deu origem (STF, **RE 225.602**, j. 25.11.1998).

Também como decorrência de sua função regulatória, o II não se submete à anterioridade anual e nonagesimal (CF, art. 150, § 1º).

1.1.2 Fato gerador

O II não é um imposto incidente sobre uma operação necessariamente comercial. Sua materialidade não está ligada à noção de transferência da titularidade. O que importa, para se configurar o fato gerador do II, é a **entrada de produto estrangeiro no território nacional** (artigo 19 do CTN).

Já o Decreto-Lei 37/1966, que dispõe sobre o imposto de importação, preceitua em seu art. 1ª que o imposto incide sobre a **mercadoria** estrangeira que ingressa no território nacional.

Enquanto o art. 153, I da CF e o art. 19 do CTN falam em produtos, o art. 1º do Decreto-Lei 37/1966 fala em mercadoria ao se referir ao objeto da importação.

De fato, há diferença entre esses dois conceitos. Mercadoria é conceito mais restrito do que produto, pois aquela diz respeito apenas aos objetos destinados ao comércio, enquanto produto é todo bem material resultado de um processo produtivo. A doutrina e a jurisprudência, contudo, não analisa esses termos com demasiado rigor técnico, admitindo-se a incidência do imposto de importação sobre bens que não sejam classificados como mercadorias. Solon Sehn sintetiza da seguinte maneira:

> "prevalece o entendimento de que o termo mercadorias, previsto no art. 1º do Decreto-lei 37/66, estaria empregado no sentido de produtos ou bens. Essa afirmação é assentada no art. 13, que prevê a incidência do imposto sobre bagagens, ou seja, sobre bens não destinados ao comércio. (...) apesar da presença do termo 'mercadoria' no art. 1º do Decreto-lei 37/66, a legislação infraconstitucional está longe de restringir a incidência aos bens importados para fins de revenda lucrativa. (...) A interpretação sistemática do Decreto-lei 37/66 evidencia que, na verdade, a hipótese de incidência do imposto compreende a importação de produtos, isto é, coisas móveis e corpóreas." (SEHN, 2016, p. 99;101).

Em relação ao elemento "entrada" do fato gerador, nem sempre a mera entrada física acarretará na exigência do II, pois o imposto não será devido quando o produto ingressa apenas para participação em feira ou evento.

Trata-se da **admissão temporária**, que se contrapõe ao ingresso definitivo, como bem explicado na seguinte assertiva, considerada **correta** pelo CESPE no concurso de juiz de direito da Bahia em 2006: "Considere que, após ter sido constatada calamidade pública em determinado município, tenha sido autorizada a admissão temporária de máquinas e equipamentos de diversos países do Mercado Comum Europeu. Nessa situação, findo o prazo de admissão, caso a sociedade comercial decida integrar tais bens a seu ativo fixo, a União poderá cobrar os impostos sobre a importação dos referidos bens.".

Perceba que a convolação da admissão temporária em incorporação no território nacional a título definitivo implica na exigência do imposto de importação. Nesse sentido, caso um produto seja importado sob o regime de admissão temporária e seu importador proceda à alienação do bem, restará descaracterizada a admissão temporária, implicando na incidência do II[1].

Outro exemplo em que não há a incidência do II é o caso de **trânsito aduaneiro**, em que o produto estrangeiro ingressa no Brasil apenas porque precisa passar pelo território brasileiro para chegar a outro país.

O Decreto-Lei 37/1966 disciplina a admissão temporária e o trânsito aduaneiro (assim como todos os demais regimes aduaneiros especiais) como hipóteses de suspensão do crédito tributário (art. 71 do DL 37/1966)[2].

Ainda em relação à admissão temporária, vale destacar um julgado do STF que decidiu pela legitimidade da exclusão do arrendamento mercantil do âmbito de aplicação desse regime aduaneiro especial. Tratava o caso de mercadorias importadas através de contrato de arrendamento mercantil financeiro (*leasing*), que foram impedidas de gozar do regime de admissão temporária por conta do

---

1. Instrução Normativa 1.600/2015 da Receita Federal, art. 44, V, cumulado com art. 44, § 5º.
2. Essa menção aos regimes aduaneiros especiais como suspensão do crédito tributário só passou a constar do DL 37/66 após alteração de sua redação pelo Decreto-Lei 2.472/1988, quando já havia a exigência de lei complementar para dispor a respeito de normas gerais sobre crédito tributário. Diante da disposição do art. 141 do CTN, segundo a qual o rol de hipóteses de suspensão da exigibilidade do crédito tributário é exaustivo, não seria possível a introdução de novas hipóteses por espécie legislativa que não fosse a lei complementar. Além disso, vale registrar a doutrina segundo a qual a admissão temporária e o trânsito aduaneiro não representam sequer situações em que poderia haver a incidência do imposto de importação, pois o seu fato gerador exigiria a entrada a título definitivo (incorporação do bem na economia nacional), e não a mera transposição física das fronteiras nacionais: "(...) entende-se que os casos de ingresso da mercadoria em regime de admissão temporária e de trânsito aduaneiro clássico ou de 'pasagem' configuram hipóteses de não incidência do imposto, vale dizer, que não se subsumem ao conceito jurídico de importação pela não realização do critério ou aspecto material. Esses regimes especiais, portanto, destinam-se apenas ao controle da não incidência dos tributos aduaneiros, visando a impedir o desvio de finalidade e assegurar o retorno do produto ao exterior. Não se trata de suspensão do crédito tributário ou isenção condicionada. (...) O termo de compromisso firmado pelo interessado, portanto, tem natureza de simples garantia do crédito tributário que será exigido em caso de descumprimento total do regime." (SEHN, 2016, p.75-76).

art. 17 da Lei 6.099/1974[3]. O STF entendeu que o dispositivo, ao excluir da admissão temporária os bens objeto de arrendamento mercantil internacional, não violava o princípio da isonomia tributária (**RE 429.306**, j. 01.02.2011).

A **entrada ficta ou presumida**, por sua vez, ocorre quando a fiscalização aduaneira verificar que determinada mercadoria discriminada como importada na declaração do importador não estiver entre as desembaraçadas. Nesse caso, considera-se que houve entrada da mercadoria, mesmo que ela não tenha sido localizada fisicamente.

Não só a entrada real é considerada fato gerador do II, mas também a **entrada ficta ou presumida**, de acordo com a previsão do art. 1º, § 2º do DL 37/66: "Para efeito de ocorrência do fato gerador, **considerar-se-á entrada no Território Nacional a mercadoria que constar como tendo sido importada e cuja falta venha a ser apurada pela autoridade aduaneira**".

O **elemento temporal do II** é definido pelo art. 23 do Decreto-lei 37/1966, como sendo o a **data do registro da declaração de importação**.

A jurisprudência do STF reconhece como válido esse dispositivo, perfilhando a orientação de que o fato gerador do imposto de importação é a entrada do produto estrangeiro no território nacional (CTN, art. 19), não havendo qualquer incompatibilidade entre o art. 23 do DL 37/66 e o art. 19 do CTN (**AI 420.993 AgR**, j. 31.05.2005; **RE 225.602**, j. 25.11.1998).

O STJ adota a mesma orientação, já tendo decidido, por diversas vezes, que não há incompatibilidade entre o artigo 19 do CTN e o art. 23 do Decreto-Lei n. 37/66, porquanto o desembaraço aduaneiro completa a importação e, consequentemente, representa, para efeitos fiscais, a entrada de mercadoria no território nacional. (...) **no caso de importação de mercadoria despachada para consumo, o fato gerador do imposto de importação ocorre na data do registro da declaração de importação** (**REsp 1.220.979**, j. 05.04.2011). Desse modo, é irrelevante, para a definição da alíquota aplicável {a operação de importação, a data da celebração do contrato de compra e venda ou a do embarque ou a do ingresso no país da mercadoria importada (**REsp 1.016.132**, j. 26.05.2009).

Esse entendimento jurisprudencial já foi objeto de questão objetiva no concurso da Juiz Federal do TRF da 5ª Região em 2012, que reproduziu a seguinte assertiva, considerada

3. Lei 6.099/1974, art. 17. A entrada no território nacional dos bens objeto de arrendamento mercantil, contratado com entidades arrendadoras domiciliadas no exterior, não se confunde com o regime de admissão temporária de que trata o Decreto-lei nº 37, de 18 de novembro de 1966, e se sujeitará a todas as normas legais que regem a importação.

correta pelo CESPE: "No caso de mercadoria importada para consumo, o fato gerador do imposto de importação ocorre na data do registro da declaração de importação do bem, devendo a alíquota vigente nessa data ser aplicada no cálculo do imposto".

Quando se estiver diante da entrada ficta ou presumida (art. 1º, § 2º do DL 37/66), o elemento temporal do fato gerador será a data em que a autoridade aduaneira apurar a falta ou dela tiver conhecimento (art. 23, parágrafo único do DL 37/66).

1.1.3 Contribuinte

O contribuinte do II é, segundo o artigo 22 do CTN, o importador ou quem a lei a ele equiparar e o arrematante de produtos apreendidos ou abandonados. A figura do arrematante surge nos casos de pena de perdimento do produto importado, ou ainda em caso de produto abandonado (considera-se abandonada a mercadoria que permanecer em recinto alfandegado sem que seu despacho de importação seja iniciado no prazo legal).

O artigo 31 do DL 37/66, com a redação dada pelo DL 2.742/88, traz ainda como contribuintes o destinatário de remessa postal internacional indicado pelo respectivo remetente e o adquirente de mercadoria entrepostada.

1.1.4 Base de cálculo

A base de cálculo do II pode ser, de acordo com o art. 20 do CTN, a **unidade de medida** adotada pela lei tributária, quando a alíquota for específica (CTN, art. 20, I); o **preço normal** que o produto, ou seu similar, alcançaria, ao tempo da importação, em uma venda em condições de livre concorrência, para entrega no porto ou lugar de entrada do produto no País (CTN, art. 20, II); o **preço da arrematação**, quando se trate de produto apreendido ou abandonado, levado a leilão (CTN, art. 20, III).

No primeiro caso, adota-se uma unidade de medida (que pode ser peso, volume, metragem, ou quantidade) como base de cálculo em combinação com uma **alíquota específica**, expressa em um valor monetário fixo. Por exemplo, a base de cálculo do II pode ser um quilo de bacalhau, e a alíquota um real. Ou ainda um metro de seda, e a alíquota dois reais. Para se chegar ao montante devido de II, basta multiplicar a alíquota pela base de cálculo.

Quando a base de cálculo é o preço normal que o produto ou seu similar alcançaria ao tempo da importação, a **alíquota será *ad valorem***, o que significa um percentual a ser aplicado no valor do produto importado.

Apesar de o art. 20, I do CTN se referir a preço normal, o art. 2º, II do Decreto-Lei 37/1966 determina a utilização do valor aduaneiro apurado segundo as normas do Acordo Geral de Tarifas e Comércio (GATT). **O valor aduaneiro fixado no GATT não pode ser alterado pela legislação interna**, diante da regra do art. 98 do CTN (os tratados e as convenções internacionais revogam ou modificam a legislação tributária interna, e serão observados pela que lhes sobrevenha).

Por fim, deve-se atentar para a dissonância entre o art. 21 do CTN e o art. 153, § 1º da CF. Enquanto aquele dispositivo faculta ao Poder Executivo a alteração de alíquotas e base de cálculo do II, a Constituição apenas permite a alteração de alíquotas por ato infralegal. Essa antinomia, que pode ser indagada em questões objetivas, discursivas ou na fase oral, se resolve pelo critério hierárquico, prevalecendo o art. 153, § 1º da CF. O mesmo vale para o Imposto sobre Exportação, já que o art. 26 do CTN também foi parcialmente recepcionado pelo art. 153, § 1º da CF.

Quadro-resumo: alíquotas específica e *ad valorem*

Alíquota específica	Alíquota *ad valorem*
valor monetário fixo, multiplicado em razão de uma determinada unidade de medida, como por exemplo: três reais por quilo; 10 reais por metro.	percentual a ser aplicado no valor do produto importado. Exemplo: 3% sobre o valor de uma máquina de dois mil reais.

1.1.5 Drawback

Drawback é um incentivo fiscal à exportação, um estímulo à indústria nacional mediante a suspensão, isenção ou restituição de tributos incidentes sobre a importação quando os insumos forem destinados a beneficiamento, fabricação ou complementação de produtos destinados à posterior exportação. Ou seja, o *drawback* reduz a carga tributária referente ao II quando a respectiva mercadoria importada estiver vinculada a uma futura exportação.

Esse instituto é disciplinado no Decreto-lei 37/66 da seguinte maneira:

> Decreto-Lei 37/1966, art. 78: Poderá ser concedida, nos termos e condições estabelecidas no regulamento:
>
> I – restituição, total ou parcial, dos tributos que hajam incidido sobre a importação de mercadoria exportada após beneficiamento,

ou utilizada na fabricação, complementação ou acondicionamento de outra exportada;

II – suspensão do pagamento dos tributos sobre a importação de mercadoria a ser exportada após beneficiamento, ou destinada à fabricação, complementação ou acondicionamento de outra a ser exportada;

III – isenção dos tributos que incidirem sobre importação de mercadoria, em quantidade e qualidade equivalentes à utilizada no beneficiamento, fabricação, complementação ou acondicionamento de produto exportado".

O STJ entende que o drawback é uma operação única, apesar de possuir momentos distintos. Como o drawback é um benefício fiscal, aplica-se a ele o art. 60 da Lei 9.069/95, segundo o qual a concessão ou reconhecimento de qualquer incentivo ou benefício fiscal, relativos a tributos e contribuições administrados pela Secretaria da Receita Federal fica condicionada à comprovação pelo contribuinte, pessoa física ou jurídica, da quitação de tributos e contribuições federais. Tal comprovação de quitação deve ocorrer na concessão ou no reconhecimento do incentivo, sendo ilegal a exigência de nova certidão no momento do desembaraço aduaneiro, uma vez que o importador já é titular do benefício fiscal em razão do ato concessivo do regime especial. Essa orientação foi consolidada em sede de **recurso repetitivo**:

> (...) 1. Drawback é a operação pela qual a matéria-prima ingressa em território nacional com isenção ou suspensão de impostos, para ser reexportada após sofrer beneficiamento.
>
> (...) 3. Destarte, ressoa ilícita a exigência de nova certidão negativa de débito no momento do desembaraço aduaneiro da respectiva importação, se a comprovação de quitação de tributos federais já fora apresentada quando da concessão do benefício inerente às operações pelo regime de drawback (...) (**REsp 1.041.237**, j. 28.10.2009)

Esse entendimento foi cristalizado na **súmula 569 do STJ**:

> Na importação, é indevida a exigência de nova certidão negativa de débito no desembaraço aduaneiro, se já apresentada a comprovação da quitação de tributos federais quando da concessão do benefício relativo ao regime de drawback

Em síntese, a comprovação da quitação de tributos federais quando da concessão do *drawback* desobriga o contribuinte a apresentar nova certidão negativa no desembaraço aduaneiro.

1.1.6 Imposto de importação e sanção Política

Um último tema a ser abordado sobre o imposto de importação diz respeito à caracterização ou não como sanção política da exigência do pagamento do imposto como condição para a liberação das mercadorias importadas.

As autoridades aduaneiras, fundamentando-se no artigo 571, § 1º, I do Decreto 6.759/2009[4] costumam reter mercadorias importadas cujo respectivo pagamento do imposto de importação não foi efetuado.

Os contribuintes entendem que esse procedimento representa verdadeira **sanção política**, ou seja, uma coerção indevida e desproporcional do Fisco para que o contribuinte quite débitos tributários. Haveria, para essa corrente de pensamento, ofensa à **Súmula 323 do STF**: "É inadmissível a apreensão de mercadorias como meio coercitivo para pagamento de tributos".

A jurisprudência majoritária do STJ é no sentido de que não se exige garantia para liberação de mercadoria importada, retida por conta de pretensão fiscal de reclassificação tarifária (**AgRg no REsp 1.277.611**, j. 19.03.2013).

Uma sutileza precisa ser bem compreendida pelo estudante. Deve-se deixar claro que **não se configura como sanção política a retenção de mercadorias importadas tendo como fundamento a falsificação ou adulteração de documento**, pois nesse caso o motivo da retenção não é o inadimplemento de tributo:

> "**A falsificação ou adulteração de documento necessário ao embarque ou desembaraço de mercadorias importadas autoriza a aplicação da pena de perdimento** a teor do que dispõe o art. 514, VI, do Regulamento Aduaneiro. **Instaurado procedimento administrativo para averiguar a existência da suposta irregularidade, é legítima a retenção cautelar das mercadorias.** A Turma negou provimento ao recurso. Precedente citado: REsp 529.614-RS, DJ 19/12/2003." (STJ, **REsp 500.286**, j. 15.03.2005 – grifamos).

Desse modo, pode-se dizer que a jurisprudência majoritária não admite a retenção de mercadorias importadas até o pagamento dos tributos incidentes sobre a importação, considerando tal prática como sanção política.

---

4. Decreto 6.759/2009, art. 571, § 1º. Não será desembaraçada a mercadoria: I- cuja exigência de crédito tributário no curso da conferência aduaneira esteja pendente de atendimento, salvo nas hipóteses autorizadas pelo Ministro de Estado da Fazenda, mediante a prestação de garantia.

Contudo, essa hipótese não se confunde com a apreensão de mercadorias por conta da não apresentação de documentação idônea, medida esta que vem sendo permitida pelos tribunais.

Além disso, é preciso ter conhecimento de que, em relação ao ICMS sobre importações, vigora a **súmula vinculante 48**[5], que aponta em direção oposta aos julgados relativos ao imposto de importação. No caso do ICMS incidente nas importações, o STF admite a exigência do imposto no momento do desembaraço aduaneiro, sendo o pagamento do tributo uma etapa necessária à conclusão do desembaraço aduaneiro. Desde o **RE 193.817** (j. 23.10.1996)[6], o Pleno do STF já havia fixado a orientação de que **a liberação da mercadoria importada pode ser condicionada à comprovação, pelo importador, do pagamento do ICMS sobre ela incidente.**

Podemos resumir o tema da seguinte maneira:

- Inadimplemento de imposto de importação – ilegítima a retenção das respectivas mercadorias importadas;
- Falsificação ou adulteração de documentos de mercadorias importadas – legítima a retenção das respectivas mercadorias;
- Inadimplemento do ICMS sobre importações – legítima a retenção das respectivas mercadorias importadas.

1.2 Imposto de Exportação

1.2.1 Noções introdutórias

O imposto sobre exportação (IE) está previsto no art. 153, II da CF como um imposto da União, e assim como o II, também possui a importante

5. "Na entrada de mercadoria importada do exterior, é legítima a cobrança do ICMS **por ocasião do desembaraço aduaneiro**".
6. "Incensurável, portanto, em face do novo regime, o condicionamento do desembaraço da mercadoria importada à comprovação do recolhimento do tributo estadual, de par com o tributo federal, sobre ela incidente." (**RE 193.817**, j. 23.10.1996). No mesmo sentido: "é harmônica com a Carta da República de 1988 legislação que implica condicionar a liberação da mercadoria via despacho aduaneiro ao pagamento do Imposto sobre Circulação de Mercadorias e Serviços" (**RE 228.520**, j. 21.09.1998); "Alterações que tiveram por consequência lógica a substituição da entrada da mercadoria no estabelecimento do importador para o do recebimento da mercadoria importada, como aspecto temporal do fato gerador do tributo, condicionando-se o desembaraço da mercadoria ou do bem importado ao recolhimento, não apenas dos tributos federais, mas também do ICMS incidente sobre a operação." (**RE 144.660**, j. 23.10.1996).

função **extrafiscal** ou regulatória de influenciar nas transações de comércio exterior. Uma política econômica de proteção à produção nacional implica na inexigência do IE, reduzindo os custos da exportação dos produtos brasileiros.

A exoneração das exportações atende ao princípio do destino, pelo qual as operações de comércio internacional são tributadas no destino (tributa-se a importação).

A função extrafiscal do IE atrai a mesma disciplina constitucional quanto a não sujeição à estrita legalidade (uma vez que pode ter suas alíquotas alteradas por decreto, conforme autorização do art. 153, § 1º da CF) e à não sujeição à anterioridade anual e nonagesimal (CF, art. 150, § 1º).

A possibilidade de o Poder Executivo alterar as alíquotas do IE não necessariamente será exercida pelo Presidente da República. O STF tem o entendimento, fixado em sede de **repercussão geral**, de que é constitucional a norma infraconstitucional que atribui a órgão integrante do Poder Executivo da União (Câmara de Comércio Exterior – CAMEX) a faculdade de estabelecer as alíquotas do IE, não havendo que se falar em competência privativa do Presidente da República (**RE 570.680 – repercussão geral**, j. 28.10.2009).

Esse entendimento do STF já foi cobrado no concurso de Defensor Público Federal em 2010, na seguinte assertiva, considerada **correta** pelo CESPE: "A competência para a fixação das alíquotas do imposto de exportação de produtos nacionais ou nacionalizados não é exclusiva do Presidente da República; pode ser exercida por órgão que integre a estrutura do Poder Executivo".

O Poder Executivo deve motivar a alteração das alíquotas do IE, não podendo o Judiciário intervir no mérito da decisão se não houver teratologia que evidencia a nulidade do ato (**REsp 614.890**, j. 02.04.2009).

Tem-se aqui uma aplicação do **princípio da separação dos poderes**, pois a alteração de alíquotas do IE pelo Poder Executivo deve pautar-se no juízo de conveniência e oportunidade (mérito administrativo) do administrador público.

1.2.2 Fato gerador

O fato gerador do IE é a saída, do território nacional para o estrangeiro, de produtos **nacionais ou nacionalizados** (CTN, art. 23). A definição de produtos nacionalizados está contida no art. 212, § 1º do Decreto 6.759/2009 (Regulamento Aduaneiro): "Considera-se nacionalizada a mercadoria estrangeira importada a título definitivo".

Assim como no II, no IE também o conceito de produto deve prevalecer, em detrimento do conceito de mercadoria, para fins de definição do fato gerador. A tributação da saída de produtos do Brasil é possível, em contraposição à saída de um Estado da Federação para outro (CF art. 150, V, que veda os tributos interestaduais e intermunicipais limitadores do tráfego de pessoas ou bens).

Também no IE existe a ideia de **admissão temporária**, presente no II como um impeditivo à tributação. Ou seja, só será cobrado o IE quando o produto nacional ou nacionalizado ingressar em outro país em caráter definitivo.

Para se compreender o **elemento temporal do IE**, deve-se recorrer, primeiramente, ao art. 213, parágrafo único do Decreto 6.759/2009, segundo o qual se considera ocorrido o fato gerador do IE na **data do registro de exportação** no Sistema Integrado de Comércio Exterior (SISCOMEX).

A expedição da guia de exportação não é fato gerador do tributo. É simplesmente o momento em que se considera, para fins de cobrança do imposto, exteriorizado o fato exportação (MACHADO, 2005, p. 309).

Não interessa, portanto, a data da saída do produto do território nacional ou a data do registro do negócio jurídico. O registro **da venda** no SISCOMEX não é ato equiparado à guia de exportação (**RE 235.858**, j. 12.11.2002), para o efeito de fixar o marco temporal do fato gerador, e consequentemente determinar a legislação aplicável (CTN, art. 144, *caput*). Não se pode confundir o registro **da venda** com o registro **da exportação** no SISCOMEX, sendo apenas este último equiparado à guia de exportação[7], e, portanto, apto a configurar elemento temporal do fato gerador do IE. Não é qualquer registro no SISCOMEX que corresponde à expedição do documento equivalente à guia de exportação como determinante do fato gerador do IE. Somente o Registro de Exportação corresponde e se equipara à Guia de Exportação (**AI 578.372 AgR**, j. 09.02.2010).

O STJ possui várias decisões com o entendimento de que o fato gerador do IE ocorre com o registro da venda no Siscomex.

> **"A jurisprudência desta Casa é firme na orientação de que o fato gerador do imposto de exportação sobre o açúcar é contado do registro de vendas no SISCOMEX** e, sendo este anterior à entrada em

7. Decreto 660/1992, art. 6º, § 1º Para todos os fins e efeitos legais, os registros informatizados das operações de exportação ou de importação no SISCOMEX, equivalem à Guia de Exportação, à Declaração de Exportação, ao Documento Especial de Exportação, à Guia de Importação e à Declaração de Importação.

vigor da Resolução do BACEN nº 2.112/94, esta não pode onerar o ato jurídico celebrado sob a égide da legislação anterior" (**AgRg no AgRg no REsp 365.882**, j. 10.04.2007, grifamos).

"É pacífico nesta Corte o entendimento de que o fato gerador do Imposto de Exportação sobre o açúcar ocorre com o registro de vendas no SISCOMEX" (**AgRg no Ag 830.231**, j. 02.09.2008, grifamos).

É possível, contudo, encontrar decisão que considerou o registro de exportação no Siscomex como o marco temporal do fato gerador do IE:

"**Considera-se ocorrido o fato gerador do imposto de exportação no momento em que é efetivado o registro de exportação (RE) no Sistema Integrado de Comércio Exterior (Siscomex)**, ou seja, no momento em que a empresa obtém o RE. Portanto o registro de exportação é o único registro indispensável para a efetivação de todas as operações de comércio, pouco importando as considerações sobre a data da obtenção do registro de venda." (**REsp 964.151**, j. 22.04.2008, grifamos).

1.2.3 Contribuinte

Contribuinte do IE é o exportador ou quem a lei a ele equiparar (CTN, art. 27).

O Decreto-Lei 1.578/77, em seu art. 5º define como contribuinte do IE o exportador, assim considerado qualquer pessoa que promova a saída do produto do território aduaneiro.

O exportador pode ser pessoa física ou jurídica, comerciante ou não, pouco importando a frequência com que realiza a exportação, ou ainda a presença de intuito lucrativo. Para a definição do sujeito passivo do IE não se indaga sobre qualquer característica pessoal daquele que promove a exportação.

1.2.4 Base de cálculo

A base de cálculo do IE pode ser, de acordo com o art. 24 do CTN, a **unidade de medida** adotada pela lei tributária, quando a alíquota for específica (CTN, art. 24, I); o **preço normal** que o produto, ou seu similar, alcançaria, ao tempo da exportação, em uma venda em condições de livre concorrência (CTN, art. 24, II). O parágrafo único do art. 24 considera, para efeitos do inciso II (preço normal do produto), a entrega como efetuada no porto ou lugar da saída do produto, deduzidos os tributos diretamente incidentes sobre a operação de exportação e, nas vendas efetuadas a prazo superior aos correntes no mercado internacional, o custo do financiamento.

Da mesma forma que ocorre no II, a base de cálculo pode ser uma unidade de medida (que pode ser peso, volume, metragem, ou quantidade) em combinação com uma **alíquota específica**, expressa em um valor monetário fixo. Por exemplo, a base de cálculo do IE pode ser um quilo de bacalhau, e a alíquota um real. Ou ainda termos uma base de cálculo de um metro de seda, e a alíquota dois reais. Para se chegar ao montante devido de IE, basta multiplicar a alíquota pela base de cálculo.

Quando a base de cálculo é o preço normal que o produto ou seu similar alcançaria ao tempo da exportação, a **alíquota será *ad valorem***, o que significa um percentual a ser aplicado no valor do produto importado. Para apuração dessa base de cálculo, quando o preço da mercadoria for de difícil apuração ou for suscetível de oscilações bruscas no mercado internacional, a Câmara de Comércio Exterior fixará critérios específicos ou estabelecerá pauta de valor mínimo (Decreto 6.759/2009, art. 214, § 1º).

Relembre-se aqui que o art. 153, § 1º da CF apenas permite a alteração de alíquotas por ato infralegal, não tendo sido recepcionado o art. 26 do CTN quanto à possibilidade de alteração de base de cálculo pelo Poder Executivo.

1.3 Imposto sobre a renda

1.3.1 Noções introdutórias

O imposto sobre a renda e proventos de qualquer natureza (IR) é previsto no art. 153, III da CF como um imposto de competência da União. Possui função preponderantemente fiscal, pois se destina principalmente a carrear recursos para os cofres públicos. Ainda assim, não deixa de ter uma feição extrafiscal, na medida em que funciona como um instrumento de distribuição de renda, ao se impor alíquotas maiores a faixas de renda mais elevadas, isentando-se as pessoas físicas de baixa renda.

Como já decidiu o STJ, "qualquer imposto, direto ou indireto, pode, em maior ou menor grau, ser utilizado para atingir fim que não se resuma à arrecadação de recursos para o cofre do Estado. Ainda que o Imposto de Renda se caracterize como um tributo direto, com objetivo preponderantemente fiscal, pode o legislador dele se utilizar para a obtenção de uma finalidade extrafiscal." (**REsp 951.251**, j. 22.04.2009).

O conceito constitucional de renda, para fins do IR, está necessariamente ligado a um acréscimo patrimonial[8].

Tal conceito, contudo, precisa de uma definição mais detalhada pelo legislador infraconstitucional, já que a Constituição apenas oferece pistas genéricas e uma delimitação negativa[9].

Cumprindo esse papel, o art. 43 do CTN[10] dispõe que a renda pode advir do capital (aplicação financeira, por exemplo), do trabalho (remuneração por um serviço prestado, salário etc.) ou da combinação de ambos, conforme o art. 43, I do CTN. A renda tributada pelo IR é uma riqueza nova, um resultado obtido após a dedução das despesas realizadas para a sua obtenção.

Outro elemento da renda são os proventos, definidos pelo art. 43, II, do CTN, por exclusão, como os acréscimos patrimoniais não compreendidos no conceito de renda. Os proventos se contrapõem ao conceito de renda por representarem rendimentos obtidos em razão da inatividade, como, por exemplo, a aposentadoria, a pensão ou ainda as doações. Ainda se consideram proventos os acréscimos patrimoniais oriundos de atividades ilícitas ou de fontes não identificadas.

A abrangência do art. 43 do CTN, ao detalhar o conceito de renda, é bastante ampla. Nesse sentido, o § 1º do mesmo dispositivo preceitua que a incidência do imposto de renda independe da denominação da receita ou do rendimento, da localização, condição jurídica ou nacionalidade da fonte, da origem e da forma de percepção.

- Renda – Rendimento oriundo do capital, do trabalho ou da combinação de ambos
- Proventos – Rendimentos obtidos em razão da inatividade (aposentadoria e pensão) ou oriundos de atividades ilícitas.

O IR deve obedecer ao princípio da legalidade e da anterioridade anual (de exercício), mas não precisa observar a anterioridade nonagesimal (CF,

8. "o aspecto material da hipótese de incidência do imposto inserto no artigo 153, III, da Carta Republicana de 1988, representa a mutação patrimonial que se constitui num acréscimo de seus elementos. (...) A pedra de toque na conceituação adotada é que esses valores recebidos representem riqueza nova." (MOSQUERA, 1996, p. 106-107).
9. "renda não pode ser nem patrimônio, nem capital, nem lucro, nem faturamento". (ÁVILA, 2011, p. 33).
10. CTN, art. 43. O imposto, de competência da União, sobre a renda e proventos de qualquer natureza tem como fato gerador a aquisição da disponibilidade econômica ou jurídica: I – de renda, assim entendido o produto do capital, do trabalho ou da combinação de ambos; II – de proventos de qualquer natureza, assim entendidos os acréscimos patrimoniais não compreendidos no inciso anterior.

art. 150, § 1º). Sendo assim, caso o IR seja majorado nos últimos dias de dezembro, tal majoração já valerá para o primeiro dia do exercício seguinte.

O imposto de renda costuma ser classificado como um imposto direto, pois o ônus econômico da tributação não é repassado a um terceiro (consumidor). Não se deve esquecer, contudo, a crítica a essa classificação, que ressalta o fato de toda a tributação que recai sobre uma empresa ser repassada ao consumidor, já que representa um custo da atividade econômica.

Por fim, deve-se mencionar o entendimento do STF segundo o qual **o Poder Judiciário não pode substituir o Legislativo na correção da tabela do Imposto de Renda de Pessoa Física – IRPF** (**RE 388.312**, j. 01.08.2011). Haveria uma indevida interferência nas atribuições dos Poderes Executivo e Legislativo de análise do momento econômico e do índice de correção adequados para a retomada, ou mera aproximação, do quadro estabelecido entre os contribuintes e a lei, quando de sua edição, devendo essa omissão ficar sujeita apenas ao princípio da responsabilidade política.

1.3.2 Fato gerador

O fato gerador do IR não é a renda ou o provento; é a **aquisição de renda ou provento disponíveis** (CTN, art. 43).

O conceito de renda já foi cobrado no concurso de Procurador da Fazenda Nacional em 2012, no qual a ESAF considerou **correta** a seguinte assertiva: "Como renda deve-se entender a aquisição de disponibilidade de riqueza nova, na forma de um acréscimo patrimonial, ao longo de um determinado período de tempo".

Essa disponibilidade da renda ou do provento pode ser, de acordo com o CTN, econômica ou jurídica.

A **disponibilidade econômica** guarda a noção de recebimento de um valor, de um acréscimo patrimonial consistente na faculdade de usar e dispor de uma quantia. A **disponibilidade jurídica**, por sua vez, significa a aquisição de um direito de crédito (títulos de crédito como cheque e nota promissória são bons exemplos), não sujeito a condição suspensiva. Nesse último caso, Hugo de Brito Machado (2005, p. 317) ensina que não basta ser credor da renda se esta não está disponível.

Outros autores defendem que a diferenciação entre a disponibilidade econômica e a jurídica estaria baseada na vinculação ou não do acréscimo patrimonial às formas jurídicas de direito privado. Para esse entendimento, o legislador complementar, ao tratar da disponibilidade econômica da renda, teria buscado um sentido econômico do patrimônio, e nesse caso seria irrelevante a existência de um título jurídico. Bastaria, para o acréscimo patrimonial, que o contribuinte pudesse fruir do bem, mesmo sem ser seu proprietário jurídico[11].

De qualquer modo, a **disponibilidade econômica não se confunde com a disponibilidade financeira**, pois, como já decidiu o STJ, "não se deve confundir disponibilidade econômica com disponibilidade financeira da renda ou dos proventos de qualquer natureza. Enquanto esta última se refere à imediata utilidade da renda, a segunda está atrelada ao simples acréscimo patrimonial, independentemente da existência de recursos financeiros." (**REsp 983.134**, j. 03.04.2008).

A disponibilidade financeira não significa a ocorrência de acréscimo patrimonial, mas sim a posse sobre dinheiro, ou seja, a moeda em caixa. Pode ocorrer de uma disponibilidade financeira refletir uma obrigação ou dívida, e não um acréscimo patrimonial. No caso de um empréstimo contraído, por exemplo, o tomador dos recursos emprestados terá a posse sobre o dinheiro, sem que haja um acréscimo patrimonial por conta dessa operação.

> A banca CESPE já exigiu o conhecimento dessa diferenciação, ao considerar **incorreto** o seguinte item, no concurso de Procurador do Tribunal de Contas do DF em 2013: "O fato gerador do imposto sobre a renda e proventos de qualquer natureza é a disponibilidade financeira da renda".

Ainda sobre a definição do fato gerador do IR, deve-se atentar que **o termo receita é mais amplo que renda ou provento**. Receita significa o ingresso de numerário, bens ou direitos sem considerar as despesas realizadas. Não se identifica, por isso, com o conceito de renda ou provento, que por sua vez leva em conta as receitas e as despesas num determinado período.

1.3.3 Contribuinte

O art. 45 do CTN define o contribuinte do IR como o titular da disponibilidade a que se refere o art. 43, sem prejuízo de atribuir a lei essa condição ao possuidor, a qualquer título, dos bens produtores de renda ou dos proventos tributáveis. Além disso, a lei pode atribuir à fonte pagadora da renda ou dos proventos tributáveis a condição de responsável pelo imposto cuja retenção e recolhimento lhe caibam.

11. SCHOUERI, Luís Eduardo. Direito Tributário. São Paulo: Saraiva, 2015, p. 728.

O contribuinte do IR pode auferir sua renda no exterior, mas sendo domiciliado no Brasil, aqui sofrerá a incidência do IR.

Pouco importa, para a tributação do IR, as qualidades pessoais do contribuinte, pois o IR orienta-se pelo critério da **generalidade** (CF, art. 153, § 2º, I). Ou seja, o IR alcança todos os contribuintes sem discriminá-los em razão de características particulares, concretizando assim o princípio da igualdade. Todos aqueles que praticarem o fato gerador do IR serão igualmente tributados, guardando a generalidade, portanto, uma conotação subjetiva.

Não contraria a generalidade o fato de que a disciplina do IR é diferente conforme o sujeito passivo seja pessoa física ou jurídica. Em relação às pessoas físicas, o IR segue o **regime de caixa**, pelo qual o fato gerador ocorre no momento do recebimento (ingresso físico) da renda. Quando se tratar de pessoa jurídica, contudo, a tributação é feita pelo **regime de competência**, ocorrendo o fato gerador no momento da apuração contábil da renda, mesmo que esta seja efetivamente recebida em momento posterior.

Apesar de o imposto de renda de pessoa física seguir o regime de caixa, o STJ entende que **no caso de benefício previdenciário pago em atraso e acumuladamente, não é legítima a cobrança de imposto de renda com parâmetro no montante global pago extemporaneamente**. De acordo com a posição consolidada pela sistemática dos **recursos repetitivos:**

> "O IR sobre benefícios pagos acumuladamente deve ser calculado de acordo com as tabelas e alíquotas vigentes à época em que os valores deveriam ter sido pagos, observando a renda auferida mês a mês pelo segurado. Não é legítima a cobrança do IR com base no montante global pago extemporaneamente." (**REsp 1.118.429**, **repetitivo**, j. 24.03.2010).

O entendimento é relevante não só em relação a ações previdenciárias, mas também para as ações trabalhistas, em que o trabalhador recebe uma quantia de verbas trabalhistas de forma acumulada, em relação a verbas não adimplidas no momento da prestação do serviço.

O STF, no julgamento do **RE 614.406** (j. 23.10.2014, na sistemática de **repercussão geral**), também entendeu que a alíquota do IR deve ser a correspondente ao rendimento recebido mês a mês, e não aquela que incidiria sobre valor total pago de uma única vez, e, portanto, mais alta. Caso se permitisse a incidência de uma alíquota que levasse em conta o valor recebido de forma acumulada após o ajuizamento de uma ação pelo trabalhador ou segurado, estar-se-ia punindo aquele que foi obrigado a ingressar na justiça para fazer valer o direito a suas verbas trabalhistas ou previdenciárias.

A tese de repercussão geral foi redigida nos seguintes termos: "O Imposto de Renda incidente sobre verbas recebidas acumuladamente deve observar o regime de competência, aplicável a alíquota correspondente ao valor recebido mês a mês, e não a relativa ao total satisfeito de uma única vez".

1.3.4 Base de cálculo

O art. 44 do CTN dispõe que a base de cálculo do IR é o montante, real, arbitrado ou presumido, da renda ou dos produtos tributáveis. Tem-se a partir daí a classificação do lucro utilizada no IR das pessoas jurídicas.

O **lucro real** é em regra a base de cálculo do IR para as pessoas jurídicas e pode ser definido como o lucro líquido do exercício ajustado pelas adições, exclusões ou compensações prescritas ou autorizadas pela legislação tributária. A apuração do lucro real é a forma mais rigorosa e técnica de apuração de base de cálculo do IRPJ, pois consiste no levantamento contábil das receitas, despesas e demais deduções permitidas em lei. (art. 37, § 1º da Lei 9.430/96).

Já o **lucro presumido** representa uma apuração mais simples, sendo uma opção de empresas que possuem sua receita bruta dentro de um determinado limite e cujas atividades não estejam obrigatoriamente sujeitas à apuração do lucro real. Nesse caso não há o rigor contábil do lucro real, e a base de cálculo é determinada mediante a aplicação do percentual de oito por cento sobre a receita bruta auferida mensalmente (art. 15, caput da Lei 9.249/95). Esse percentual de oito por cento é a regra geral, havendo percentuais diferenciados para determinados ramos de atividades.

O **lucro arbitrado**, por outro lado, é uma técnica de determinação da base de cálculo do IR adotada quando o contribuinte não atender às exigências legais para a apuração pelo lucro real ou presumido. Como ensina a doutrina, apesar de estar relacionado ao descumprimento pelo contribuinte de obrigações acessórias, a técnica do lucro arbitrado não pode ser conceituada como uma penalidade. Até mesmo porque o próprio contribuinte pode realizar o arbitramento (art. 531 do Regulamento do Imposto de Renda).

A base de cálculo do IR é informada pelo critério da **universalidade** (CF, art. 153, § 2º, I), que determina a sujeição de toda e qualquer modalidade de renda e provento à incidência do IR. **Enquanto o critério da generalidade possui feição subjetiva, relacionando-se com o contribuinte, a universalidade tem caráter objetivo.**

É importante observar que a universalidade contrapõe-se à seletividade. Enquanto a seletividade baseia-se na diferenciação da tributação conforme a espécie do objeto a ser onerado, a universalidade busca justamente igualar e unificar as rendas e proventos, desconsiderando as peculiaridades das rendas do contribuinte.

O critério da **progressividade** (CF, art. 153, § 2º, I), por sua vez, é aplicado na fixação das alíquotas do IR, que possuem percentuais diferentes de acordo com a faixa de renda do contribuinte, o que concretiza o princípio da capacidade contributiva aplicável aos impostos (CF, art. 145, § 1º). Desse modo, um trabalhador que possui um salário de três mil reais está sujeito a alíquotas menores do que as incidentes sobre o salário de dez mil reais do seu chefe.

1.3.5 A tributação em bases universais e as empresas controladas e coligadas no exterior

Tradicionalmente, a legislação brasileira adotava o princípio da territorialidade para a tributação, pelo qual seriam tributados pelo IR apenas a renda produzida dentro do território brasileiro. Os rendimentos auferidos no exterior por empresas aqui situadas não eram alcançados pelo imposto.

Com a Lei 9.249/95, contudo, adotou-se a **tributação em bases universais**, para a qual não interessa o local onde ocorre o fato gerador do IR, se no Brasil ou no exterior. Basta que seu titular seja domiciliado (domicílio tributário) no Brasil. De fato, a referida lei, em seu art. 25 prevê categoricamente a tributação dos lucros, rendimentos e ganhos de capital auferidos no exterior pelas pessoas jurídicas domiciliadas no Brasil.

Em relação às pessoas físicas, a Lei 7.713/88 já previa, em seu art. 3º, § 4º, a tributação do IR independentemente da localização, condição jurídica ou nacionalidade da fonte dos rendimentos.

Essa tributação em bases universais está de acordo com o critério da **generalidade**, previsto no art. 153, § 2º, I, da CF/88, devendo o IR incidir sobre todos os rendimentos auferidos pelo contribuinte, dada a amplitude da base de cálculo do IR.

Em 2001, a Lei Complementar 104 acrescentou o § 2º ao art. 43 do CTN, segundo o qual na hipótese de receita ou de rendimento oriundos do exterior, a lei estabelecerá as condições e o momento em que se dará sua disponibilidade, para fins de incidência do IR.

No mesmo ano, a Medida Provisória 2.158-35/2001 disciplinou a matéria, prevendo que os lucros auferidos por controlada ou coligada no exterior serão considerados disponibilizados para a controladora ou coligada no Brasil na **data do balanço** em que tiverem sido apurados, na forma do regulamento (art. 74). Ou seja, os lucros da empresa residente no Brasil eram tributados antes mesmo de serem a esta distribuídos, distribuição esta que sequer poderia ocorrer.

Essa normatização gerou um debate em torno de duas posições.

De um lado, os contribuintes afetados pela legislação defendiam a inconstitucionalidade do § 2º do art. 43 do CTN e do art. 74 da Medida Provisória, argumentando, em síntese, que a mera apuração do lucro pelas controladas ou coligadas no exterior não representava uma disponibilidade de renda para as empresas sediadas no Brasil, de modo que não haveria fato gerador do IR.

De outro lado, a Fazenda Nacional defendia que a apuração contábil do lucro da empresa estrangeira já configurava uma disponibilidade econômica da empresa controladora ou coligada sediada no Brasil, uma vez que a legislação adota o regime de competência e a tributação em bases universais para o IR. Além disso, os dispositivos questionados seriam mecanismos antielisivos de combate à sonegação.

Após anos de discussão, o STF enfrentou a questão na **ADI 2588** (j. 10.04.2013), cuja ementa chegou às seguintes conclusões:

> a) Inaplicabilidade do art. do art. 74 da MP 2.158-35 às empresas nacionais coligadas a pessoas jurídicas sediadas em países sem tributação favorecida, ou que não sejam "paraísos fiscais";
>
> b) A aplicabilidade do art. 74 da MP 2.158-35 às empresas nacionais controladoras de pessoas jurídicas sediadas em países de tributação favorecida, ou desprovidos de controles societários e fiscais adequados ("paraísos fiscais", assim definidos em lei);
>
> c) A inconstitucionalidade do art. 74 par. **ún.**, da MP 2.158-35/2001, de modo que o texto impugnado não pode ser aplicado em relação aos lucros apurados até 31 de dezembro de 2001.

Em razão das divergências entre os Ministros, não houve decisão quanto às controladas fora de paraíso fiscal nem para as coligadas localizadas em paraíso fiscal[12].

12. Paraísos fiscais são os países com tributação favorecida, que não tributam a renda ou a tributam com alíquota máxima inferior a 20%, segundo o art. 24 da Lei 9.430/96. As Instruções Normativas SRF 164/98 e 68/00 trazem uma lista desses países.

Essa distinção entre coligadas e controladas tem a seguinte razão de ser: enquanto nas empresas coligadas a empresa coligada brasileira não possui ingerência sobre a coligada no exterior, no caso das controladas sediadas no exterior a empresa brasileira controladora tem poder de decisão sobre a controlada, podendo desse modo interferir na disponibilização dos lucros auferidos pela controlada. Por isso, a tese da inconstitucionalidade da norma questionada em relação às empresas coligadas teve argumentos mais contundentes no julgamento da ADI.

Em maio de 2014, a Lei 12.973/2014 revogou o artigo 74 da MP 2.158-35/2001, dando uma nova disciplina à matéria. Da mesma forma que o STF, a referida lei diferenciou o tratamento conforme se trate de empresa controlada ou coligada, conferindo um tratamento mais rígido às controladas, além de ter-se utilizado do critério de localização em paraíso fiscal, também seguindo a orientação do STF.

Já para as sociedades coligadas a nova legislação prevê, ao menos em regra, a tributação dos lucros para a coligada no Brasil na data do pagamento ou do crédito em conta bancária. A tributação automática só será possível em casos específicos, como, por exemplo, a localização em paraísos fiscais (art. 81 da Lei 12.973/2014).

1.4 Imposto sobre Produtos Industrializados

1.4.1 Noções introdutórias

O imposto sobre produtos industrializados, de competência da União (art. 153, IV da CF), possui função predominantemente fiscal, apesar de ser marcado por traços de extrafiscalidade.

Exemplo dessa influência extrafiscal é a **seletividade** do IPI, prevista no art. 153, § 3º, inciso I da CF como um comando obrigatório ao legislador ordinário. Difere, nesse ponto, do ICMS, que tem uma seletividade facultativa (ao se considerar a redação literal da Constituição).

Assim é que o IPI será seletivo, em função da essencialidade do produto. Significa que as alíquotas do IPI devem ser menores para os produtos essenciais, como os gêneros alimentícios, e maiores para os produtos supérfluos ou prejudiciais à saúde, como os cigarros. Justamente por causa disso, "uma alíquota do imposto sobre produtos industrializados de 150%, por exemplo, não significa necessariamente confisco" (assertiva considerada **correta** pela ESAF no concurso para Auditor-fiscal da Receita Federal em 2009).

A seletividade rima com os princípios da isonomia e da capacidade contributiva, pois ao se elevar a carga tributária dos produtos supérfluos, atinge-se o patrimônio dos mais abastados, os consumidores de produtos supérfluos ou luxuosos. A seletividade, contudo, não representa uma imunidade tributária dos produtos essenciais.

Com base na seletividade, o STF julgou constitucional o dispositivo legal (art. 2ª da Lei 8.393/1991) que estabelecia uma alíquota máxima de 18% para o açúcar, isentando ainda os fatos geradores ocorridos na área de atuação da Superintendência de Desenvolvimento do Nordeste (SUDENE) e da Superintendência de Desenvolvimento da Amazônia (SUDAM). O parágrafo único do art. 2º da Lei 8.393/1991 permitia ainda a redução pelo Poder Executivo de até 50% da alíquota nos Estados do Espírito Santo e do Rio de Janeiro[13]. Entendeu o STF, em sede de **repercussão geral**, que o referido dispositivo era constitucional sob o ângulo do caráter seletivo em função da essencialidade do produto (**RE 592.145**, j. 05.04.2017).

Outro importante mandamento constitucional sobre o IPI é aquele que prevê seu reduzido impacto sobre a aquisição de bens de capital pelo contribuinte do imposto, na forma da lei (CF, art. 153, § 3º, IV).

Deve-se dizer, ainda, que a instituição ou majoração do IPI deve obedecer apenas a anterioridade nonagesimal, não havendo a necessidade de a lei que o institui ou majora ser publicada no exercício anterior ao de sua exigência. A inobservância da anterioridade anual é um traço que aproxima o IPI de tributos extrafiscais.

Também há no IPI, assim como no II, IE e IOF, a mitigação ao princípio da legalidade, já que o art. 153, § 1º da CF também faculta ao Poder Executivo a alteração das alíquotas do IPI, desde que atendidas as condições e os limites estabelecidos em lei. A alteração da base de cálculo, contudo, deve ser feita por lei.

1.4.2 Fato gerador

O fato gerador do IPI é descrito no artigo 46 do CTN da seguinte forma:

> CTN, art. 46. O imposto, de competência da União, sobre produtos industrializados tem como fato gerador:
>
> I – o seu desembaraço aduaneiro, quando de procedência estrangeira;

13. Tais dispositivos foram revogados pela Lei 9.532/1997.

> II – a sua saída dos estabelecimentos a que se refere o parágrafo único do artigo 51;
>
> III – a sua arrematação, quando apreendido ou abandonado e levado a leilão.
>
> Parágrafo único. Para os efeitos deste imposto, considera-se industrializado o produto que tenha sido submetido a qualquer operação que lhe modifique a natureza ou a finalidade, ou o aperfeiçoe para o consumo.

Comecemos pelo inciso II do dispositivo, vez que se trata do fato gerador mais comum.

a) saída dos estabelecimentos do importador, industrial, comerciante ou arrematante.

A primeira observação a ser feita é a de que, apesar de o imposto pressupor um processo de industrialização, seu fato gerador não recai sobre a atividade industrial em si, mas sobre as operações com produtos industrializados.

O inciso II do artigo 46 do CTN atrai essa conclusão, uma vez que define o fato gerador do IPI como a **saída** de produtos industrializados dos estabelecimentos a que se refere o parágrafo único do artigo 51 do CTN (estabelecimentos de importador, industrial, comerciante ou arrematante).

Em outras palavras, **não é a industrialização que atrai a incidência do IPI, mas sim a saída de produtos industrializados**, saída esta entendida como uma operação de transferência da titularidade do produto. Não é o ato de industrialização que gera a incidência do IPI, posto que este recai no produto objeto da industrialização. (STJ, **REsp 216.217**, j. 07.10.1997).

O conceito de industrialização, contudo, deve ser conhecido por se tratar de um pressuposto do fato gerador. A Lei 4.502/1964, em seu art. 3º, **dispõe que caracteriza industrialização** qualquer operação de que resulte alteração da natureza, funcionamento, utilização, acabamento ou apresentação do produto.

b) desembaraço aduaneiro, quando de procedência estrangeira.

Esse fato gerador previsto no CTN é objeto de grandes controvérsias.

Alguns autores entendem que a Constituição não autoriza a instituição do IPI sobre a importação de produtos industrializados, havendo um indevido alargamento da regra matriz constitucional do IPI.

Para a corrente oposta, não há **vício de inconstitucionalidade na cobrança do IPI sobre a importação de produtos industrializados**, já que: a) a regra matriz constitucional do IPI exige apenas a operação com o produto industrializado, não havendo relevância no fato de a industrialização ter ocorrido fora do território nacional; b) a não incidência do IPI sobre os produtos industrializados oriundos do exterior teria como consequência a tributação mais onerosa do produto nacional em comparação com o produto estrangeiro, violando assim o princípio da isonomia e prejudicando a indústria nacional; c) ainda que houvesse tributação de fato não abarcado pela hipótese de incidência do IPI, ainda assim estar-se-ia dentro da competência constitucional da União, que possui atribuição constitucional para tributar as importações.

Como já vimos acima, o IPI não é um imposto vocacionado a tributar o próprio ato de industrialização. A Constituição Federal, em seu artigo 153, faculta à União a instituição de imposto sobre "produtos industrializados", e não sobre a industrialização de produtos.

Por isso, o constituinte permitiu que o legislador complementar definisse o fato gerador do IPI dentro da materialidade "produtos industrializados". E interpretando o artigo 46 do CTN, chega-se à conclusão de que, ao separar nitidamente os fatos geradores do IPI, sua intenção foi justamente deixar claro a possibilidade de sua incidência de forma cumulativa, desde que se verifiquem no mundo fático as diferentes hipóteses de incidência ali desenhadas.

Ressalte-se que é legítima não só a incidência do IPI no desembaraço aduaneiro, como também sua cumulação com o fato gerador relativo à saído do estabelecimento do importador.

A jurisprudência do STJ, consagrada em sede de **recurso repetitivo**, trilha a posição acima explanada, reconhecendo como legítima a incidência do IPI sobre os produtos industrializados importados quando de seu desembaraço aduaneiro:

> (...) os produtos importados estão sujeitos a uma nova incidência do IPI quando de sua saída do estabelecimento importador na operação de revenda, mesmo que não tenham sofrido industrialização no Brasil.
>
> 2. Não há qualquer ilegalidade na incidência do IPI na saída dos produtos de procedência estrangeira do estabelecimento do importador, já que equiparado a industrial pelo art. 4º, I, da Lei n. 4.502/64, com a permissão dada pelo art. 51, II, do CTN.
>
> 3. **Interpretação que não ocasiona a ocorrência de bis in idem, dupla tributação ou bitributação, porque a lei elenca dois fatos geradores distintos, o desembaraço aduaneiro proveniente da operação de compra de produto industrializado do exterior e a saída do produto**

> **industrializado do estabelecimento importador equiparado a estabelecimento produtor**, isto é, a primeira tributação recai sobre o preço de compra onde embutida a margem de lucro da empresa estrangeira e a segunda tributação recai sobre o preço da venda, onde já embutida a margem de lucro da empresa brasileira importadora. (...) **a empresa importadora nacional brasileira acumula o crédito do imposto pago no desembaraço aduaneiro para ser utilizado como abatimento do imposto a ser pago na saída do produto como contribuinte de direito (não-cumulatividade), mantendo-se a tributação apenas sobre o valor agregado.**
>
> (...) 5. Tese julgada para efeito do art. 543-C, do CPC: "**os produtos importados estão sujeitos a uma nova incidência do IPI quando de sua saída do estabelecimento importador na operação de revenda, mesmo que não tenham sofrido industrialização no Brasil**".
>
> 6. Embargos de divergência em Recurso especial não providos. Acórdão submetido ao regime do art. 543-C do CPC e da Resolução STJ 08/2008. (EREsp 1.403.532, j. 14.10.2015 – grifamos).

O STF reconheceu a existência de **repercussão geral** dessa controvérsia em 30.06.2016, no **RE 946.648**, que ainda aguarda julgamento.

Outra discussão relativa ao IPI nas importações diz respeito à incidência ou não do imposto na importação de veículo por pessoa física para uso próprio.

Inicialmente, tanto o STF quanto o STJ entendiam que não incidiria o IPI na importação de veículo por pessoa física quando destinado a uso próprio, sob o fundamento de que o fato gerador do IPI seria uma operação de natureza mercantil ou assemelhada. Outro fundamento seria o de que a cobrança do IPI da pessoa física representaria uma ofensa ao princípio da não cumulatividade, já que a pessoa física não poderia se creditar ou repassar o montante pago a uma operação subsequente.

Em 2015, o STJ confirmou esse entendimento em sede de **recurso repetitivo**, no qual fixou a tese de que "**não incide IPI sobre veículo importado para uso próprio, tendo em vista que o fato gerador do referido tributo é a operação de natureza mercantil ou assemelhada e, ainda, por aplicação do princípio da não cumulatividade**" (**REsp 1.396.488**, j. 25.02.2015).

No STF, esse entendimento foi adotado em algumas decisões: **RE 615.595** (j. 13.04.2011), **RE 501.773 AgR** (j. 24.06.2008) e **RE 255.090 AgR** (j. 24.08.2010).

Esse entendimento, contudo, foi alterado em 2016, quando o STF decidiu o **RE 723.651** (j. 04.02.2016), sob a sistemática de **repercussão**

geral. Na ocasião, foi fixada a tese de que "incide o imposto de produtos industrializados na importação de veículo automotor por pessoa natural, ainda que não desempenhe atividade empresarial e o faça para uso próprio". Para o STF, é irrelevante, o fato de o IPI ser exigido ser exigido de consumidor final.

Diante dessa guinada na orientação do STF, e da eficácia vinculante da repercussão geral, o STJ (**REsp 1.551.640**, j. 22.05.2018) passou a dar como superado o entendimento externado no REsp 1.396.488, curvando-se à decisão do STF.

c) arrematação, quando apreendido ou abandonado e levado a leilão.

Este último inciso do artigo 46 do CTN não merece grandes considerações, até porque não é sequer previsto no Regulamento do IPI (Decreto 7.212/2010).

1.4.3 Contribuinte

O artigo 51 do CTN traz os contribuintes do IPI:

> CTN, art. 51. Contribuinte do imposto é:
>
> I – o importador ou quem a lei a ele equiparar;
>
> II – o industrial ou quem a lei a ele equiparar;
>
> III – o comerciante de produtos sujeitos ao imposto, que os forneça aos contribuintes definidos no inciso anterior;
>
> IV – o arrematante de produtos apreendidos ou abandonados, levados a leilão.
>
> Parágrafo único. Para os efeitos deste imposto, considera-se contribuinte autônomo qualquer estabelecimento de importador, industrial, comerciante ou arrematante.

O inciso I do artigo 51 do CTN define o importador como contribuinte do IPI, albergando a mesma discussão sobre a constitucionalidade da incidência do IPI sobre o desembaraço aduaneiro de produtos industrializados estrangeiros.

O CTN elenca também o industrial ou quem a lei a ele equiparar. O art. 4º da Lei 4.502/1964 trouxe algumas equiparações ao estabelecimento industrial[14].

---

14. Lei 4.502/1964, art . 4º: "Equiparam-se a estabelecimento produtor, para todos os efeitos desta Lei: I – os importadores e os arrematantes de produtos de procedência estrangeira; II – as filiais e demais estabelecimentos que exercerem o comércio de produtos importados, industrializados ou mandados industrializar por outro estabelecimento do mesmo contribuinte; III – os que enviarem a estabelecimento de terceiro, matéria-prima, produto intermediário, embalagens e recipientes para acondicionamento, moldes, matrizes ou

1.4.4 Base de cálculo e alíquotas

O artigo 47 do CTN trata da base de cálculo do IPI:

O primeiro inciso trata da base de cálculo do IPI incidente sobre a importação de produtos industrializados estrangeiros quando de seu desembaraço aduaneiro. Nesse caso, a base de cálculo será o preço normal do produto acrescido do valor devido a título de Imposto de Importação, das taxas exigidas para entrada do produto no País e dos encargos cambiais.

Em se tratando do fato gerador "saída do estabelecimento", a base de cálculo do IPI será o valor da operação ou, na falta desse valor, o preço corrente da mercadoria, ou sua similar, no mercado atacadista da praça do remetente.

A Lei 4.502/64 define que o valor da operação compreende o preço do produto, acrescido do valor do frete e das demais despesas acessórias, cobradas ou debitadas pelo contribuinte ao comprador ou destinatário (art. 14, § 1º).

Ainda no que diz respeito ao valor da operação, existe discussão no que diz respeito à dedução dos descontos incondicionais da base de cálculo do IPI. Descontos incondicionais são aqueles concedidos pelo vendedor sem a necessidade de se indagar sobre a ocorrência de qualquer evento futuro. São os descontos concedidos no momento da compra, já destacados do preço do produto.

Apesar de o valor da operação ser aquele já subtraído de tais descontos, o artigo 14, § 2º da Lei 4.502/64 determina que "não podem ser deduzidos do valor da operação os descontos, diferenças ou abatimentos, concedidos a qualquer título, ainda que incondicionalmente".

O STJ entendeu que esse dispositivo não era compatível com o art. 47, II, *a* do CTN, que determina o valor de operação da saída da mercadoria como base de cálculo do IPI. Em sede de **recurso repetitivo**, o STJ decidiu que os descontos incondicionais não compõem a real expressão econômica da operação tributada (**REsp 1.149.424**, j. 28.04.2010).

Em setembro de 2014, o STF, no **RE 567.935** (julgado em 04.09.2014, sob o regime de **repercussão geral**), declarou a inconstitucionalidade do artigo 14, § 2º da Lei 4.502/64, alterado pela Lei 7.798/89. Entendeu a Suprema Corte que o legislador ordinário, ao incluir os descontos incondicionais no cálculo do IPI, invadiu a competência da lei complementar, já que fatos geradores, **bases de cálculo** e contribuintes dos impostos previstos

modelos destinados à industrialização de produtos de seu comércio; IV – os que efetuem vendas por atacado de matérias-primas, produtos intermediários, embalagens, equipamentos e outros bens de produção". O artigo 9º do Decreto 7.212/2010 traz um rol ainda mais extenso de estabelecimentos equiparados a industrial.

na Constituição estão fixados no Código Tributário Nacional. Não pode a lei ordinária dispor da base de cálculo do IPI de modo contrário à regulamentação delineada pelo CTN, que possui *status* de lei complementar. Vale destacar que a inconstitucionalidade pronunciada pelo STF foi de natureza **formal**, em razão de vício no processo legislativo.

A base de cálculo do IPI pode ser fixa, de acordo com o art. 3º da Lei 7.789/89, que presume valores fixos para o imposto (pautas fiscais). A referida norma, que permite ao Poder Executivo estabelecer classes de valores correspondentes ao IPI a ser pago, tem sido questionada nos tribunais, sob o fundamento de afronta ao princípio da legalidade e por não ser fiel ao valor da operação previsto no CTN como base de cálculo do IPI.

A discussão teve a **repercussão geral** reconhecida pelo STF no **RE 602.917**, no qual a Corte se pronunciará sobre a matéria.

Quanto às alíquotas do IPI, estas podem ser alteradas por ato infralegal do Poder Executivo, como uma forma de influenciar no consumo dos produtos industrializados. As alíquotas do IPI devem também ser seletivas, onerando de forma mais gravosa os produtos supérfluos.

1.4.5 A não-cumulatividade do IPI

O IPI é, assim como o ICMS, um imposto **plurifásico**, ou seja, incide mais de uma vez sobre um mesmo bem em diversas etapas da cadeia de produção/circulação.

Desse modo, determinado produto industrializado sofrerá a incidência do IPI sucessivas vezes, até a sua destinação final. A cada etapa, o bem terá um acréscimo de valor por conta de determinado beneficiamento, por conta de determinado insumo acrescido ao produto.

A não cumulatividade, desse modo, visa impedir os efeitos onerosos da tributação "em cascata", pela qual o tributo a incidiria diversas vezes sobre a mesma base econômica. Com a não cumulatividade, a nova incidência recairá apenas sobre o valor agregado na nova operação.

A técnica, ou princípio, da não cumulatividade é prevista constitucionalmente, determinando o art. 153, § 3º, II da CF que o IPI "será não-cumulativo, compensando-se o que for devido em cada operação com o montante cobrado nas anteriores."

A aplicação dessa norma é feita considerando-se um determinado período, no qual se apuram os valores já cobrados na operação anterior (créditos) e os valores devidos nas operações subsequentes (débitos). Ou seja, os insumos e matérias-primas industrializados adquiridos pelo estabelecimento industrial, que serão utilizados no processo de industrialização, representam créditos de IPI, uma vez que em relação a estes insumos há um valor pago a título de IPI quando de sua saída do estabelecimento industrial alienante. O estabelecimento industrial que adquire esses insumos, ao comprá-los, pagou, ainda que embutido no preço, o respectivo valor de IPI incidente na operação. Ao empregar o insumo no seu produto e aliená-lo, poderá utilizar o crédito de IPI das operações anteriores de forma a evitar a tributação em cascata, o que ocorreria se o IPI incidisse novamente sobre o valor total do novo produto sem o abatimento dos valores já pagos a título de IPI na aquisição dos insumos.

Dessa forma, durante um período, computam-se todos os débitos de IPI do estabelecimento industrial (correspondentes aos produtos industrializados por ele alienados), assim como os créditos de IPI do mesmo estabelecimento (correspondentes aos valores já pagos a título de IPI em relação aos produtos industrializados que ingressaram no estabelecimento).

A diferença entre esses dois montantes resultará no valor a ser pago pelo estabelecimento, desde que, logicamente, o montante correspondente aos débitos seja superior ao montante correspondente aos créditos. Caso o montante correspondente aos créditos seja superior, o saldo positivo é transferido para o período de apuração seguinte.

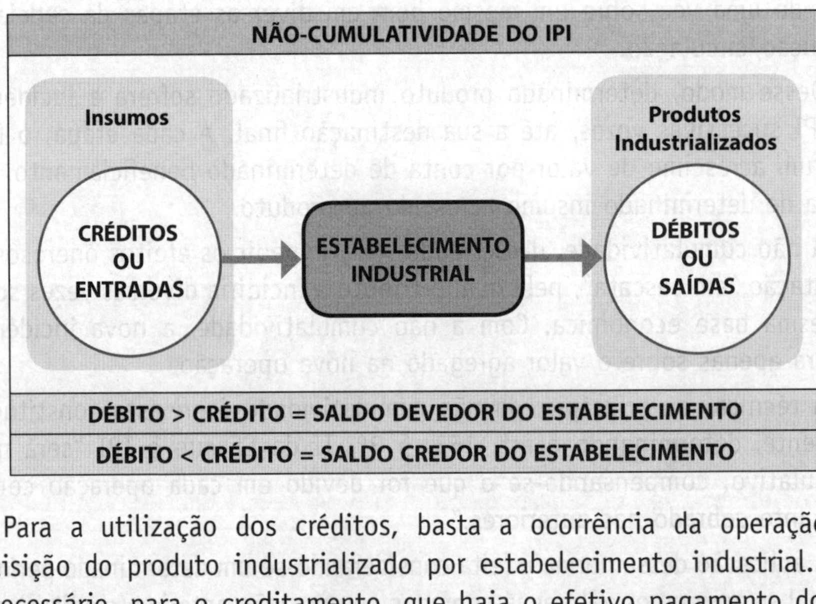

Para a utilização dos créditos, basta a ocorrência da operação de aquisição do produto industrializado por estabelecimento industrial. Não é necessário, para o creditamento, que haja o efetivo pagamento do IPI devido na operação anterior. Desse modo, suponhamos que o alienante de um insumo tributado pelo IPI não pague o referido imposto incidente sobre esse insumo, vendido a um outro estabelecimento industrial. Esse último poderá utilizar o crédito referente à incidência do IPI sobre o insumo, ainda que o industrial alienante nunca pague o tributo.

Os créditos do IPI são considerados **físicos, reais e condicionados.**

Físico porque o crédito do IPI só existe se o produto industrializado adquirido pelo estabelecimento industrial for **utilizado fisicamente no processo de industrialização.** Consequência desse entendimento é que, caso a aquisição do produto seja destinada à incorporação do bem no ativo permanente do estabelecimento, não haverá direito ao creditamento.

O aproveitamento de crédito em relação a todo e qualquer produto industrializado adquirido por estabelecimento industrial, sem se perquirir a respeito de sua utilização ou não no processo de industrialização, representa a caracterização do crédito financeiro, regime de creditamento que não foi adotado no Brasil para o IPI.

Nesse sentido tem-se a jurisprudência do STF:

> AGRAVO REGIMENTAL RECURSO EXTRAORDINÁRIO. IPI. CREDITAMENTO. BENS DESTINADOS AO ATIVO FIXO. IMPOSSIBILIDADE. PRECEDENTES.
>
> **O critério constitucional da não cumulatividade adota o regime do crédito físico.** Assim, para que ocorra o lançamento escritural, **os insumos devem integrar-se fisicamente ao processo de industrialização ou comercialização.** Para que seja reconhecido o crédito na hipótese de que tratam os autos, na modalidade do regime financeiro, seria imprescindível previsão legal expressa nesse sentido. A legislação aplicável ao IPI não contempla a possibilidade de apropriação de créditos com relação às operações que envolvem o ativo permanente. Agravo regimental a que se nega provimento. (**AI 848.516 AgR**, j. 25.02.2014 - grifamos).

No STJ, foi editada a **súmula 495**: **"A aquisição de bens integrantes do ativo permanente da empresa não gera direito a creditamento de IPI"**. Essa orientação também já se encontra consolidada em sede de recurso **repetitivo**, onde já se decidiu que a aquisição de bens que integram o ativo permanente da empresa ou de insumos que não se incorporam ao produto final ou cujo desgaste não ocorra de forma imediata e integral durante o processo de industrialização não gera direito a creditamento de IPI (**REsp 1.075.508**, j. 23.09.2009).

O crédito do IPI também é **real**, porque só subsiste se houver efetiva tributação na operação anterior, o que implica na impossibilidade de creditamento quando a operação anterior é objeto de isenção, não incidência, ou quando não houve gravame por conta de alíquota zero.

Tem-se ainda que o crédito do IPI é **condicionado**, já que só haverá o creditamento se a correspondente saída for tributada.

Essas duas últimas características demandam maior aprofundamento.

Anteriormente, o STF entendia que, em casos de insumos isentos, o estabelecimento industrial que os adquirisse ainda assim teria direito aos créditos referentes a essas entradas desoneradas. Ou seja, mesmo que, na operação anterior, não houvesse IPI devido por conta da isenção, ainda assim haveria o respectivo direito de crédito.

Um dos principais argumentos era o de que, caso não se reconhecesse o direito de crédito aos insumos isentos (entradas desoneradas), o benefício fiscal da isenção seria simplesmente anulado, já que, sendo o IPI plurifásico, o produto final teria exatamente a mesma carga tributária caso o insumo não fosse isento.

De acordo com o entendimento acima, um industrial que adquire insumos isentos poderia abater, do montante devido no momento da apuração periódica dos créditos e débitos de IPI, os valores que, hipoteticamente, teriam sido pagos pelo vendedor dos insumos isentos caso não houvesse a norma isentiva. Para isso, deveria recorrer à tabela de alíquotas do IPI, aplicando, para descobrir o montante do crédito, a alíquota prevista para o insumo isento.

Em outros julgados, o STF estendeu essa manutenção de créditos do IPI de insumos isentos para outra formas desonerativas, como a alíquota zero. Nesse caso, contudo, não havia alíquota a ser utilizada para definição do quantum de crédito correspondente. A "solução" encontrada pela jurisprudência foi aplicar aos insumos sujeitos à alíquota zero a alíquota do produto em que o insumo seria utilizado, para fins de creditamento[15].

Posteriormente, contudo, o STF mudou sua posição, passando a entender que o contribuinte do IPI não possui o direito de creditar-se do valor do

15. "O Plenário do Supremo Tribunal Federal reconheceu, em favor da empresa contribuinte, a existência do direito ao creditamento do IPI, na hipótese em que a aquisição de matérias-primas, insumos e produtos intermediários tenha sido beneficiada por regime jurídico de exoneração tributária (regime de isenção ou regime de alíquota zero), inocorrendo, em qualquer desses casos, situação de ofensa ao postulado constitucional da não-cumulatividade. Precedentes." (STF, **RE 293.511 AgR**, j. 11.02.2003).

tributo incidente sobre insumos adquiridos sob o regime de isenção, não tributados ou sujeitos à alíquota zero.

O fundamento desses julgados foi o de que a Constituição permite a compensação do que é devido em cada operação com o montante cobrado nas operações anteriores. Quando os insumos são isentos, não tributados ou sujeitos à alíquota zero, não há montante cobrado na operação anterior, não havendo, desse modo, o que ser compensado. O seguinte julgado do STF ilustra bem essa orientação:

> (...) 2. O princípio da não-cumulatividade é alicerçado especialmente sobre o direito à compensação, o que significa que o valor a ser pago na operação posterior sofre a diminuição do que pago anteriormente, pressupondo, portanto, dupla incidência tributária. Assim, **se nada foi pago na entrada do produto, nada há a ser compensado.**
>
> 3. O aproveitamento dos créditos do IPI não se caracteriza quando a matéria-prima utilizada na fabricação de produtos tributados reste desonerada, sejam os insumos isentos, sujeitos à alíquota zero ou não tributáveis. Isso porque **a compensação com o montante devido na operação subsequente pressupõe, necessariamente, a existência de crédito gerado na operação anterior, o que não ocorre nas hipóteses exoneratórias.** (...).
>
> (**AI 717.741**, j. 31.05.2011 – **grifamos**).

Vale destacar que o entendimento acima foi confirmado em sede de **repercussão geral** no **RE 398.365** (j. 27.08.2015).

Essa impossibilidade de aproveitar operações não tributadas para fins de compensação, portanto, caracteriza o crédito do IPI como **real**.

O crédito do IPI também se caracteriza como **condicionado**, o que significa que o crédito só será utilizado caso a operação de saída do produto também seja tributada. Em outras palavras, o contribuinte não pode se creditar ou se compensar do IPI quando incidente o tributo sobre insumos ou matérias-primas utilizados na industrialização de produtos isentos ou tributados com alíquota zero. O raciocínio aqui é o mesmo empregado na sistemática explicada acima, a respeito da inexistência do direito de crédito em rela**ção aos insumos isentos ou não t**ributados.

A jurisprudência entende que, como não há tributo devido na operação de saída, não se aperfeiçoa o ciclo da não cumulatividade previsto na Constituição, pois a compensação só pode ocorrer entre o que for devido em cada operação com o montante cobrado nas anteriores. Se não há tributo devido na operação de saída, não se justifica a manutenção dos créditos nas operações de entrada dos insumos.

Isso não impede, contudo, que a lei ordinária autorize a manutenção e utilização de créditos do IPI mesmo quando a saída não for tributada. Inexistindo autorização legal, contudo, os créditos nas operações de entrada devem ser anulados quando o produto elaborado não for tributado.

Assim é que pelo regime constitucional, quando os produtos industrializados saem do estabelecimento industrial sob alguma modalidade desonerativa (isenção ou alíquota zero), os créditos referentes aos insumos utilizados no produto devem ser anulados, salvo se houver disposição legal determinando o contrário.

Em 1999, o artigo 11 da Lei 9.799/99 trouxe a autorização legal para a utilização dos créditos do IPI mesmo quando os referidos insumos fossem utilizados em produtos não tributados. Assim dispõe o texto legal:

> "O saldo credor do Imposto sobre Produtos Industrializados – IPI, acumulado em cada trimestre-calendário, decorrente de aquisição de matéria-prima, produto intermediário e material de embalagem, aplicados na industrialização, inclusive de produto isento ou tributado à alíquota zero, que o contribuinte não puder compensar com o IPI devido na saída de outros produtos, poderá ser utilizado de conformidade com o disposto nos arts. 73 e 74 da Lei nº 9.430, de 27 de dezembro de 1996, observadas normas expedidas pela Secretaria da Receita Federal do Ministério da Fazenda."

Assim, a partir da Lei 9.799/99, o contribuinte passou a ter o direito de compensar os créditos oriundos de insumos utilizados na industrialização de produtos não tributados (saídas desoneradas)[16], invertendo-se a regra anteriormente aplicada.

Os contribuintes, contudo, entendiam que o referido direito existia mesmo antes do advento da Lei 9.799/99. Argumentavam que o direito de compensar os créditos decorrentes da entrada de produtos tributados, nos casos desses produtos serem utilizados na elaboração de produtos isentos ou tributados à alíquota zero, decorria diretamente da Constituição, sendo desnecessária a existência de autorização legal para tanto.

O STF, contudo, entendeu que o direito ao aproveitamento dos créditos de IPI, nos termos do artigo 11 da Lei 9.799/99, só se tornou possível a

16. Instrução Normativa nº 33/1999, da Secretaria da Receita Federal, art. 4º: O direito ao aproveitamento, nas condições estabelecidas no art. 11 da Lei nº 9.779, de 1999, do saldo credor do IPI decorrente da aquisição de matéria-prima, produto intermediário e material de embalagem aplicados na industrialização de produtos, inclusive imunes, isentos ou tributados à alíquota zero, alcança, exclusivamente, os insumos recebidos no estabelecimento industrial ou equiparado a partir de 1º de janeiro de 1999.

partir de 1º de janeiro de 1999, uma vez que referido direito não decorria diretamente da Constituição, dependendo de expressa previsão legal. Além disso, a utilização de créditos do IPI no caso em apreço revelaria verdadeiro benefício fiscal, razão pela qual dependeria de previsão legal expressa, nos termos do art. 150, § 6º da CF. Esse entendimento foi consolidado em sede de **repercussão geral** no **RE 562.980** (j. 06.05.2009). O STJ seguiu a mesma orientação (**REsp 860.369**, j. 25.11.2009 – **repetitivo**).

Toda essa disciplina dos créditos do IPI, quando as entradas ou as saídas são desoneradas, remete às previsões constitucionais relativas ao ICMS. Para esse imposto estadual, a Constituição prevê expressamente que a isenção ou não incidência, salvo determinação em contrário da legislação, não implicará crédito para compensação com o montante devido nas operações ou prestações seguintes (CF, art. 155, § 2º II, 'a'). Ou seja, o que é previsto expressamente na Constituição para o ICMS foi construído jurisprudencialmente para o IPI, estando hoje pacificado para esse imposto que a aquisição de insumos isentos ou sujeitos à alíquota zero não gera direito de crédito para compensação com os débitos das etapas seguintes.

Também para o ICMS a Constituição é expressa no sentido de que a isenção ou não incidência, salvo determinação em contrário da legislação, acarretará a anulação do crédito relativo às operações anteriores (CF, art. 155, § 2º, II, 'b'). Essa determinação foi igualmente aplicada ao IPI pelo STF quando da decisão sobre a necessidade de previsão legal para que o contribuinte utilize os créditos oriundos de matérias-primas utilizadas em produto industrializado desonerado.

CARACTERÍSTICAS DOS CRÉDITOS DO IPI		
FÍSICOS	**REAIS**	**CONDICONADOS**
o crédito do IPI só existe se o insumo for utilizado fisicamente no processo de industrialização	só há crédito de IPI se houve efetiva incidência de IPI na operação enterior; entradas desoneradas não dão direito a crédito	só haverá crditamento do IPI se a respectiva saída for tributada, saídas desoneradas acrretam anulação do crédito respectivo

Ainda em relação à não cumulatividade, deve-se ter em mente que os créditos do IPI são escriturais.Isso significa que não podem ser corrigidos monetariamente, a não ser que haja disposição legal assim determinando. A não cumulatividade garante apenas a compensação do IPI pago nas entradas com o IPI a ser recolhido nas saídas, não garantindo a correção monetária dos créditos excedentes. Não é outro o entendimento do STF, segundo o qual o princípio da não cumulatividade simplesmente confere ao contribuinte o direito ao crédito, não estabelecendo que será este corrigido, ou não.

Contudo, é aplicável a correção monetária dos créditos escriturais de IPI quando caracterizada a **oposição injustificada do Fisco** em realizar o pagamento tempestivamente. Para o STF, a mora injustificada ou irrazoável do fisco em restituir o valor devido ao contribuinte caracteriza a resistência ilegítima autorizadora da incidência da correção monetária (**RE 299.605 AgR-ED-EDv**, j. 06.04.2016).

Em sede de recurso **repetitivo** (**REsp 1.035.847**, j. 24.06.2009), o STJ entendeu que a oposição estatal que impede a utilização do crédito do IPI descaracteriza-o como escritural, ensejando sua correção monetária. Depois de vários julgados no mesmo sentido, o STJ editou a **súmula 411**, segundo a qual "É devida a correção monetária ao creditamento do IPI quando há oposição ao seu aproveitamento decorrente de resistência ilegítima do Fisco".

> Referido entendimento jurisprudencial já foi objeto de indagação no concurso de Procurador Federal em 2010, quando o CESPE considerou **correta** a seguinte assertiva: "É devida a correção monetária de créditos escriturais de imposto sobre produtos industrializados na hipótese em que o seu não aproveitamento pelo contribuinte em tempo oportuno tenha ocorrido em razão da demora motivada por ato administrativo ou normativo do fisco considerado ilegítimo".

1.5 Imposto sobre "operações financeiras"

1.5.1 Noções introdutórias

O imposto sobre operações de crédito, câmbio e seguro, ou relativas a títulos ou valores mobiliários tem sua previsão constitucional no art. 153, V da CF, sendo a União o ente competente para sua instituição.

Em que pese ser comumente denominado de imposto sobre operações financeiras, na verdade a Constituição não se refere à expressão "operações financeiras" para delimitar o aspecto material da exação. De fato, não existe um imposto sobre operações financeiras, mas sim quatro (ou até cinco, a se considerar o art. 150, § 5º da CF) impostos, cada um com uma materialidade bem definida e inconfundível com as demais.

Desse modo, o critério material do IOF abrange as seguintes hipóteses de incidência: a) operações de crédito; b) operações de câmbio; c) operações de seguro; d) operações relativas a títulos ou valores mobiliários;

e) operações com ouro, quando definido em lei como ativo financeiro ou instrumento cambial (art. 150, § 5º da CF).

Apesar dessa ressalva quanto às distintas materialidades, não é menos verdade que a Constituição abriga essas bases econômicas em um único inciso, conferindo um regime jurídico relativamente uniforme, já que a aplicabilidade ou não dos princípios da anterioridade e da legalidade valerá para todos os fatos geradores previstos no art. 153, V. Por essa razão, mencionamos o termo "IOF" como um grupo de materialidades que a Constituição confere tratamento relativamente uniforme[17].

O IOF tem função preponderantemente **extrafiscal**, uma vez que serve como instrumento da União para regular o mercado financeiro. Em consonância com essa extrafiscalidade, a Constituição permite ao Poder Executivo alterar as alíquotas do IOF, desde que atendidas as condições e os limites estabelecidos em lei (art. 153, § 1º da CF). O STJ entende que é possível a alteração de alíquota do IOF por meio de portarias interministeriais (**REsp 1.123.249**, j. 17.11.2009).

Mais uma vez vale a observação de que apenas as alíquotas podem ser alteradas pelo Poder Executivo, para ajustar o imposto aos objetivos da política monetária. A base de cálculo só pode ser alterada por lei, uma vez que a CF não recepcionou o art. 65 do CTN que permite a alteração da base de cálculo por ato infralegal.

Também seguindo o regime dos outros impostos federais extrafiscais, o IOF não deve obediência ao princípio da anterioridade, seja a de exercício, seja a nonagesimal (art. 150, § 1º da CF).

1.5.2 Fato Gerador

Segundo o art. 63 do CTN, o imposto, de competência da União, sobre operações de crédito, câmbio e seguro, e sobre operações relativas a títulos e valores mobiliários tem como fato gerador:

17. Vale citar o entendimento segundo o qual a expressão "imposto sobre operações financeiras" é de todo imprópria, merecendo ser abandonada: "(...) há algum mal em 'apelidar' os impostos previstos no artigo 153, inciso V, da Constituição Federal pela denominação única impostos sobre operações financeiras? Parece-nos que sim. O 'apelido' citado vem maculando de erros os posicionamentos da doutrina e as tarefas dos legisladores pátrios e da jurisprudência brasileira. A utilização da expressão imposto sobre operações financeiras e da sua abreviatura IOF provoca inúmeros equívocos quando da interpretação das leis que tratam dos impostos sobre operações de crédito, câmbio, seguro ou relativas a títulos ou valores mobiliários. (...) a expressão imposto sobre operações financeiras, como gênero, não reflete por completo a materialidade das regras de incidência dos impostos sobre operações de crédito, câmbio, seguro ou relativas a títulos ou valores mobiliários, que seriam suas espécies." (MOSQUERA, 1998, p. 102-103).

> I – quanto às operações de crédito, a sua efetivação pela entrega total ou parcial do montante ou do valor que constitua o objeto da obrigação, ou sua colocação à disposição do interessado;
> II – quanto às operações de câmbio, a sua efetivação pela entrega de moeda nacional ou estrangeira, ou de documento que a represente, ou sua colocação à disposição do interessado, em montante equivalente à moeda estrangeira ou nacional entregue ou posta à disposição por este;
> III – quanto às operações de seguro, a sua efetivação pela emissão da apólice ou do documento equivalente, ou recebimento do prêmio, na forma da lei aplicável;
> IV – quanto às operações relativas a títulos e valores mobiliários, a emissão, transmissão, pagamento ou resgate destes, na forma da lei aplicável.

Expliquemos agora cada uma das hipóteses de incidência descritas acima.

I- Operações de crédito.

Aqui, o fato gerador é a efetivação da operação de crédito pela entrega total ou parcial do montante ou do valor que constitua o objeto da obrigação, ou sua colocação à disposição do interessado.

Operação de crédito é aquela em que uma das partes se obriga a uma **prestação futura**, enquanto a outra, credora da prestação futura, tem como obrigação a entrega de bens ou direitos presentes. O exemplo mais corriqueiro é o **empréstimo de dinheiro**.

De acordo com a doutrina e com a jurisprudência, não se pode classificar como operação de crédito um mero saque efetuado em caderneta de poupança. Embora o art. 1ª, V, da Lei 8.033/1990 tenha definido o saque efetuado em caderneta de poupança como uma das hipóteses de incidência do IOF, o STF declarou a inconstitucionalidade desse dispositivo, sob o fundamento de que o saque em conta de poupança não representa uma promessa de prestação futura[18]. Esse entendimento foi cristalizado na **súmula 664 do STF**, segundo a qual é inconstitucional o inciso V do art. 1º da lei 8.033/1990, que instituiu a incidência do imposto nas operações de crédito, câmbio e seguros – IOF sobre saques efetuados em caderneta de poupança.

18. O saque em conta de poupança, por não conter promessa de prestação futura e, ainda, porque não se reveste de propriedade circulatória, tampouco configurando título destinado a assegurar a disponibilidade de valores mobiliários, não pode ser tido por compreendido no conceito de operação de crédito ou de operação relativa a títulos ou valores mobiliários, não se prestando, por isso, para ser definido como hipótese de incidência do IOF, previsto no art. 153, V, da Carta Magna. (**RE 232.467**, j. 29.09.1999).

Assertiva considerada **correta** pelo CESPE no concurso para o cargo de Promotor de Justiça do Piauí em 2012: "O saque em caderneta de poupança não atrai a incidência do imposto sobre operações de crédito, câmbio e seguro, nem sobre operações relativas a títulos e valores mobiliários, visto que a referida operação não se enquadra em seu fato gerador."

Da mesma forma, não incide o IOF nos depósitos judiciais (**súmula 185 do STJ**). A incidência do IOF sobre depósitos judiciais não está prevista na Lei 8.033/90, sendo uma criação da Instrução Normativa 62/1990, da Receita Federal, o que configura uma ofensa ao princípio da legalidade tributária. Desse modo, o STJ decidiu que o princípio da legalidade não autoriza a incidência do IOF na liberação de depósitos judiciais para garantia da instância (REsp 226.027, j. 23.11.1999).

II – Operações de câmbio.

O fato gerador do IOF nas operações de câmbio é a entrega de moeda nacional ou estrangeira, ou de documento que a represente, ou sua colocação à disposição do interessado, em montante equivalente à moeda estrangeira ou nacional entregue ou posta à disposição por este.

O conceito de operações de câmbio já foi cobrado no concurso de Auditor Fiscal da Receita Federal, como se pode ver da assertiva considerada **correta** pela ESAF em 2009: "Operações de câmbio são negócios jurídicos de compra e venda de moeda estrangeira ou nacional, ou, ainda, os negócios jurídicos consistentes na entrega de uma determinada moeda a alguém em contrapartida de outra moeda recebida."

III – Operações de seguro.

O Código Civil descreve o contrato de seguro em seu artigo 757: "Pelo contrato de seguro, o segurador se obriga, mediante o pagamento do prêmio, a garantir interesse legítimo do segurado, relativo a pessoa ou a coisa, contra riscos predeterminados". Nas operações de seguro, o fato gerador do IOF ocorre com a emissão da apólice ou do documento equivalente, ou recebimento do prêmio, na forma da lei aplicável.

Houve certa discussão sobre a incidência do ICMS ou do IOF sobre a alienação de salvados de sinistros pelas seguradoras. Inicialmente, o STJ entendia que os salvados resultantes de sinistros eram tributáveis pelo ICMS, pois as operações de vendas feitas pelas seguradoras eram feitas com habitualidade. A súmula 152 do STJ era expressa a respeito: "Na venda pelo segurador, de bens salvados de sinistros, incide o ICMS".

O próprio STJ, contudo, **cancelou a sua súmula de número 152**, entendendo que a alienação, pelas seguradoras, de bens salvados de sinistros integra a operação de seguro (**REsp 1.121.174**, j. 17.12.2009).

O STF perfilha o mesmo entendimento, tendo inclusive editado a **súmula vinculante 32**: "O ICMS não incide sobre alienação de salvados de sinistros pelas seguradoras". Essa tese foi também sedimentada em sede de **repercussão geral**, no **RE 588.149** (j. 16.02.2011).

Assim, para o STJ e para o STF, não compete aos Estados, mas à União tributar a alienação de salvados, que se integra à operação de seguro (CF, art. 153, V).

O tema acima foi cobrado no concurso para Auditor Fiscal do Tesouro Estadual do Rio de Janeiro em 2012, como se vê da assertiva considerada **incorreta** pela FGV: "Constitui(em) fato gerador do ICMS as operações de qualquer natureza de que decorra a transferência de bens móveis salvados de sinistro para companhias seguradoras."

IV – Operações relativas a títulos e valores mobiliários.

Nesse caso, tem-se como fato gerador a emissão, transmissão, pagamento ou resgate dos títulos e valores mobiliários, na forma da lei aplicável.

Podem ser enumerados, exemplificativamente, os seguintes títulos e valores mobiliários: letras do Tesouro Nacional (títulos públicos), ações, títulos de capitalização, letras de câmbio, contratos de investimento coletivo e fundos de investimento.

A respeito dessa materialidade, o Plenário do STF decidiu, sob a sistemática de **repercussão geral**, que é constitucional a incidência do imposto sobre a transmissão de ações de companhias abertas e das conseqüentes bonificações emitidas (**RE 583.712**, j. 04.02.2016). A corte fundamentou sua decisão no fato de que a tributação de um negócio jurídico, que tivesse por objeto ações e respectivas bonificações, inserir-se-ia na competência tributária atribuída à União no âmbito do Sistema Tributário Nacional, para fins de instituir imposto sobre operações relativas a títulos ou valores mobiliários. Não haveria espaço, portanto, para alegações de que a exação incidiria sobre o patrimônio, a titularidade das ações, pois a incidência se daria em relação ao negócio jurídico que envolvesse a transferências dos ativos.

1.5.3 Contribuinte

O CTN, em seu art. 66, dispõe sobre o contribuinte do IOF como qualquer das partes na operação tributada, como dispuser a lei.

Desse modo, o contribuinte será diferente conforme a espécie de operação tributada.

No caso das operações de crédito, o art. 4º do Decreto 6.306/07 define os contribuintes do IOF como as pessoas físicas ou jurídicas tomadoras de crédito. Já no caso de alienação de direitos creditórios resultantes de vendas a prazo a empresas de *factoring*, contribuinte é o alienante pessoa física ou jurídica (parágrafo único).

Aqui vale uma importante observação.

De acordo com o artigo 58 da Lei 9.532/97, a pessoa física ou jurídica que alienar, à empresa que exercer as atividades de *factoring*, direitos creditórios resultantes de vendas a prazo, sujeita-se à incidência IOF às mesmas alíquotas aplicáveis às operações de financiamento e empréstimo praticadas pelas instituições financeiras.

O contrato de *factoring* consiste, em linhas gerais, na compra de faturamento, incluindo-se esta operação em uma das hipóteses de incidência do IOF, qual seja, a emissão, transmissão, pagamento ou resgate de títulos e valores mobiliários.

O STF entendeu que, mesmo que a operação de *factoring* **não configurasse uma operação de crédito, é admissível sua classificação dentro do espectro de operações relativas a títulos ou valores mobiliários. Ou seja, mesmo as instituições distintas das financeiras, ao praticarem operações de** *factoring*, estariam sujeitas à incidência do IOF. Além disso, não houve, na CF ou no CTN, ao tratar sobre os contribuintes do IOF, qualquer limitação que justifique sua exigência apenas em relação às instituições financeiras (**ADI-MC 1763**, j. 20.08.1998).

No que diz respeito às operações de câmbio, a Lei 8.894/94, em seu art. 6º, define como contribuintes os compradores ou vendedores da moeda estrangeira na operação referente a transferência financeira para ou do exterior, respectivamente. Já os responsáveis pela retenção e recolhimento do IO-Câmbio são as instituições autorizadas a operar em câmbio, conforme parágrafo único do art. 6º da Lei 8.894/94.

Nas operações de seguro, os contribuintes são as pessoas físicas ou jurídicas seguradas, e os responsáveis pela cobrança e pelo recolhimento do IOF são as instituições financeiras ou as seguradoras encarregadas da cobrança do prêmio.

Quando a materialidade do IOF disser respeito a títulos e valores mobiliários, os contribuintes do imposto serão os adquirentes de títulos ou valores mobiliários e os titulares de aplicações financeiras, ou ainda as instituições financeiras e demais instituições autorizadas a funcionar pelo Banco Central do Brasil. Por outro lado, os responsáveis pela cobrança e pelo recolhimento do imposto ao Banco Central do Brasil são as instituições autorizadas a operar na compra e venda de títulos e valores mobiliários.

1.5.4 Base de cálculo

O CTN define a base de cálculo do IOF em seu art. 64, da seguinte forma: I – quanto às operações de crédito, o montante da obrigação, compreendendo o principal e os juros; II – quanto às operações de câmbio, o respectivo montante em moeda nacional, recebido, entregue ou posto à disposição; III – quanto às operações de seguro, o montante do prêmio; IV – quanto às operações relativas a títulos e valores mobiliários: a) na emissão, o valor nominal mais o ágio, se houver; b) na transmissão, o preço ou o valor nominal ou o valor da cotação em Bolsa, como determinar a lei; c) no pagamento ou resgate, o preço.

As alíquotas do IOF podem ser alteradas por ato infralegal do Poder Executivo, desde que dentro dos limites e condições previstos em lei (CF, art. 153, § 1º). Com base nesse dispositivo constitucional, o STJ entende que é possível a alteração de alíquota do IOF por meio de portarias interministeriais (**REsp 1.123.249**, j. 17.11.2009).

1.5.6 IOF sobre o ouro como ativo financeiro ou instrumento cambial

O ouro pode ter dois regimes de tributação diversos, a depender de seu enquadramento.

Caso o ouro seja considerado mercadoria, como por exemplo, uma pulseira de ouro ou um relógio de ouro, sofrerá a incidência do ICMS, uma vez que a circulação de mercadorias é fato gerador do tributo estadual ICMS.

Contudo, é possível que o ouro seja classificado como ativo financeiro ou instrumento cambial, sujeitando-se, nessa hipótese, ao IOF, conforme o art. 153, § 5º da CF[19]. Da dicção do texto constitucional percebe-se que o

---

19. CF, art. 153, §5º: O ouro, quando definido em lei como ativo financeiro ou instrumento cambial, sujeita-se exclusivamente a incidência do imposto de que trata o inciso V do caput deste artigo, devido na operação de origem; a alíquota mínima será de um por cento, assegurada a transferência do montante da arrecadação nos seguintes termos: I – trinta por cento para o Estado, o Distrito Federal ou o Território, conforme a origem; II – setenta por cento para o Município de origem.

IOF só pode incidir sobre o ouro definido em lei como ativo financeiro ou instrumento cambial uma única vez, na operação de origem.

Levando em consideração essa prescrição constitucional da incidência única do IOF sobre ouro como ativo financeiro, o STF declarou inconstitucional o inciso II do art. 1º da Lei 8.033/90, que previa a incidência do IOF sobre operações subsequentes (**RE 190.363**, j. 13.05.1998).

A doutrina observa que a incidência única acima referida traduz-se numa **imunidade para as operações subsequentes.** Além disso, haveria imunidade também em relação a outros tributos que viessem a ser instituídos sobre o ouro como ativo financeiro, pois o art. 153, § 5º da CF é expresso ao dizer que o ouro, quando definido em lei como ativo financeiro ou instrumento cambial, sujeita-se exclusivamente à incidência do IOF.

1.6 Imposto sobre a Propriedade Territorial Rural

6.1 Noções introdutórias

O imposto sobre a propriedade territorial rural tem sua previsão constitucional no art. 153, VI da CF, sendo a União o ente competente para sua instituição.

Distingue-se do IPTU, já que, enquanto o ITR tributa propriedade rural, o IPTU recai sobre imóveis urbanos. Além disso, o imposto federal incide apenas sobre o imóvel por natureza, sem que se considerem eventuais acessões físicas, ao contrário do IPTU, que, como o próprio texto constitucional indica, ao mencionar o adjetivo "predial", recai sobre as edificações e construções incorporadas ao solo pelo homem.

Em relação à função, a doutrina tem entendido que o ITR possui função preponderantemente **extrafiscal**, servindo de instrumento ao cumprimento da função social da propriedade rural. Isso porque a Constituição, em seu artigo 153, § 4º, inciso I determina que o ITR será progressivo e terá suas alíquotas fixadas de forma a desestimular a manutenção de propriedades improdutivas.

As alíquotas maiores para as propriedades rurais improdutivas representam uma tributação que induz o contribuinte a um comportamento, qual seja, não manter terras ociosas. A função social da propriedade rural, diga-se de passagem, é disciplinada expressamente pela Constituição em seu artigo 186.

Mesmo sendo classificado como um imposto extrafiscal, o ITR deve obediência à anterioridade nonagesimal e à de exercício, sendo que suas alíquotas só podem ser alteradas por lei. Com isso, pode-se concluir que as excepcionalidades presentes nos demais impostos extrafiscais (II, IE e IOF), não se aplicam ao ITR.

1.6.2 Fato Gerador

O CTN prevê o ITR em seu artigo 29, mencionando que o fato gerador do imposto é a propriedade, o domínio útil ou a posse de imóvel por natureza, a ser definido em lei civil.

A expressão "imóvel por natureza" já estava presente na legislação civil quando o CTN a ela fez referência, remetendo sua definição à lei civil.

Quando da edição do CTN, estava em vigor o Código Civil de 1916, que definia o imóvel por natureza como "o solo com os seus acessórios e adjacências naturais compreendendo a superfície, as árvores e frutos pendentes, o espaço aéreo e o subsolo" (artigo 43, I). O Código Civil de 2002, contudo, não define o que seria imóvel por natureza, abandonando a classificação antiga do Código Civil de 1916, o que faz com que se leve em consideração para efeitos tributários, ainda atualmente, o Código Civil de 1916[20].

Desse modo, percebe-se que a propriedade das edificações, das benfeitorias e demais construções ou melhoramentos realizados pelo homem não se compreendem no fato gerador do ITR.

A localização do imóvel também é fundamental para a definição do fato gerador do tributo. Os imóveis localizados na zona rural ensejarão a incidência do ITR. Essa zona rural é definida por exclusão da zona urbana dos municípios, que por sua vez deve ter requisitos mínimos previstos no artigo 32 do CTN:

> CTN, art. 32. O imposto, de competência dos Municípios, sobre a propriedade predial e territorial urbana tem como fato gerador a propriedade, o domínio útil ou a posse de bem imóvel por natureza ou por acessão física, como definido na lei civil, localizado na zona urbana do Município.

---

20. Esse é o entendimento de Hugo de Brito Machado: "Em face do novo Código Civil – Lei n. 10.406, de 10.1.2002 -, suscita-se a questão de saber se a remissão feita pelo Código Tributário Nacional à lei civil, onde devem ser buscados os conceitos pertinentes aos bens imóveis, há de ser entendida como remissão à lei civil então vigente, ou à lei civil vigente na data da aplicação dos dispositivos do Código Tributário Nacional que albergam dita remissão. Entendo que os dispositivos da lei civil vigentes na data da edição do Código Tributário Nacional, aos quais este faz remissão, integraram-se em suas normas, que permanecem inalteradas em face da mudança havida na lei civil." (MACHADO, 2005, p. 344).

> **§ 1º Para os efeitos deste imposto, entende-se como zona urbana a definida em lei municipal; observado o requisito mínimo da existência de melhoramentos indicados em pelo menos 2 (dois) dos incisos seguintes, construídos ou mantidos pelo Poder Público:**
>
> I – meio-fio ou calçamento, com canalização de águas pluviais;
>
> II – abastecimento de água;
>
> III – sistema de esgotos sanitários;
>
> IV – rede de iluminação pública, com ou sem posteamento para distribuição domiciliar;
>
> V – escola primária ou posto de saúde a uma distância máxima de 3 (três) quilômetros do imóvel considerado.
>
> **§ 2º A lei municipal pode considerar urbanas as áreas urbanizáveis, ou de expansão urbana, constantes de loteamentos aprovados pelos órgãos competentes, destinados à habitação, à indústria ou ao comércio, mesmo que localizados fora das zonas definidas nos** termos do parágrafo anterior.

Apesar da dicção do artigo 29 do CTN, que leva em conta a localização do imóvel, o STJ entende que se deve levar em conta também a **destinação do imóvel**, de modo que, caso o imóvel seja destinado à exploração extrativa, vegetal, agrícola, pecuária ou agroindustrial, será tributado pelo ITR, mesmo que localizado em área urbana, de acordo com o artigo 32 do CTN e a legislação municipal.

Esse entendimento do STJ é baseado no artigo 15 do Decreto-Lei 57/1966, que possui a seguinte redação:

> Decreto-Lei 57/1966, art. 15. O disposto no art. 32 da Lei nº 5.172, de 25 de outubro de 1966, não abrange o imóvel de que, comprovadamente, seja utilizado em exploração extrativa vegetal, agrícola, pecuária ou agro-industrial, incidindo assim, sôbre o mesmo, o ITR e demais tributos com o mesmo cobrados.

Como os Decretos-Lei tinham força de lei ordinária, a ressalva feita ao artigo 32 do CTN pelo dispositivo acima transcrito foi válida, já que o Decreto-Lei 57/1966 representa norma posterior (o CTN foi publicado em outubro de 1966, tendo entrado em vigor em 1º de janeiro de 1967, e o Decreto-Lei 57/1966 foi publicado em novembro de 1966, tendo entrado em vigor na data de sua publicação) de igual hierarquia apta a derrogar o CTN, que então possuía status de lei ordinária.

Com a Constituição de 1967, tanto o CTN quanto o artigo 15 do Decreto-Lei 57/1966 foram recepcionados como lei complementar, permanecendo então a derrogação do Decreto-Lei 57/1966. Atualmente, ambos os diplomas continuam com o status de lei complementar, porque o tema insere-se no âmbito do conflito de competências, devendo ser dirimido por lei complementar, de acordo com o artigo 146, I da Constituição de 1988.

O julgado do STJ abaixo é didático sobre a relação entre as normas:

> TRIBUTÁRIO. IPTU. ITR. FATO GERADOR. IMÓVEL SITUADO NA ZONA URBANA. LOCALIZAÇAO. DESTINAÇAO. CTN, ART. 32. DECRETO-LEI N. 57/66. VIGÊNCIA.
>
> 1. Ao ser promulgado, o Código Tributário Nacional valeu-se do critério topográfico para delimitar o fato gerador do Imposto sobre a Propriedade Predial e Territorial Urbana (IPTU) e o Imposto sobre a Propriedade Territorial Rural (ITR): se o imóvel estivesse situado na zona urbana, incidiria o IPTU; se na zona rural, incidiria o ITR.
>
> 2. **Antes mesmo da entrada em vigor do CTN, o Decreto-Lei nº 57/66 alterou esse critério, estabelecendo estarem sujeitos à incidência do ITR os imóveis situados na zona rural quando utilizados em exploração vegetal, agrícola, pecuária ou agroindustrial.**
>
> 3. **A jurisprudência reconheceu validade ao DL 57/66, o qual, assim como o CTN, passou a ter o status de lei complementar em face da superveniente Constituição de 1967. Assim, o critério topográfico previsto no art. 32 do CTN deve ser analisado em face do comando do art. 15 do DL 57/66, de modo que não incide o IPTU quando o imóvel situado na zona urbana receber quaisquer das destinações previstas nesse diploma legal.**
>
> 4. Recurso especial provido.
>
> (**REsp 492.869**, 1ª Turma, j. 15.02.2005 – grifamos).

Esse entendimento foi confirmado no julgamento do **REsp 1.112.646** (j. 26.08.2009), sujeito à sistemática dos recursos especiais **repetitivos.**

Assim, com a Constituição de 1967, tanto o CTN quanto o artigo 15 do Decreto-Lei 37/66 foram recepcionados como lei complementar, o que preservou a vigência do art. 15 do Decreto-Lei 57/66.

Vale registrar que houve um dispositivo de lei ordinária em 1972 (art. 12 da Lei 5.868/1972) que declarou expressamente a revogação do art. 15 do Decreto-Lei 37/66. Contudo, em 1972 o art. 15 do Decreto-Lei já não mais poderia ser revogado por lei ordinária, razão pela qual essa revogação expressa não possui efeitos jurídicos.

Nesse sentido é a jurisprudência do STF:

> (...) 2. R.E. conhecido, pela letra "b", mas improvido, **mantida a declaração de inconstitucionalidade do art. 12 da Lei federal n 5.868, de 12.12.1972, no ponto em que revogou o art. 15 do Decreto- lei n 57, de 18.11.1966**. 3. Plenário. Votação unânime. (**RE 140.773**, j. 08.10.1998 – grifamos).

O tema já foi objeto de questões objetivas do CESPE, como se pode ver da seguinte assertiva, considerada **correta** no concurso de 2013 para Procurador do MP junto ao TC/DF: "Segundo o STJ, incide o imposto sobre a propriedade rural (ITR), e não o imposto sobre a propriedade predial e territorial urbana (IPTU), sobre imóveis comprovadamente utilizados para exploração extrativa, vegetal, agrícola, pecuária ou agroindustrial, ainda que localizados em áreas consideradas urbanas por legislação municipal."

1.6.3 Contribuinte

O artigo 31 do CTN define o contribuinte do ITR como o proprietário do imóvel, o titular de seu domínio útil, ou o seu possuidor a qualquer título.

O artigo 4º da Lei 9.393/1996 (lei ordinária que dispõe sobre o ITR) repete os mesmos contribuintes, acrescentando em seu parágrafo único uma interessante norma que fixa o domicílio tributário do contribuinte como o município de localização do imóvel, vedando a eleição de qualquer outro.

Já o artigo 5º da mesma lei traz como responsável pelo crédito tributário o sucessor, a qualquer título, nos termos dos artigos 128 a 133 do CTN.

Dentre as modalidades de responsabilidade tributária mais pertinentes ao ITR, sobressai a prevista no artigo 130 do CTN, segundo o qual os créditos tributários relativos a impostos cujo fato gerador seja a propriedade, o domínio útil ou a posse de bens imóveis, e bem assim os relativos a taxas pela prestação de serviços referentes a tais bens, ou a contribuições de melhoria, subrogam-se na pessoa dos respectivos adquirentes, salvo quando conste do título a prova de sua quitação. Nesse sentido já decidiu o STJ em sede de recurso especial **repetitivo:**

> 1. A incidência tributária do imposto sobre a propriedade territorial rural -ITR (de competência da União), sob o ângulo do aspecto material da regra matriz, é a propriedade, o domínio útil ou a posse de imóvel por natureza, como definido na lei civil, localizado fora da zona urbana do Município (artigos 29, do CTN, e 1º, da Lei 9.393/96).

2. O proprietário do imóvel rural, o titular de seu domínio útil, ou seu possuidor a qualquer título, à luz dos artigos 31, do CTN, e 4º, da Lei 9.393/96, são os contribuintes do ITR .

3. O artigo 5º**,da** Lei 9.393/96, por seu turno, preceitua que:

"Art. 5º É responsável pelo crédito tributário sucessor, a qualquer título, nos termos dos arts. 128 a 133 da Lei nº 5.172, de 25 de outubro de1966 (Sistema Tributário Nacional)."

4. **Os impostos incidentes sobre o patrimônio (Imposto sobre a Propriedade Territorial Rural -ITR e Imposto sobre a Propriedade Predial e Territorial Urbana -IPTU) decorrem de relação jurídica tributária instaurada com a ocorrência de fato imponível encartado, exclusivamente, na titularidade de direto real, razão pela qual consubstanciam obrigações *proter rem*, impondo-se sua assunção a todos aqueles que sucederem ao titular do imóvel.**

(...) 6. O promitente comprador (possuidor a qualquer título) do imóvel, bem com seu proprietário/promitente vendedor (aquele que tem a propriedade registrada no Registro de Imóveis), consoante entendimento exarado pela Primeira Seção do STJ, quando do julgamento dos Recursos Especiais 1.110.551/SP e 1.111.202/SP (submetidos ao rito do artigo 543-C, do CP), são contribuintes responsáveis pelo pagamento do IPTU (Rel. Ministro Mauro Campbell Marques, julgado em 10.06.2009, DJe 18.06.2009).

(...) 13. Recurso especial desprovido. Acórdão submetido a regime do artigo 543-C, do CPC, e da Resolução STJ 08/2008. Proposição de verbete sumular. (**REsp 1.073.846**, j. 25.11.2009, grifamos)

Desse modo, os impostos sobre o patrimônio, como o ITR e o IPTU, consubstanciam obrigações *propter rem*, recaindo a obrigação pelo pagamento sobre todos aqueles que figurarem como titulares do bem.

1.6.4 Base de cálculo

O CTN define a base de cálculo do ITR em seu art. 30, identificando-a simplesmente pela expressão "valor fundiário". Essa dimensão quantitativa do ITR coaduna-se com a noção de "imóvel por natureza", utilizada para se definir o aspecto material do fato gerador.

A Lei 9.393/1996, na mesma linha, utiliza a expressão "valor da terra nua tributável" para se referir à base de cálculo do ITR, permanecendo fiel à ideia de "imóvel por natureza". Em seu artigo 10, § 1º, I, a Lei 9.393/1996 considera como valor da terra nua o valor do imóvel, excluídos os valores relativos a: a) construções, instalações e benfeitorias; b) culturas permanentes e temporárias; c) pastagens cultivadas e melhoradas; d) florestas plantadas.

A área tributável (art. 10, § 1º, II da Lei 9.393/1996), por sua vez, é igual à área total do imóvel, excluídas as áreas: a) de preservação permanente e de reserva legal, previstas na Lei nº 12.651, de 25 de maio de 2012; b) de interesse ecológico para a proteção dos ecossistemas, assim declaradas mediante ato do órgão competente, federal ou estadual, e que ampliem as restrições de uso previstas na alínea anterior; c) comprovadamente imprestáveis para qualquer exploração agrícola, pecuária, granjeira, aquícola, ou florestal, declaradas de interesse ecológico mediante ato do órgão competente, federal ou estadual; d) sob regime de servidão florestal ou ambiental; e) cobertas por florestas nativas, primárias ou secundárias em estágio médio ou avançado de regeneração; f) alagadas para fins de constituição de reservatório de usinas hidrelétricas autorizada pelo poder público.

Em relação às **áreas de preservação permanente e de reserva legal**, discute-se sobre a necessidade, para efeitos tributários de exclusão de referidas áreas da base de cálculo do ITR, de ato declaratório ambiental do IBAMA e de averbação no registro do imóvel. Perceba que, **enquanto o ato declaratório ambiental do IBAMA de que uma delimitação geográfica constitui área de preservação permanente ou reserva legal é providência do órgão estatal**, sobre a qual o contribuinte não possui ingerência, **a averbação da reserva legal no registro do imóvel é obrigação do proprietário do imóvel.**

Partindo dessa diferenciação, o STJ entendeu que, para que seja legítima a exclusão da área correspondente à reserva legal da área tributável pelo ITR, deve o proprietário do imóvel rural proceder à respectiva averbação. Veja a ementa do seguinte acórdão:

> (...) 2. O único bônus individual resultante da imposição da reserva legal ao contribuinte é a isenção no ITR. Ao mesmo tempo, a averbação da reserva funciona como garantia do meio ambiente.
>
> 3. Desta forma, a imposição da averbação para fins de concessão do benefício fiscal deve funcionar a favor do meio ambiente, ou seja, como mecanismo de incentivo à averbação e, via transversa, impedimento à degradação ambiental. Em outras palavras: condicionando a isenção à averbação atingir-se-ia o escopo fundamental dos arts. 16, § 2º, do Código Florestal e 10, inc. II, alínea "a", da Lei n. 9.393/96.

(...) 7. A prova da averbação da reserva legal é dispensada no momento da declaração tributária, mas não a existência da averbação em si.

(...) 9. É de afastar, ainda, argumento no sentido de que a averbação é ato meramente declaratório, e não constitutivo, da reserva legal. Sem dúvida, é assim: **a existência da reserva legal não depende da averbação para os fins do Código Florestal e da legislação ambiental. Mas isto nada tem a ver com o sistema tributário nacional. Para fins tributários, a averbação deve ser condicionante da isenção, tendo eficácia constitutiva.**

10. **A questão ora se enfrenta é bem diferente daquela relacionada à necessidade de ato declaratório do Ibama relacionado à área de preservação permanente, pois, a toda evidência, impossível condicionar um benefício fiscal nestes termos à expedição de um ato de entidade estatal.**

11. No entanto, o Código Florestal, em matéria de reserva ambiental, comete a averbação ao próprio contribuinte proprietário ou possuidor, e isto com o objetivo de viabilizar todo o rol de obrigações propter rem previstas no art. 44 daquele diploma normativo.

12. Recurso especial provido." (**REsp 1.027.051**, j. 07.04.2011).

Em agosto de 2013, a 1ª Seção do STJ confirmou esse entendimento, ao julgar os embargos de divergência relativos ao recurso especial acima reproduzido, observando ainda que atualmente, segundo o novo Código Florestal, a área de reserva legal deve ser registrada no órgão ambiental competente por meio de inscrição no Cadastro Ambiental Rural, até porque tal registro desobriga a averbação no Cartório de Registro de Imóveis (artigo 18, § 4º da Lei 12.651/2012).

Observe-se, contudo, que **essa exigência de averbação no Registro de Imóveis não prevalece nos casos de áreas de preservação permanente, mas apenas nos de reserva legal, já que as primeiras são instituídas por lei**, sendo desnecessário seu registro junto ao Poder Público para a sua caracterização.

Dessa forma, **quanto à área de reserva legal, é imprescindível que haja averbação junto à matrícula do imóvel, para haver isenção tributária. Quanto às áreas de preservação permanente, no entanto, como são instituídas por disposição legal, não há nenhum condicionamento para que ocorra a isenção do ITR** (**AgRg nos EDcl no REsp 1.342.161**, j. 04.02.2014)

A Área de Preservação Permanente não necessita estar averbada no registro do imóvel para gozar da isenção do ITR, exigência esta obrigatória apenas para a Área de Reserva Legal, inclusive aquela majorada por ato espontâneo do proprietário do imóvel rural (**AgRg no REsp 1.429.300**, j. 16.06.2015).

A jurisprudência acima foi cobrada em 2014 no concurso para Juiz Federal Substituto da 4ª Região, realizado pelo TRF da 4ª Região, como se pode ver da seguinte assertiva, considerada **correta**: "O Superior Tribunal de Justiça firmou entendimento no sentido de que, em se tratando da "área de reserva legal", é imprescindível a averbação da referida área na matrícula do imóvel para o gozo do benefício da isenção vinculado ao ITR, sendo que as áreas de preservação permanente não sofrem a obrigatoriedade do mencionado registro."

ÁREA DE RESERVA LEGAL	ÁREA DE PRESERVAÇÃO PERMANENTE
necessidade de averbação no registro de imóveis ou inscrição no CAR para exclusão da área da base de cálculo do ITR	desnecessário o registro junto ao Poder Público para a sua caracterização, já que tal área é instituída por lei

Já as alíquotas do ITR, como já se observou, devem ser progressivas, de forma a desestimular a manutenção das propriedades improdutivas (CF, art. 153, § 4º).

Segundo a Lei 9.393/1996, tal progressividade leva em conta não apenas o grau de utilização da propriedade rural (critério da produtividade previsto expressamente na Constituição), mas também a área do imóvel, de modo que quanto menor o grau de utilização e quanto maior a área do imóvel, mais elevadas serão as alíquotas.

A menor alíquota é 0,03%, e a maior alíquota é 20%.

1.6.5 Imunidade das pequenas glebas rurais

O artigo 153, § 4º, II da Constituição de 1988 prevê uma imunidade específica do ITR, ao dispor que esse imposto não incidirá sobre pequenas glebas rurais, definidas em lei, quando as explore o proprietário que não possua outro imóvel.

Após a Emenda Constitucional 42/2003, que alterou o dispositivo em questão, não se exige mais que o proprietário do imóvel rural o explore só ou com a sua família, podendo contar com o auxílio de empregados.

O texto constitucional não especifica o que seria "pequena gleba rural", deixando tal tarefa ao legislador infraconstitucional. Observe que, por se tratar de regulação de limitação constitucional ao poder de tributar (delimitação do alcance de uma imunidade), o tema deveria ser tratado por lei complementar, conforme exige o artigo 146, II da Constituição.

Contudo, a definição de "pequena gleba rural" consta do artigo 2º da Lei 9.393/1996:

> Lei 9.393/1996, art. 2º. Nos termos do art. 153, § 4º, in fine, da Constituição, o imposto não incide sobre pequenas glebas rurais, quando as explore, só ou com sua família, o proprietário que não possua outro imóvel. Parágrafo único. Para os efeitos deste artigo, pequenas glebas rurais são os imóveis com área igual ou inferior a: I – 100 ha, se localizado em município compreendido na Amazônia Ocidental ou no Pantanal mato-grossense e sul-mato-grossense; II – 50 ha, se localizado em município compreendido no Polígono das Secas ou na Amazônia Oriental; III – 30 ha, se localizado em qualquer outro município.

Essa imunidade não beneficia: a) o proprietário de dois imóveis rurais que, somando-se as suas áreas, ainda assim estaria dentro do limite da pequena gleba rural; e b) o agricultor que, embora não seja proprietário da pequena gleba rural, tenha sua posse e a explore com sua família ou com auxílio de empregados. Para corrigir essa discrepância de tratamento, a Lei 9.393/1996 criou as seguintes hipóteses de isenção:

> Art. 3º São isentos do imposto: I – o imóvel rural compreendido em programa oficial de reforma agrária, caracterizado pelas autoridades competentes como assentamento, que, cumulativamente, atenda aos seguintes requisitos: a) seja explorado por associação ou cooperativa de produção; b) a fração ideal por família assentada não ultrapasse os limites estabelecidos no artigo anterior; c) o assentado não possua outro imóvel. II – o conjunto de imóveis rurais de um mesmo proprietário, cuja área total observe os limites fixados no parágrafo único do artigo anterior, desde que, cumulativamente, o proprietário: a) o explore só ou com sua família, admitida ajuda eventual de terceiros; b) não possua imóvel urbano.

Desse modo, o requisito da titularidade de um único imóvel continua sendo exigido para a imunidade, mas não para a isenção acima.

1.6.6 Fiscalização e cobrança do ITR pelos Municípios

A Emenda Constitucional 42/2003 inseriu a regra de que o ITR será fiscalizado e cobrado pelos Municípios que assim optarem, na forma da lei, desde que não implique redução do imposto ou qualquer outra forma de renúncia fiscal (CF, art. 153, § 4º, III).

Essa regra constitucional não é autoaplicável, já que essa opção deve se dar nos termos da lei. Em 2005, foi publicada a Lei 11.250/2005, que deixou claro a impossibilidade de renúncia fiscal do ITR pelos Municípios que fizerem a opção[21].

Isso porque essa transferência das atribuições de fiscalização e cobrança do ITR representa uma transferência da capacidade tributária ativa, o que não implica uma transferência da competência tributária (instituição de tributo), que continua sob o poder da União.

Há no caso uma aderência ao artigo 7º do CTN, segundo o qual competência tributária é indelegável, salvo atribuição das funções de arrecadar ou fiscalizar tributos, ou de executar leis, serviços, atos ou decisões administrativas em matéria tributária, conferida por uma pessoa jurídica de direito público a outra.

Caso o Município faça a opção de fiscalizar e cobrar o ITR, será destinatário da totalidade da arrecadação do ITR relativamente aos imóveis situados em seu território. Inexistindo tal opção, terá direito a 50% do produto da arrecadação do ITR relativamente aos imóveis situados em seu território (CF, artigo 158, II).

1.7 Imposto sobre Grandes Fortunas

O imposto sobre grandes fortunas **é** de competência da União e até hoje nunca foi instituído.

Devido à redação do artigo 153, VII da CF ("compete à União instituir impostos sobre grandes fortunas, nos termos de lei complementar"), alguns doutrinadores entendem que a lei complementar é exigida apenas para traçar o perfil geral do tributo em questão, bastando a lei ordinária para a instituição do imposto sobre grandes fortunas. Essa é a posição de Roque Carrazza:

21. Lei 11.250/2005, art. 1º, **§ 2º A opção de que trata o caput deste artigo não poderá implicar redução do imposto ou qualquer outra forma de renúncia fiscal.**

"a União, por meio de lei ordinária, poderá instituir o imposto sobre grandes fortunas (ou sobre ele dispor). A lei complementar apenas irá definir as diretrizes básicas que nortearão a criação deste imposto (...). **Não será, porém, a lei complementar que instituirá,** *in abstracto*, este imposto, nem, muito menos, disciplinará seu lançamento, processo de arrecadação e fiscalização." (CARRAZZA, 2015, p. 1146)[22].

O entendimento adotado pelas bancas de concursos, contudo, é o de que a Constituição exige lei complementar para a instituição do imposto sobre grandes fortunas. Assim é que foi considerada **correta** a seguinte assertiva: "Compete à União, instituir, mediante lei complementar, o imposto sobre grandes fortunas" (CESPE- TJ/CE - Juiz - 2012).

1.8 Impostos Extraordinários de Guerra

Os impostos extraordinários de guerra possuem regulamentação muito sucinta, nunca tendo sido instituídos sob a égide da Constituição de 1988, que prevê em seu artigo 154, II, a possibilidade de a União instituir "na iminência ou no caso de guerra externa, impostos extraordinários, compreendidos ou não em sua competência tributária, os quais serão suprimidos, gradativamente, cessadas as causas de sua criação".

Tais impostos são de competência da União, pelo fato de terem como motivo uma situação de guerra iminente ou eclodida, sendo a União o ente federativo autorizado a declarar guerra e a celebrar a paz (artigo 21, II da CF).

Não se pode confundir o motivo que enseja a instituição desses impostos com seu fato gerador. A guerra ou sua iminência é o motivo que justifica a instituição do imposto, mas não é seu fato gerador. Significa dizer que os impostos extraordinários de guerra só podem ser instituídos com o requisito constitucional de o Brasil encontrar-se numa situação de guerra iminente ou **já** eclodida. O fato gerador desses impostos a serem instituídos, contudo, podem ser os mais variados, mesmo que não sejam compreendidos na competência tributária da União.

Sendo assim, é possível que a União crie, com base no artigo 154, II, um imposto com a mesma materialidade do ICMS, ou do IPTU, tributando a circulação de mercadorias ou a propriedade de imóveis urbanos. Não haveria inconstitucionalidade nessa coincidência de bases de cálculo, pois o próprio

22. No mesmo sentido: "Estatuídas as normas gerais, a instituição do gravame poderá ser efetuada mediante lei ordinária." (COSTA, 2014, p. 381).

texto do artigo 154, II da CF admite que os impostos extraordinários de guerra podem estar compreendidos ou não na competência tributária da União. Temos aqui uma hipótese de bitributação chancelada pela Constituição, razão pela qual não há que se perquirir sobre qualquer vício nessa cobrança.

Tais impostos podem ser instituídos por lei ordinária, já que não há nenhuma exigência expressa quanto à exigência de lei complementar para tanto. Pelo contrário, a Constituição, no artigo 62, § 2º, prevê expressamente a possibilidade de instituição ou majoração dos impostos extraordinários de guerra por medida provisória, sem a necessidade de sua conversão em lei até o último dia do exercício financeiro em que foi editada. Os impostos extraordinários de guerra não devem obediência à anterioridade anual e à noventena.

O artigo 154, II da CF diz ainda que os impostos extraordinários de guerra devem ser suprimidos, gradativamente, cessadas as causas de sua criação. Antes mesmo de 1988, o artigo 76 do Código Tributário Nacional já determinava que esses impostos devem ser suprimidos gradativamente no prazo máximo de cinco anos, contados da celebração da paz.

Entende a doutrina majoritária que o artigo 76 do CTN foi recepcionado pela Constituição de 1988, já que está em consonância com o caráter temporário próprio desses impostos.

2. IMPOSTOS ESTADUAIS

> CF, art. 155. Compete aos Estados e ao Distrito Federal instituir impostos sobre:
>
> I – transmissão causa mortis e doação, de quaisquer bens ou direitos;
>
> II – operações relativas à circulação de mercadorias e sobre prestações de serviços de transporte interestadual e intermunicipal e de comunicação, ainda que as operações e as prestações se iniciem no exterior;
>
> III – propriedade de veículos automotores.
>
> § 1º O imposto previsto no inciso I: I – relativamente a bens imóveis e respectivos direitos, compete ao Estado da situação do bem, ou ao Distrito Federal; II – relativamente a bens móveis, títulos e créditos, compete ao Estado onde se processar o inventário ou arrolamento, ou tiver domicílio o doador, ou ao Distrito Federal; III – terá competência para sua instituição regulada por lei complementar: a) se o doador tiver domicilio ou residência no exterior; b) se o de cujus possuía bens, era residente ou domiciliado ou teve o seu inventário processado no exterior; IV – terá suas alíquotas máximas fixadas pelo Senado Federal;

§ 2º O imposto previsto no inciso II atenderá ao seguinte: I – será não-cumulativo, compensando-se o que for devido em cada operação relativa à circulação de mercadorias ou prestação de serviços com o montante cobrado nas anteriores pelo mesmo ou outro Estado ou pelo Distrito Federal; II – a isenção ou não-incidência, salvo determinação em contrário da legislação: a) não implicará crédito para compensação com o montante devido nas operações ou prestações seguintes; b) acarretará a anulação do crédito relativo às operações anteriores; III – poderá ser seletivo, em função da essencialidade das mercadorias e dos serviços; IV – resolução do Senado Federal, de iniciativa do Presidente da República ou de um terço dos Senadores, aprovada pela maioria absoluta de seus membros, estabelecerá as alíquotas aplicáveis às operações e prestações, interestaduais e de exportação; V – é facultado ao Senado Federal: a) estabelecer alíquotas mínimas nas operações internas, mediante resolução de iniciativa de um terço e aprovada pela maioria absoluta de seus membros; b) fixar alíquotas máximas nas mesmas operações para resolver conflito específico que envolva interesse de Estados, mediante resolução de iniciativa da maioria absoluta e aprovada por dois terços de seus membros; VI – salvo deliberação em contrário dos Estados e do Distrito Federal, nos termos do disposto no inciso XII, "g", as alíquotas internas, nas operações relativas à circulação de mercadorias e nas prestações de serviços, não poderão ser inferiores às previstas para as operações interestaduais; VII – nas operações e prestações que destinem bens e serviços a consumidor final, contribuinte ou não do imposto, localizado em outro Estado, adotar-se-á a alíquota interestadual e caberá ao Estado de localização do destinatário o imposto correspondente à diferença entre a alíquota interna do Estado destinatário e a alíquota interestadual; VIII – a responsabilidade pelo recolhimento do imposto correspondente à diferença entre a alíquota interna e a interestadual de que trata o inciso VII será atribuída: a) ao destinatário, quando este for contribuinte do imposto; b) ao remetente, quando o destinatário não for contribuinte do imposto; IX – incidirá também: a) sobre a entrada de bem ou mercadoria importados do exterior por pessoa física ou jurídica, ainda que não seja contribuinte habitual do imposto, qualquer que seja a sua finalidade, assim como sobre o serviço prestado no exterior, cabendo o imposto ao Estado onde estiver situado o domicílio ou o estabelecimento do destinatário da mercadoria, bem ou serviço; b) sobre o valor total da operação, quando mercadorias forem fornecidas com serviços não compreendidos na competência tributária dos Municípios; X – não incidirá: a) sobre operações que destinem mercadorias para o exterior, nem sobre serviços prestados a destinatários no exterior, assegurada a manutenção e o aproveitamento do montante do imposto cobrado nas operações e prestações anteriores; b) sobre operações que destinem a outros Estados petróleo, inclusive lubrificantes, combustíveis líquidos e gasosos dele derivados, e energia elétrica; c) sobre o ouro, nas hipóteses definidas no art. 153, § 5º; d) nas prestações de serviço de comunicação nas modalidades de radiodifusão sonora e de sons e imagens de recepção livre e gratuita; XI – não compreenderá, em sua base de cálculo, o montante do imposto sobre produtos industrializados, quando a operação, realizada entre contribuintes e relativa a produto destinado à industrialização ou à comercialização, configure fato gerador dos dois impostos; XII – cabe à lei complementar: a) definir seus contribuintes; b) dispor sobre substituição tributária; c) disciplinar o regime de compensação do imposto; d) fixar, para efeito de sua cobrança e definição do estabelecimento responsável, o local das operações relativas à circulação de mercadorias e das prestações de serviços; e) excluir da incidência do imposto, nas exportações para o exterior, serviços e outros produtos além dos mencionados no inciso X, "a" f) prever casos de manutenção de crédito, relativamente à remessa para outro Estado e exportação para o exterior, de serviços e de mercadorias; g) regular a forma como, mediante deliberação dos Estados e do Distrito Federal, isenções, incentivos e benefícios fiscais serão concedidos e revogados. h) definir os combustíveis e lubrificantes sobre os quais o imposto incidirá uma única vez, qualquer que seja a sua finalidade, hipótese em que não se aplicará o disposto no inciso X, *b;* i) fixar a base de cálculo, de modo que o montante do imposto a integre, também na importação do exterior de bem, mercadoria ou serviço.

§ 3º À exceção dos impostos de que tratam o inciso II do *caput* deste artigo e o art. 153, I e II, nenhum outro imposto poderá incidir sobre operações relativas a energia elétrica, serviços de telecomunicações, derivados de petróleo, combustíveis e minerais do País.

§ 4º Na hipótese do inciso XII, *h*, observar-se-á o seguinte: I – nas operações com os lubrificantes e combustíveis derivados de petróleo, o imposto caberá ao Estado onde ocorrer o consumo; II – nas operações interestaduais, entre contribuintes, com gás natural e seus derivados, e lubrificantes e combustíveis não incluídos no inciso I deste parágrafo, o imposto será repartido entre os Estados de origem e de destino, mantendo-se a mesma proporcionalidade que ocorre nas operações com as demais mercadorias; III – nas operações interestaduais com gás natural e seus derivados, e lubrificantes e combustíveis não incluídos no inciso I deste parágrafo, destinadas a não contribuinte, o imposto caberá ao Estado de origem; IV – as alíquotas do imposto serão definidas mediante deliberação dos Estados e Distrito Federal, nos termos do § 2º, XII, *g*, observando-se o seguinte: a) serão uniformes em todo o território nacional, podendo ser diferenciadas por produto; b) poderão ser específicas, por unidade de medida adotada, ou *ad valorem*, incidindo sobre o valor da operação ou sobre o preço que o produto ou seu similar alcançaria em uma venda em condições de livre concorrência; c) poderão ser reduzidas e restabelecidas, não se lhes aplicando o disposto no art. 150, III, *b*.

§ 5º As regras necessárias à aplicação do disposto no § 4º, inclusive as relativas à apuração e à destinação do imposto, serão estabelecidas mediante deliberação dos Estados e do Distrito Federal, nos termos do § 2º, XII, *g*.

§ 6º O imposto previsto no inciso III: I – terá alíquotas mínimas fixadas pelo Senado Federal; II – poderá ter alíquotas diferenciadas em função do tipo e utilização.

2.1 Imposto sobre Transmissão *Causa Mortis* e Doação

2.1.1 Noções introdutórias

A Constituição confere aos Estados e ao Distrito Federal a competência para a instituição de impostos sobre transmissões *causa mortis* e doações de quaisquer bens ou direitos.

Transmissões *causa mortis*, como se sabe, são as referentes ao patrimônio de pessoas físicas falecidas, enquanto as doações de bens ou direitos ocorrem por ato volitivo, sem contraprestação financeira. No caso das doações modais (ou remuneratórias), o imposto só poderá incidir sobre o valor excedente à contraprestação do donatário:

> "As doações puras, que envolvem a transferência do bem em favor do donatário sem nada lhe ser exigido, nem encargos, tampouco implemento de condição, estão sob o campo de incidência exclusivo do imposto estadual (...). Entretanto, as modais, que, sem perda do caráter de liberalidade inerente ao instituto, impõem encargos de valor pecuniário, devem ser tributadas com exclusão daquelas despesas inerentes ao cumprimento do dever, em atendimento ao princípio da capacidade econômica." (DERZI, 2015, p. 347)[23].

23. A doação remuneratória manterá o caráter de liberalidade em relação ao valor excedente dos serviços remunerados os do encargo imposto, conforme o art. 540 do Código Civil: "A doação feita em contemplação do merecimento do donatário não perde o caráter de liberalidade, como não o perde a doação remuneratória, ou a gravada, no excedente ao valor dos serviços remunerados ou ao encargo imposto".

Na esfera de competência estadual encontram-se, portanto, as transmissões a título gratuito. Por outro lado, estão excluídas desse tributo as hipóteses em que alguém adquire a propriedade originariamente[24]. A transmissão *causa mortis* e a doação, abrangidas por esse imposto estadual, são formas derivadas de aquisição da propriedade.

O imposto em questão pode ainda ser descrito como tributo fiscal, pois sua maior finalidade é a arrecadatória, não havendo maiores preocupações em relação à indução de comportamento do contribuinte.

Vale ainda destacar que a competência para instituição do ITCMD será regulada por lei complementar se o doador tiver domicílio ou residência no exterior ou ainda se o *de cujus* possuía bens, era residente, ou domiciliado ou teve seu inventário processado no exterior (CF, art. 155, § 1º, III). Pretendeu o constituinte que as questões envolvendo uma conexão com território estrangeiro fossem tratadas pelo legislador complementar, a fim de conferir uniformidade nacional à matéria.

2.1.2 Fato gerador

O fato gerador do imposto em questão pode ser a transmissão de bens e direitos *causa mortis* ou por doação. Os bens ou direitos transmitidos podem ser móveis ou imóveis.

No caso da sucessão *causa mortis*, vale observar a disposição do art. 35, parágrafo único do CTN, segundo a qual em tais transmissões ocorrem tantos fatos geradores distintos quantos sejam os herdeiros ou legatários. Ainda em relação à transmissão *causa mortis*, o fato gerador do imposto abrange a sucessão legítima ou testamentária.

O momento do fato gerador (aspecto temporal), no ITCMD, corresponde ao momento da transmissão dos bens e direitos, seja por morte ou por doação (COSTA, 2014, p. 385). No caso das transmissões *causa mortis*, é a abertura da sucessão, momento do falecimento, quando a lei civil considera

24. "Os modos de aquisição da propriedade podem ser originários ou derivados. Originários são assim considerados não pelo fato da titularidade surgir pela primeira vez com o proprietário. Em verdade, fundam-se na existência, ou não, de relação contratual entre o adquirente e o antigo dono da coisa. Na aquisição originária o novo proprietário não mantém qualquer relação de direito real ou obrigacional com o seu antecessor, pois não obtém o bem do antigo proprietário, mas contra ele. (...) Se a propriedade é adquirida por modo originário, não há vínculo entre a propriedade atual e a anterior, incorporando-se o bem ao patrimônio do novo titular em toda a sua plenitude, livre de todos os vícios que a relação jurídica pregressa representava." (FARIAS e ROSENVALD, 2010, p. 274).

transmitida a herança[25]. Já na hipótese de transmissão não onerosa *inter vivos* (doações), o momento da transmissão seguirá a natureza do bem: se imóvel, a transmissão só ocorrerá com o registro na matrícula do imóvel[26]; se bem móvel, a transmissão ocorre com a tradição[27].

Em consonância com a ocorrência do fato gerador no momento da abertura da sucessão, será nessa data que se definirá a alíquota aplicável, conforme a **súmula 112 do STF**: "O imposto de transmissão *causa mortis* é devido pela alíquota vigente ao tempo da abertura da sucessão". É no momento da ocorrência do fato gerador que são definidos os aspectos materiais relativos à obrigação tributária, como determina o art. 144 do CTN.

No que diz respeito ao aspecto espacial do fato gerador, a Constituição (art. 155, § 1º, I e II) traz normas específicas sobre onde se reputa devido o ITCMD, separando-se os bens móveis dos imóveis.

Quando a transmissão for de bens imóveis, será competente para a exigência do ITCMD o Estado ou Distrito Federal em que situado o bem. Pouca importa se a transmissão é *causa mortis* ou a título de doação. Em se tratando de imóveis, prevalece a situação do bem como critério para definição do Estado a quem compete o ITCMD.

Em se tratando de bens móveis, a competência será do ente federativo onde se processar o inventário ou arrolamento (no caso de transmissão *causa mortis*), ou tiver domicílio o doador (no caso de doações).

Perceba que a distinção não é quanto ao fato de a transmissão ser *causa mortis* ou a título de doação. Assim é que numa mesma sucessão *causa mortis* poderão existir dois ou mais Estados competentes para a exigência do ITCMD. Imagine a hipótese do patrimônio de um *de cujus* que abrange três imóveis, um situado em Itabuna/BA, outro situado em Campinas/SP e um terceiro situado em Tucuruí/PA. Em relação a cada um desses imóveis, será titular do ITCMD um Estado diferente, de acordo com a situação do bem. Caso o patrimônio

25. Código Civil, art. 1.784. Aberta a sucessão, a herança transmite-se, desde logo, aos herdeiros legítimos e testamentários.

26. Código Civil, art. 1.245. Transfere-se entre vivos a propriedade mediante o registro do título translativo no Registro de Imóveis.

27. Código Civil, art. 1.267. A propriedade das coisas não se transfere pelos negócios jurídicos antes da tradição. "A tradição é modo derivado de aquisição de propriedade mobiliária, consistindo na entrega de bem móvel pelo transmitente ao adquirente, com a intenção de transferir-lhe a propriedade, em razão de título translativo oriundo de negócio jurídico (art. 1.267 do CC). Se, no linguajar coloquial, o termo tradição significa a simples entrega de bem móvel, na acepção jurídica concerne à entrega da coisa com exclusivo objetivo de transmitir propriedade." (FARIAS e ROSENVALD, 2010, p. 363).

abranja ainda uma frota de carros situada no Estado do Paraná. Supondo que o inventário ou arrolamento seja processado no Estado de Minas Gerais, esse último exigirá o ITCMD em relação à transmissão dos veículos, dado que são bens móveis, cuja transmissão é tributada pelo Estado onde se processa o inventário ou arrolamento, nos termos do art. 155, § 1º, II da CF.

Em se tratando de doação de bens móveis, o ente titular crédito tributário do ITCMD será o Estado de domicílio do doador. Na doação de bens imóveis, repetimos, o ITCMD caberá ao Estado de situação do imóvel.

2.1.3 Contribuintes

O art. 42 do CTN, ao tratar do imposto que antecedeu o ITCMD, preceitua que o contribuinte do imposto é qualquer das partes na operação tributada, como dispuser a lei. Essa lei a que remete o CTN é a do respectivo ente instituidor. Como se trata de imposto estadual, é possível que o contribuinte, na hipótese de doação, seja diverso conforme o Estado que exige o tributo. É possível ainda que, na escolha do donatário como contribuinte, o doador figure como contribuinte na hipótese de inadimplemento do tributo pelo primeiro, como determina o art. 8º, da Lei 10.705/2000, do Estado de São Paulo.

No caso de transmissão *causa mortis*, o contribuinte será o herdeiro ou legatário, por conta da impossibilidade de se exigir o tributo da pessoa falecida[28].

2.1.4 Base de cálculo

O art. 38 do CTN dispõe que a base de cálculo do imposto é o valor venal dos bens ou direitos transmitidos. Tal valor, no caso da transmissão *causa mortis*, será calculado sobre o valor dos bens na data da avaliação (**súmula 113 do STF**).

As alíquotas máximas serão fixadas pelo Senado (CF, art. 155, § 1º, IV). Tais alíquotas máximas não podem ser utilizadas como um parâmetro fixo de reajuste dos Estados ou Distrito Federal. Em outras palavras, não pode o ente editar lei que determine que a alíquota do ITCMD será o máximo fixado pelo Senado, de forma genérica e no intuito de promover reajustes automáticos à medida que o Senado proceda a elevações no teto de alíquota. O STF não permite que o Estado atrele sua alíquota à máxima estabelecida

28. "Em se tratando de herança, logicamente deve ser contribuinte o herdeiro, ou legatário." (MACHADO, 2005, p. 361).

pelo Senado, de modo que o aumento dessa última importe automaticamente no reajuste daquela. Haveria, no caso, ofensa ao princípio da legalidade tributária (**RE 218.086 AgR**, j. 08.02.2000).

Como já dito no estudo da capacidade contributiva, as alíquotas do ITCMD podem ser progressivas, como decidiu o STF em sede de **repercussão geral** (**RE 562.045**, j. 06.02.2013).

2.2 Imposto sobre Operações de Circulação de Mercadorias e Prestações de Serviços de Transporte Interestadual e Intermunicipal e de Comunicação – ICMS

2.2.1 Noções introdutórias

O ICMS é um imposto estadual que incide sobre a circulação de mercadorias e sobre a prestação de serviços de transporte interestadual e intermunicipal e de comunicação. É o tributo de maior importância sobre o consumo, sendo responsável pela maior parcela da receita tributária dos Estados e do Distrito Federal.

A incidência sobre o consumo transparece sua classificação como um imposto **indireto**, que onera o contribuinte de fato, o consumidor. A carga tributária desse imposto é suportada pelo adquirente das mercadorias, e não pelo contribuinte de direito ou comerciante. Essa tributação sobre o consumo pode ocorrer de forma **seletiva**, em função da **essencialidade das mercadorias e dos serviços** (CF, art. 155, § 2º, III).

A importância do ICMS pode ser percebida a partir da ampla disciplina constitucional desse imposto. Pretendeu o constituinte conferir um conjunto de normas nacionais em relação às quais os Estados não podem se opor. Como já decidiu o STF, as normas constitucionais, que impõem disciplina nacional ao ICMS, são preceitos contra os quais não se pode opor a autonomia do Estado (**ADI-MC 2377**, j. 22.02.2001).

2.2.2 Fato gerador

O estudo do fato gerador do ICMS pode ser dividido em três partes, na medida em que há três conjuntos bem definidos de materialidades: as operações de circulação de mercadorias, as prestações de serviços de transporte interestadual e intermunicipal e a prestação de serviços de comunicação.

2.2.2.1 Operações de circulação de mercadorias

A locução que compõe esse fato gerador precisa ser bem compreendida.

O termo "operações" significa a exigência de negócios jurídicos de transmissão de propriedade. Caso a circulação de mercadorias ocorra através de contratos que não são aptos à transferência de propriedade (como locação, comodato, arrendamento mercantil), não haverá o fato gerador do ICMS[29]. A transferência de titularidade da mercadoria é, portanto, um requisito para a incidência do imposto.

A circulação de mercadorias por meio de "operações" exclui também a incidência do ICMS sobre a circulação meramente física de mercadorias. Essa é a inteligência da **súmula 573 do STF**, segundo a qual não constitui fato gerador do imposto de circulação de mercadorias a saída física de máquinas, utensílios e implementos a título de comodato. É pacífica a jurisprudência do STF que a mera saída física sem transferência de propriedade ou o deslocamento de mercadoria entre estabelecimentos da mesma empresa não enseja a incidência do ICMS (**RE 267.599 AgR**, j. 24.11.2009).

No mesmo sentido é a **súmula 166 do STJ**: "não constitui fato gerador do ICMS o simples deslocamento de mercadoria de um para outro estabelecimento do mesmo contribuinte". Esse entendimento foi confirmado em sede de **recurso repetitivo**, no qual se definiu que "é imprescindível a circulação jurídica da mercadoria com a transferência da propriedade" (**REsp 1.125.133**, j. 25.08.2010).

Em relação à transferência de propriedade de mercadorias (bens móveis), vale lembrar que no direito brasileiro a mera celebração do contrato não é suficiente, sendo necessário que ocorra a tradição para que se torne perfeita a transferência.

O conhecimento dos limites do fato gerador do ICMS exige ainda a análise do termo "mercadorias". Tradicionalmente, é comum definir mercadoria como o bem móvel e corpóreo destinado ao comércio[30]. Esse conceito exclui, por exemplo, as ações de companhia aberta adquiridas em bolsa de valores ou no mercado de balcão.

29. Lei Complementar 87/1995, art. 3º: O imposto não incide sobre: (...) VIII – operações de arrendamento mercantil, não compreendida a venda do bem arrendado ao arrendatário;

30. "Mercadorias são coisas móveis. São coisas porque bens corpóreos, que valem por si e não pelo que representam. Coisas, portanto, em sentido restrito, no qual não se incluem os bens tais como os créditos, as ações, o dinheiro, entre outros. E coisas móveis porque em nosso sistema jurídico os imóveis recebem disciplinamento legal diverso, o que os exclui do conceito de mercadorias." (MACHADO, 2005, p. 368-369).

Uma das maiores celeumas em relação ao ICMS diz respeito justamente à exigência do caráter corpóreo das mercadorias para que se permita a tributação pelos Estados. Diante das inovações da economia digital e do esvaziamento de algumas atividades que antes representavam fonte de receita de ICMS, algumas vozes defendem que o ICMS deve alcançar também bens **incorpóreos.**

A comercialização de softwares levou essa discussão ao STF. Primeiramente, a Corte Constitucional decidiu que os softwares "de prateleira", comercializados em larga escala e materializados em um meio físico (CD, por exemplo), são mercadorias e dessa forma podem ser tributados pelo ICMS (**RE 176.626**, j. 10.11.1998). Nesse julgado o STF procedeu à distinção entre o programa de computador comercializado através de suporte físico em larga escala e as operações de "licenciamento ou cessão do direito de uso de programas de computador", que por sua vez não teriam por objeto uma mercadoria, mas sim um bem incorpóreo. No RE 176.626, portanto, o entendimento do STF foi o de que o conceito de mercadoria excluiria os bens incorpóreos, só se permitindo a incidência do ICMS sobre os programas de computador quando estes fossem comercializados através de suporte físico.

Em 2010, contudo, o STF decidiu ser possível a incidência do ICMS sobre as operações com programas de computador realizadas através de transferência eletrônica de dados, ou seja, sem a presença de um instrumento físico ou corpóreo (**ADI 1945 MC**, j. 26.05.2010).

Vale observar a crítica da doutrina quanto à incidência do ICMS em tais operações com programas de computador. Essa crítica parte da premissa que a operação não permite a transferência da titularidade jurídica do programa de computador, não havendo, portanto, o preenchimento do requisito "circulação", exigido para a tributação pelo ICMS. Haveria, no caso, mera licença de uso, e não uma aquisição da propriedade do software[31].

Diante da presença cada vez maior de operações envolvendo bens e serviços digitais, que passam a ser transacionados não só através de download, mas também por meio de computação em nuvem, acreditamos que as

31. "o contrato de licença de uso não tem por consequência a transferência da propriedade do software, música, foto ou filme. Trata-se de autorização para uso do bem, que pode ou não ser por tempo limitado. Não há qualquer possibilidade ou autorização ao usuário de transferir, comercializar, doar, alienar ou sublicenciar o programa de computador, a música, a foto ou o filme objeto de transferência. (...) nos bens digitais, em que não há suporte físico, resta apenas a obra (seja o filme, a música, a foto ou o software) e, esta, pela proteção autoral, não seria passível de comercialização, a não ser por um contrato diferente da licença de uso. Não há, portanto, circulação capaz de ensejar a incidência do ICMS, a não ser sobre o suporte físico; sobre a mídia que contém a produção. " PISCITELLI, Tathianne. Os Desafios da Tributação do Comércio Eletrônico. Revista de Direito Tributário Contemporâneo, v. 1, p. 195-216, 2016.

premissas estabelecidas pelo STF (e pelo sistema tributário em geral) serão cada vez mais desafiadas.

Para provas de concursos, reforçamos a necessidade de se conhecer o conteúdo do julgamento da medida cautelar na ADI 1945, acima exposto.

Cabe lembrar que a **energia elétrica** não é bem corpóreo e mesmo assim há previsão expressa a respeito da incidência do ICMS sobre seu consumo, como se vê do art. 155, § 3º da CF.

Voltando ao conceito de mercadoria, é essencial que esta seja afetada à atividade comercial. A mercadoria se qualifica por ser destinada ao comércio. Significa que apenas os bens afetados à comercialização podem sofrer a incidência do ICMS. Consequência disso é a impossibilidade de se exigir ICMS em relação à alienação de bens que integram o ativo fixo da empresa (**AI 177.698 AgR**, j. 12.03.1996). A natureza mercantil de um bem não é extraída de suas características ou propriedades intrínsecas, mas sim de sua destinação.

Partindo do conceito de mercadoria acima exposto, o STF decidiu que a água potável fornecida por concessionárias de serviço público não é tributável pelo ICMS. O Tribunal fixou, em sede de repercussão geral, o entendimento de que o fornecimento de água tratada à população por empresas concessionárias, permissionárias ou autorizadas não caracteriza uma operação de circulação de mercadoria (**RE 607.056**, **repercussão geral**, j. 10.04.2013). A água só pode ser considerada mercadoria tributável pelo ICMS quando fornecida em vasilhames, como se dá na compra de garrafas de água mineral.

Também se exclui da expressão "operação de circulação de mercadorias" a alienação de salvados de sinistros pelas seguradoras. Desse modo, quando a seguradora vende o que restou de um veículo objeto de "perda total" num contrato de seguro, essa operação não é uma circulação de mercadorias, não há a habitualidade exigida para a caracterização da operação comercial. O STF, depois de julgados nesse sentido, editou a **súmula vinculante 32**, que pacificou: "o ICMS não incide sobre alienação de salvados de sinistro pelas seguradoras".

2.2.2.2 Prestação de serviços de transporte interestadual e intermunicipal

Nesse fato gerador, devemos iniciar destacando o vocábulo "prestação", que impede a incidência do ICMS sobre o transporte de bens de uma pessoa realizado por ela mesma. A "prestação" requer que o serviço seja exercido por alguém em benefício de um tomador que o contrata.

Prosseguindo, o transporte interestadual e intermunicipal que enseja a incidência do ICMS é o realizado **por qualquer via**, de pessoas, bens, mercadorias ou valores (art. 2º, II da Lei Complementar 87/1996). O legislador complementar, assim, autorizou a incidência do ICMS no transporte por qualquer via, seja terrestre, aquática ou aérea.

As modalidades de transporte aéreo **intermunicipal, interestadual e internacional de passageiros**, assim como o transporte aéreo **internacional de cargas** foram discutidas no âmbito da **ADI 1600** (j. 26.11.2001). Argumentava-se nessa ação que a Lei Complementar 87/1996 não definia de modo suficiente a navegação aérea de modo a permitir que a legislação ordinária instituísse o ICMS sem ensejar conflitos de competência entre Estados e Municípios. Alegava-se também violação da isonomia ao sujeitar as empresas brasileiras de transportes aéreos ao ICMS, enquanto as empresas estrangeiras estão a salvo da tributação de tributação em seus respectivos países de origem e no Brasil, por força de tratados internacionais.

Entendeu o STF que a LC 87/1996 não regulava suficientemente o transporte aéreo de modo a impedir conflitos de competência, não sendo possível a exigência do ICMS sobre o transporte aéreo a partir da cláusula genérica "transporte interestadual e intermunicipal por qualquer via". A insuficiência normativa no tocante à navegação aérea fomentaria conflitos de competência entre os Estados, equivalendo à ausência de regulamentação exigida nos arts. 146, I e III, e 155, § 2º, XII, da Constituição. Além disso, foi reconhecida a violação à isonomia, pois a LC 87/1996 autorizava a incidência do ICMS sobre serviços de transporte aéreo prestados por empresas nacionais, enquanto os serviços de mesma natureza prestados por companhia estrangeira escapam à tributação por conta de tratados internacionais.

Destacamos mais uma vez que a decisão do STF na ADI 1600 atingiu apenas o transporte aéreo **intermunicipal, interestadual e internacional de passageiros** e o transporte aéreo **internacional de cargas**. O transporte aéreo **nacional de cargas** não foi afetado pelo julgamento. Podemos extrair essa conclusão da própria ementa da ADI 1600:

> "(...) NÃO INCIDÊNCIA SOBRE A PRESTAÇÃO DE SERVIÇOS DE TRANSPORTE AÉREO, **DE PASSAGEIROS – INTERMUNICIPAL, INTERESTADUAL E INTERNACIONAL.** INCONSTITUCIONALIDADE DA EXIGÊNCIA DO ICMS NA PRESTAÇÃO DE SERVIÇOS DE TRANSPORTE AÉREO **INTERNACIONAL DE CARGAS** PELAS EMPRESAS AÉREAS NACIONAIS, ENQUANTO PERSISTIREM OS CONVÊNIOS DE ISENÇÃO DE EMPRESAS ESTRANGEIRAS. AÇÃO JULGADA, PARCIALMENTE PROCEDENTE."

Já em relação ao transporte terrestre, o STF entendeu que não haveria inconstitucionalidade nos dispositivos da LC 87/96 que dispõem sobre a incidência do ICMS sobre operações de transporte terrestre intermunicipal e interestadual de passageiros e de cargas (**ADI 2669**, j. 05.02.2014).

2.2.2.3 Prestação de serviços de comunicação

Quanto ao ICMS sobre a prestação de serviços de comunicação, também achamos necessário ressaltar o termo "prestação", pois com essa expressão o constituinte deixou claro que o imposto requer um contrato oneroso. Não basta a comunicação, é necessário que haja um serviço de comunicação prestado em benefício de outrem.

Considerando que o conceito de comunicação envolve a transmissão e a recepção de mensagens, o Plenário do STF já decidiu que os serviços preparatórios aos serviços de comunicação, como habilitação, instalação, e assinatura, configuram serviços suplementares, não alcançados pelo conceito constitucional "prestação de serviços de comunicação" para fins de incidência do ICMS (**RE 572.020**, j. 06.02.2014). Desse modo, os serviços de habilitação de telefonia celular não representam um serviço efetivo de comunicação, sendo apenas preparatório à comunicação propriamente dita, o que impede a exigência do ICMS no caso[32]. Pela mesma razão, a jurisprudência do STJ pacificou a orientação de que "o ICMS não incide no serviço dos provedores de acesso à Internet" (**súmula 334 do STJ**). Para o STJ, o serviço prestado pelos provedores de acesso à internet constitui mero serviço de valor adicionado, nos termos do art. 61 da Lei 9.472/1997 (**AgRg no AREsp 357.107**, j. 17.09.2013).

Por outro lado, o STF fixou, em sede de **repercussão geral**, o entendimento de que o ICMS incide sobre a tarifa de assinatura básica mensal cobrada pelas prestadoras de serviço de telefonia, independentemente da franquia de minutos conferia ou não ao usuário (**RE 912.888**, j. 13.10.2016). Entendeu o STF que a tarifa de assinatura básica mensal constitui a contraprestação pelo serviço de comunicação oferecido em caráter continuado pelas concessionárias de telefonia. Sendo identificada como a contraprestação pelo serviço de comunicação propriamente dito, sobre esse valor deveria incidir o ICMS.

32. No mesmo sentido a **súmula 350 do STJ**: O ICMS não incide sobre o serviço de habilitação de telefone celular.

2.2.3 Contribuinte

O Contribuinte do ICMS é definido no art. 4º da Lei Complementar 87/1996:

> LC 87/1996, art. 4º. Contribuinte é qualquer pessoa, física ou jurídica, que realize, com habitualidade ou em volume que caracterize intuito comercial, operações de circulação de mercadoria ou prestações de serviços de transporte interestadual e intermunicipal e de comunicação, ainda que as operações e as prestações se iniciem no exterior. Parágrafo único. É também contribuinte a pessoa física ou jurídica que, mesmo sem habitualidade ou intuito comercial: I – importe mercadorias ou bens do exterior, qualquer que seja a sua finalidade; II – seja destinatária de serviço prestado no exterior ou cuja prestação se tenha iniciado no exterior; III – adquira em licitação mercadorias ou bens apreendidos ou abandonados; IV – adquira lubrificantes e combustíveis líquidos e gasosos derivados de petróleo e energia elétrica oriundos de outro Estado, quando não destinados à comercialização ou à industrialização.

O dispositivo preceitua que o contribuinte é, basicamente, a pessoa, física ou jurídica, que realiza a operação definida como fato gerador (circulação de mercadorias, prestação de serviços de transporte e de comunicação). Exige-se, porém, um requisito essencial para a conceituação do contribuinte: a habitualidade ou a realização das operações em volume que caracterize intuito comercial. Com isso, o alienante eventual de mercadorias não é contribuinte do ICMS.

O parágrafo único reproduzido acima elenca as situações em que não se exige a habitualidade ou o intuito comercial para a caracterização do contribuinte do ICMS. A figura do importador será estudada no tópico sobre o ICMS-importação.

2.2.4 Base de cálculo

A base de cálculo será diferente conforme se trate de circulação de mercadorias, de prestação de serviços de transporte ou de prestação de serviços de comunicação.

No caso de circulação de mercadorias, o art. 13 da Lei Complementar 87/1996 dispõe que a base de cálculo será o valor da operação, incluindo-se aí o valor não só da mercadoria, mas também do serviço, nas hipóteses em que for legítima a incidência do ICMS sobre o serviço prestado em conjunto com a venda da mercadoria.

Em relação a essa materialidade do ICMS, o STF consolidou o entendimento em sede de **repercussão geral** no sentido de que **a base de cálculo "valor da operação" inclui o próprio montante do ICMS incidente**, pois ele faz parte da importância paga pelo comprador e recebida pelo vendedor na operação (**RE 582.461**, j. 18.05.2011).

Um dos fundamentos da decisão foi a redação da alínea *i* do art. 155, § 2º, XII (alínea esta incluída pela Emenda Constitucional 33/2001), segundo a qual cabe à lei complementar "fixar a base de cálculo, de modo que o montante do imposto a integre, **também** na importação do exterior de bem, mercadoria ou serviço". Constou do acórdão que "se o texto dispõe que o ICMS deve ser calculado com o montante do imposto inserido em sua própria base de cálculo também na importação de bens, naturalmente a interpretação que há de ser feita é que o imposto já era calculado dessa forma em relação às operações internas"[33].

Em se tratando de prestação de serviço de transporte interestadual e intermunicipal e de comunicação, o art. 13, III da LC 87/1996 determina que a base de cálculo será o preço do serviço.

Em relação às alíquotas do ICMS, é digna de nota a preocupação do constituinte com essa matéria. Constam do art. 155, § 2º da CF as seguintes diretrizes:

> "(...) IV – **resolução do Senado** Federal, de iniciativa do Presidente da República ou de um terço dos Senadores, aprovada pela maioria absoluta de seus membros, **estabelecerá** as **alíquotas aplicáveis às operações e prestações, interestaduais e de exportação**;
> V – é **facultado ao Senado** Federal: a) estabelecer alíquotas mínimas nas operações internas, mediante resolução de iniciativa de um terço e aprovada pela maioria absoluta de seus membros; b) fixar alíquotas máximas nas mesmas operações para resolver conflito específico que envolva interesse de Estados, mediante resolução de iniciativa da maioria absoluta e aprovada por dois terços de seus membros;
> VI – salvo deliberação em contrário dos Estados e do Distrito Federal, nos termos do disposto no inciso XII, "g", as **alíquotas internas**, nas operações relativas à circulação de mercadorias e nas prestações de serviços, **não poderão ser inferiores às previstas para as operações interestaduais**; (...)".

33. Já a inclusão do ICMS na base de cálculo das contribuições PIS e COFINS é inconstitucional, conforme decidido em sede de **repercussão geral** no
RE 574.706, j. 15.03.2017.

A resolução do Senado que deve estabelecer as alíquotas aplicáveis às operações e prestações, interestaduais e de exportação, é uma norma geral de direito tributário. Apesar de ser comum que as normas gerais tributárias sejam dispostas em lei complementar, há situações em que o constituinte confere tal função à resolução do Senado. A necessidade de uniformidade nacional em relação a um imposto propenso a uma disputa fiscal entre os entes estaduais justifica uma atuação do Senado, órgão legislativo que reúne os representantes dos Estados.

O Senado cumpriu esse desígnio por meio da Resolução 22/1989, segundo a qual:

> Resolução Senado Federal 22/1989, art. 1º. **A alíquota** do Imposto sobre Operações Relativas à Circulação de Mercadorias e sobre Prestação de Serviços de Transporte Interestadual e Intermunicipal e de Comunicação, **nas operações e prestações interestaduais, será de doze por cento.**
>
> Parágrafo único. **Nas operações e prestações realizadas nas Regiões Sul e Sudeste, destinadas às Regiões Norte, Nordeste e Centro-Oeste e ao Estado do Espírito Santo, as alíquotas serão**: I – em 1989, oito por cento; II – **a partir de 1990, sete por cento.**

O Senado tem ainda a faculdade de estabelecer alíquotas mínimas nas operações internas e de fixar alíquotas máximas nas operações internas, para resolver conflitos entre Estados.

Além disso, as alíquotas internas, no que tange às operações de circulação de mercadorias e prestação de serviços, não podem ser inferiores às alíquotas das operações interestaduais, salvo deliberação em contrário dos Estados e do Distrito Federal. As alíquotas interestaduais fixadas pelo Senado funcionam como um piso para as alíquotas internas a serem fixadas pelos Estados. A fixação de alíquotas mínimas tem a função de evitar uma competição predatória, em que os entes fixariam alíquotas cada vez menores, numa "corrida para o fundo do poço".

Vale dizer que a alíquota interestadual que serve de patamar mínimo não é a especial de 7%, mas sim a genérica de 12%, conforme já decidiu o STF (**ADI-MC 2021**, j. 25.08.1999).

Encerrando esse tópico, recomendamos a leitura desse dispositivo e a memorização das regras acima de iniciativa e aprovação das resoluções nos momentos anteriores a uma prova objetiva de concurso público.

2.2.5 ICMS na importação

A incidência do ICMS nas operações de importação estava prevista no texto originário da Constituição de 1988, nos seguintes termos:

> CF, art. 155, § 2º – O imposto previsto no inciso I, *b* (ICMS), atenderá ao seguinte: IX – incidirá também: a) sobre a entrada de mercadoria importada do exterior, **ainda quando se tratar de bem destinado a consumo ou ativo fixo do estabelecimento**, assim como sobre serviço prestado no exterior, cabendo o imposto ao Estado onde estiver situado o **estabelecimento** destinatário da mercadoria ou do serviço. (grifamos).

Nessa redação original, a incidência do ICMS nas importações não era restrita às mercadorias, pois o dispositivo expressamente abarcava as importações relativas aos bens destinados a consumo ou ativo fixo do estabelecimento, bens estes que não são considerados mercadorias. Essa abrangência torna o ICMS na importação um imposto de natureza diversa do ICMS-circulação de mercadorias, o que é confirmado pela literalidade do texto constitucional ("incidirá **também**").

Havia, portanto, dois conjuntos de operações de importação: as relativas a mercadorias e as relativas aos bens destinados a consumo ou ativo fixo de estabelecimento. Apesar da redação de 1988 não mencionar expressamente a importação realizada por pessoa física, a Lei Complementar 87/1996, em seu art. 2º, § 1º, trouxe a seguinte previsão:

> LC 87/1996, art. 2º, § 1º. O imposto incide também: I – sobre a entrada de mercadoria importada do exterior, por **pessoa física** ou jurídica, ainda quando se tratar de bem destinado a consumo ou ativo permanente do estabelecimento.

Essa menção às importações realizadas por pessoas físicas foi acusada de inconstitucional, por ampliar indevidamente o espectro da incidência do ICMS previsto na Constituição. Para os que assim pensavam, não havia, na redação original da CF, autorização para essa exigência do ICMS sobre importações realizadas por pessoas físicas.

O STF consolidou orientação nesse sentido, considerando inexigível o imposto quando se tratar de bem importado por pessoa física. (**RE 203.075**, j. 05.08.1998). Um dos argumentos levados em consideração pelo STF dizia respeito à menção exclusiva a estabelecimento no texto original da CF, não se fazendo referência a residência ou domicílio. Como a pessoa física não possui estabelecimento, não estaria abarcada pelo texto de 1988 no ponto em que trouxe a incidência do ICMS sobre importações.

Reagindo a essa jurisprudência, a Emenda Constitucional 33/2001 alterou a redação do dispositivo em questão para incluir expressamente as importações realizadas por pessoas físicas:

> CF, art. 155, § 2º – O imposto previsto no inciso I, *b* (ICMS), atenderá ao seguinte: IX – incidirá também: a) sobre a entrada de bem ou mercadoria importados do exterior por **pessoa física** ou jurídica, **ainda que não seja contribuinte habitual do imposto, qualquer que seja a sua finalidade**, assim como sobre o serviço prestado no exterior, cabendo o imposto ao Estado onde estiver situado o **domicílio ou o estabelecimento** do destinatário da mercadoria, bem ou serviço. (grifamos).

O constituinte derivado foi atento aos empecilhos apontados pelo STF para a incidência do ICMS nas importações realizadas por pessoas físicas. Assim é que não apenas houve previsão expressa quanto às pessoas físicas, como também se decretou a irrelevância da finalidade do bem importado. Além disso, houve a inclusão do termo "domicílio" para suprir a omissão acusada no julgamento do RE 203.075[34].

Após a Emenda Constitucional, deixou de haver dúvidas quanto à constitucionalidade de lei (posterior à emenda) que instituísse o ICMS sobre importações realizadas por pessoas físicas, independentemente da finalidade do bem importado. Nesse sentido, o STF fixou tese de **repercussão geral** no **RE 439.796** (j. 06.11.2013):

> "Após a Emenda Constitucional 33/2001, é constitucional a incidência de ICMS sobre operações de importação efetuadas por pessoa, física ou jurídica, que não se dedica habitualmente ao comércio ou à prestação de serviços".

A alteração na CF foi seguida por uma alteração na LC 87/1996, que, após a Lei Complementar 114/2002, passou a dispor sobre o assunto da seguinte maneira:

> LC 87/1996, art. 2º, § 1º. "O imposto incide também: I – sobre a entrada de mercadoria ou bem importados do exterior, por pessoa física

34. A ausência das expressões "pessoa física" e "domicílio" na redação original levou o Ministro Maurício Corrêa a concluir da seguinte maneira, em seu voto no RE 203.075: "(...) o imposto não é devido pela pessoa física que importou o bem, visto que não exerce atos de comércio de forma constante nem possui 'estabelecimento destinatário de mercadoria'.".

> ou jurídica, ainda que não seja contribuinte habitual do imposto, qualquer que seja a sua finalidade".

Como já visto, a lei complementar tem importante função em relação ao ICMS, que deve ter um tratamento uniforme em âmbito nacional. Por outro lado, a inexistência de norma geral permite que os Estados exerçam competência legislativa plena para atender a suas peculiaridades[35]. Diante desse cenário, o STF decidiu que a ausência de lei complementar federal não enseja a inconstitucionalidade de lei estadual editada por ente federativo após a Emenda Constitucional 33/2001. Para o Supremo, as leis anteriores à Lei Complementar 114/02 e posteriores à EC33/01 não são inconstitucionais, resolvendo-se a questão no plano da eficácia (**RE 917.950 AgR**, j. 05.12.2017). Conforme constou do voto do Ministro Gilmar Mendes, "no período após a EC e anterior à Lei Complementar Federal, não haveria inconstitucionalidade, mas tão só ineficácia da legislação estadual até 17.12.2002 (vigência da Lei Complementar 114/02), de sorte que seriam insubsistentes créditos tributários advindos de fatos geradores anteriores a tal marco".

Outra discussão que chegou ao STF diz respeito ao aspecto temporal do fato gerador do ICMS sobre importações. O art. 12, IX da LC 87/1996 dispõe que se considera ocorrido o fato gerador do imposto no **momento do desembaraço aduaneiro** de mercadorias ou bens importados do exterior.

No **RE 193.817** (j. 23.10.1996), o STF entendeu que o elemento temporal do fato gerador do ICMS sobre importações corresponde ao momento do recebimento da mercadoria importada (desembaraço), e que a Constituição de 1988 havia consagrado a pretensão dos Estados de verem condicionado o desembaraço da mercadoria ou do bem importado ao recolhimento não apenas dos tributos federais, mas também do ICMS (voto do Ministro Relator Ilmar Galvão). Conforme restou consignado na ementa do RE 193.817:

> "A Constituição de 1988 suprimiu, no dispositivo indicado, a referência que a Carta anterior (EC 03/83, art. 23, II, § 11) fazia à "entrada, em estabelecimento comercial, industrial ou produtor, da mercadoria importada"; e acrescentou caber "o imposto ao Estado onde estiver situado o estabelecimento destinatário da mercadoria", evidenciando que **o elemento temporal referido ao fato gerador, na hipótese, deixou de ser o momento da entrada da mercadoria no estabelecimento do importador. (...) Incensurável, portanto, em face do novo regime, o**

35. CF, art. 24, § 3º. Inexistindo lei federal sobre normas gerais, os Estados exercerão a competência legislativa plena, para atender a suas peculiaridades.

condicionamento do desembaraço da mercadoria importada à comprovação do recolhimento do tributo estadual, de par com o tributo federal, sobre ela incidente. Recurso conhecido e provido, para o fim de indeferir o mandado de segurança." (**RE 193.817**, j. 23.10.1996).

Esse entendimento foi cristalizado na **súmula 661 do STF**: "Na entrada de mercadoria importada do exterior, é legítima a cobrança do ICMS por ocasião do desembaraço aduaneiro" (convertida na **súmula vinculante 48**). Em suma, o STF possui jurisprudência pacífica no sentido de que o aspecto temporal da incidência do ICMS importação é o despacho aduaneiro, momento em que tal imposto deve ser recolhido (**RE 503.031 AgR**, j. 10.09.2013).

Uma observação se faz oportuna. Há jurisprudência oposta em relação aos tributos aduaneiros da União, principalmente em relação ao imposto de importação. Nesse caso, os tribunais têm entendido, com base na súmula 323 do STF[36], que o condicionamento do imposto de importação ao recolhimento do imposto de importação representaria uma sanção política, uma coação indevida contra o contribuinte.

É patente a incongruência dos julgados, não reconhecendo a alteração da jurisprudência nesse tema, que possui inclusive súmula vinculante a respeito. Não obstante, aconselhamos que em provas de concursos seja adotado o entendimento da possibilidade de se condicionar o desembaraço aduaneiro ao pagamento de tributo apenas em relação ao ICMS, em razão da solidez da súmula vinculante 48. No que tange ao imposto de importação e aos tributos aduaneiros em geral, entendemos ser mais segura, em provas objetivas, a posição que aplica de forma simplista a súmula 323 do STF. Em provas discursivas o candidato terá maior liberdade para expor as duas posições e a contradição entre as duas posições. O tema foi exposto no tópico sobre imposto de importação e sanção política.

Também possui relevância para o estudo do ICMS nas importações a jurisprudência sobre o destinatário dos itens importados. O texto constitucional determina que o ICMS na importação cabe ao Estado onde estiver situado o domicílio ou o estabelecimento do **destinatário** da mercadoria, bem ou serviço (CF, art. 155, § 2º, IX, *a*).

O termo "destinatário", contudo, não elimina as dúvidas quanto ao Estado que será o sujeito ativo do imposto, já que pode ser compreendido como **destinatário físico** (estabelecimento que figura como destinatário da remesa física do

36. "É inadmissível a apreensão de mercadorias como meio coercitivo para pagamento de tributos".

bem importado) ou **destinatário jurídico** (estabelecimento identificado como o importador na operação). É preciso ter atenção para o fato de que o Estado do desembaraço aduaneiro, pelo qual a mercadoria ingressa em território nacional, na necessariamente coincide com o Estado do destinatário físico ou jurídico.

O destinatário jurídico ou legal pode ser um estabelecimento pelo qual o objeto importado jamais transitará, apesar de figurar na operação de importação como o importador ou adquirente. Ainda assim, o STF entendeu que este é o critério definidor do Estado credor do ICMS sobre as importações, pouco importando se o desembaraço aduaneiro ocorreu por meio de ente federativo diverso (**RE 299.079**, j. 30.06.2004). Conforme detalhado no voto do Ministro Joaquim Barbosa no **RE 405.457** (j. 04.12.2009), a definição do Estado competente para o ICMS nas importações não poderia se dar com base no local de desembaraço aduaneiro, já que a Constituição não privilegiou, na atribuição de competências tributárias, os Estados que, por questões geográficas e logísticas, concentram as zonas alfandegárias primárias (locais onde ocorrem os desembaraços aduaneiros). Tampouco seria relevante para a definição do Estado titular do ICMS a ausência de circulação física da mercadoria no território onde está localizado o importador. O que interessa é o Estado do estabelecimento do importador, pessoa responsável na operação de importação, pouco importando o estabelecimento da pessoa física ou jurídica em que ocorre a entrada física dos bens importados.

Por outro lado, o STF admite que o ICMS sobre importações seja devido ao Estado em que realizado o desembaraço aduaneiro quando o contribuinte se utiliza de estrutura formal apenas para se beneficiar de regime fiscal mais favorável (**RE 268.586**, j. 24.05.2005). Nos casos de simulação praticada pelo contribuinte, que "dribla" o Fisco mediante ficções jurídicas para mitigar o ônus tributário, o ICMS caberá ao Estado em que processado o desembaraço aduaneiro (Voto do Ministro Marco Aurélio no RE 268.586).

Resumindo o sujeito ativo do ICMS sobre importações:

- Regra geral: Estado em que se localiza o destinatário jurídico (importador);
- Ocorrência de simulação: Estado em que ocorre o desembaraço aduaneiro.

2.2.6 ICMS e operações de arrendamento mercantil

O arrendamento mercantil (ou *leasing*) é um contrato empresarial que, basicamente, corresponde a um contrato especial de locação no qual o locatário tem a faculdade de adquirir o bem arrendado no final do contrato mediante o pagamento de um valor residual. Casso assim não deseje, é possível ainda a renovação do contrato ou a devolução do bem, encerrando-se o vínculo contratual.

Considerando a aproximação do *leasing* com o contrato de locação, seria natural a inferência de que não incide ICMS nas operações de arrendamento mercantil, já que na locação de bens não ocorre a circulação de mercadoria, pressuposto da incidência desse imposto estadual.

Em se tratando de operações internas, esse raciocínio revela-se apropriado para os casos em que não ocorre a aquisição do bem arrendado. De qualquer modo, no *leasing* "interno", a incidência do ICMS não decorre da celebração ou dos efeitos do contrato de arrendamento mercantil em si, mas apenas de uma circunstância acidental, qual seja, a posterior e eventual aquisição do bem arrendado. A Lei Complementar 87/1996 possui disposição expressa nesse sentido:

> LC 87/1996, art. 3º. O imposto não incide sobre: (...) VIII – operações de arrendamento mercantil, não compreendida a venda do bem arrendado ao arrendatário;

O arrendamento mercantil exige maior cuidado quando se está diante de uma operação internacional, em face da peculiaridade do ICMS sobre importações. Como já visto, a Constituição, após a Emenda 33/2001, permite a incidência do ICMS sobre as entradas de bens importados por pessoas físicas ou jurídicas, qualquer que seja a sua finalidade (CF, art. 155, § 2º, IX, *a*).

Com base nesse dispositivo, alguns Estados passaram a exigir o ICMS apenas com a "entrada" do bem arrendado em território nacional, independentemente de sua aquisição. Inicialmente, o STF considerou que a entrada de mercadoria importada do exterior tornava desnecessária a averiguação a respeito da natureza jurídica do negócio internacional do qual decorre a importação:

> (...) 1. De acordo com a Constituição de 1988, incide ICMS sobre a entrada de mercadoria importada do exterior. Desnecessária, portanto, a verificação da natureza jurídica do negócio internacional do qual decorre a importação, o qual não se encontra ao alcance do Fisco nacional. 2. O disposto no art. 3º, inciso VIII, da Lei Complementar nº 87/96 aplica-se exclusivamente às operações internas de leasing. 3. Recurso extraordinário conhecido e provido. (**RE 206.069**, j. 01.09.2005).

O caso analisado no RE 206.069 dizia respeito a uma importação de equipamento destinado ao ativo fixo de empresa, em operação de arrendamento mercantil. Ao se vislumbrar a impossibilidade de tributação da operação na eventual e posterior opção de compra, em face de o arrendador sediado no exterior não ser contribuinte do ICMS sujeito à sistemática de recolhimento do imposto estadual, entendeu-se que o tributo deveria ser exigido na entrada da mercadoria importada, qualquer que fosse a natureza do ajuste internacional ensejador da importação (voto da Ministra Ellen Gracie no RE 206.069). Por isso, inaplicável o art. 3º, VIII da LC 87/1996 ao *leasing* internacional.

Posteriormente, o STF enfrentou uma situação relativa a *leasing* internacional de aeronaves. Em tal julgado (**RE 461.968**, j. 30.05.2007), o STF contradisse frontalmente a conclusão anterior de que seria desnecessária a verificação da natureza jurídica do negócio internacional do que decorre a importação. No RE 461.948, o STF considerou determinante o fato de que não haveria, na situação analisada, uma posterior transferência de propriedade dos bens objeto do *leasing* internacional. Em outras palavras, houve a necessidade de se analisar o conteúdo do negócio internacional do qual decorre a importação, não sendo suficiente a mera entrada do bem ou mercadoria importada. Confira-se, a respeito, o voto do Ministro Eros Grau no RE 461.968:

> "ainda que se fale em *leasing*, as arrendadoras [= indústria aeronáutica direta ou indiretamente] permanecem, ao final do termo do contrato, proprietárias dos bens transferidos temporariamente ao uso das companhias de navegação aérea. Esse é um fato notório. Quando aeronaves e/ou peças ou equipamentos que as componham são importadas em regime de *leasing* não se prevê a sua posterior transferência ao domínio do arrendatário. (...) **O imposto não é sobre a entrada de bem ou mercadoria importada, senão sobre essas entradas desde que elas sejam atinentes a operações relativas à circulação desses mesmos bens ou mercadorias.**" (grifamos).

Curiosamente, o Ministro Eros Grau observou que não haveria contradição com a decisão do RE 206.069[37], o que não nos parece verdadeiro, já que a ausência de transferência de propriedade é considerada irrelevante no RE 206.069 e determinante para a não incidência do ICMS no RE 461.968. A própria ementa do RE 461.968 deixa expressa a necessidade de se analisar a ocorrência ou não da circulação de mercadoria (transferência de titularidade):

37. "E nem se alegue que se aplica ao caso o precedente do RE n. 206.069, Relatora a Ministra ELLEN GRACIE, no bojo do qual se verificava a circulação mercantil, pressuposto da incidência do ICMS. Nesse caso, aliás, acompanhei a relatora. Mas o precedente disse com a importação de equipamento destinado ao ativo fixo de empresa, situação na qual a opção do arrendatário pela compra do bem ao arrendador era mesma necessária, como salientou a eminente relatora.".

(...) 1. A importação de aeronaves e/ou peças ou equipamentos que as componham em regime de leasing não admite posterior transferência ao domínio do arrendatário. 2. **A circulação de mercadoria é pressuposto de incidência do ICMS.** O imposto --- diz o artigo 155, II da Constituição do Brasil --- é sobre "operações relativas à circulação de mercadorias e sobre prestações de serviços de transporte interestadual e intermunicipal e de comunicação, ainda que as operações e as prestações se iniciem no exterior". 3. Não há operação relativa à circulação de mercadoria sujeita à incidência do ICMS em operação de arrendamento mercantil contratado pela indústria aeronáutica de grande porte para viabilizar o uso, pelas companhias de navegação aérea, de aeronaves por ela construídas. 4. Recurso Extraordinário do Estado de São Paulo a que se nega provimento e Recurso Extraordinário de TAM – Linhas Aéreas S/A que se julga prejudicado. (**RE 461.968**, j. 30.05.2007).

A circulação da mercadoria importada foi novamente considerada pelo STF um requisito essencial no **RE 540.829** (j. 11.09.2014), que sedimentou o tema em sede de **repercussão geral:**

(...) 2. A alínea "a" do inciso IX do § 2º do art. 155 da Constituição Federal, na redação da EC 33/2001, faz incidir o ICMS na entrada de bem ou mercadoria importados do exterior, **somente se de fato houver circulação de mercadoria, caracterizada pela transferência do domínio (compra e venda).** 3. Precedente: RE 461968, Rel. Min. EROS GRAU, Tribunal Pleno, julgado em 30/05/2007, Dje 23/08/2007, onde restou assentado que **o imposto não é sobre a entrada de bem ou mercadoria importada, senão sobre essas entradas desde que elas sejam atinentes a operações relativas à circulação desses mesmos bens ou mercadorias.** 4. Deveras, **não incide o ICMS na operação de arrendamento mercantil internacional, salvo na hipótese de antecipação da opção de compra, quando configurada a transferência da titularidade do bem. Consectariamente, se não houver aquisição de mercadoria, mas mera posse decorrente do arrendamento, não se pode cogitar de circulação econômica.** (...). (**RE 540.829**, **repercussão geral**, j. 11.09.2014 – grifamos).

Assim, é possível afirmar que nas operações de arrendamento mercantil internacional que tenham por objeto a transferência de propriedade do bem importado, como no caso de bens destinados ao ativo fixo da empresa, resta caracterizada a circulação mercantil, devendo incidir o ICMS[38]. Por outro lado,

38. STJ, **AgRg no AREsp 651.954**, j. 14.04.2015.

quando as partes do *leasing* internacional não objetivam a transferência da propriedade do bem arrendado, não há que se falar em incidência do ICMS sobre importações.

2.2.7 A não cumulatividade do ICMS

Como já visto no tópico a respeito do IPI, a não cumulatividade visa evitar a acumulação de carga tributária nos tributos que incidem em várias etapas de um ciclo econômico, assegurando que a tributação recaia, em última instância, sobre o valor do produto final adquirido pelo consumidor[39].

Em relação ao ICMS, a Constituição foi detalhista na forma como se deve dar a não cumulatividade:

> CF, art. 155, § 2º O imposto previsto no inciso II atenderá ao seguinte:
> I – será não-cumulativo, compensando-se o que for devido em cada operação relativa à circulação de mercadorias ou prestação de serviços com o montante cobrado nas anteriores pelo mesmo ou outro Estado ou pelo Distrito Federal;
> II – a isenção ou não-incidência, salvo determinação em contrário da legislação:
> a) não implicará crédito para compensação com o montante devido nas operações ou prestações seguintes;
> b) acarretará a anulação do crédito relativo às operações anteriores;

O texto constitucional preocupa-se primeiramente em definir a não cumulatividade, que consiste na compensação do imposto devido em determinada operação com o montante de imposto cobrado na operação anterior. Logo em seguida, a Constituição é explícita em relação aos efeitos da desoneração de determinada etapa do ciclo econômico. Assim é que, salvo determinação em contrário da legislação, a isenção ou não incidência de uma operação não gera crédito a ser aproveitado na operação seguinte. Do mesmo modo, a desoneração de uma operação acarreta a anulação do crédito relativo às operações anteriores. Usamos o termo "desoneração" porque não só a isenção é abarcada por essa norma constitucional, mas tabém outras figuras

39. "impostos plurifásicos e não cumulativos foram pensados para equivalerem a impostos de incidência única sob o valor final (mais alto) de venda para o consumo, com as vantagens de se antecipar, desde a primeira etapa, em parcelas, o tributo que somente seria devido ao Fisco na etapa final, sem os riscos da insolvência, ou, pelo menos, com a redução substancial de tal risco." (DERZI, 2015, p. 530).

desonerativas, como a redução da base de cálculo. Nesse sentido, o STF fixou a seguinte tese de **repercussão geral:**

> "A redução da base de cálculo de ICMS equivale à isenção parcial, o que acarreta a anulação proporcional de crédito relativo às operações anteriores, salvo disposição em lei estadual em sentido contrário" (**RE 635.688**, j. 16.10.2014).

No estudo da não cumulatividade do IPI, foi visto que tais regramentos foram construídos jurisprudencialmente pelo STF. No ICMS, há norma constitucional expressa a respeito da impossibilidade de se aproveitar créditos de operações objeto de desoneração[40].

Também da mesma forma que ocorre no IPI, os créditos de ICMS não são corrigidos monetariamente, a não ser em caso de expressa autorização legal ou na hipótese em que o Fisco cria embaraços ao aproveitamento do crédito. O STF possui jurisprudência pacífica no sentido de que a aplicação de correção monetária aos créditos escriturais do ICMS registrados tardiamente depende de lei autorizadora ou de prova quanto ao obstáculo injustamente posto pelas autoridades fiscais à pretensão do contribuinte (**RE 390.413 AgR**, j. 09.11.2010).

Outra semelhança com a não cumulatividade do IPI é a adoção do **crédito físico**, vale dizer, apenas os produtos intermediários aplicados no processo produtivo que integram fisicamente o produto final geram direito ao crédito do ICMS (**RE 669.001 AgR**, j. 06.02.2018). A adoção do modelo do crédito financeiro (mediante o qual se aproveitam todos os créditos relativos ao imposto pago sobre a aquisição de bens que não são integrados fisicamente no produto final) em relação ao ICMS dependeria de expressa previsão constitucional ou legal (**RE 447.470 AgR**, j. 14.09.2010).

A Lei Complementar 87/1996, em seu art. 20, *caput*, dispõe que a não cumulatividade do ICMS assegura o aproveitamento de crédito relativo ao imposto cobrado nas operações de que tenha resultado a entrada de mercadorias destinadas ao uso ou consumo do estabelecimento ou ainda ao ativo permanente. Contudo, a eficácia desse dispositivo tem sido sucessivamente obstada pelo art. 33, I da mesma lei complementar[41]. Nas operações

40. A LC 87/1996 possui dispositivo com a mesma orientação: art. 20, § 1º. Não dão direito a crédito as entradas de mercadorias ou utilização de serviços resultantes de operações ou prestações isentas ou não tributadas, ou que se refiram a mercadorias ou serviços alheios à atividade do estabelecimento.

41. LC 87/1996. Art. 33. Na aplicação do art. 20 observar-se-á o seguinte: I – somente darão direito de crédito as mercadorias destinadas ao uso ou consumo do estabelecimento nele entradas a partir de 1º de janeiro de 2020; (Redação dada pela LC 138/2010).

anteriores à LC 87/1996, não há direito a creditamento de bens destinados ao consumo ou à integração do ativo fixo para compensação de ICMS (**RE 313.019 AgR**, j. 17.08.2010).

Por fim, vale comentar a impossibilidade fática de aplicação da não cumulatividade no que diz respeito ao ICMS sobre importações, quando o bem importado não se destinar a posterior circulação econômica no território nacional.

Considerando que a partir da Emenda Constitucional 33/2001 é possível a incidência do ICMS sobre importação de quaisquer bens, independentemente da finalidade, haverá casos em que o bem importado não será objeto de operação de circulação após a aquisição pelo importador. Não será possível, desse modo, o reconhecimento de crédito na importação, já que também não haverá débito de saída. A ausência de cumulatividade em tais situações justifica o não reconhecimento do crédito na entrada do bem. Como já decidiu o STF em sede de **repercussão geral** (**RE 439.796**, j. 06.11.2013), a incidência do ICMS sobre operação de importação de bem não viola, em princípio, a regra da vedação à cumulatividade (art. 155, § 2º, I da Constituição), pois se não houver acumulação da carga tributária, nada haveria a ser compensado[42].

2.2.8 Fornecimento de mercadorias em conjunto com a prestação de serviços

O ICMS pode incidir não só sobre a circulação de mercadorias, mas também sobre os serviços envolvidos no fornecimento destas, quando tais serviços **não forem compreendidos na competência tributária dos Municípios** (CF, art. 155, § 2º, IX, *b*).

O pressuposto para a incidência do ICMS sobre os serviços prestados de forma conjunta com o fornecimento de mercadorias é a ausência do serviço na competência tributária dos Municípios. Para tanto, o serviço não pode constar da lista de serviços tributados pelo ISS da Lei Complementar 116/2003, já que apenas os serviços expressamente listados pelo legislador complementar podem ser tributados pelos Municípios.

---

42. No mesmo sentido a seguinte doutrina: "Sem ciclo operacional mercantil tributável não há o fato da cumulatividade; assim, restam ausentes as condições que fundamentam a necessidade de creditamento e da sua correlata expressão operacional da compensação. Portanto, obstar crédito do ICMS pago na importação de não mercadorias viola o princípio da não-cumulatividade. Aliás, não permitir crédito nestas condições é atender ao princípio, considerando que sua raiz é a compensação (...)". (SIMÕES, 2014, p. 186).

Nessa linha, já foi definido pela jurisprudência que o serviço prestado aos clientes de bares e restaurantes, juntamente com o fornecimento de bebidas e refeições, é tributado pelo ICMS, de forma conjunta com as mercadorias fornecidas[43]. Isso porque o serviço de fornecimento de alimentos e bebidas em bares e restaurantes não se encontra na competência tributária municipal, é dizer, não está listado na Lei Complementar 116/2003. A incidência do ICMS sobre esses serviços depende ainda de um último requisito: a existência de lei estadual que estabeleça a tributação, pelo Estado, do ICMS sobre o fornecimento de alimentação e bebidas em restaurante ou estabelecimento similar. A **súmula 574 do STF**[44] é expressa a respeito.

Contrariamente, os serviços listados na lei complementar são de competência dos entes municipais, e, portanto, imunes à tributação pelo ICMS, ainda que a prestação do serviço em questão envolva o fornecimento de mercadorias. É o que ocorre com o serviço de composição gráfica, previsto no item 13.05 da lista da Lei Complementar 116/2003, como sujeito ao imposto sobre serviços, de competência municipal. A esse respeito, a **súmula 156 do STJ** sedimentou a seguinte orientação: "a prestação de serviço de composição gráfica, personalizada e sob encomenda, ainda que envolva fornecimento de mercadorias, está sujeita, apenas, ao ISS".

Temos aqui uma decorrência lógica do que já foi explicado acima: se o serviço prestado em conjunto com o fornecimento de mercadorias estiver presente na lista da LC 116/2003, não haverá incidência do ICMS sobre o valor dos serviços, nem mesmo sobre o valor das mercadorias envolvidas na prestação do serviço. Nessa hipótese, incidirá o ISS, de competência municipal, sobre o valor correspondente à prestação do serviço, somado a eventual bem ou mercadoria fornecidos em conjunto com o respectivo serviço. Assim dispõe expressamente o legislador complementar:

> LC 116/2003, art. 1º, § 2º. Ressalvadas as exceções expressas na lista anexa, os serviços nela mencionados não ficam sujeitos ao Imposto Sobre Operações Relativas à Circulação de Mercadorias e Prestações de Serviços de Transporte Interestadual e Intermunicipal e de Comunicação – ICMS, ainda que sua prestação envolva fornecimento de mercadorias.

43. Súmula 163 do STJ: "O fornecimento de mercadorias com simultânea prestação de serviços em bares, restaurantes e estabelecimentos similares constitui fato gerador do ICMS a incidir sobre o valor total da operação.".

44. "Sem lei estadual que a estabeleça, é ilegítima a cobrança do imposto de circulação de mercadorias sobre o fornecimento de alimentação e bebidas em restaurante ou estabelecimento similar."

O dispositivo acima reproduzido é iniciado com uma ressalva. É possível que a enumeração do serviço ressalve a incidência do ICMS quando houver prestação em conjunto com o fornecimento de mercadorias. Em sendo assim, haverá uma separação de valores: o montante correspondente ao serviço será tributado pelo ISS e o valor da(s) mercadoria(s) sofrerá a incidência do ICMS. Exemplificando, temos o serviço de recondicionamento de motores, previsto no item 14.03 da lista anexa da LC 116/2003:

> "14.03 – Recondicionamento de motores (**exceto peças e partes empregadas, que ficam sujeitas ao ICMS**)". (grifamos).

Sintetizando, o fornecimento de mercadorias em conjunto com a prestação de serviços pode ter os seguintes regimes tributários:

- Incidência exclusiva do ICMS – fornecimento de mercadorias em conjunto com a prestação de serviços não sujeitos à tributação do ISS pelos Municípios;
- Incidência exclusiva do ISS – fornecimento de mercadorias em conjunto com prestação de serviços sujeitos ao ISS, sem que haja ressalva quanto à incidência do ICMS;
- Incidência do ICMS sobre as mercadorias e do ISS sobre os serviços – fornecimento de mercadorias em conjunto com prestação de serviços sujeitos ao ISS, ressalvando-se a incidência do ICMS quanto às mercadorias.

2.2.9 ICMS nas operações interestaduais

Originariamente, a Constituição disciplinava a incidência do ICMS nas operações interestaduais da seguinte maneira:

> CF, art. 155, § 2º, VII – em relação às operações e prestações que destinem bens e serviços a consumidor final localizado em outro Estado, adotar-se-á: a) a alíquota interestadual, quando o destinatário for contribuinte do imposto; b) a alíquota interna, quando o destinatário não for contribuinte dele;
>
> VIII – na hipótese da alínea *a* do inciso anterior, caberá ao Estado da localização do destinatário o imposto correspondente à diferença entre a alíquota interna e a interestadual.

Como se vê, havia uma divisão entre o regramento aplicável às operações interestaduais conforme o destinatário fosse contribuinte ou não contribuinte do ICMS. Quando o destinatário fosse contribuinte do ICMS, o Estado de origem da operação exigiria o ICMS aplicando a alíquota interestadual (CF, art. 155, § 2º, VII, *a*). Por sua vez, o Estado de destino da operação exigiria o ICMS com base num percentual correspondente à diferença entre a sua alíquota interna e a alíquota interestadual (CF, art. 155, § 2º, VII, *a*, em conjunto com o art. 155, § 2º, VIII). Já quando o destinatário na operação interestadual não fosse contribuinte do ICMS (uma pessoa física ou uma pessoa jurídica prestadora de serviços, não comerciante), o ICMS caberia apenas ao Estado de origem, que aplicaria sua alíquota interna (CF, art. 155, § 2º, VII, *b*). A alíquota interna costuma variar entre 17 e 18%, enquanto a alíquota interestadual costuma ser de 12%[45].

A Emenda Constitucional 87/2015, porém, alterou a disciplina do ICMS nas operações interestaduais. A nova redação dos dispositivos constitucionais passou a ser a seguinte:

> CF, art. 155, § 2º, VII – nas operações e prestações que destinem bens e serviços a consumidor final, **contribuinte ou não do imposto**, localizado em outro Estado, adotar-se-á a alíquota interestadual e caberá ao Estado de localização do destinatário o imposto correspondente à diferença entre a alíquota interna do Estado destinatário e a alíquota interestadual; (grifamos)
>
> VIII – a responsabilidade pelo recolhimento do imposto correspondente à diferença entre a alíquota interna e a interestadual de que trata o inciso VII será atribuída: a) ao destinatário, quando este for contribuinte do imposto; b) ao remetente, quando o destinatário não for contribuinte do imposto.

O inciso VII do § 2º do art. 155 eliminou a diferenciação na disciplina do ICMS nas operações interestaduais conforme o destinatário da operação fosse ou não contribuinte. Atualmente a caracterização do destinatário como contribuinte ou não do ICMS é irrelevante para fins da divisão de competência tributária. A relevância permanece apenas para fins de atribuição de responsabilidade tributária quanto ao recolhimento do imposto, como se vê do art. 155, § 2º, VIII.

---

45. A Constituição determina que, salvo deliberação em contrário dos Estados e do Distrito Federal, as alíquotas internas não poderão ser inferiores às alíquotas interestaduais: CF, art. 155, § 2º, VI – salvo deliberação em contrário dos Estados e do Distrito Federal, nos termos do disposto no inciso XII, "g", as alíquotas internas, nas operações relativas à circulação de mercadorias e nas prestações de serviços, não poderão ser inferiores às previstas para as operações interestaduais;

Dentre as alterações em relação á sistemática, pode-se começar destacando que não há mais a incidência do ICMS pelo Estado de origem com base na sua alíquota interna (como ocorria anteriormente quando o destinatário da mercadoria não era contribuinte do ICMS). Como o Estado de origem geralmente é uma unidade da Federação com significativo desenvolvimento econômico, essa mudança representa uma perda de arrecadação para Estados mais ricos como São Paulo (lembramos que a alíquota interna é maior que a alíquota interestadual).

A partir da Emenda 87/2015, o Estado de origem da operação terá direito à exigência do ICMS com base na alíquota interestadual (que é menor que a alíquota interna), a ser recolhida pelo vendedor, contribuinte do ICMS (o alienante na operação interestadual necessariamente será contribuinte do ICMS, sob pena de não haver sequer materialidade do ICMS). Já o Estado de destino terá direito a ICMS que será exigido, na mesma operação, com base na diferença entre a alíquota interna do Estado de origem e a alíquota interestadual aplicável. Para a determinação dessa tributação, a qualidade de contribuinte ou não do destinatário da mercadoria é irrelevante.

Um exemplo para ilustrar: Suponha uma mercadoria vendida por contribuinte situada em São Paulo a pessoa (contribuinte ou não) situada em Minas Gerais, pelo valor de R$ 100,00. São Paulo, como Estado de origem, exigirá ICMS de R$ 12,00, correspondente à aplicação da alíquota interestadual de 12% sobre o valor da mercadoria (base de cálculo). Minas Gerais, por sua vez, como Estado de destino, exigirá o ICMS com base no diferencial entre sua alíquota interna (17%) e a alíquota interestadual (12%), ou seja, 5% sobre o valor da mercadoria, que resultará num ICMS de R$ 5,00. Apesar de o Estado de origem continuar com uma maior parcela do imposto, foi eliminada a situação anterior em que apenas o Estado de origem tributava a venda a não contribuinte do ICMS, pela sua alíquota interna. Como as vendas a não contribuintes representam uma quantia expressiva em decorrência do comércio eletrônico a consumidores finais, é possível dizer que o novo regramento da Emenda Constitucional 87/2015 privilegiou a geração de valor representada pelo mercado consumidor, prestigiando a tributação pelos Estados de destino.

Por fim, cabe destacar que a responsabilidade pelo recolhimento do ICMS em tais operações interestaduais, onde a qualificação como contribuinte ou não do ICMS. Caso o destinatário da mercadoria seja contribuinte do imposto, será responsável pelo recolhimento do ICMS devido ao Estado do destino. Caso o destinatário da mercadoria não seja contribuinte do ICMS, o imposto será recolhido ao Estado de destino pelo alienante, remetente da mercadoria (que necessariamente é contribuinte do ICMS).

Assim resumimos a incidência do ICMS nas operações interestaduais após a Emenda Constitucional 87/2015:

- Estado de origem – terá direito ao ICMS com base na alíquota interestadual;
- Estado de destino – terá direito ao ICMS com base na diferença entre sua própria alíquota interna e a alíquota interestadual.

2.2.10 Convênios do CONFAZ e os benefícios fiscais do ICMS

Conforme o art. 155, § 2º, XII, *g* da CF, cabe à lei complementar regular a forma como, mediante deliberação dos Estados e do Distrito Federal, isenções, incentivos e benefícios fiscais serão concedidos e revogados.

A Constituição já deixa claro que, independentemente da forma prevista em lei complementar, as isenções, os incentivos e os benefícios fiscais do ICMS só poderão ser concedidos mediante deliberação dos Estados e do Distrito Federal. Atualmente, a **Lei Complementar 24/1975** prevê, em seu art. 2º, § 2º, que concessão de benefícios fiscais do ICMS dependerá sempre de **decisão unânime** dos Estados representados.

Por ser um imposto de caráter nacional, o constituinte pretendeu evitar iniciativas unilaterais na redução do imposto, o que culminaria num cenário de guerra fiscal[46] entre os entes da Federação. São diversos os julgados do STF que têm declarado inconstitucionais decretos ou leis estaduais que concedem benefícios fiscais de ICMS sem prévia aprovação pelos demais Estados e Distrito Federal[47].

Nem mesmo as Constituições Estaduais podem conceder isenções ou outros benefícios fiscais do ICMS sem a autorização prévia de convênio celebrado entre os Estados e o Distrito Federal. Na **ADI 773** (j. 20.08.2014), o STF acolheu pedido de declaração de inconstitucionalidade de norma da Constituição do Estado do Rio de Janeiro que criava imunidade sobre os veículos de radiodifusão. Entendeu a Corte que além de a criação de hipótese diferenciada de imunidade tributária restrita ao âmbito estadual violar o princípio da isonomia, haveria também uma violação ao princípio federativo, já que a concessão de benefício fiscal atinente ao ICMS é regulamenta por lei complementar, de aplicação nacional.

46. "O que define guerra fiscal é a concessão de incentivos com o objetivo de atrair empreendimentos para o território do Estado Federado." (voto do Ministro Nelson Jobim na **ADI-MC 2021**, j. 04.08.1999).

47. **ADI 2376**, j. 01.06.2011; **ADI 4276**, j. 20.08.2014; **ADI 3809**, j. 14.06.2007.

Quanto aos benefícios fiscais abrangidos por essa limitação imposta aos Estados, o STF já decidiu que o diferimento, pelo qual se transfere o momento do recolhimento do tributo cujo fato gerador já ocorreu, não pode ser confundido com a isenção ou com a imunidade e, dessa forma, pode ser disciplinado por lei estadual sem a prévia celebração de convênio (**ADI 2056**, j. 30.05.2007). Para o Supremo, **o diferimento do ICMS é mero adiamento no recolhimento do valor devido, não implicando qualquer dispensa do pagamento do tributo ou outra forma de benefício fiscal** (**ADI 3702**, 01.06.2011).

Por outro lado, não pode a lei estadual criar hipótese de dispensa de acessórios ao débito tributário de ICMS, tais como redução de multa e juros de mora em parcelamento, sob pena de propriciar uma situação de guerra fiscal que se visa combater com a disciplina nacional do ICMS (**ADI 2906**, j. 01.06.2011).

2.2.11 Imunidades do ICMS

O art. 155, § 2º, X da CF traz imunidades específicas do ICMS:

> § 2º O imposto previsto no inciso II atenderá ao seguinte: (...) X – não incidirá:
>
> a) sobre operações que destinem mercadorias para o exterior, nem sobre serviços prestados a destinatários no exterior, assegurada a manutenção e o aproveitamento do montante do imposto cobrado nas operações e prestações anteriores;
>
> b) sobre operações que destinem a outros Estados petróleo, inclusive lubrificantes, combustíveis líquidos e gasosos dele derivados, e energia elétrica;
>
> c) sobre o ouro, nas hipóteses definidas no art. 153, § 5º;
>
> d) nas prestações de serviço de comunicação nas modalidades de radiodifusão sonora e de sons e imagens de recepção livre e gratuita;

Trataremos dessas imunidades a seguir.

a) imunidade sobre operações que destinem mercadorias para o exterior e sobre serviços prestados a destinatários no exterior.

A primeira imunidade listada acima se refere a exportações de mercadorias e serviços. Adota a orientação de que o país não deve exportar tributos, consagrando assim o **princípio do destino**, segundo o qual o comércio internacional deve ser tributado quando da importação, desonerando-se as exportações[48].

O texto constitucional vai além ao dispor que a imunidade em questão não se restringe à desoneração da saída de mercadoria para o exterior, sendo também apta à manutenção do crédito de ICMS em razão das operações anteriores. Como já visto, o ICMS é um imposto não cumulativo, e por isso o montante cobrado na operação anterior deve ser aproveitado na operação seguinte. No caso da imunidade na exportação, a operação não é tributada, e por isso não haveria como aproveitar o crédito anterior com o débito dessa operação, já que este último não existe.

No intuito de conferir um alcance amplo a essa imunidade, a Constituição foi expressa em reconhecer que o crédito de ICMS das operações anteriores não é anulado pela operação imune de exportação[49]. A nível infraconstitucional, a Lei Complementar 87/1996 reconheceu a possibilidade de aproveitamento de créditos do ICMS dos exportadores da seguinte maneira:

> LC 87/1996, art. 25. (...) § 1º **Saldos credores acumulados** a partir da data de publicação desta Lei Complementar **por estabelecimentos que realizem operações e prestações de que tratam o inciso II do art. 3º (operações que destinem mercadorias ao exterior)** e seu parágrafo único **podem ser**, na proporção que estas saídas representem do total das saídas realizadas pelo estabelecimento: I – imputados pelo sujeito passivo a qualquer estabelecimento seu no Estado; II – **havendo saldo remanescente, transferidos pelo sujeito passivo a outros contribuintes do mesmo Estado, mediante a emissão pela autoridade competente de documento que reconheça o crédito.**

É possível, desse modo, a transferência de créditos de ICMS das operações anteriores que não foram aproveitados pelo contribuinte, em decorrência da ausência de débitos nas operações de exportação imunes.

---

48. "Em mercados ainda não integrados, como é o caso do comércio exterior, a regra deverá ser a tributação no destino, ou seja, a exoneração das exportações e sistemática tributação das importações, como, aliás, passou a determinar a Lei Complementar nº 87/1996, no que tange ao ICMS." (DERZI, 2015, p. 569). A LC 87/1996 assim dispõe: "art. 3º. O imposto não incide sobre: (...) II – operações e prestações que destinem ao exterior mercadorias, inclusive produtos primários e produtos industrializados semi-elaborados, ou serviços;".

49. Parte final do art. 155, § 2º, X, *a* da CF: "**assegurada a manutenção e o aproveitamento do montante do imposto cobrado nas operações e prestações anteriores**".

Ao transferir tais créditos a outros contribuintes, a empresa exportadora recebe um valor em contrapartida. Essa quantia recebida não é tributada pelas contribuições PIS e COFINS, pois há na hipótese uma receita tributável. Para o STF, o valor recebido pelo comerciante exportador em troca dos créditos de ICMS cedidos é mera recuperação de ônus econômico, não se classificando como receita para fins de incidência das contribuições. O entendimento foi fixado em sede de **repercussão geral**, sendo elucidativa a ementa do **RE 606.107** (j. 22.05.2013):

> (...) IV – **O art. 155, § 2º, X, "a", da CF – cuja finalidade é o incentivo às exportações**, desonerando as mercadorias nacionais do seu ônus econômico, de modo a permitir que as empresas brasileiras exportem produtos, e não tributos –, **imuniza as operações de exportação e assegura "a manutenção e o aproveitamento do montante do imposto cobrado nas operações e prestações anteriores". Não incidem, pois, a COFINS e a contribuição ao PIS sobre os créditos de ICMS cedidos a terceiros, sob pena de frontal violação do preceito constitucional.** (...) Sob o específico prisma constitucional, receita bruta pode ser definida como o ingresso financeiro que se integra no patrimônio na condição de elemento novo e positivo, sem reservas ou condições. VI – **O aproveitamento dos créditos de ICMS por ocasião da saída imune para o exterior não gera receita tributável**. Cuida-se de mera recuperação do ônus econômico advindo do ICMS, assegurada expressamente pelo art. 155, § 2º, X, "a", da Constituição Federal. VII – **Adquirida a mercadoria, a empresa exportadora pode creditar-se do ICMS anteriormente pago, mas somente poderá transferir a terceiros o saldo credor acumulado após a saída da mercadoria com destino ao exterior** (art. 25, § 1º, da LC 87/1996). Porquanto só se viabiliza a cessão do crédito em função da exportação, além de vocacionada a desonerar as empresas exportadoras do ônus econômico do ICMS, as verbas respectivas qualificam-se como decorrentes da exportação para efeito da imunidade do art. 149, § 2º, I, da Constituição Federal. VIII – Assenta esta Suprema Corte a tese da **inconstitucionalidade da incidência da contribuição ao PIS e da COFINS não cumulativas sobre os valores auferidos por empresa exportadora em razão da transferência a terceiros de créditos de ICMS. (RE 606.107**, j. 22.05.2013 – grifamos).

Essa imunidade, contudo, não é ampla o suficiente para alcançar a prestação de serviço de transporte interestadual em território brasileiro das mercadorias destinadas ao exterior. Esse o entendimento do STF, após julgar controvérsia em que os contribuintes alegavam que a imunidade do art. 155, § 2º, X, *a* da CF alcançaria não só o exportador imediato da mercadoria, mas também "todas as pessoas que tornaram possível a exportação"[50], como o transporte, pelo território nacional, das mercadorias destinadas à exportação até o porto de embarque.

No **RE 212.637** (j. 25.05.1999), o STF decidiu que a imunidade do ICMS sobre operações que destinem mercadorias para o exterior abrange apenas a incidência do imposto sobre as operações relativas à circulação de mercadorias[51]. A outra hipótese de incidência do ICMS, correspondente à materialidade "prestações de serviço interestadual e intermunicipal e de comunicações" não foi alcançada pela imunidade, sendo legítima a incidência do ICMS sobre a prestação de serviço de transporte interestadual no território nacional em relação às mercadorias destinadas ao exterior.

b) imunidade sobre operações que destinem a outros Estados petróleo, inclusive lubrificantes, combustíveis líquidos e gasosos dele derivados, e energia elétrica.

A compreensão dessa imunidade deve começar pelo seu objeto. A exoneração constitucional de ICMS diz respeito a operações interestaduais envolvendo o **petróleo, inclusive lubrificantes, combustíveis líquidos e gasosos dele derivados, e energia elétrica**.

Para o STF, não se justifica a extensão dessa imunidade aos subprodutos do petróleo não utilizados como combustíveis ou lubrificantes, como, por exemplo, a nafta petroquímica. (**RE 193.074**, j. 03.02.1999).

Da mesma forma, a circunstância de o polietileno (material utilizado na fabricação de sacos plásticos) ser derivado de petróleo não permite uma equiparação a combustível líquido derivado de petróleo (STF, **AI 199.516 AgR**, j. 09.09.1997).

Na imunidade do art. 155, § 2º, X, *b* da CF, o constituinte se refere a "petróleo, inclusive lubrificantes, combustíveis líquidos e gasosos dele derivados". Desse modo, apenas são imunes de ICMS as operações interestaduais envolvendo derivados de petróleo que se enquadrem como lubrificantes ou combustíveis líquidos e gasosos.

---

50. Esse o entendimento de CARRAZZA (2015, p. 966; 968): "a desoneração em tela alcança não só o exportador imediato da mercadoria ou do serviço, como todas as pessoas que tornaram possível a exportação. (...) A imunidade alcança também o transporte, ao longo do território nacional, até o porto de embarque para o exterior: a) das próprias mercadorias (autotransporte); e b) de mercadorias de terceiro, ainda que por força de um contrato oneroso.".

51. O caso discutido nesse julgamento dizia respeito ao texto original da Constituição, que previa essa imunidade apenas em relação a "operações que destinem ao exterior produtos industrializados, excluídos os semielaborados definidos em lei complementar". Com a Emenda Constitucional 42/2003, a imunidade foi ampliada para abranger as "operações que destinem mercadorias para o exterior".

Ainda no RE 193.074, o STF realçou a finalidade essencial da imunidade, que diz respeito à proteção dos Estados **não produtores** de petróleo, lubrificantes e combustíveis líquidos e gasosos, além da energia elétrica. Tendo em vista que os Estados produtores de petróleo e energia elétrica são poucos em razão de peculiaridades geográficas (localização de poços petrolíferos e de bacias hidrográficas), o constituinte quis privilegiar a tributação no Estado de destino das mercadorias elencadas, evitando um desequilíbrio na arrecadação de ICMS por conta de fatores naturais. Haveria aqui uma norma que visa reduzir as desigualdades regionais. Acrescente-se que os Estados produtores de petróleo e energia elétrica já recebem compensação financeira por conta da exploração desses recursos naturais em seu território[52].

Desse modo, numa operação interestadual envolvendo energia elétrica, petróleo e combustíveis líquidos e gasosos ou lubrificantes dele derivados, o Estado de origem (onde se localiza o estabelecimento alienante) não exigirá ICMS nessa circulação interestadual. O Estado de destino, por sua vez, também não lançará ICMS na operação interestadual, mas sim na operação interna seguinte, quando o bem circula internamente.

Todavia, quando a operação interestadual diz respeito a uma aquisição de petróleo ou energia elétrica por consumidor final, a Lei Complementar 87/1996 prevê a incidência do ICMS:

> LC 87/1996, art. 2º, § 1º. O imposto incide também: (...) III – sobre a entrada, no território do Estado destinatário, de petróleo, inclusive lubrificantes e combustíveis líquidos e gasosos dele derivados, e de energia elétrica, **quando não destinados à comercialização ou à industrialização**, decorrentes de operações interestaduais, cabendo o imposto ao Estado onde estiver localizado o adquirente.

Em outras palavras, a imunidade só seria aplicável, de acordo com esse dispositivo, quando a operação interestadual fosse apenas uma etapa inicial de um ciclo em que o produto vendido devesse passar por uma industrialização ou comercialização posterior no Estado destinatário. Na operação subsequente, haveria incidência do ICMS, e o Estado de destino seria beneficiado com a tributação pelo ICMS, atendendo à finalidade da norma constitucional. Por sua vez, caso o destinatário de petróleo (e lubrificantes, combustíveis líquidos e

52. CF, art. 20, § 1º. É assegurada, nos termos da lei, aos Estados, ao Distrito Federal e aos Municípios, bem como a órgãos da administração direta da União, participação no resultado da exploração de petróleo ou gás natural, de recursos hídricos para fins de geração de energia elétrica e de outros recursos minerais no respectivo território, plataforma continental, mar territorial ou zona econômica exclusiva, ou compensação financeira por essa exploração.

gasosos dele derivados) ou energia elétrica seja consumidor final, não haveria uma operação subsequente em que o ICMS incidiria, razão pela qual o dispositivo legal acima reproduzido determina a incidência do ICMS na operação interestadual quando o petróleo e a energia elétrica não forem destinados à comercialização ou à industrialização. Seguindo essa linha, estaria atendido o fim da norma de imunidade, correspondente à proteção do Estado consumidor.

A discussão sobre o art. 2º, § 1º, III da LC 87/1996 chegou ao STF através do **RE 198.088** (j. 17.05.2000), em que um contribuinte consumidor final questionava a exigência do ICMS pelo Estado de São Paulo (destino), em razão de operação interestadual envolvendo lubrificantes derivados de petróleo adquiridos no Estado do Rio de Janeiro.

Decidiu o Supremo que a exigência era legítima, já que a imunidade do art. 155, § 2º, X, *b* da CF não beneficia o consumidor, mas o Estado de destino do produto, ao qual cabe o ICMS sobre ele incidente. Para a Corte Constitucional, interpretação contrária consagraria tratamento desigual entre consumidores, conforme a aquisição ocorresse no próprio Estado ou em Estado vizinho. Consequentemente, o art. 2º, § 1º, III da LC 87/1996 não ofenderia a Constituição. Essa orientação tem sido reiterada em diversas oportunidades[53].

Vale observar ainda que o art. 155, § 2º, XII, *h* (alínea incluída pela EC 33/2001) prevê uma exceção à imunidade, dispondo que cabe à lei complementar definir os combustíveis e lubrificantes sobre os quais **o imposto incidirá uma única vez**, qualquer que seja a sua finalidade. Nessa hipótese, a imunidade do art. 155, § 2º, X, *b*, ora estudada, não será aplicada. Apesar de não haver uma aplicação direta da imunidade, essa previsão de incidência única (monofásica) do ICMS continua preservando o Estado de consumo dos lubrificantes e combustíveis derivados do petróleo, pois a este ente caberá o imposto, como prevê o art. 155, § 4º, I da CF (dispositivo também incluído pela EC 33/2001).

c) não incidência do ICMS sobre o ouro quando definido em lei como ativo financeiro ou instrumento cambial.

Diz a Constituição que não incide o ICMS sobre o outro nas hipóteses definidas no art. 153, § 5º da CF, o qual, por sua vez, trata do outro

53. (...) A imunidade ou hipótese de não-incidência contemplada na alínea "b" do inc. X do § 2.º do art. 155 restringe-se ao Estado de origem, não abrangendo o Estado de destino da mercadoria, onde são tributadas todas as operações que compõem o ciclo econômico por que passam os produtos, independentemente de se tratar de consumidor final ou intermediário. Entendimento adotado no julgamento do RE 198.088, de que fui relator. No mesmo sentido, o RE 227.466-AgR, Relator Ministro Sepúlveda Pertence, o RE 272.127-AgR, Relatora Ministra Ellen Gracie, e o RE 201.703, Relator Ministro Moreira Alves. Agravo regimental desprovido. (RE 190.992 AgR, j. 12.11.2002).

quando definido em lei como ativo financeiro ou instrumento cambial. A Lei 7.766/1989, por sua vez, dispõe que o ouro será considerado ativo financeiro ou instrumento cambial quando destinado ao mercado financeiro ou à execução da política cambial do País[54].

Não poderia ser diferente, já que o ICMS tributa as operações com mercadorias, conceito este que não abrange ativo financeiro ou instrumento cambial, hipóteses em que poderá incidir o "IOF". Significa que a alienação, por comerciante, de joias e relógios de ouro será tributada pelo ICMS, pois nesse caso haverá s subsunção do ouro ao conceito de mercadoria. Em sentido oposto, quando a mesma matéria ouro for empregado pelo homem como ativo financeiro ou instrumento cambial, não será possível a incidência do ICMS nessas operações.

d) imunidade nas prestações de serviço de comunicação nas modalidades de radiodifusão sonora e de sons e imagens de recepção livre e gratuita.

Trata-se de norma constitucional que poderia ser excluída do texto constitucional sem prejuízo. Se as prestações de serviço de comunicação são gratuitas, não há sequer base de cálculo que sustente a exigência de qualquer tributo. De qualquer modo, a incidência do ICMS pressupõe a presença de onerosidade na prestação do serviço de comunicação.

2.2.12 ICMS e substituição tributária progressiva

O tema ora estudado, apesar de não ser exclusivo do ICMS, possui grande aplicação prática e jurisprudencial em relação a esse imposto estadual. Por isso o estudo dentro do ICMS.

Inicialmente, devemos compreender que substituição tributária é a atribuição do dever de pagar tributo a pessoa diversa daquela que pratica

54. Lei 7.766/1989, art. 1º O ouro em qualquer estado de pureza, em bruto ou refinado, quando destinado ao mercado financeiro ou à execução da política cambial do País, em operações realizadas com a interveniência de instituições integrantes do Sistema Financeiro Nacional, na forma e condições autorizadas pelo Banco Central do Brasil, será desde a extração, inclusive, considerado ativo financeiro ou instrumento cambial. § 1º Enquadra-se na definição deste artigo: I – o ouro envolvido em operações de tratamento, refino, transporte, depósito ou custódia, desde que formalizado compromisso de destiná-lo ao Banco Central do Brasil ou à instituição por ele autorizada. II – as operações praticadas nas regiões de garimpo onde o ouro é extraído, desde que o ouro na saída do Município tenha o mesmo destino a que se refere o inciso I deste parágrafo. § 2º As negociações com o ouro, ativo financeiro, de que trata este artigo, efetuada nos pregões das bolsas de valores, de mercadorias, de futuros ou assemelhadas, ou no mercado de balcão com a interveniência de instituição financeira autorizada, serão consideradas operações financeiras.

o fato gerador. Na substituição tributária, o contribuinte, que realiza o fato gerador, é substituído por terceira pessoa, que possui uma **vinculação indireta** com o fato gerador (o contribuinte possui **vinculação direta**). A substituição tributária decorre de lei que elege um terceiro como responsável pelo adimplemento do tributo desde o nascimento da obrigação tributária. Além disso, a lei pode ainda optar entre excluir a responsabilidade do contribuinte, manter uma responsabilidade deste em caráter supletivo, conforme dispõe o art. 128 do CTN:

> CTN, art. 128. Sem prejuízo do disposto neste capítulo, a lei pode atribuir de modo expresso a responsabilidade pelo crédito tributário a terceira pessoa, vinculada ao fato gerador da respectiva obrigação, excluindo a responsabilidade do contribuinte ou atribuindo-a a este em caráter supletivo do cumprimento total ou parcial da referida obrigação.

A opção do legislador em retirar o contribuinte da figura de responsável pelo adimplemento de seu tributo é baseada, basicamente, na praticidade da fiscalização e da arrecadação. O substituto será uma pessoa que é mais fácil de ser fiscalizada ou que já possui um aparato para o cumprimento de deveres acessórios junto ao Fisco, em contraposição ao contribuinte. Outra facilidade pode se dar em razão de o fato de o substituto concentrar uma série de operações com contribuintes pulverizados, o que evita que a administração tributária tenha que fiscalizar um número maior de pessoas.

A substituição tributária pode ser dividida entre **substituição regressiva** e **substituição progressiva**.

A primeira (regressiva, "para trás" ou antecedente) diz respeito à hipótese em que **o contribuinte encontra-se numa etapa anterior ao responsável pelo recolhimento do tributo.** Seria o caso em que o contribuinte realiza o fato gerador e o tributo apenas é recolhido posteriormente pelo responsável, que de alguma forma possui relação (indireta) com o fato gerador. A relação do responsável geralmente ocorre em face da aquisição de produto ou mercadoria do contribuinte, sendo que o adquirente (responsável) deverá recolher o tributo (ICMS ou IPI, por exemplo) em relação à operação em que o alienante pratica o fato gerador (saída de mercadoria ou de produto industrializado).

Já a substituição tributária progressiva (também chamada de "para frente" ou subsequente) corresponde ao inverso, ou seja, **o contribuinte se encontra em uma etapa posterior ao responsável pelo recolhimento do tributo**, que ocorre antes mesmo da realização do fato gerador, já que o responsável antecipa o pagamento antes da realização da operação em que o contribuinte pratica o fato gerador.

O substituto (responsável) recolhe um valor correspondente a um **fato gerador presumido**, que provavelmente será praticado pelo contribuinte no futuro. Seria o caso da refinaria de derivados de petróleo que adianta o valor devido a título de PIS e COFINS (tributos da espécie "contribuição social") em relação a toda a cadeia de comercialização subsequente. Como é mais fácil fiscalizar poucas refinarias do que milhares de postos de combustíveis, há um ganho considerável de eficiência e praticidade na arrecadação tributária.

Em relação ao ICMS, o Convênio ICM 66/88 prevê a substituição tributária progressiva da seguinte maneira:

> Convênio ICM 66/88, art. 2º, § 3º Os Estados poderão exigir o pagamento antecipado do imposto, com a fixação, se for o caso, do valor da operação ou da prestação subseqüente, a ser efetuada pelo próprio contribuinte. (...) art. 25 A lei poderá atribuir a condição de substituto tributário a: (...) II – produtor, extrator, gerador, inclusive de energia, industrial, distribuidor, comerciante ou transportador, **pelo pagamento do imposto devido nas operações subseqüentes**; (...) – grifamos.

Com base nesse convênio, alguns Estados instituíram em suas leis a substituição tributária progressiva, como é o caso de São Paulo, com a Lei estadual 6.364/1989. Diante de tais previsões, os contribuintes recorreram ao Judiciário alegando que a antecipação do pagamento de tributo cujo fato gerador ainda não ocorreu seria inconstitucional.

Para o STF, a Constituição de 1988, em seu texto original, não vedava a utilização do mecanismo pelos Estados, que podiam validamente editar leis exigindo o ICMS do substituto antes mesmo da ocorrência do fato gerador a ser praticado pelo contribuinte. (**RE 213.396**, j. 02.08.1999). Haveria na substituição progressiva um fato econômico que constitui verdadeira etapa preliminar do fato tributável, além de ser possível prever, com elevada margem de segurança, o destino e o preço das mercadorias (voto de relator Ilmar Galvão no RE 213.396), o que seria o bastante para a compatibilidade do instituto com o texto constitucional de 1988.

De qualquer modo, a chamada substituição tributária progressiva passou a constar expressamente no art. 150, § 7º da CF, incluído pela Emenda Constitucional 3/1993 com a seguinte redação:

> CF, art. 150, § 7º. A lei poderá atribuir a sujeito passivo de obrigação tributária a condição de responsável pelo pagamento de imposto ou

contribuição, cujo fato gerador deva ocorrer posteriormente, **assegurada a imediata e preferencial restituição da quantia paga, caso não se realize o fato gerador presumido.** (grifamos).

A constitucionalidade da substituição tributária progressiva passou a ser um assunto superado. Outra controvérsia, contudo, surgiu a partir do próprio § 7º do art. 150 da CF, acima reproduzido.

A norma constitucional é expressa em determinar a restituição do tributo pago antecipadamente caso o fato gerador presumido **não se realizar**. A partir desse preceito, os contribuintes argumentaram que a restituição deveria ocorrer também no caso de o fato gerador se realizar com uma base de cálculo a menor do que a prevista inicialmente.

O STF, no julgamento do mérito da ADI 1851, entendeu que a restituição só seria cabível na hipótese de não realização do fato gerador, não havendo que se falar em restituição de tributo pago a maior se a base de cálculo na operação subsequente (já adimplida pelo substituto) se revelar inferior ao previsto na base de cálculo presumida[55]. Adotou-se, portanto, uma interpretação literal. Transcrevemos trecho da ementa:

> "O fato gerador presumido, por isso mesmo, não é provisório, mas definitivo, **não dando ensejo a restituição ou complementação do imposto pago, senão, no primeiro caso, na hipótese de sua não-realização final.** Admitir o contrário valeria por despojar-se o instituto das vantagens que determinaram a sua concepção e adoção, como a redução, a um só tempo, da máquina-fiscal e da evasão fiscal a dimensões mínimas, propiciando, portanto, maior comodidade, economia, eficiência e celeridade às atividades de tributação e arrecadação." (**ADI 1851**, j. 08.05.2002, grifamos).

O fundamento da decisão, como se vê acima, foi o apego à praticidade e à eficiência proporcionadas pela substituição tributária. Entendeu-se que se a substituição tributária é criada para reduzir o custo da administração tributária, a possibilidade de se desconstituir a base de cálculo presumida privaria o instituto de sua razão de ser.

Em 2016, o STF alterou sua jurisprudência. Passou a Corte Suprema a entender que os benefícios advindos da praticidade na fiscalização de tributos não poderiam anular os direitos individuais dos contribuintes, tais como

55. Registramos que no julgamento da **medida cautelar na ADI 1851** (j. 03.09.1998) o STF havia entendido que a realização de fato gerador com valor inferior ao utilizado na base de cálculo presumida ensejava a restituição do valor pago a maior pelo substituto.

os princípios da igualdade, capacidade contributiva e vedação do confisco. Ressaltou-se que a norma interpretada (art. 150, § 7º da CF) encontrava-se inserida na seção "Das Limitações ao Poder de Tributar", o que apontaria para uma vedação à interpretação restritiva e literal.

De acordo com o entendimento fixado em sede de **repercussão geral** (**RE 593.849**, j. 19.10.2016) pelo STF, se a base de cálculo presumida for maior que a base de cálculo efetiva, o valor pago a maior deverá ser restituído. Não haveria, no caso, uma presunção absoluta. A tese de repercussão geral foi redigida da seguinte maneira:

> "É devida a restituição da diferença do Imposto sobre Circulação de Mercadorias e Serviços – ICMS pago a mais no regime de substituição tributária para frente se a base de cálculo efetiva da operação for inferior à presumida".

No mesmo julgamento foi definido que, em razão da alteração jurisprudencial em relação ao julgamento da ADI 1851, o novo entendimento passaria a ser aplicado em relação aos litígios judiciais futuros e pendentes, mantendo-se as situações passadas que transitaram em julgado ou sequer foram judicializadas, regidas pelo precedente da ADI 1851.

Por fim, vale destacar que a legitimidade para pleitear a restituição na substituição tributária progressiva, em relação ao ICMS, é do **contribuinte substituído**[56], e não do substituto (responsável que recolhe o tributo).

(Cespe – Analista Judiciário – Área Judiciária – STJ/2018) – O instituto denominado substituição para frente se refere à antecipação do pagamento de uma obrigação tributária por um substituto localizado na cadeia econômica em posição anterior à do contribuinte.

Assertiva **correta**, que descreve a substituição tributária progressiva ou para frente.

2.3 Imposto sobre a Propriedade de Veículo Automotor

2.3.1 Noções introdutórias

O último imposto de competência estadual a ser estudado é o imposto sobre a propriedade de veículo automotor (IPVA), previsto no art. 155, III, da CF.

56. LC 87/1996, art. 10. É assegurado ao contribuinte substituído o direito à restituição do valor do imposto pago por força da substituição tributária, correspondente ao fato gerador presumido que não se realizar.

Trata-se de imposto surgido na Constituição de 1967, com a Emenda Constitucional 27/1985[57], após, portanto, a promulgação do Código Tributário Nacional de 1966. Por conta disso, não há disposições com o *status* de lei complementar sobre o fato gerador, a base de cálculo e os contribuintes desse imposto.

Os contribuintes alegaram que o IPVA não poderia ser instituído por leis estaduais sem a edição de prévia lei complementar que cumprisse a função de traçar normas gerais acerca da materialidade do imposto, sob pena de violação ao art. 146, III, *a* da CF[58]. Contrariando essa argumentação, o STF decidiu que era legítimo o exercício da competência legislativa estadual na criação do imposto estadual não previsto em lei complementar tributária de normas gerais. Essa possibilidade estaria agasalhada pelo art. 24, § 3º da CF, que prevê literalmente: "inexistindo lei federal sobre normas gerais, os Estados exercerão a competência legislativa plena, para atender a suas peculiaridades". Para o STF, a instituição do IPVA por leis estaduais configura exercício de competência legislativa plena enquanto não é editada a lei federal de normas gerais (**AI 167.777 AgR**, j. 04.03.1997; **RE 191.703 AgR**, j. 19.03.2002).

A função do IPVA é predominantemente **fiscal** ou arrecadatória, adquirindo uma feição extrafiscal, contudo, no ponto em que a Constituição permite alíquotas diferenciadas em função do tipo e da utilização do veículo (CF, art. 155, § 6º, II).

2.3.2 Fato gerador

Como já observado, não há uma lei complementar norma geral que defina o fato gerador do IPVA, o que permite aos Estados a disciplina da materialidade, desde que sejam respeitados os limites constitucionais, a serem definidos conforme a interpretação da expressão "propriedade de veículo automotor".

Apesar de o termo "propriedade" possuir um sentido explícito no direito civil[59], é possível encontrar leis que, ao instituírem o IPVA, estendem o fato

57. O art. 2º da Emenda Constitucional 27/1985 acrescentou o inciso III ao art. 23 da Constituição de 1967, prevendo o imposto sobre a propriedade de veículos automotores.

58. CF, art. 146: "Cabe à lei complementar: (...) III – estabelecer normas gerais em matéria de legislação tributária, especialmente sobre: a) definição de tributos e de suas espécies, bem como, em relação aos impostos discriminados nesta Constituição, a dos respectivos fatos geradores, bases de cálculo e contribuintes; (...)".

59. Código Civil, art. 1.228: "O proprietário tem a faculdade de usar, gozar e dispor da coisa, e o direito de reavê-la do poder de quem quer que injustamente a possua ou detenha". Comentando esse conceito: "O Código Civil, em seu art. 1.228, traz uma definição acanhada do conceito de propriedade, pois não a

gerador para abarcar não só a propriedade de veículo automotor, mas também a sua posse, como ocorre na lei distrital 7.431/1985[60]. A maioria das leis estaduais, contudo, limita-se ao termo "propriedade", previsto na Constituição.

Outra discussão relevante diz respeito ao termo "veículo automotor". Algumas leis estaduais dispõem que veículo automotor pode ser qualquer veículo terrestre, aéreo ou aquático, a exemplo da legislação do Paraná[61] e do Amazonas[62]. Tais previsões relativas a veículos aéreos e aquáticos foram rechaçadas pelo STF. Em diversas decisões (**RE 134.509**, j. 29.05.2002; **RE 255.111**, j. 29.05.2002; **RE 379.572**, j. 11.04.2007), o STF entendeu que o IPVA, como substituto da antiga "taxa rodoviária única", só incide sobre a propriedade de veículos automotores **terrestres**. Considerou-se ainda que os Estados não possuem competência para legislar sobre navegação marítima ou aérea, ou para disciplinar tráfego aéreo ou marítimo, espaço aéreo ou mar territorial, que são bens da União.

Apesar de ter criado uma situação em que proprietários de veículos aéreos e aquáticos que demonstram maior capacidade contributiva não sejam tributados, a orientação do STF deve ser seguida em provas de concursos públicos.

2.3.3 Contribuintes

Também em relação aos contribuintes, não há norma geral em lei complementar nacional delimitando esse aspecto pessoal. As leis estaduais costumam definir o proprietário como contribuinte do IPVA.

No caso de arrendamento mercantil, a pessoa arrendante (geralmente uma instituição financeira) é a proprietária do veículo arrendado em contrato de *leasing*. Seria, naturalmente, o contribuinte do IPVA, como dispõe, por exemplo,

---

qualifica como relação jurídica. Porém, acaba por dispor acerca de sua estrutura, ao relacionar as faculdades inerentes ao domínio: usar, gozar, dispor de seus bens e reavê-los do poder de quem quer que injustamente os possua. A definição dominante de direitos de propriedade, tanto em Economia como em Direito, é de propriedade, como sendo um conjunto de direitos sobre um recurso que o dono está livre para exercer e cujo exercício é protegido contra interferência por outros agentes." (FARIAS e ROSENVALD, 2010, p. 186).

60. Lei distrital 7.431/1985, art. 1º, § 5º: "Fato gerador do Imposto sobre a Propriedade de Veículos Automotores – IPVA é a propriedade, o domínio útil ou a posse legítima do veículo automotor".

61. Lei 14.260/2003 do Estado do Paraná, art. 1º, parágrafo único. Para efeito da incidência do imposto, considera-se veículo automotor qualquer veículo terrestre, aéreo ou aquático, dotado de força motriz própria de qualquer tipo, ainda que complementar, destinado ao transporte de pessoas e coisas.

62. Lei Complementar 19/1997, do Estado do Amazonas, art. 148, § 1º Para efeito da incidência do imposto, considera-se veículo automotor qualquer veículo aéreo, terrestre, aquático ou anfíbio, dotado de força motriz própria de qualquer tipo, ainda que complementar ou alternativa de força de energia natural.

a legislação estadual do Paraná[63]. Contudo, outros Estados podem trazer a previsão de que o possuidor do veículo, que figura como devedor no contrato de alienação fiduciária, seja o contribuinte do IPVA, como ocorre no Rio Grande do Sul[64]. O STJ, por sua vez, tem entendido que, no arrendamento mercantil, a arrendante, como possuidora indireta do veículo arrendado, é responsável solidária pelo pagamento do IPVA (**REsp 1.655.504**, j. 20.02.2018).

Ainda em relação ao contribuinte do IPVA nos contratos de arrendamento mercantil, vale destacar a **ADI-MC 2298** (j. 16.11.2000), na qual o STF entendeu que é constitucional a norma estadual que confere isenção de IPVA em caso de aquisição de veículo por meio de *leasing* (arrendamento mercantil), para uso no serviço autorizado de transporte individual de passageiros.

No arrendamento mercantil, o taxista que utiliza o veículo para a prestação do serviço de transporte não é o proprietário do veículo, mas mero possuidor, já que a propriedade de bem arrendado permanece com a instituição financeira que entrega a posse do veículo enquanto o taxista continuar devedor das parcelas assumidas no *leasing*.

Entendeu o Supremo que a norma era constitucional, uma vez que seu objetivo era beneficiar o taxista, e não o proprietário jurídico do veículo (instituição financeira). Além disso, foi levado em consideração o argumento econômico de que o financiador descarrega sobre o financiado o ônus do IPVA incidente sobre o veículo.

2.3.4 Base de cálculo

A base de cálculo do IPVA (também não prevista em lei complementar de normas gerais) é o valor venal do veículo automotor. Essa a expressão de riqueza utilizada no aspecto quantitativo. De acordo com o art. 150, § 1º da CF, a base de cálculo do IPVA não se sujeita ao princípio da anterioridade nonagesimal. Portanto, a lei que aumenta a base de cálculo do IPVA pode ser aplicada antes do prazo de 90 dias da sua publicação. Há necessidade, contudo, de se observar o princípio da anterioridade anual ou de exercício.

Em relação às alíquotas do IPVA, o constituinte trouxe duas regras a serem observadas (CF, art. 155, § 6º): a) as alíquotas mínimas devem ser

63. Art. 5º, parágrafo único da Lei 14.260/2003 do Paraná: "Na hipótese de veículo automotor cedido pelo regime de arrendamento mercantil, contribuinte é a empresa arrendadora".

64. Art. 5º, § 1º da Lei 8.115/1985 do Rio Grande do Sul: "No caso de alienação fiduciária em garantia de veículo automotor, o contribuinte do imposto é o devedor fiduciante ou possuidor direto".

fixadas pelo Senado; b) é possível a adoção de alíquotas diferenciadas em função do tipo e utilização do veículo automotor.

A fixação de alíquotas mínimas do IPVA pelo Senado tem por objetivo evitar que os Estados reduzam suas alíquotas com o objetivo de atrair o licenciamento de veículos para seu território, o que causaria um cenário de guerra fiscal.

Já a possibilidade de se adotar alíquotas diferenciadas em função do tipo e utilização do veículo indica um traço extrafiscal do IPVA. Por meio desse expediente, é possível fixar alíquotas menores para veículos utilizados para o transporte de passageiros, em benefício de taxistas, por exemplo.

Todavia, o STF não admite que esse dispositivo seja invocado para justificar uma tributação diferenciada de veículo importado. Nesse caso, não haveria uma diferenciação conforme o **tipo** ou a **utilização** do veículo. O Supremo tem reiteradamente decidido que é inconstitucional a adoção de alíquotas diferenciadas de IPVA entre veículos importados e de procedência nacional. Haveria, caso contrário, uma violação ao art. 152 da CF, que consagra a isonomia tributária ao impedir tratamento diferenciado de contribuintes em razão da procedência e destino de bens e serviços. Uma alíquota maior para os veículos importados significaria uma nova tributação, pelo Estado, do fato gerador do imposto de importação, cuja materialidade é de competência da União (**RE 367.785 AgR**, j. 09.05.2006).

3. IMPOSTOS MUNICIPAIS

> CF, Art. 156. Compete aos Municípios instituir impostos sobre: I – propriedade predial e territorial urbana; II – transmissão "inter vivos", a qualquer título, por ato oneroso, de bens imóveis, por natureza ou acessão física, e de direitos reais sobre imóveis, exceto os de garantia, bem como cessão de direitos a sua aquisição; III – serviços de qualquer natureza, não compreendidos no art. 155, II, definidos em lei complementar. § 1º Sem prejuízo da progressividade no tempo a que se refere o art. 182, § 4º, inciso II, o imposto previsto no inciso I poderá: I – ser progressivo em razão do valor do imóvel; e II – ter alíquotas diferentes de acordo com a localização e o uso do imóvel. § 2º O imposto previsto no inciso II: I – não incide sobre a transmissão de bens ou direitos incorporados ao patrimônio de pessoa jurídica em realização de capital, nem sobre a transmissão de bens ou direitos decorrente de fusão, incorporação, cisão ou extinção de pessoa jurídica, salvo se, nesses casos, a atividade preponderante do adquirente for a

compra e venda desses bens ou direitos, locação de bens imóveis ou arrendamento mercantil; II – compete ao Município da situação do bem. § 3º Em relação ao imposto previsto no inciso III do caput deste artigo, cabe à lei complementar: I – fixar as suas alíquotas máximas e mínimas; II – excluir da sua incidência exportações de serviços para o exterior. III – regular a forma e as condições como isenções, incentivos e benefícios fiscais serão concedidos e revogados.

3.1 Imposto sobre a Propriedade Predial e Territorial Urbana

3.1.1 Noções introdutórias

O imposto sobre a propriedade predial e territorial urbana (IPTU) é um tributo que incide sobre o patrimônio, caracterizando-se como **imposto real** (as características do objeto tributado são mais relevantes que as condições pessoais do contribuinte).

Sua função preponderante é a **fiscal**, embora se vislumbre tons de extrafiscalidade com a diferenciação de alíquotas de acordo com a localização e o uso do imóvel (CF. art. 156, § 1º, II) ou ainda com a progressividade no tempo (CF, art. 182, § 4º, II), como será estudado adiante.

3.1.2 Fato gerador

O Código Tributário Nacional, em seu art. 32, preceitua que o fato gerador do IPTU é a propriedade, o domínio útil ou a posse de bem imóvel por natureza ou por acessão física, como definido na lei civil, localizado na zona urbana do Município.

A Constituição, por sua vez, menciona apenas a propriedade como elemento definidor da competência tributária dos municípios quanto a esse imposto. Caso se adote uma interpretação estrita do texto constitucional, é possível argumentar que o constituinte utilizou um conceito de direito privado ("propriedade")[65], que não poderia ser estendido ou ultrapassado pelo legislador infraconstitucional, conforme explicita a norma do art. 110 do CTN[66].

---

65. Código Civil, art. 1.228. O proprietário tem a faculdade de usar, gozar e dispor da coisa, e o direito de reavê-la do poder de quem quer que injustamente a possua ou detenha.

66. CTN, art. 110. A lei tributária não pode alterar a definição, o conteúdo e o alcance de institutos, conceitos e formas de direito privado, utilizados, expressa ou implicitamente, pela Constituição Federal, pelas Constituições dos Estados, ou pelas Leis Orgânicas do Distrito Federal ou dos Municípios, para definir ou limitar competências tributárias.

Por outro lado, também é possível entender que o constituinte não utilizou o termo "propriedade" como um conceito estrito de direito privado. Nesse sentido, Luís Eduardo Schoueri (2015, p. 765) defende:

> "É tentador o raciocínio simplista no sentido de que, se uma expressão, empregada pelo Constituinte, existe no Direito Privado, então a mesma expressão, empregada na Constituição, implicaria afirmar que um instituto de Direito Privado teria sido empregado na discriminação de competências tributárias. (...) No entanto, ao examinar o artigo 156 da Constituição Federal, vê-se que o Constituinte não se referiu a um imposto sobre o 'direito de propriedade', mas sobre 'propriedade predial e territorial urbana'. Essa expressão é mais ampla: se é verdade que ela pode qualificar um direito (o direito de propriedade), também não erra quem disser que, na linguagem coloquial, a mesma expressão é empregada no sentido de 'bem imóvel'."

Essa nos parece a interpretação mais acertada, principalmente diante do fato de não haver declaração de inconstitucionalidade do art. 32 do CTN em razão da menção ao domínio útil e à posse como fato gerador do IPTU. Registramos, contudo, que a doutrina não é unânime[67]. O STJ possui decisões reiteradas no sentido de que apenas a **posse *animus domini*** pode ser fato gerador do IPTU (**AgRg no REsp 1.034.641**, j. 22.10.2013).

O **domínio útil** diz respeito ao direito real de enfiteuse. O Código Civil de 2002 (art. 2.038) vedou a constituição de novas enfiteuses, preservando, contudo, as constituídas sob a égide do Código Civil anterior. Por meio da enfiteuse, o enfiteuta ou foreiro (titular do domínio útil) pode usar, gozar e dispor da propriedade, em contrapartida ao pagamento de uma renda anual (foro) ao proprietário[68].

A **posse**, a seu turno, é o exercício, pleno ou não, de algum dos poderes inerentes à propriedade (art. 1.196 do Código Civil de 2002).

Outro conceito importante presente no fato gerador diz respeito ao "bem **imóvel por natureza ou por acessão física**, como definido na lei civil". O bem imóvel por natureza é o solo e seus acessórios naturais (árvores, frutos pendentes etc.), incluindo-se nesse conceito o subsolo e o espaço aéreo. Já

---

67. "É controvertida a consideração da posse como fato gerador do IPTU, pois, se de um lado se compreende tratar de situação nitidamente distinta da propriedade (...); de outro, é justificável a sua tipificação como fato gerador no caso da posse *ad usucapionem* (...)" (PAULSEN e MELO, 2012, p. 307).

68. Código Civil de 1916, art. 678. Dá-se a enfiteuse, aforamento, ou emprazamento, quando por ato entre vivos, ou de última vontade, o proprietário atribui a outrem o domínio útil do imóvel, pagando a pessoa, que o adquire, e assim se constitui enfiteuta, ao senhorio direto uma pensão, ou foro, anual, certo e invariável.

o imóvel por acessão física abrange as incorporações ao imóvel realizadas em caráter permanente pelo homem, como construções e edifícios[69].

O art. 32, § 1º do CTN dispõe que a zona urbana do Município deve ser definida em lei municipal, obedecendo-se, contudo, um requisito mínimo consistente na existência de ao menos dois melhoramentos elencados no dispositivo:

> CTN, art. 32, § 1º Para os efeitos deste imposto, entende-se como zona urbana a definida em lei municipal; observado o requisito mínimo da existência de melhoramentos indicados em pelo menos 2 (dois) dos incisos seguintes, construídos ou mantidos pelo Poder Público:
>
> I – meio-fio ou calçamento, com canalização de águas pluviais;
>
> II – abastecimento de água;
>
> III – sistema de esgotos sanitários;
>
> IV – rede de iluminação pública, com ou sem posteamento para distribuição domiciliar;
>
> V – escola primária ou posto de saúde a uma distância máxima de 3 (três) quilômetros do imóvel considerado.

O art. 32, § 2º do CTN, por sua vez, determina que **a lei municipal pode considerar urbanas as áreas urbanizáveis, ou de expansão urbana, constantes de loteamentos aprovados pelos órgãos competentes**, destinados à habitação, à indústria ou ao comércio, **mesmo que localizados fora das zonas definidas pela aplicação do critério do art. 32, § 1º**.

A respeito desse dispositivo, o STJ possui orientação no sentido de que a existência de lei municipal tornando determinada área urbanizável ou de expansão urbana, afasta, de per si, a exigência prevista no art. 32, §1º, do CTN, é dizer, de qualquer daqueles melhoramentos básicos (**AgRg nos EDcl no REsp 1.375.925**, j. 15.05.2014).

Em outras palavras, se o imóvel for considerado por lei municipal como situado em área urbanizável ou de expansão urbana, incidirá o IPTU por autorização do art. 32, § 2º do CTN, não sendo necessário indagar a respeito da presença dos melhoramentos mencionados no art. 32, § 1º do CTN. Os dispositivos são, portanto, excludentes.

Esse entendimento foi cristalizado na **súmula 626 do STJ**, publicada no dia 17.12.2018:

69. Definições do art. 43 do Código Civil de 1916 utilizadas até hoje pela doutrina.

A incidência do IPTU sobre imóvel situado em área considerada pela lei local como urbanizável ou de expansão urbana não está condicionada à existência dos melhoramentos elencados no art. 32, § 1º, do CTN.

É possível, diante das normas acima, inferir que o critério do CTN para a caracterização de um imóvel como sujeito ao IPTU é sua localização em zona urbana ou urbanizável, nos termos definidos em lei municipal de acordo com a normativa geral do CTN.

Por outro lado, o artigo 15 do Decreto-Lei 57/1966 determina que o art. 32 do CTN não seja aplicado ao imóvel utilizado na exploração extrativa vegetal, agrícola, pecuária ou agroindustrial, hipótese em que incidirá o ITR, e não o IPTU. Para o STJ (**REsp 1.112.646 – repetitivo**, j. 26.08.2009) e para o STF (**RE 140.773**, j. 08.10.1998), essa ressalva é plenamente legítima, pois à época em que editado o Decreto-Lei 37/1966, havia paridade hierárquica com o CTN, prevalecendo a ressalva do Decreto-Lei por ser posterior ao CTN. Uma abordagem mais detalhada pode ser encontrada no estudo do ITR.

Ainda em relação ao fato gerador do IPTU, vale destacar que a exigência do imposto não é afetada por eventual restrição administrativa ou ambiental à utilização da propriedade, como, por exemplo, a existência de área de preservação permanente em parte do imóvel urbano. De acordo com o STJ, o fato gerador correspondente à propriedade localizada na zona urbana municipal permanece íntegro nesse caso (**REsp 1.128.81**, j. 18.03.2010). Além disso, o fato de parte do imóvel ser considerada com área *non aedificandi* não afasta tal entendimento, já que não há perda da propriedade, mas mera restrição de uso, a fim de viabilizar a função social da propriedade (**REsp 1.482.184**, j. 17.03.2015).

3.1.3 Contribuinte

O art. 34 do CTN preceitua que contribuinte do IPTU é o proprietário do imóvel, o titular do seu domínio útil, ou o seu possuidor a qualquer título.

Já mencionamos, no estudo do fato gerador, a controvérsia a respeito da incidência do IPTU sobre o domínio útil e sobre a posse.

No estudo dos contribuintes, a compreensão de possuidor é a que mais suscita debates. O Código Civil define o possuidor em seu art. 1.196 como todo aquele que tem de fato o exercício, pleno ou não, de algum dos poderes inerentes à propriedade. Nesse conceito não se inclui o detentor, assim considerado aquele que, achando-se em relação de dependência para com outro, conserva a posse em nome deste e em cumprimento de ordens ou instruções suas (art. 1.198 do Código Civil).

Todavia, o contribuinte do IPTU, segundo a jurisprudência, não é todo e qualquer possuidor, mas apenas o que exercer a posse com *animus domini*. Impossível, portanto, que o locatário de imóvel urbano seja contribuinte do IPTU, visto que não há nessa hipótese o "proceder como de proprietário fosse", ou seja, o *animus domini*. Eventual ajuste contratual no sentido de que o locatário deve efetuar o pagamento do IPTU não implica em deslocamento da responsabilidade tributária perante o Fisco (art. 123 do CTN), não havendo alteração do contribuinte eleito pelo legislador. Pela mesma razão, tampouco o comodatário pode ser contribuinte do IPTU.

Um bom exemplo de possuidor com *animus domini* é o promitente comprador, que exerce a posse de imóvel sem ser ainda proprietário, mas já atua como se fosse dono do bem. Nessa situação, teremos o proprietário do imóvel, promitente vendedor ou possuidor indireto de um lado, e, de outro lado, o possuidor direto ou promitente comprador.

O STJ possui orientação já sedimentada em recurso **repetitivo** no sentido de que "tanto o promitente comprador quanto o proprietário (promitente vendedor, que tem a propriedade registrada no Cartório de Registro de Imóveis) são legitimados para figurar no polo passivo em demandas à cobrança do IPTU" (**REsp 1.110.551 – repetitivo**, j. 10.06.2009). Entendeu o STJ que o proprietário do imóvel, na qualidade de promitente vendedor, é contribuinte do IPTU, cuja responsabilidade deve ser somada com a do promitente comprador (possuidor do imóvel). Ainda de acordo com o STJ, "**definindo a lei como contribuinte o proprietário, o titular do domínio útil, ou o possuidor a qualquer título, pode a autoridade administrativa optar por um ou por outro" para facilitar a arrecadação** (**REsp 927.275**, j. 17.04.2007). É nesse contexto que foi editada a **súmula 399 do STJ**: "cabe à legislação municipal estabelecer o sujeito passivo do IPTU".

Por outro lado, o STF já decidiu que a posse decorrente de contrato de concessão de uso e exercida por particular em face de imóvel da União destinado à exploração comercial não permite a caracterização da empresa concessionária como contribuinte do IPTU. Conforme o STF, a concessionária teria uma posse precária, não podendo ser considerada "possuidora a qualquer título", para fins de qualificação como contribuinte do IPTU (**RE 451.152**, j. 22.08.2006).

Também o STJ possui sólida jurisprudência[70] no sentido de que o imóvel de domínio da União ocupado por concessionária de uso (pessoa de direito privado) não enseja a exigência do IPTU, pois a concessionária não é possuidora dotada de *animus domini*, enquanto a União, proprietária, é favorecida pela imunidade recíproca.

O STF, porém, seguiu raciocínio diverso em relação a imóvel público ocupado por empresa privada por meio de contrato de arrendamento (**RE 594.015 – repercussão geral**, j. 06.04.2017). O caso apreciado no precedente tratava de situação em que sociedade de economia mista exploradora de atividade econômica ocupava terreno de área portuária pertencente à União, na condição de arrendatária. Nesse julgado, o STF adotou a posição de que a empresa arrendatária de terreno da União estaria abarcada pelo conceito de contribuinte do IPTU, não havendo posse precária, pois o particular teria quase todas as prerrogativas do proprietário (voto do Ministro Luís Barroso).

Vale destacar o **voto vencido** do Ministro Edson Fachin, que, invocando o art. 4º da Lei 12.815/2013[71], concluiu que o contrato de arrendamento não possui o condão de tornar o arrendatário contribuinte do IPTU, já que nesse caso não haveria uma posse com *animus domini*. Perceba que esse entendimento é semelhante ao encampado no STJ e no STF no RE 451.152, que pressupõe uma análise da natureza da posse. O Ministro Luís Barroso, em seu voto, chegou a ponderar que o entendimento de Fachin seria melhor do ponto de vista técnico-formal, mas duvidoso do ponto de vista de uma justiça fiscal material.

Prevaleceu, assim, a corrente segundo a qual o **particular arrendatário de imóvel público é possuidor contribuinte do IPTU**. O mesmo se aplica às empresas públicas e sociedades de economia mista que se dedicam a atividades econômicas. Um dos pontos determinantes da decisão foi o benefício fiscal que o particular ocupante do imóvel público obteria caso não fosse obrigado a recolher IPTU. A não incidência do IPTU representaria uma vantagem tributária não compartilhada por outros particulares, violando assim o princípio da livre concorrência[72]. Essa orientação é aplicável também ao

70. **AgRg no REsp 1.034.641**, j. 22.10.2013; **AgRg no AREsp 535.846**, j. 10.11.2015; **AgRg no REsp 1.121.332**, j. 20.10.2009.

71. Lei 12.815/2013, art. 4º. A concessão e o arrendamento de bem público destinado à atividade portuária serão realizados mediante a celebração de contrato, sempre precedida de licitação, em conformidade com o disposto nesta Lei e no seu regulamento.

72. Do voto do Ministro Luís Barroso: "Impossibilitar a cobrança de IPTU de particular que explora atividade econômica em bem público é perenizar situação extremamente prejudicial aos Municípios, ao pacto federativo e à ordem econômica no que se refere à livre concorrência.".

contrato de concessão de uso por meio do qual um bem público é cedido a pessoa jurídica de direito privado (**RE 601.720**, j. 19.04.2017).

3.1.4 Base de cálculo

O art. 33 do CTN define a base de cálculo do IPTU como o valor venal do imóvel. Essa grandeza alcança não apenas o valor do terreno, mas também as construções, edificações. Essa é uma diferença em relação à base de cálculo ITR, que considera apenas o valor da terra nua.

O parágrafo único do CTN determina que não deve ser incluído na base de cálculo o valor dos bens móveis mantidos, em caráter permanente ou temporário, no imóvel, para efeito de sua utilização, exploração, aformoseamento ou comodidade.

Cabe ainda lembrar que a base de cálculo do IPTU pode ser corrigida monetariamente sem a necessidade de lei para tanto. A reserva de lei seria necessária apenas nos casos de atualização em percentuais superiores ao índice oficial de correção monetária, conforme o entendimento já pacificado pela jurisprudência[73].

3.1.5 Progressividade

As alíquotas do IPTU são fixadas em lei municipal. A Constituição, porém, traz normas a serem observadas na fixação das alíquotas pelas municipalidades.

Desde a redação originária de 1988, o § 1º do art. 156 determinava que o IPTU poderia ser progressivo de forma a assegurar o cumprimento da função social da propriedade. Essa era a única autorização constitucional para o estabelecimento de alíquotas progressivas do IPTU. Em consonância com essa norma, o art. 182, § 4º, II, da CF já previa desde 1988 a progressividade do IPTU a ser utilizada como instrumento de promoção da função social da propriedade urbana:

> CF, art. 182, § 4º É facultado ao Poder Público municipal, mediante lei específica para área incluída no plano diretor, exigir, nos termos da lei federal, do proprietário do solo urbano não edificado, subutilizado ou

73. **Súmula 160 do STJ**: "É defeso ao município atualizar o IPTU, mediante decreto, em percentual superior ao índice oficial de correção monetária". Tese de **repercussão geral** no **RE 648.245** (j. 01.08.2013): "A majoração do valor venal dos imóveis para efeito da cobrança de IPTU não prescinde da edição de lei em sentido formal, exigência que somente se pode afastar quando a atualização não excede os índices inflacionários anuais de correção monetária".

não utilizado, que promova seu adequado aproveitamento, sob pena, sucessivamente, de: (...) II – imposto sobre a propriedade predial e territorial urbana progressivo no tempo; (...).

Essa incidência progressiva do IPTU só é possível se o proprietário descumprir o adequado aproveitamento de seu imóvel urbano, nos termos do Plano Diretor estabelecido em lei municipal. Trata-se, inegavelmente de uma sanção, já que a tributação com alíquotas maiores ocorre em razão de uma atuação em desconformidade com a prescrição legal de direito urbanístico[74]. Considerando que o tributo não constitui sanção de ato ilícito, de acordo com o art. 3º do CTN[75], a Constituição de 1988 introduziu uma exceção ou mitigação à regra de que o tributo não pode ser utilizado como instrumento sancionatório. A superioridade hierárquica do art. 182, § 4º, II da CF não deixa dúvida de que o conceito legal de tributo do art. 3º do CTN deve ceder diante da prescrição constitucional em relação à progressividade-sanção do IPTU.

No ano de 2000, veio a lume a Emenda Constitucional 29, que acrescentou duas novas possibilidades em relação às alíquotas do IPTU: a) uma **progressividade em razão do valor do imóvel**; e b) **alíquotas diferentes de acordo com a localização e o uso do imóvel.** A progressividade voltada ao atendimento da função social da propriedade urbana (CF, art. 182, § 4º, II) foi expressamente mantida, conforme se vê da redação do art. 156, § 1º da CF:

> CF, art. 156, § 1º **Sem prejuízo da progressividade no tempo a que se refere o art. 182, § 4º, inciso II**, o imposto previsto no inciso I poderá: I – ser progressivo em razão do valor do imóvel; e II – ter alíquotas diferentes de acordo com a localização e o uso do imóvel.

A diferenciação de alíquotas diferentes de acordo com a localização e o uso do imóvel, a rigor, não representa uma espécie apartada de progressividade,

74. Lei 10.257/2001 (Estatuto da Cidade), art. 7º. Em caso de descumprimento das condições e dos prazos previstos na forma do caput do art. 5º desta Lei, ou não sendo cumpridas as etapas previstas no § 5º do art. 5º desta Lei, o Município procederá à aplicação do imposto sobre a propriedade predial e territorial urbana (IPTU) progressivo no tempo, mediante a majoração da alíquota pelo prazo de cinco anos consecutivos. § 1º O valor da alíquota a ser aplicado a cada ano será fixado na lei específica a que se refere o caput do art. 5º desta Lei e não excederá a duas vezes o valor referente ao ano anterior, respeitada a alíquota máxima de quinze por cento. § 2º Caso a obrigação de parcelar, edificar ou utilizar não esteja atendida em cinco anos, o Município manterá a cobrança pela alíquota máxima, até que se cumpra a referida obrigação, garantida a prerrogativa prevista no art. 8º. § 3º É vedada a concessão de isenções ou de anistia relativas à tributação progressiva de que trata este artigo.

75. CTN, art. 3º. Tributo é toda prestação pecuniária compulsória, em moeda ou cujo valor nela se possa exprimir, que não constitua sanção de ato ilícito, instituída em lei e cobrada mediante atividade administrativa plenamente vinculada.

a qual se resume, no IPTU, a duas possibilidades, chamadas de **progressividade fiscal** (em razão do valor do imóvel) e **progressividade extrafiscal** (para assegurar o cumprimento da função social).

Apesar da autorização constitucional para a progressividade do IPTU em razão do valor do imóvel só ter surgido com a Emenda 29/2000, alguns municípios instituíram a progressividade fiscal do IPTU antes da previsão constitucional introduzida pelo constituinte derivado. O STF, apreciando a constitucionalidade de tais leis, rechaçou a possibilidade de se estabelecer a progressividade do IPTU em razão do valor do imóvel. Conforme pacificado na **súmula 668 do STF**, "é inconstitucional a lei municipal que tenha estabelecido, antes da Emenda Constitucional 29/2000, alíquotas progressivas para o IPTU, salvo se destinada a assegurar o cumprimento da função social da propriedade urbana". Esse entendimento foi ainda reafirmado em sede de **repercussão geral** (**AI 712.743 QO-RG**, j. 12.03.2009) com a fixação de tese de redação idêntica à da súmula 668 do STF.

Pacificada a inconstitucionalidade das leis municipais anteriores à Emenda 29/2000 que faziam uso da progressividade fiscal, surgiu outra controvérsia relativa aos efeitos da declaração de inconstitucionalidade de tais leis. Uma das posições seria a de que o reconhecimento da inconstitucionalidade acarretaria a aplicação da lei anterior, que não traria alíquotas progressivas em função do valor do imóvel.

A orientação que prevaleceu no STF, contudo, foi a de que a inconstitucionalidade seria parcial, atingindo os dispositivos que trazem o escalonamento das alíquotas conforme o valor do imóvel e preservando-se a parte da norma legal que permite o pagamento do IPTU com base na alíquota mínima (**RE 378.221 AgR**, j. 25.08.2009). Em sede de repercussão geral, foi definido que **em caso de inconstitucionalidade de lei municipal que estabelecia a progressividade fiscal antes da Emenda 29/2000, o IPTU é exigível com base na alíquota mínima prevista na lei municipal** (**RE 602.347 – repercussão geral**, j. 04.11.2015).

Por fim, vale notar que o STF possui entendimento sumulado no sentido de que "é inconstitucional a fixação de adicional progressivo do imposto predial e territorial urbano em função do número de imóveis do contribuinte" (**súmula 589 do STF**).

(Cespe – Procurador do Município – PGM Manaus/2018) – O IPTU pode ter alíquotas superiores para os imóveis de maior valor.

Assertiva **correta**, referindo-se à progressividade fiscal do IPTU.

3.2 Imposto sobre a transmissão "inter vivos", a qualquer título, por ato oneroso, de bens imóveis, por natureza ou acessão física, e de direitos reais sobre imóveis, exceto os de garantia, bem como cessão de direitos a sua aquisição

3.2.1 Noções introdutórias

O imposto sobre a transmissão *inter vivos* de bens imóveis e de direitos reais sobre imóveis passou a ser de competência municipal com a Constituição de 1988. Essa materialidade, pelo Código Tributário Nacional de 1966, era de competência dos Estados[76].

Esse imposto contrapõe-se ao ITCMD, de competência estadual, que alcança as transmissões a título gratuito, seja a título de doação, seja a título de sucessão *causa mortis*. Já o ITBI abarca apenas transmissões onerosas e *inter vivos* de imóveis ou de direitos reais sobre imóveis. Além da diferença quanto á onerosidade, há também uma diferença quanto ao objeto transmitido, que no ITBI diz respeito apenas aos bens imóveis, enquanto no ITCMD não há essa limitação quanto à natureza dos bens transmitidos.

A determinação constitucional do art. 184, § 5º, traz a imunidade de impostos sobre as operações de transferência de imóveis desapropriados para fins de reforma agrária, é perfeitamente aplicável ao ITBI, de modo que não incide o imposto municipal nessas transmissões.

3.2.2 Fato gerador

Como disposto na Constituição, o fato gerador do ITBI deve ser a transmissão **onerosa** de bens imóveis ou de direitos reais sobre imóveis. Doações de imóveis não são tributadas pelo ITBI, mas pelo ITCMD, como exposto acima.

Aquisição de propriedade de modo originário, como usucapião e desapropriação, não enseja a incidência do ITBI, pois nesses casos não há onerosidade.

Quanto aos imóveis transmitidos, estes podem ser por natureza ou por acessão física. Imóveis por natureza é expressão que abrange o solo, e seus acréscimos naturais, como as árvores e seus frutos, incluindo-se nesse

76. CTN, art. 35. O imposto de competência dos Estados, sobre a transmissão de bens imóveis e de direitos a eles relativos tem como fato gerador: I – a transmissão, a qualquer título, da propriedade ou do domínio útil de bens imóveis, por natureza ou por acessão física, como definidos na lei civil; II – a transmissão, a qualquer título, de direitos reais sobre imóveis, exceto os direitos reais de garantia; III – a cessão de direitos relativos às transmissões referidas nos incisos I e II.

conceito o subsolo e o espaço aéreo. Os imóveis por acessão física, por outro lado, dizem respeito aos bens incorporados permanentemente ao solo, como, por exemplo, as construções e edificações[77].

A transmissão apta a ensejar a incidência do ITBI pode ser ainda de direitos reais sobre bens imóveis, exceto os de garantia. Os direitos reais são taxativamente[78] elencados no Código Civil e em eventuais leis especiais que disponham sobre a matéria. O Código Civil, a seu turno, traz os seguintes direitos reais:

> Código Civil, art. 1.225. São direitos reais: I – a propriedade; II – a superfície; III – as servidões; IV – o usufruto; V – o uso; VI – a habitação; VII – o direito do promitente comprador do imóvel; VIII – o penhor; IX – a hipoteca; X – a anticrese. XI – a concessão de uso especial para fins de moradia; XII – a concessão de direito real de uso; e XIII – a laje.

Tais direitos reais, se transmitidos onerosamente, permitem a incidência do ITBI. A ressalva constitucional recai sobre os direitos reais de garantia: penhor, hipoteca e anticrese. O penhor, a bem da verdade, não poderia ensejar a exigência de ITBI, pois se refere a garantia de bens móveis.

O direito do promitente comprador do imóvel merece especial atenção. Apesar da previsão em lei civil como direito real, o STF tem entendido que a celebração do contrato de compromisso de compra e venda não gera obrigação ao pagamento do ITBI (**AI 603.309 AgR**, j. 18.12.2006). O STJ, a seu turno, possui jurisprudência no sentido que a promessa de compra e venda, como contrato preliminar, não é fato gerador do ITBI, que exigira a transmissão do domínio do bem imóvel (STJ, **AgRg no AREsp 659.008**, j. 07.04.2015). Essa visão do STJ não nos parece precisa, pois a Constituição é clara em prever que a materialidade do ITBI pode ser a transmissão de bens imóveis e de direitos reais sobre imóveis, entre os quais se inclui o direito do promitente comprador do imóvel. Se essa orientação poderia ser adequada perante o Código Civil de 1916, no qual não se previa a promessa de compra e venda de bem imóvel como direito real, com o Código Civil de 2002, outra conclusão se impõe. Admitimos, contudo, que o STF já decidiu no sentido de que não incide ITBI em relação aos contratos de

---

77. Definições do art. 43 do Código Civil de 1916 utilizadas até hoje pela doutrina.
78. "Destinando-se a operar contra toda a coletividade, não pode qualquer direito real ser reconhecido juridicamente se não houver prévia norma que sobre ele faça previsão. Portanto, inseridos em regime de ordem pública, os direitos reais são *numerus clausus*, de enumeração taxativa, localizados no rol pormenorizado art. 1.225 do Código Civil e em leis especiais diversas" (FARIAS e ROSENVALD, 2010, p. 10).

promessa de compra e venda de imóvel, refutando a alegação de que "os precedentes do STF não consideram o fato de que o direito do promitente comprador de imóvel, no regime do Novo Código Civil, veio a ser elevado à condição de direito real". Mesmo diante dessa argumentação, o STF aplicou a jurisprudência que impede a incidência do ITBI na promessa de compra (**RE 666.096 AgR**, j. 30.12.2012).

Em relação à compra e venda definitiva, só se considera ocorrida a transmissão quando ocorre o registro no Cartório de imóveis, sendo ilegal a exigência do ITBI antes desse evento (STJ, **REsp 863.893**, j. 17.10.2006).

3.2.3 Contribuinte

Segundo o art. 42 do CTN, contribuinte do ITBI é qualquer das partes da obrigação tributada, conforme dispuser a lei municipal.

Desse modo, tanto o transmitente quanto o adquirente do imóvel ou do direito real sobre imóvel podem ser eleitos pelo legislador municipal. Essa previsão do CTN revela-se acertada diante da constatação de que quaisquer das partes na operação de transmissão onerosa possuem capacidade contributiva (SCHOUERI, 2015, p. 525).

O sujeito ativo, por sua vez, será o Município de situação do bem (CF, art. 156, § 2º, II).

3.2.4 Base de cálculo

A base de cálculo do ITBI é o valor venal dos bens ou direitos transmitidos (art. 38 do CTN). Apesar de a expressão valor venal também ser utilizada também quando da definição da base de cálculo do IPTU, não há identidade entre tais grandezas.

Isso porque o valor venal do imóvel utilizado como parâmetro na determinação da base de cálculo do IPTU é auferido de modo inespecífico, através de uma planta de valores genéricos, enquanto para o ITBI considera-se o valor venal como o preço da transação praticada pelas partes, de forma individualizada. Como já reconhecido pelo STJ, o valor venal do imóvel apurado para fins de ITBI não coincide, necessariamente, com o adotado no lançamento do IPTU (**REsp 1.199.964**, j. 03.09.2013).

Apesar de o valor venal para fins do ITBI ser o apurado na compra e venda do imóvel, é possível o arbitramento desse valor caso o valor apresentado pelo contribuinte não mereça fé, conforme dispõe o art. 148 do CTN[79] (STJ, **AgRg no AREsp 847.280**, j. 10.03.2016).

Em caso de imóvel arrematado em processo judicial, o cálculo do ITBI deve ser feito com base no valor pelo bem imóvel na **arrematação**, e não pelo valor da avaliação judicial (STJ, **REsp 863.893**, j. 17.10.2006).

Em relação às alíquotas do ITBI, a **súmula 656 do STF** dispõe que é inconstitucional a lei que estabelece alíquotas progressivas para o ITBI com base no valor venal do imóvel. O fundamento dessa súmula é o de que o ITBI, como imposto real, incidente sobre uma grandeza indiferente às condições pessoais do contribuinte, só admitiria a técnica da progressividade de alíquotas se houvesse previsão constitucional expressa.

Posteriormente, contudo, o STF admitiu, em sede de **repercussão geral** (**RE 562.045**, j. 06.02.2013), ser possível a fixação de alíquotas progressivas para o ITCMD (imposto real da mesma forma que o ITBI), independentemente de autorização expressa na Constituição. Com isso, a posição que ensejou a edição da súmula 656 do STF encontra-se superada.

3.2.5 Imunidade específica do ITBI

O art. 156, § 2º, I da Constituição traz a seguinte imunidade do ITBI:

> CF, art. 156, § 2º O imposto previsto no inciso II: I – não incide sobre a transmissão de bens ou direitos incorporados ao patrimônio de pessoa jurídica em realização de capital, nem sobre a transmissão de bens ou direitos decorrente de fusão, incorporação, cisão ou extinção de pessoa jurídica, salvo se, nesses casos, a atividade preponderante do adquirente for a compra e venda desses bens ou direitos, locação de bens imóveis ou arrendamento mercantil

O texto merece ser esmiuçado para melhor compreensão.

Primeiramente, a norma dispõe que o ITBI não incide sobre transmissão de bens ou direitos incorporados ao patrimônio de pessoa jurídica em realização de capital[80]. Seria o caso da integralização do capital de pessoa

---

79. CTN, art. 148. Quando o cálculo do tributo tenha por base, ou tome em consideração, o valor ou o preço de bens, direitos, serviços ou atos jurídicos, a autoridade lançadora, mediante processo regular, arbitrará aquele valor ou preço, sempre que sejam omissos ou não mereçam fé as declarações ou os esclarecimentos prestados, ou os documentos expedidos pelo sujeito passivo ou pelo terceiro legalmente obrigado, ressalvada, em caso de contestação, avaliação contraditória, administrativa ou judicial.

80. O capital social pode ser integralizado não só por dinheiro e bens móveis, mas também por imóveis. Código Civil, art. 997. A sociedade constitui-se mediante contrato escrito, particular ou público, que, além

jurídica por meio de bens imóveis por parte de um sócio. Nesse caso não há uma transmissão onerosa de imóveis a ser tributada pelo ITBI, por força da imunidade ora exposta. Caso houvesse a incidência de ITBI na transmissão de imóveis ao patrimônio das pessoas jurídicas, a constituição e a reorganização de pessoas jurídicas seriam dificultadas, prejudicando o exercício de associações sem fins lucrativos e o desempenho de atividades econômicas das empresas. Essa a razão da desoneração constitucional.

Prossegue o texto constitucional dispondo que o ITBI também não incide sobre a transmissão de bens ou direitos decorrente de fusão, incorporação, cisão ou extinção de pessoa jurídica, salvo se a atividade preponderante da pessoa que recebe o bem for a compra e venda desses bens ou direitos, locação de bens imóveis ou arrendamento mercantil. O fundamento é o mesmo, qual seja, desonerar as atividades das pessoas jurídicas e fomentar as atividades econômicas. A ressalva quanto à atividade preponderante objetiva justamente preservar esse fim da imunidade, que não se presta a privilegiar o setor econômico específico de compra e venda e locação de imóveis ou arrendamento mercantil. As imobiliárias que praticarem esses atos de reorganização societária, desse modo, deverá pagar o ITBI em relação aos imóveis e respectivos direitos reais transmitidos.

O artigo 37 do CTN traz um critério objetivo para definir o que seja a atividade preponderante da pessoa jurídica para fins da exclusão da imunidade:

> CTN, art. 37. O disposto no artigo anterior não se aplica quando a pessoa jurídica adquirente tenha como atividade preponderante a venda ou locação de propriedade imobiliária ou a cessão de direitos relativos à sua aquisição. § 1º Considera-se caracterizada a atividade preponderante referida neste artigo quando mais de 50% (cinqüenta por cento) da receita operacional da pessoa jurídica adquirente, nos 2 (dois) anos anteriores e nos 2 (dois) anos subseqüentes à aquisição, decorrer de transações mencionadas neste artigo. § 2º Se a pessoa jurídica adquirente iniciar suas atividades após a aquisição, ou menos de 2 (dois) anos antes dela, apurar-se-á a preponderância referida no parágrafo anterior levando em conta os 3 (três) primeiros anos seguintes à data da aquisição. § 3º Verificada a preponderância referida neste artigo, tornar-se-á devido o imposto, nos termos da lei vigente à data da aquisição, sobre o valor do bem ou direito nessa data. § 4º O disposto neste artigo não se aplica à transmissão de bens ou direitos, quando realizada em conjunto com a da totalidade do patrimônio da pessoa jurídica alienante.

de cláusulas estipuladas pelas partes, mencionará: (...) III – capital da sociedade, expresso em moeda corrente, podendo compreender qualquer espécie de bens, suscetíveis de avaliação pecuniária; (...).

Apesar de o dispositivo ser anterior à Constituição de 1988, não se vislumbra motivo pelo qual ele não teria sido recepcionado.

Discussão sobre essa imunidade que aguarda resolução pelo Supremo diz respeito à hipótese em que o valor total do imóvel transmitido em realização de capital excede o valor do capital integralizado. No **RE 796.376**, que aguarda decisão em sede de **repercussão geral**[81], o Supremo analisará controvérsia em que a autoridade tributária municipal entendeu que a imunidade do ITBI deve abranger apenas o valor estabelecido a título de capital social, exigindo o ITBI sobre a diferença entre o valor do capital social e o valor dos imóveis integralizados. Ou seja, a imunidade teria como limite o valor do capital social, incidindo o ITBI sobre o valor do imóvel que sobeja o valor do capital da pessoa jurídica. A posição defendida pelo contribuinte, por outro lado, baseia-se na necessidade de uma interpretação ampla das imunidades, pouco importando se o valor dos imóveis transmitidos supera o valor do capital social. Até o presente momento o STF não julgou o mérito do RE 796.376, que deve ser acompanhado pela importância que os julgamentos de repercussão geral possuem em provas de concursos públicos.

3.3 Imposto sobre Serviços

3.3.1 Noções introdutórias

A Constituição prevê a competência municipal para o imposto sobre serviços de qualquer natureza, não compreendidos no art. 155, II da CF, definidos em lei complementar (CF, art. 156, III).

Essa disposição já traça uma linha divisória entre os serviços de comunicação e transporte interestadual e intermunicipal abrangidos pelo ICMS (art. 155, II da CF), além de conferir uma importante função à lei complementar, que deve definir os serviços que serão tributados pelos Municípios.

Do mesmo modo que ocorre no ICMS, o constituinte julgou necessário conferir papel de destaque ao legislador nacional no intuito de uniformizar as regras acerca da tributação dos serviços. Diante da possibilidade de conflitos de competência e de guerra fiscal entre Municípios, a Lei Complementar 116/2003 traz importantes normas a serem observadas pelos milhares de Municípios brasileiros na instituição do ISS.

81. Repercussão geral reconhecida em 05.03.2015, sob o tema 796 – Alcance da imunidade tributária do ITBI, prevista no art. 156, § 2º, I, da Constituição, sobre imóveis incorporados ao patrimônio de pessoa jurídica, quando o valor total desses bens excederem o limite do capital social a ser integralizado.

Outra implicância desse caráter nacional do ISS é a determinação constitucional para que a lei complementar regule a forma e as condições como isenções, incentivos e benefícios fiscais serão concedidos e revogados (CF, art. 156, § 3º, III).

O ISS é um tributo indireto que onera o consumidor do serviço, visto que seu ônus econômico é suportado pelo tomador do serviço. Além disso, possui natureza fiscal, sendo utilizado como fonte de arrecadação dos Municípios.

Uma observação importante acerca do ISS diz respeito à sua legislação nacional. Atualmente, o diploma legal mais importante para o ISS é a Lei Complementar 116/2003. Contudo, a legislação anterior, Decreto-Lei 406/1968, não foi inteiramente revogado pela lei de 2003. Veremos uma aplicação prática dessa conclusão no estudo da base de cálculo do ISS.

3.3.2 Fato gerador

O fato gerador do ISS é definido no art. 1º da Lei Complementar 116/2003 como a **prestação de serviços** constantes da lista anexa na mesma lei, ainda que esses não se constituam como atividade preponderante do prestador.

Perceba que o fato gerador não diz respeito simplesmente a "serviços", mas sim a "prestação de serviços", o que pressupõe um negócio jurídico oneroso entre duas partes tendo como objeto um serviço previsto na lei complementar. Requisito para a constatação da materialidade do ISS é que o serviço seja prestado por uma pessoa a outra mediante um ajuste em que se estabelece um preço a ser pago.

De qualquer modo, o termo "serviço" continua sendo fundamental para a compreensão do fato gerador desse imposto. O serviço diz respeito à prestação de atividades, em que a prestação entregue tem como núcleo uma tarefa ou atividade, ainda que envolva o fornecimento de bens materiais. O serviço laboral regido pela legislação trabalhista não é tributado por esse imposto.

Os serviços a serem tributados pelo ISS são apenas os previstos na lista taxativa da Lei Complementar 116/2003. Apesar de ser possível encontrar na legislação um conceito legal de serviço[82], o STF já decidiu, com força de **repercussão geral** (**RE 651.703**, j. 29.09.2016), que o conceito de prestação de "serviços de qualquer natureza" e seu alcance no texto constitucional não é condicionado de forma imutável pela legislação ordinária. Nesse mesmo

82. Como, por exemplo, na Lei 8.078/1990 (Código de Defesa do Consumidor), art. 3º, § 2º: Serviço é qualquer atividade fornecida no mercado de consumo, mediante remuneração, inclusive as de natureza bancária, financeira, de crédito e securitária, salvo as decorrentes das relações de caráter trabalhista.

julgado, o Supremo refutou a assimilação do serviço ao conceito civilista de obrigação de fazer, deixando expressamente consignado:

> "(...) o conceito de prestação de serviços não tem por premissa a configuração dada pelo Direito Civil, mas relacionado ao **oferecimento de uma utilidade para outrem, a partir de um conjunto de atividades materiais ou imateriais, prestadas com habitualidade e intuito de lucro**, podendo estar conjugada ou não com a entrega de bens ao tomador." (**RE 651.703 – repercussão geral**, j. 29.09.2016 – grifamos).

A partir dessa orientação, o STF entendeu que as **operadoras de planos de saúde e de seguro-saúde realizam prestação de serviço sujeita ao ISS.**

Em consonância com essa premissa, não há um conceito civil que pode ser utilizado pelo legislador municipal para embasar a tributação de atividades independentemente da previsão expressa na lista anexa da Lei Complementar 116/2003. Em outras palavras, a lista de serviços é **taxativa** (STJ, **REsp 1.008.130**, j. 03.06.2008). Apesar de reconhecer essa natureza taxativa, o STF admite que a lista seja interpretada de modo amplo (**RE 361.829**, j. 13.12.2005), em relação aos tópicos nela presentes. Vale destacar que a discussão acerca da taxatividade da lista dos serviços da lei complementar do ISS será solucionada em sede de **repercussão geral** no **RE 784.439**.

Outro julgado do STF que adotou uma interpretação ampla do termo "serviço" foi o **RE 592.905** (j. 02.12.2009), também sob o regime de **repercussão geral**. Nessa oportunidade, o Tribunal Constitucional definiu que o arrendamento mercantil ou *leasing*, nas modalidades *leasing* financeiro e *lease-back*[83], constitui típico financiamento, que estaria abrangido pelo conceito de serviço. Em relação a essas duas modalidades, seria possível a incidência do ISS, em consonância com a previsão do arrendamento mercantil na lista de serviços da Lei Complementar 116/2003:

> "15.09 – Arrendamento mercantil (leasing) de quaisquer bens, inclusive cessão de direitos e obrigações, substituição de garantia, alteração,

83. No *leasing* financeiro a arrendadora adquire bens de um fabricante e o entrega ao arrendatário, que se compromete a uma contraprestação pelo uso do bem. Ao final dessa locação, é possível a devolução do bem à arrendadora, a renovação da locação ou a aquisição do bem por um preço residual. Já no *lease-back*, a arrendatária vende um bem de sua propriedade à arrendadora, conservando a posse do bem e recebendo um valor a título de preço da arrendadora. No *lease-back*, o bem sempre continua com a arrendadora, que entrega apenas a propriedade em troca de uma quantia monetária.

cancelamento e registro de contrato, e demais serviços relacionados ao arrendamento mercantil (leasing)."

Já o *leasing* operacional, para o STF, seria uma locação, com o preço para o exercício da opção de compra sendo o valor de mercado do bem arrendado. Por isso, o *leasing* operacional não seria classificado como um serviço.

A decisão do RE 592.905 aproxima-se do RE 651.703 na medida em que o Supremo rejeitou a premissa de que os conceitos de direito privado da legislação ordinária seriam vinculantes na interpretação das expressões utilizadas pela Constituição na definição de competências tributárias[84]. No caso específico do ISS, observou-se que o constituinte utilizou a expressão ampla "serviços **de qualquer natureza**".

Por outro lado, alguns casos já apreciados pelo STF já foram excluídos do conceito de serviço, como a locação de bens móveis.

A locação de bens móveis era prevista no item 79 da lista de serviços do Decreto-Lei 406/1968, que tratava do imposto sobre serviços antes da publicação da Lei Complementar 116/2003.

Analisando se a locação de bens móveis poderia ser compreendida dentro do tipo de serviço para fins de tributação pelos Municípios, o STF entendeu que a prestação de serviços envolve o esforço humano, não podendo se confundir a locação de serviços com a locação de bens móveis, conceitos estes que deveriam ser extraídos do direito privado (**RE 116.121**, j. 11.10.2000, voto do Ministro Marco Aurélio). Acrescentou-se ainda que a locação de bens móveis constitui obrigação de dar, em oposição à obrigação de fazer que caracteriza a prestação de serviço (voto do Ministro Celso de Mello).

Percebemos que a premissa utilizada nesse julgamento foi a de uma prevalência dos conceitos de direito privado[85], em oposição ao que se decidiu no RE 784.439, onde se afastou a configuração de serviço do Direito Civil. De qualquer modo, a orientação quanto à **inconstitucionalidade da exigência de ISS sobre operações de locação de bens móveis** foi pacificada na **súmula vinculante 31**[86].

84. Voto do Ministro Cezar Peluso no **RE 592.905**: "O mundo moderno é extremamente mais complexo para poder ser explicado à luz da economia do mundo romano ou à luz dos institutos que ali os regiam.".
85. Conforme a ementa do RE 116.121: "Em Direito, os institutos, as expressões e os vocábulos têm sentido próprio, descabendo confundir a locação de serviços com a de móveis, práticas diversas regidas pelo Código Civil, cujas definições são de observância inafastável – artigo 110 do Código Tributário Nacional".
86. "É inconstitucional a incidência do ISS sobre operações de locação de bens móveis".

Por fim, destacamos que os serviços de registros públicos, cartorários e notariais são previstos no item 21 da lista anexa à Lei Complementar 116/2003. A esse respeito, o STF já decidiu, em **repercussão geral** (**RE 759.915**, j. 17.10.2013), que não há que se falar em aplicação da imunidade recíproca sobre esses serviços, uma vez serem exercidos em caráter privado e com intuito lucrativo. A percepção de remuneração pela prestação de tais serviços confirma a capacidade contributiva (**ADI 3089**, j. 13.02.2008). O fato de haver delegação do poder público nesses serviços não é suficiente para atrair a imunidade.

3.3.3 Contribuinte

A Lei Complementar elegeu o prestador do serviço como o contribuinte do imposto (art. 5º). Ressalva, contudo, a possibilidade de os Municípios e o Distrito Federal atribuir responsabilidade tributária a terceira pessoa vinculada indiretamente ao fato gerador (art. 6º da LC 116/2003 e art. 128 do CTN). O próprio parágrafo 2º do art. 6º da LC 116/2003 prevê hipóteses de responsabilidade tributária, como, por exemplo, a responsabilidade do tomador ou intermediário de serviço proveniente do exterior do País ou cuja prestação se tenha iniciado no exterior do País.

Em relação ao Município titular do imposto, o art. 3º da Lei Complementar 116/2003 dispõe que o serviço considera-se prestado, e o imposto devido, no local do estabelecimento prestador ou, na falta de estabelecimento, no local do domicílio do prestador. A própria lei traz exceções a essa regra, como, por exemplo, serviço proveniente do exterior e execução de obras de construção civil.

O art. 4º complementa ao dizer que se considera estabelecimento prestador o local onde o contribuinte desenvolva a atividade de prestar serviços, de modo permanente ou temporário, e que configure unidade econômica ou profissional.

3.3.4 Base de cálculo

A base de cálculo do ISS é o preço do serviço (art. 7º da LC 116/2003). No caso de serviços prestados que envolvam o fornecimento de mercadorias, a base de cálculo do ISS incluirá tais mercadorias, desde que a Lei Complementar 116/2003, ao prever o serviço, não faça ressalva quanto à incidência do ICMS sobre as mercadorias fornecidas em conjunto com a prestação do serviço. Caso haja tal ressalva, haverá uma separação dos valores: sobre o valor do serviço incidirá o ISS e sobre o valor das mercadorias incidirá o ICMS.

Em relação ao serviço de construção civil, o STF considerou constitucional o art. 9º, § 2º do Decreto-Lei 406/1968, que permite a dedução, da base de cálculo do ISS, do valor dos materiais fornecidos pelo prestador dos serviços (**RE 239.360 AgR**, j. 17.06.2008). Essa matéria teve sua **repercussão geral** reconhecida em 18.08.2010 no **RE 603.497**, até o momento sem mérito julgado.

O Decreto-Lei 406/1968 já trazia normas gerais acerca do ISS antes da edição da Lei Complementar 116/2003. Com o advento dessa última, algumas normas do Decreto-Lei foram mantidas no ordenamento, sendo aplicáveis até os dias atuais.

Outro exemplo é a disposição a respeito do ISS fixo para as sociedades profissionais.

O art. 9º, §§ 1º e 3º do Decreto-Lei 406/1968 dispõe que o ISS, em se tratando de sociedade prestadora de serviços profissionais (por exemplo, sociedade de advogados), pode ser calculado por meio de alíquotas fixas ou variáveis em relação a cada profissional habilitado, sócio, empregado ou não, que prestem serviços em nome da sociedade. O STF possui decisão do Plenário no sentido de que esses dispositivos foram recepcionados pela Constituição de 1988 (**RE 220.323**, j. 26.05.1999)[87]. O STJ, a seu turno, possui jurisprudência consolidada pela aplicação do art. 9º, §§ 1º e 3º do Decreto-Lei 406/1968, que não teria sido revogado pela Lei Complementar 116/2003 (**REsp 919.067**, j. 02.08.2011). A **repercussão geral** dessa matéria foi reconhecida pelo STF em 2016, como se confere do acórdão abaixo:

> RECURSO EXTRAORDINÁRIO. REPERCUSSÃO GERAL. PRELIMINAR. RECONHECIMENTO. REAFIRMAÇÃO DE MÉRITO. NÃO OCORRÊNCIA. IMPOSTO SOBRE SERVIÇOS DE QUALQUER NATUREZA – ISSQN. SOCIEDADE DE PROFISSIONAIS. ADVOGADOS. COMPETÊNCIA TRIBUTÁRIA DE MUNICÍPIO. REGIME DE TRIBUTAÇÃO FIXA. NATUREZA DO SERVIÇO. REMUNERAÇÃO DO LABOR. DECRETO-LEI 405-1968. LEI COMPLEMENTAR 7/1973 DO MUNICÍPIO DE PORTO ALEGRE. CONFLITO FEDERATIVO. 1. **A questão constitucional controvertida ostenta repercussão geral no que se refere à**

87. "(...) I. – As normas inscritas nos §§ 1º e 3º, do art. 9º, do DL 406, de 1968, não implicam redução da base de cálculo do ISS. Elas simplesmente disciplinam base de cálculo de serviços distintos, no rumo do estabelecido no caput do art. 9º. Inocorrência de revogação pelo art. 150, § 6º, da C.F., com a redação da EC nº 3, de 1993. II. – Recepção, pela CF/88, sem alteração pela EC nº 3, de 1993 (CF, art. 150, § 6º), do art. 9º, §§ 1º e 3º, do DL. 406/68. III. – R.E. não conhecido. (**RE 220.323**, j. 26.05.1999)".

> **competência tributária de município para estabelecer impeditivos à submissão de sociedades profissionais de advogados ao regime de tributação fixa ou per capita em bases anuais prevista no art. 9º, §§1º e 3º do Decreto-Lei 406/1968, por sua vez recepcionado pela ordem constitucional vigente com status de lei complementar nacional**. 2. Preliminar de repercussão geral em recurso extraordinário reconhecida. (**RE 940.769**, j. 06.10.2016 – reconhecimento de repercussão geral – grifamos).

Até o fechamento desta edição, o RE 940.769 não teve seu mérito julgado.

Também se apresenta como tema relevante acerca da base de cálculo do ISS o valor a ser considerado nos contratos de seguro-saúde. Nessa espécie de prestação de serviço, a base de cálculo do ISS não será o valor bruto pago à empresa contratada, mas sim a **comissão**, correspondente à diferença entre o valor recebido pelo contratante e o que é repassado para os terceiros efetivamente prestadores dos serviços, como médicos e hospitais conveniados (STJ, **EDcl no REsp 227.293**, j. 09.08.2005).

A base de cálculo do ISS também será o **valor da comissão no caso da empresa de mão de obra temporária que atue como intermediária** entre o contratante da mão de obra e o terceiro que é colocado no mercado de trabalho. Nesse caso, o ISS incide apenas sobre o preço do serviço pago ao agenciador, **excluídas as importâncias voltadas para o pagamento dos salários e encargos sociais dos trabalhadores.**

Diferente será a tributação pelo ISS quando a prestadora de serviço não se limita e intermediar a mão de obra, sendo também responsável pelo pagamento de salários, previdência social e demais encargos trabalhistas em relação aos trabalhadores. Em tal situação, a empresa de recrutamento é responsável pela remuneração dos trabalhadores, e os encargos trabalhistas devem ser incluídos no custo do serviço. Essa orientação foi consolidada na súmula 524 do STJ, que possui a seguinte redação:

> "No tocante à base de cálculo, o ISSQN incide apenas sobre a taxa de agenciamento quando o serviço prestado por sociedade empresária de trabalho temporário for de intermediação, devendo, entretanto, englobar também os valores dos salários e encargos sociais dos trabalhadores por ela contratados nas hipóteses de fornecimento de mão de obra."

Assim é que, para o STJ, se a prestação de serviço de mão de obra temporária é realizada através de pessoal contratado pelas empresas de recrutamento, não há que se falar em intermediação, devendo a base de cálculo do ISS abranger não só a taxa de agenciamento, mas também os encargos trabalhistas assumidos pela prestadora do serviço (**REsp 1.138.205 – repetitivo**, j. 09.12.2009).

No que diz respeito às alíquotas, a Constituição (art. 156, § 3º, I) determina que cabe à lei complementar fixar as alíquotas máximas e mínimas do ISS. O art. 8º, II da LC 116/2003 prevê a alíquota máxima de 5%, enquanto o art. 8º-A do mesmo diploma (incluído pela Lei Complementar 157/2016) estabelece a alíquota mínima de 2%.

3.3.5 Conflitos entre ISS e ICMS

Como já é sabido, o ISS incide sobre a prestação dos serviços de qualquer natureza definidos em lei complementar. O ICMS, de competência estadual, pode incidir sobre os serviços de comunicação e de transporte estadual e intermunicipal, que, por óbvio, não são sujeitos à competência municipal. O ISS, de acordo com o art. 156, III da CF, não abrange os serviços compreendidos sob a esfera do ICMS.

Ocorre que é possível a prestação de serviços simultaneamente com o fornecimento de mercadorias, hipótese que demanda uma análise cuidadosa das normas de competência desses dois tributos.

A primeira norma que prevê um critério de solução desse conflito de competência é de natureza constitucional. Trata-se do art. 155, § 2º, IX, *b* da CF, segundo o qual o ICMS incidirá sobre o valor total da operação, quando mercadorias forem fornecidas com serviços **não compreendidos na competência tributária dos Municípios**. Em se tratando de serviços prestados em conjunto com o fornecimento de mercadorias que não sejam previstos na lista Lei Complementar 116/2003, o ICMS incidirá não só sobre o valor das mercadorias, mas também sobre o valor dos serviços, não havendo a incidência do ISS.

Também a Lei Complementar 116/2003 dispõe sobre esse conflito de competência. Em seu art. 1º, § 2º, a LC 116/2003 prevê que os serviços da lista anexa não se sujeitam ao ICMS, ainda que sua prestação envolva fornecimento de mercadorias. Nessa hipótese, incidirá o ISS, de competência municipal, sobre o valor correspondente à prestação do serviço, somado a eventual bem ou mercadoria fornecidos em conjunto com o respectivo serviço. Assim dispõe expressamente o legislador complementar:

> LC 116/2003, art. 1º, § 2º. Ressalvadas as exceções expressas na lista anexa, os serviços nela mencionados não ficam sujeitos ao Imposto Sobre Operações Relativas à Circulação de Mercadorias e Prestações de Serviços de Transporte Interestadual e Intermunicipal e de Comunicação – ICMS, ainda que sua prestação envolva fornecimento de mercadorias.

O dispositivo acima reproduzido é iniciado com uma ressalva. É possível que a enumeração do serviço ressalve a incidência do ICMS quando houver prestação em conjunto com o fornecimento de mercadorias. Em sendo assim, haverá uma separação de valores: **o montante correspondente ao serviço será tributado pelo ISS e o valor da(s) mercadoria(s) sofrerá a incidência do ICMS**. Exemplificando, temos o serviço de recondicionamento de motores, previsto no item 14.03 da lista anexa da LC 116/2003:

> "14.03 – Recondicionamento de motores (**exceto peças e partes empregadas, que ficam sujeitas ao ICMS**)". (grifamos).

Sintetizando, o fornecimento de mercadorias em conjunto com a prestação de serviços pode ter os seguintes regimes tributários:

- Incidência exclusiva do ICMS – fornecimento de mercadorias em conjunto com a prestação de serviços não sujeitos à tributação do ISS pelos Municípios;
- Incidência exclusiva do ISS – fornecimento de mercadorias em conjunto com prestação de serviços sujeitos ao ISS, sem que haja ressalva quanto à incidência do ICMS;
- Incidência do ICMS sobre as mercadorias e do ISS sobre os serviços – fornecimento de mercadorias em conjunto com prestação de serviços sujeitos ao ISS, ressalvando-se a incidência do ICMS quanto às mercadorias.

Além dessas dificuldades acima, há também a possibilidade de discussão a respeito da existência ou não de um serviço a ser tributado pelo ISS quando do fornecimento de mercadorias ou produtos que envolvem certo grau de personalização.

Uma dessas controvérsias diz respeito à **industrialização por encomenda de embalagens** que se integram no ciclo de produção e circulação de mercadorias. Os Municípios pretendiam inserir essa atividade econômica no item 13.05 da lista anexa da Lei Complementar 116/2003, mais especificamente no serviço de composição gráfica.

Apreciando a tributação da atividade de confecção de embalagens por encomenda, o STJ assim decidiu, em **recurso repetitivo** (**REsp 1.092.206**, j. 11.03.2009):

> "As operações de composição gráfica, como no caso de impressos personalizados e sob encomenda, são de natureza mista, sendo que os serviços a elas agregados estão incluídos na Lista Anexa ao Decreto-Lei 406/68 (item 77) e à LC 116/03 (item 13.05). Consequentemente, tais operações estão sujeitas à incidência de ISSQN (e não de ICMS)".

Entendeu-se nesse julgado que deveria ser aplicada a **súmula 156 do STJ**, segundo a qual "a prestação de serviço de composição gráfica, personalizada e sob encomenda, ainda que envolva fornecimento de mercadorias, está sujeita, apenas, ao ISS".

O STF, contudo, adotou orientação diversa.

No julgamento da **medida cautelar da ADI 4389** (j. 13.04.2011), o STF decidiu de modo contrário aos Municípios, entendendo que **o ISS não incide sobre operações de industrialização por encomenda de embalagens, destinadas à integração ou utilização direta em processo subseqüente de industrialização ou de circulação de mercadoria.** Poderia haver, nesse caso, a incidência do ICMS, se presentes os requisitos constitucionais e legais. A confecção de embalagens personalizadas para acondicionamento de mercadorias seria uma etapa do ciclo de produção e circulação de mercadorias, não sendo sujeita ao ISS. O preponderante nessa atividade seria a venda de embalagens (ainda que sob encomenda e personalizadas), e não o serviço de composição gráfica.

A matéria aguarda julgamento em sede de repercussão geral no RE 882.462.

3.3.6 Importação e exportação de serviços

A Constituição dispõe que cabe à lei complementar excluir da incidência do ISS exportações de serviços para o exterior (CF, art. 156, § 3º, II). Trata-se de uma **isenção heterônoma**, pois a desoneração será concedida por lei de pessoa política diversa (União, através de lei complementar) daquela que é competente para instituir o imposto (Município). Foge à regra de que a isenção deve ser concedida pelo ente político competente para a instituição do respectivo tributo.

Com base na permissão constitucional, a Lei Complementar 116/2003 aplica o **princípio do destino** na tributação dos serviços importados e exportados. Significa isso que os serviços devem ser tributados, em se tratando de prestações transfronteiriças, apenas no país de destino, desonerando-se a tributação no país da origem do serviço. Em outras palavras, a importação do serviço é tributada, enquanto a exportação de serviço é exonerada.

Assim estão redigidos os dispositivos:

> LC 116/2003, art. 1º, § 1º O imposto incide também sobre o serviço proveniente do exterior do País ou cuja prestação se tenha iniciado no exterior do País.
>
> Art. 2º O imposto não incide sobre: I – as exportações de serviços para o exterior do País; (...) Parágrafo único. **Não se enquadram no disposto no inciso I os serviços desenvolvidos no Brasil, cujo resultado aqui se verifique**, ainda que o pagamento seja feito por residente no exterior.

São inúmeras as celeumas sobre como se identificar uma importação ou exportação de serviço diante das possibilidades tecnológicas. Uma palestra de treinamento, por exemplo, pode ser realizada mediante videoconferência em um país e ser transmitida simultaneamente em inúmeros países, sendo paga por uma empresa em jurisdição diversa. Um parecer jurídico pode ser encomendado por uma empresa brasileira a um advogado canadense que mora no México para opinar sobre um processo judicial a ser resolvido na Argentina. Ou ainda, um *software* pode ser desenvolvido por vários profissionais residentes em países distintos e sob supervisão de uma empresa americana para ser vendido e utilizado por uma empresa alemã em negócios no Brasil. Acrescente-se a esse cenário a possibilidade de a fonte de pagamento situar-se em jurisdição totalmente diversa.

Essas controvérsias são mencionadas apenas para ilustrar a complexidade do tema, não se esperando do candidato a concurso público que ofereça soluções que sequer os tribunais brasileiros ou mesmo os especialistas do assunto possuem uma proposta de resolução[88].

Todavia, há um julgado do STJ a respeito desse assunto que merece ser comentado. Trata-se do **REsp 831.124** (j. 15.08.2006), que enfrentou questionamento sobre a tributação de serviços de reparo de motores e turbinas de aeronaves realizados no território nacional em benefício de

88. O relatório do Plano de Ação 1 do BEPS reuniu estudiosos e promoveu consultas públicas sobre várias realidades da prestação de serviços tecnológicos que cruzam fronteiras sem ter oferecido, contudo, uma proposta conciliadora.

empresas aéreas situadas no exterior. Os motores e turbinas eram enviados ao Brasil para reparo pela empresa brasileira e após o conserto, testados e devolvidos à empresa estrangeira.

A empresa brasileira que efetuava o reparo alegava que, embora o serviço de reparo de aeronave fosse realizado em território nacional, tratava-se de exportação de serviço (não tributada pelo ISS), pois o serviço só restaria concluído após seu pagamento e verificação pelos clientes estrangeiros da utilidade do serviço. Contrariando essa pretensão, o STJ entendeu que o resultado do serviço ocorreria no Brasil, já que o efetivo conserto do equipamento havia se dado em território nacional, não havendo, portanto, exportação de serviço no caso. Incidiria, assim, o parágrafo único do art. 2º da LC 116/2003, que preceitua não se enquadrar como exportação de serviço se o resultado da prestação se verificar no Brasil, ainda que o pagamento seja feito por residente no exterior. Para o STJ, resultado de serviço tem o sentido de consumação material da atividade.

(Cespe – Procurador do Município – PGM Manaus/2018) – O ISSQN não incide sobre as exportações de serviços de engenharia.

Assertiva **correta**, refletindo o art. 2º, I da LC 116/2003.

QUESTÕES OBJETIVAS

1. **(ESAF – Auditor-Fiscal– RFB/2014) Sobre os regimes aduaneiros no Brasil, é <u>incorreto</u> afirmar que:**

A) na Admissão Temporária de máquinas e equipamentos para utilização econômica, sob a forma de arrendamento operacional, aluguel ou empréstimo, ocorre suspensão parcial de tributos e pagamento proporcional ao tempo de permanência no País.

B) a extinção do regime de admissão temporária pode ocorrer com a destruição do bem, às expensas do interessado.

C) nos portos secos, a execução das operações e a prestação dos serviços conexos serão efetivadas mediante o regime de permissão, salvo quando os serviços devam ser prestados em porto seco instalado em imóvel pertencente à União, caso em que será adotado o regime de concessão precedido da execução de obra pública.

D) o regime especial de entreposto aduaneiro na importação é o que permite a armazenagem de mercadoria estrangeira em recinto alfandegado de uso público, com suspensão do pagamento dos impostos federais, mas com incidência da contribuição para o PIS/PASEP-Importação e da COFINS-Importação.

E) o regime de exportação temporária para aperfeiçoamento passivo é o que permite a saída, do País, por tempo determinado, de mercadoria nacional ou nacionalizada, para ser submetida a operação de transformação, elaboração, beneficiamento ou montagem, no exterior, e a posterior reimportação, sob a forma do produto resultante, com pagamento dos tributos sobre o valor agregado.

2 – (ESAF – Auditor-Fiscal– RFB/2014) Ao considerar o controle administrativo da Receita Federal do Brasil sobre importações, assinale a opção incorreta.

A) Toda mercadoria submetida a despacho de importação está sujeita ao controle do correspondente valor aduaneiro, que deve considerar inclusive o Acordo de Valoração Aduaneira da OMC.

B) No valor aduaneiro não serão incluídos os custos de transporte e seguro, desde que estejam destacados do preço efetivamente pago ou a pagar pelas mercadorias importadas, na respectiva documentação comprobatória.

C) A utilização do método do valor de transação nas operações comerciais entre pessoas vinculadas somente será permitida quando a vinculação não tiver influenciado o preço efetivamente pago ou a pagar pelas mercadorias importadas.

D) A determinação do valor aduaneiro, mediante a aplicação do método previsto no artigo 7 do Acordo de Valoração Aduaneira, poderá ser realizada com base em avaliação pericial, desde que fundamentada em dados objetivos e quantificáveis e observado o princípio da razoabilidade.

E) Os encargos relativos a assistência técnica da mercadoria importada, executadas após a importação, ainda que destacados, serão incluídos no valor aduaneiro.

3. (ESAF – Auditor-Fiscal– RFB/2014) Sobre o Imposto de Importação, é incorreto afirmar:

A) não se considera estrangeira, para fins de incidência do imposto, a mercadoria nacional ou nacionalizada exportada, que retorne ao País por motivo de modificações na sistemática de importação por parte do país importador.

B) o imposto não incide sobre mercadoria estrangeira destruída, sob controle aduaneiro, sem ônus para a Fazenda Nacional, antes de desembaraçada.

C) para efeito de cálculo do imposto, considera-se ocorrido o fato gerador no dia do lançamento do correspondente crédito tributário, quando se tratar de bens compreendidos no conceito de bagagem, acompanhada ou desacompanhada.

D) para efeito de cálculo do imposto, considera-se ocorrido o fato gerador na data do registro da declaração de importação de mercadoria constante de manifesto ou de outras declarações de efeito equivalente, cujo extravio ou avaria tenha sido apurado pela autoridade aduaneira.

E) caberá restituição total ou parcial do imposto pago indevidamente, a qual poderá ser processada de ofício, nos casos de verificação de extravio ou de avaria.

4. (ESAF – Auditor-Fiscal– RFB/2014) Considere a situação hipotética narrada:

"Em decorrência de condenação transitada em julgado em seu favor, em 2012, pela Justiça Federal, Maria Lúcia recebeu, em 2013, quantia relativa ao pagamento de pensões que deveria ter recebido durante os meses de junho de 2008 a julho de 2011."

De acordo com a legislação tributária, assinale a opção correta.

A) Maria Lúcia deve ter sofrido retenção relativa ao Imposto de Renda incidente sobre essa quantia, mediante aplicação da alíquota vigente no mês de pagamento e correspondente à faixa equivalente ao total recebido, dividido pelo número de meses em atraso, acrescendo-se atualização monetária contada de cada competência vencida até o dia do pagamento, respeitadas as faixas de isenção.

B) Maria Lúcia deve declarar esse rendimento na sua Declaração de Ajuste Anual em 2014, momento a partir do qual o tributo se torna exigível, mantido seu direito adquirido a pagar o Imposto de Renda incidente sobre essa quantia proporcionalizado entre os anos de 2014 a 2017, de modo a compensá-la pelo atraso no recebimento da verba devida desde 2008.

C) Maria Lúcia não está obrigada a pagar Imposto de Renda sobre essa quantia, por se tratar de verba com natureza indenizatória e, portanto, não tributável.

D) Maria Lúcia deve ter sofrido retenção do Imposto de Renda no momento do recebimento dessa quantia, calculado mediante utilização de tabela progressiva, resultante da multiplicação da quantidade de meses relativos à pensão em atraso pelos valores constantes da tabela progressiva mensal correspondente ao mês de recebimento.

E) Maria Lúcia não está obrigada a pagar Imposto de Renda sobre a parte dessa quantia que corresponder à pensão que deveria ter recebido no ano de 2008, porque sobre ela ocorreu a decadência do direito da União.

5. (ESAF – Procurador da Fazenda Nacional/2012) Sobre o Imposto sobre a Renda e Proventos de qualquer Natureza, julgue os itens a seguir, para então assinalar a opção que corresponda às suas respostas.

I. Como renda deve-se entender a aquisição de disponibilidade de riqueza nova, na forma de um acréscimo patrimonial, ao longo de um determinado período de tempo.

II. Tanto a renda quanto os proventos de qualquer natureza pressupõem ações que revelem mais-valias, isto é, incrementos na capacidade contributiva.

III. Limitações temporais ou quantitativas com relação às despesas e provisões não necessariamente guardam estrita compatibilidade com a teoria do acréscimo patrimonial e com a atividade do contribuinte.

IV. Embora haja diversas teorias que se destinem a delinear o conceito de renda, em todas prevalece a ideia de que haja a necessidade de seu confronto com o conjunto de desembolsos efetivados relativamente ao conjunto das receitas.

V. Pode-se afirmar, a partir de alguns julgados do Supremo Tribunal Federal, que o conceito legalista/fiscalista de renda, assim considerado aquilo que a legislação do imposto de renda estabelecer que é, está ultrapassado.

Estão corretos apenas os itens:

A) II, IV e V.

B) I, II e III.

C) II, III, IV e V.

D) I, II, IV e V.

E) todos os itens estão corretos.

6. (MPF- Procurador da República – 2015) IR incidente sobre recebimento, em atraso, de diferença vencimental decorrente de discussao judicial em torno do próprio direito ao pagamento. É certo afirmar:

A) O IR deve ser apurado consoante o regime de competência, sob pena de violação dos princípios da legalidade, da isonomia e da capacidade contributiva;

B) É lícito a Fazenda Nacional reter o IR sobre o valor integral, eis que o fato gerador surge com a disponibilidade do recebimento da verba atrasada;

C) A incidência de IR sobre verbas recebidas cumuladamente deve observar o regime de caixa, a vista dos rendimentos efetivamente percebidos;

D) A retenção, pela Fazenda Nacional, do IR de forma integral somente tem cabimento sobre a parcela dos juros moratórios, que são calculados a final.

7. (IESES – Cartório – Provimento – TJ – CE/2018) Acerca do IPI – Imposto sobre Produtos Industrializados e sua previsão na Constituição Federal é possível afirmar, EXCETO que:

A) Terá reduzido seu impacto sobre a aquisição de bens de capital pelo contribuinte do imposto, na forma da lei.

B) Incidirá sobre produtos industrializados destinados ao exterior.

C) Será **não-cumulativo, compensando-se o que for devido em cada operação com o montante cobrado nas anteriores.**

D) Será seletivo, em função da essencialidade do produto.

8. (ESAF – Analista-Tributário– RFB/2012) O ouro, quando não for considerado como simples metal, mas definido em lei como ativo financeiro ou instrumento cambial, sujeita-se exclusivamente à incidência do ________. Esse imposto é devido na operação ______________. Está sujeito à alíquota ________, já estabelecida na Constituição. O produto da arrecadação pertence ________.

A) ICMS / de origem / máxima / ao Estado.

B) ICMS / de destino / máxima / ao Estado de destino.

C) IOF / de origem / mínima / ao Estado e ao Município de origem.

D) IOF / de origem / máxima / À União e, compartilhada- mente, ao Estado e Município de origem.

E) IOF / de destino / mínima / ao Estado e ao Município de destino.

9. (ESAF – Auditor-Fiscal– RFB/2009) Analise os itens a seguir, classificando-os como verdadeiros (V) ou falsos(F). Em seguida, escolha a opção ade¬quada às suas respostas:

I. as operações de câmbio constituem fato gerador do IOF – imposto sobre operações de crédito, câmbio e seguro, ou relativas a títulos ou valores mobiliários;

II. o câmbio traz um comércio de dinheiro, no qual este se torne mercadoria e, como tal, tem custo e preço;

III. operações de câmbio são negócios jurídicos de compra e venda de moeda estrangeira ou nacional, ou, ainda, os negócios jurídicos consistentes na entrega de uma determinada moeda a alguém em contrapartida de outra moeda recebida.

A) Somente o item I está correto.

B) Estão corretos somente os itens I e II.

C) Estão corretos somente os itens I e III.

D) Todos os itens estão corretos.

E) Todos os itens estão errados.

10. (CESPE – Procurador do MPTCDF – 2013) "Nas operações de câmbio, o fato gerador do imposto sobre operações de crédito câmbio e seguro (IOF) consiste na efetivação da operação – configurada pela entrega de moeda nacional ou estrangeira ou de documento que a represente – ou na colocação à disposição do interessado do montante equivalente à moeda estrangeira ou nacional por ele entregue ou por ele posta à disposição"

11. (CESPE – Promotor de Justiça – PI – 2012) "O saque em caderneta de poupança não atrai a incidência do imposto sobre operações de crédito, câmbio e seguro, nem sobre operações relativas a títulos e valores mobiliários, visto que a referida operação não se enquadra em seu fato gerador."

12. (CESPE – Procurador Federal – 2007) "Não incide a contribuição provisória sobre a movimentação ou transmissão de valores e de créditos e direitos de natureza financeira (CPMF) sobre saques efetuados em caderneta de poupança, mas a lei admite a incidência do imposto sobre operações de crédito, câmbio e seguro, ou relativas a títulos ou valores mobiliários (IOF), na hipótese dos referidos saques."

13. (VUNESP – Analista Judiciário TJ/PA – 2014) Os Municípios podem optar, na forma da lei, desde que não implique redução do imposto ou qualquer outra forma de renúncia fiscal, pela fiscalização e cobrança do Imposto Territorial Rural (ITR), relativamente aos imóveis neles situados, caso em que, do produto da arrecadação do referido imposto, terão direito a

A) vinte e dois e meio por cento

B) vinte e cinco por cento

C) trinta por cento

D) cinquenta por cento

E) totalidade

14. (CESPE – Titular de Serviços de Notas e de Registros – Remoção – 2014) Com referência ao imposto sobre propriedade territorial rural (ITR), assinale a opção correta.

A) O ITR não incide sobre o imóvel declarado como de interesse social para fins de reforma agrária

B) Não **há previsão constitucional para a progressividade do ITR**

C) O enfiteuta não pode ser sujeito passivo do ITR

D) Não **há fato gerador do ITR em relação ao imóvel rural por acessão física**

E) A base de cálculo do ITR corresponde ao valor da terra nua, incluindo os valores de mercado relativos a construções, instalações e benfeitorias

15. (Cespe – Procurador do Estado – PGE – PE/2018) Determinada empresa de revenda de veículos usados aceitou automóvel de passeio em consignação com o objetivo de intermediar a venda. Dada a pouca demanda dos clientes pelo veículo, resolveu transportá-lo para uma de suas filiais, dentro do mesmo estado, com maior visibilidade de mercado. No que se refere a essa situação hipotética, considere as asserções apresentadas a seguir.

I – O ICMS incide sobre a operação de transferência entre as filiais, mas não sobre a operação de consignação.

II – Para a incidência do ICMS, exige-se a transferência física da mercadoria.

Assinale a opção correta.

A) As asserções I e II são falsas.

B) A asserção I é verdadeira, e a II, falsa.

C) A asserção I é falsa, e a II, verdadeira.

D) As asserções I e II são verdadeiras, e a II é justificativa da I.

E) As asserções I e II são verdadeiras, e a II não é uma justificativa da I.

16. (Cespe – Juiz de Direito – TJ – CE/2018) Segundo a CF, a isenção do ICMS, salvo previsão legal específica,

A) implicará crédito, que será compensado em operações posteriores nas situações em que o imposto seja cumulativo.

B) acarretará a anulação do crédito relativo às operações anteriores e não implicará crédito para compensação com o montante devido nas operações seguintes.

C) não implicará crédito a ser compensado nas operações anteriores nem nas posteriores, salvo se o contribuinte optar pelo sistema de não cumulatividade.

D) será aplicada apenas nas situações em que o imposto for cumulativo, mas será vedada a compensação em relação ao imposto cobrado nas operações anteriores.

E) acarretará crédito a ser compensado nas operações seguintes, desde que o contribuinte recolha o tributo com base no lucro real.

17. (Consulplan – Juiz de Direito – TJ – MG/2018) Acerca do imposto sobre operações relativas à circulação de mercadorias e sobre prestações de serviços de transporte interestadual e intermunicipal e de comunicação (ICMS), assinale a alternativa correta.

A) Lei ordinária poderá dispor sobre a substituição tributária, mas para a definição dos contribuintes do imposto e fixação de sua base de cálculo será indispensável lei complementar.

B) O imposto incide sobre o fornecimento de mercadorias com prestação de serviços ainda que compreendidos na competência tributária dos municípios, dada à soberania do Estado e em virtude da competência concorrente.

C) O imposto será não cumulativo, compensando-se o que for devido em cada operação relativa à circulação de mercadorias ou prestação de serviços com o montante cobrado nas anteriores pelo município, pelo Estado ou pelo Distrito Federal.

D) O imposto incidirá também sobre a entrada de bem ou mercadoria importadas do exterior por pessoa física ou jurídica, ainda que não seja contribuinte habitual do imposto, qualquer que seja a sua finalidade, assim como sobre o serviço prestado no exterior, cabendo o imposto ao Estado onde estiver situado o domicílio ou o estabelecimento do destinatário da mercadoria, bem ou serviço.

18. (Vunesp – Juiz de Direito – TJ – SP/2018) Com relação à operação de importação por não contribuinte, é correto afirmar que, segundo a jurisprudência consolidada do Supremo Tribunal Federal, a EC no 33/2001

A) criou nova competência tributária para estender o campo de incidência do ICMS à operação de importação de bem por não contribuinte e convalidou a legislação anterior sobre a matéria, válida portanto a tributação a partir de sua vigência.

B) criou nova competência tributária para estender o campo de incidência do ICMS à operação de importação de bem por não contribuinte e convalidou a legislação anterior sobre a matéria, válida portanto a tributação fundada em legislação local já existente sobre a matéria.

C) não criou nova competência para a ampliação do campo de incidência do imposto, mas apenas corroborou o entendimento da Corte no sentido da validade da tributação pelo ICMS antes do advento da Emenda.

D) criou nova competência tributária para estender o campo de incidência do ICMS à operação de importação de bem por não contribuinte, cuja tributação há de ter fundamento de validade em lei complementar de normas gerais e legislação local supervenientes.

19. (Vunesp – Cartório – Provimento – TJ – SP/2018) Em relação à competência para exigir o pagamento do imposto causa mortis e doação, é correto afirmar:

A) terá suas alíquotas máximas fixadas por lei complementar estadual.

B) tratando-se de bens móveis, a competência, no caso de doação, é do domicílio do donatário, mesmo se residente no exterior.

C) tratando-se de bens móveis, títulos e créditos, compete ao Estado onde se processar o inventário ou arrolamento, ou tiver domicílio o doador, ou ao Distrito Federal.

D) terá a competência regulada por lei estadual se o doador tiver domicílio ou residência no exterior.

20. (Cespe – Procurador do MP junto ao TCE-PB/2014) Considerando que um estado da Federação pretenda estabelecer alíquota do imposto sobre a propriedade de veículo automotor (IPVA) para os veículos importados em patamar superior àquela prevista para os veículos nacionais, assinale a opção correta.

A) O referido estado não poderá realizar a referida cobrança da alíquota em função da limitação de que o tributo deve ser uniforme em todo o território nacional.

B) O estado em questão não tem competência tributária para estabelecer a diferença tributária entre bens em razão de sua procedência ou destino.

C) O referido estado possui competência para legislar sobre o IPVA e, portanto, poderá instituir a referida alíquota diferenciada.

D) O estado em questão não possui competência tributária para estabelecer alíquota de IPVA diferente daquela prevista pela CF.

E) O estado em apreço não poderá estabelecer a referida alíquota, porque utilizará alíquota de IPVA com a base de cálculo do imposto de importação.

21. (Cespe – Promotor de Justiça – MPE-AC/2014) Considere que um estado da Federação conceda remissão ao tributo de ICMS de forma autônoma e contrária ao previsto na legislação federal, tendo sido os atos de concessão firmados entre a fazenda local e o contribuinte-empresário. Diante dessa situação hipotética, assinale a opção correta.

A) Por não ser norma de efeito concreto, a lei editada pelo parlamento local não pode ser objeto de ação direta de inconstitucionalidade.

B) O ente da Federação detém capacidade tributária para conceder o referido benefício, pois a remissão consiste em perdão de punições.

C) A remissão é um benefício fiscal e deve, no caso do ICMS, ser autorizada pelo CONFAZ antes de sua concessão por lei estadual, dado que o citado tributo submete-se a regramento nacional.

D) Para a concessão da remissão, a interpretação da legislação de referência deve ser feita por método integrativo, visto que o objetivo é beneficiar o contribuinte.

E) Não é possível ao MP o ajuizamento de ACP contra os atos contratuais firmados pelo poder público, pois se trata de matéria vinculada à cobrança de tributos.

22. (FCC – Promotor de Justiça – PA/2014) Sobre a Lei Complementar no 87/96 – Lei Kandir, é correto afirmar que:

A) Institui imunidades tributárias relativas ao ICMS dos Estados e Distrito Federal, dentre elas as operações com ouro, quando definido em lei como ativo finan¬ceiro ou instrumento cambial e operações de arren¬damento mercantil, não compreendida a venda do bem arrendado ao arrendatário.

B) Considera-se ocorrido o fato gerador do ICMS no momento da saída de mercadoria de estabeleci¬mento de contribuinte, ainda que para outro estabe¬lecimento do mesmo titular.

C) É a lei instituidora do ICMS dos Estados e Distrito Federal, bem assim das hipóteses de imunidade, isenção e não incidência.

D) É a lei instituidora do IMCS dos Estados e Distrito Federal e a lei instituidora do ISS dos Municípios, fixando as hipóteses de incidência e não incidência.

E) Dispõe sobre o ICMS dos Estados e Distrito Federal, mais precisamente de sua instituição, base de cál¬culo e contribuintes, além das imunidades e hipóte¬ses de não incidência.

23. (MPF – Procurador da República/2015) lei estadual estabelece progressividade de alíquota do imposto sobre transmissão causa mortis e doação de bens e direitos (ITCMD). Neste caso, segundo o Supremo Tribunal Federal:

A) É incabível a progressividade de alíquotas porquanto é restrita aos tributos taxativamente elencados na vigente Constituição Federal;

B) A progressividade prevista na cobrança viola o princípio da capacidade contributiva;

C) É cabível a cobrança do referido imposto de forma progressiva com vistas a assegurar a aferição da capacidade econômica do contribuinte;

D) A progressividade na cobrança do imposto infringe o constitucional princípio da igualdade material tributária.

24. (FCC – Juiz de Direito – RR/2015) O ICMS é imposto de competência estadual. Não obstante isso, a Constituição Federal estabelece que determinadas matérias deverão ser disciplinadas por meio de lei complementar federal. Assim, dentre as matérias que devem ser necessariamente disciplinadas por meio de lei complementar, encontram-se:

A) A disciplina relativa à substituição tributária; a regulação da forma como, mediante deliberação dos Estados e do Distrito Federal, isenções, incentivos e benefícios fiscais serão concedidos e revogados; a fixação de suas alíquotas, observados os limites estabelecidos pela Constituição Federal.

B) A fixação de sua base de cálculo, de modo que o montante do imposto a integre, também na importação do exterior de bem, mercadoria ou serviço; a definição de seus contribuintes; a disciplina do regime de compensação do imposto.

C) A fixação, para efeito de sua cobrança e definição do estabelecimento responsável, do local das operações relativas à circulação de mercadorias e das prestações de serviços; a fixação de sua base de cálculo; a fixação das datas e prazos para o seu pagamento.

D) Previsão dos casos de manutenção de crédito, relativamente à remessa para outro Estado e exportação para o exterior, de serviços e de mercadorias; a fixação do percentual de juros de mora incidentes sobre o crédito tributário não pago na data fixada na legislação; a definição das infrações e as respectivas cominações de penalidades para as infrações à sua legislação.

E) A fixação das alíquotas interestaduais; a fixação das regras de fiscalização do responsável por substituição tributária, nas operações e prestações interestaduais; a disciplina do regime de compensação do imposto.

25. (Consulplan – Juiz de Direito – TJ – MG/2018) Acerca do Imposto Sobre Serviços de Qualquer Natureza (ISSQN), assinale a alternativa correta.

A) O imposto incide também sobre o serviço proveniente do exterior do país ou cuja prestação se tenha iniciado no exterior do país, mas não incide sobre as exportações de serviços para o exterior do país.

B) A alíquota máxima do imposto é de 10% (dez por cento) nas capitais dos Estados e do Distrito Federal, e de 5% (cinco por cento) nos demais municípios, e a mínima de 2% (dois por cento), em qualquer caso.

C) Os municípios e o Distrito Federal poderão atribuir, de modo expresso, mediante lei, a responsabilidade pelo crédito tributário a terceira pessoa, vinculada ao fato gerador da respectiva obrigação, mantida a responsabilidade do contribuinte, salvo quanto à multa e aos acréscimos legais.

D) Considera-se estabelecimento prestador o local onde o contribuinte desenvolva a atividade de prestar serviços de modo permanente e, excepcionalmente, onde a desenvolva de modo temporário, dependendo da efetiva denominação do estabelecimento utilizada (sede, filial, agência, posto de atendimento, sucursal, escritório de representação ou contato).

26. (IESES – Cartório – Provimento – TJ – CE/2018) Considerando a legislação complementar acerca do Imposto Sobre Serviços – ISS, especialmente a Lei Complementar n° 116/2003, assinale a alternativa INCORRETA:

A) A base de cálculo do imposto é o preço do serviço, sendo que na execução por empreitada de obras de construção civil considera-se na base de cálculo inclusive o valor dos materiais fornecidos pelo prestador de serviços.

B) Não incide sobre as exportações de serviços para o exterior do País.

C) O serviço considera-se prestado, e o imposto, devido, no local do estabelecimento prestador ou, na falta do estabelecimento, no local do domicílio do prestador, exceto nas hipóteses previstas nos incisos do art. 3° da LC n° 116/2003.

D) A alíquota mínima do Imposto sobre Serviços é de 2% (dois por cento).

27. (IESES – Cartório – Provimento – TJ – CE/2018) Nos termos do Código Tributário Nacional, assinale a alternativa correta sobre o Imposto sobre a Propriedade Predial e Territorial Urbana – IPTU:

A) Não poderá ter alíquotas diferentes de acordo com a localização e o uso do imóvel.

B) A base do cálculo do imposto é o valor de mercado do imóvel.

C) Contribuinte do imposto é sempre o proprietário do imóvel.

D) Tem como fato gerador a propriedade, o domínio útil ou a posse de bem imóvel localizado na zona urbana do Município.

28. (Vunesp – Cartório – Provimento – TJ – SP/2018) Para fins de instituição e cobrança do imposto sobre a propriedade predial e territorial urbana – IPTU, o Código Tributário Nacional exige a implementação por parte do Poder Público Municipal de, pelo menos, dois melhoramentos ali elencados. Assinale a alternativa que contém 02 (dois) melhoramentos previstos no CTN.

A) Sistema de esgotos sanitários e escola primária a uma distância mínima de 05 (cinco) quilômetros do imóvel considerado.

B) Meio-fio ou calçamento, com ou sem canalização de águas pluviais, e abastecimento de água.

C) Abastecimento de água e posto de saúde a uma distância mínima de 10 (dez) quilômetros do imóvel considerado.

D) Sistemas de esgotos sanitários e rede de iluminação pública, com ou sem posteamento para distribuição familiar.

29. (Vunesp – Cartório – Provimento – TJ – SP/2018) A respeito do Imposto sobre Transmissão "Inter vivos" de bens imóveis – ITBI, é correto afirmar que

A) não incide sobre a transmissão de bens ou direitos incorporados ao patrimônio de pessoa jurídica em realização de capital.

B) não incide sobre a transmissão de bens ou direitos decorrentes de fusão, incorporação, cisão ou extinção de pessoa jurídica, mesmo que a atividade preponderante do adquirente seja a compra e venda desses bens ou direitos, locação de bens imóveis ou arrendamento mercantil.

C) sua instituição compete ao Município onde se realiza a transmissão.

D) sua instituição compete ao Estado da situação do bem.

30. (FCC – Juiz de Direito – GO/2015) Sobre o ITBI é correto afirmar que

A) não incide sobre a promessa de compra e venda de bem imóvel.

B) incide sobre a transmissão, a qualquer título, da propriedade de bens imóveis, por natureza ou acessão física.

C) não incide sobre a cessão de direitos relativos à transmissão de bens imóveis por ato inter vivos, a título oneroso.

D) é um imposto de competência municipal e do Distrito Federal, sendo devido ao Município do domicílio do comprador, titular da respectiva capacidade contributiva.

E) não incide sobre a cessão de direitos reais de garantia sobre o bem imóvel.

31. (FCC – Juiz de Direito – PE/2015) A respeito do Imposto sobre Serviços de Qualquer Natureza (ISSQN), é correto afirmar:

A) Se a atividade de prestação de serviço de mão de obra temporária é realizada por pessoal contratado pelas empresas de recrutamento, resta afastada a figura da intermediação, considerando-se a mão de obra empregada na prestação do serviço contratado como custo do serviço e, portanto, despesa não dedutível da base de cálculo do ISSQN.

B) A Lei Complementar no 116, de 2003, que dispõe sobre o ISSQN, regulou a forma e as condições para a concessão, pelos Municípios, de isenções, incen¬tivos e benefícios fiscais no que diz respeito a tal tributo.

C) A operação de locação de bem móvel, ainda que combinada à colocação de funcionário à disposição para operá-lo, não está sujeita à incidência do ISSQN.

D) A capacidade ativa para a cobrança do ISSQN incidente sobre a operação de arrendamento mer¬cantil é do Município onde está sediado o estabele¬cimento vendedor do bem arrendado ou do Muni¬cípio onde ocorre a entrega do bem se o estabe¬lecimento vendedor possuir unidade econômica ou profissional nessa mesma localidade.

E) Nos contratos de construção civil a capacidade ativa para a cobrança do ISSQN é do município do local da obra, a não ser que o contrato verse também sobre outras etapas da obra de construção, muitas das quais realizadas fora da obra e em município diverso, caso em que tal serviço fica sujeito à tribu¬tação pelo Município da sede do estabelecimento da construtora.

GABARITO

1 – D	2 – E	3 D
4 – D	5 – D	6 – A
7 – B	8- D	9- D
10 – Certo	11 – Certo	12 – Errado
13- A	14- D	15 – A
16 – B	17	18
19 – D	20 – C	21 – B
22 – C	23 – E	24 – C
25 – A	26 – A	27 – D
28 – D	29 – A	30 – E
31 – A		

REFERÊNCIAS

ABRAHAM, Marcus. *Curso de Direito Financeiro Brasileiro*. 3ª edição. Rio de Janeiro, Editora Forense, 2015.

ALEXANDRE, Ricardo. *Direito Tributário Esquematizado*. 8ª edição. São Paulo: Editora Método, 2014.

ALEXANDRINO, Marcelo & PAULO, Vicente. *Direito Tributário na Constituição e no STF. Teoria e Jurisprudência*. 17ª Edição. São Paulo: Editora Método, 2014.

AMARO, Luciano. *Direito Tributário Brasileiro*. 11ª edição. São Paulo: Editora Saraiva, 2005.

ATALIBA, Geraldo. *Hipótese de Incidência Tributária*. 6ª edição. 15º Tiragem. São Paulo: Editora Malheiros, 2014.

ÁVILA, Humberto. *Contribuições e Imposto Sobre a Renda*. Estudos e pareceres. São Paulo: Editora Malheiros, 2015.

ÁVILA, Humberto. *Compensação de Prejuízos Fiscais*. São Paulo: Editora Malheiros, 2011.

BALEEIRO, Aliomar. *Direito Tributário Brasileiro*. 13ª edição. Rio de Janeiro: Editora Forense, 2015.

BARRETO, Paulo Ayres. *Contribuições. Regime Jurídico, Destinação e Controle*. 2ª edição. São Paulo: Editora Noeses, 2011.

CARRAZZA, Roque Antônio. *Curso de Direito Constitucional Tributário*. 30ª edição. São Paulo: Editora Malheiros, 2015.

CARVALHO, Paulo de Barros. *Curso de Direito Tributário*. 25ª edição. São Paulo: Editora Saraiva, 2013.

CASTELLANI, Fernando F. *Contribuições Especiais e sua Destinação*. São Paulo: Noeses, 2009.

CASTRO, Eduardo de; LUSTOZA, Helton Kramer; GOUVÊA; Marcus de Freitas. *Tributos em Espécie*. Salvador: Editora Juspodivm, 2014.

COSTA, Regina Helena. *Curso de Direito Tributário – Constituição e Código Tributário Nacional*. 4ª edição. São Paulo: Editora Saraiva, 2014.

DERZI, Misabel Abreu Machado. *Notas de atualização ao Direito Tributário Brasileiro de Aliomar Baleeiro*. 13ª edição. Rio de Janeiro: Editora Forense, 2015.

FARIAS, Cristiano Chaves de; ROSENVALD, Nelson. Direitos Reais. 6ª edição. Rio de Janeiro: Editora Lumen Juris, 2010.

GODOI, Marciano Seabra de. A Nova Legislação sobre Tributação de Lucros Auferidos no Exterior (Lei 12.973/2014) como Resultado do Diálogo Institucional Estabelecido entre o STF e os Poderes Executivo e Legislativo da União, in: *Grandes Questões Atuais de Direito Tributário*, 18º Volume. São Paulo, Editora Dialética, 2014.

HARADA, Kiyoshi. *Contribuições Sociais. Doutrina e Prática*. São Paulo: Atlas, 2015.

HORVATH, Estevão. *Contribuições de Intervenção no Domínio Econômico*. São Paulo: Editora Dialética, 2009.

IBRAHIM, Fábio Zambitte. *Curso de Direito Previdenciário*. 15ª edição. Niterói: Editora Impetus, 2010.

MACHADO, Hugo de Brito. *Curso de Direito Tributário*. 26ª edição. São Paulo: Malheiros Editores. 2005.

MARTINS, Ives Gandra da Silva (Coordenador). *Curso de Direito Tributário*. 11ª edição. São Paulo: Editora Saraiva, 2009.

MARTINS, Sérgio Pinto. *Contribuições Sindicais: Direito Comparado e Internacional. Contribuições Assistencial, Confederativa e Sindical*. 5ª edição. São Paulo: Atlas, 2009.

MELO, José Eduardo Soares de. *Contribuições Sociais no Sistema Tributário*. 6ª edição. São Paulo: Malheiros Editores, 2010.

OLIVEIRA. Ricardo Mariz de. *Fundamentos do Imposto de Renda*. São Paulo: Quartier Latin, 2008.

PAULSEN, Leandro & MELO, *José Eduardo Soares de. Impostos Federais, Estaduais e Municipais*. 7ª Edição. Porto Alegre: Livraria do Advogado Editora, 2012.

PAULSEN, Leandro & VELLOSO, Andrei Pitten. *Contribuições – Teoria geral Contribuições em espécie*. 2ª edição. Porto Alegre: Livraria do Advogado Editora, 2013.

SCHOUERI, Luís Eduardo. *Direito Tributário*. 5ª edição. São Paulo, Saraiva, 2015.

TARTUCE, Flávio. *Direito Civil*. Volume 3: Teoria Geral dos Contratos e Contratos em Espécie. 5ª Edição. São Paulo: Editora Método, 2011.

TORRES, Ricardo Lobo. *Curso de Direito Financeiro e Tributário*. 19ª Edição. Rio de Janeiro, Editora Renovar, 2013.

XAVIER, Alberto. *Direito Tributário Internacional do Brasil*. 8ª edição. Rio de Janeiro: Forense, 2015.

XAVIER, Alberto. A Lei nº 12.973, de 13 de maio de 2014, em Matéria de Lucros no Exterior: Objetivos e Características Essenciais, in: *Grandes Questões Atuais de Direito Tributário*, 18º Volume. São Paulo, Editora Dialética, 2014.